# 女学生とジェンダー

## 女性教養誌『むらさき』を鏡として

今井久代・中野貴文・和田博文［編］

笠間書院
*kasamashoin*

# 目次

Ⅰ

# Ⅰ　座談会

## 「女学生とジェンダー　一九三四―一九四四」



今井久代（東京女子大学教授）
中野貴文（東京女子大学教授）
和田博文（東京女子大学教授）

二〇一八年九月一四日　東京女子大学二三号館和田研究室

# はじめに

和田　最初に『女学生とジェンダー』という本の企画を立てることになった経緯から、お話しておきたいと思います。私が東京女子大学に赴任したのは二〇一七年四月で、その前年の三月に、前任校から移ることが決まりました。決定後間もなくだったと思いますが、中古文学がご専門の今井先生からご相談がありました。東京女子大学の卒業生の方から、月刊誌『むらさき』を大部で寄贈していただいたが、これを活かして本を作れないでしょうかという内容でした。今井先生の研究室に伺ったときに、机一杯に広げられた『むらさき』の表紙がとても華やかで、目を引いたことを覚えています。寄贈の経緯について、少しお話していただけますか？

今井　もともとは本学の事務の方の紹介で、『むらさき』の戦前の雑誌がまとまった形であるのだが、それを『源氏物語』の専門家にもらって頂けないかというお話でした。『むらさき』は今も出ていますが、その印象は、『源氏物語』に特化した学術雑誌です。だから戦前の『むらさき』も図書館に行けばすぐに見られるだろうと思い、あまり気は乗らなかったんですが（笑）。でもこのまま捨ててしまうと聞くともったいない気がして、それで頂いたんですが、開いてみて、本当にびっくりしまして、現在の『むらさき』とはもう全然、性格が違うことが表紙を見ただけで分かって、どうしてこんな雑誌が戦前あったのか。遅まきながら図書館とかで調べてみると、戦前の『むらさき』は学術誌でないからか、所蔵している大学もそう多くなくて、本学も持っておりませんでした。

それで元の所蔵者についても、お話を伺う機会を得ました。紹介者の事務の方は、本学の卒業生なのですが、その方の親しい同窓生が、お一人暮らしで亡くなられた年上のご友人の遺品整理をすることになり、その時とても大事にしていたものとして、ごそっと出てきたと。所蔵者は、同窓生の方が親しく付き合っていた間の印象では、ずっと英語に関わるお仕事をしていらして、とてもハイカラ、とは古い言葉かもしれませんけれども、そういう印象な方で、「国文学」に心引かれていた時期があったとは到底、思えない方だったそうです。だからその方が、ごく若い少女時代にまとまって講読するほどの愛読者で、戦後、そこから決別して、だけど結局、捨てられなくて、亡くなるまでずっと大事にしまい込んでいたっていう、そういう思いを考えたいと思いました。そのとき、一緒にお譲りいただいたものには、文部省教学局編纂『日本精神叢書』シリーズ、これは結構、まとまった量がありまして、それから赤い表紙の『日本古典全書』、これもかなりあって、使い込まれた漢和辞典もあり、これは相当本格的に国文学に取り組んだ方だなと、少し父親の影なども想像するのですが、ともかく『むらさき』の、特に初期の柔らかい感じと、戦意高揚と日本古典文学を考えさせる所持品と、それらと精神的に決別しての戦後など、所蔵者が生きた時代や思いについて知らねばならないと思いました。

**和田**　いまのお話に出てきましたが、『むらさき』には戦前版と戦後版があります。池田利夫編『雑誌『むらさき』戦前版戦後版総目次と執筆者索引』（一九九三年、武蔵野書院）の人名索引を見ると、どの文学者が何年何月号に作品を発表したのかが分かります。戦前の雑誌では、生田花世・今井邦子・円地文子・岡田禎子・岡本かの子・林芙美子・深尾須磨子・真杉静枝・水町京子・森三千代・与謝野晶子などの女性の文学者が、常連執筆者になっていました。男性の文学者では、金子光晴・草野心平・佐藤惣之助・釈迢空・室生犀星らが、執筆回数で目立っています。三人で企画の相談をしたときは、戦前の『むらさき』の復刻も考えました。ただ文学雑誌というよりは、女性教養誌という性格が強くて、少し難しいのではないかという判断に傾きました。それで復刻ではなく論集の刊行を、笠間書院さんにお願いすることになったわけです。中野先生は以前から『むらさき』を、どのようにご覧になっていましたか？

**中野**　そうですね。自分の関心が、前の大学にいたときに、熊本だったのですけれども、蓮田を中心とした『文藝文化』の面々や日本浪漫派などの昭和一〇年代というか、もっというと昭和初年代と一〇年代の国語教育や国文学者の動向みたいなところに少しありましたた。どっぷり、というほどではないのですけれども。それを考えたときに、『むらさき』は昭和九年から一九年、一九三四年からですよね。正直、自分の関心と重なる時期だったので、それとどう関わるのかな、っていう気持ちがあって、最初に今井先生からお話を伺ったときにもそういう関心からでした。読んでみるとだいぶ予想と違う部分も多かったので、いろいろと今回、学ぶことができたなと思っています。

## Ⅰ　女性教養誌『むらさき』の「教養」と「母性」

### （1）一九三四年の『むらさき』の創刊

**和田**　関西の大学に勤務していた三〇年余り前に、戦前版の『むらさき』が揃いで紐に括られて、大阪の古書店の床に置かれていました。専門が近代なので、紫式部学会出版部という文字を見て、購入しなかったのだろうと思います。あのとき手に入れておけば、今回この雑誌を大揃いで集める苦労をしなくても良かったなあと、少し後悔しています。まさか三〇年後に中古文学・中世文学の研究者の方と、この雑誌をめぐって座談会を組むことになろうとは、想像もしていませんでした（笑）。

道標の一つになる『雑誌『むらさき』戦前版戦後版総目次と執筆者索引』は、一九三四年五月発行の第一巻第一号から目次を起こしています。戦前の最後の号は一九四四年六月に出ているので、一一年間にわたり月刊誌として活動を続けたことになります。実はこの総目次には含まれていませんが、第一巻第一号より三カ月前の二月に、創刊特輯号が出ています。紫式部学会創立の経緯や、「通常会員」「会友」の制度が説明されているので、そこから話をスタートさせようと思います。

**今井**　何やら複雑な事情がありそうですね（笑）。

**和田**　創刊特輯号に収録された「紫式部学会会報」によると、学会の創立は一九三二年五月で、六月四日に帝国教育会館に四五〇人が集まり、創立発表会を開いています。その一週間後に講座がスタートします。講座は三つあって、久松潜一の「万葉集」と、池田亀鑑の「源氏物語」と、藤村作の「日本永代蔵」です。翌月の七月九日に帝国教育会館で座談会が行われ、藤村が学会会長に選ばれています。三人の年齢を比べると、藤村は一八七五年生まれなので、この年に五七歳になります。東京帝国大学国文科の教授になってから、すでに一〇年が経過しています。それ

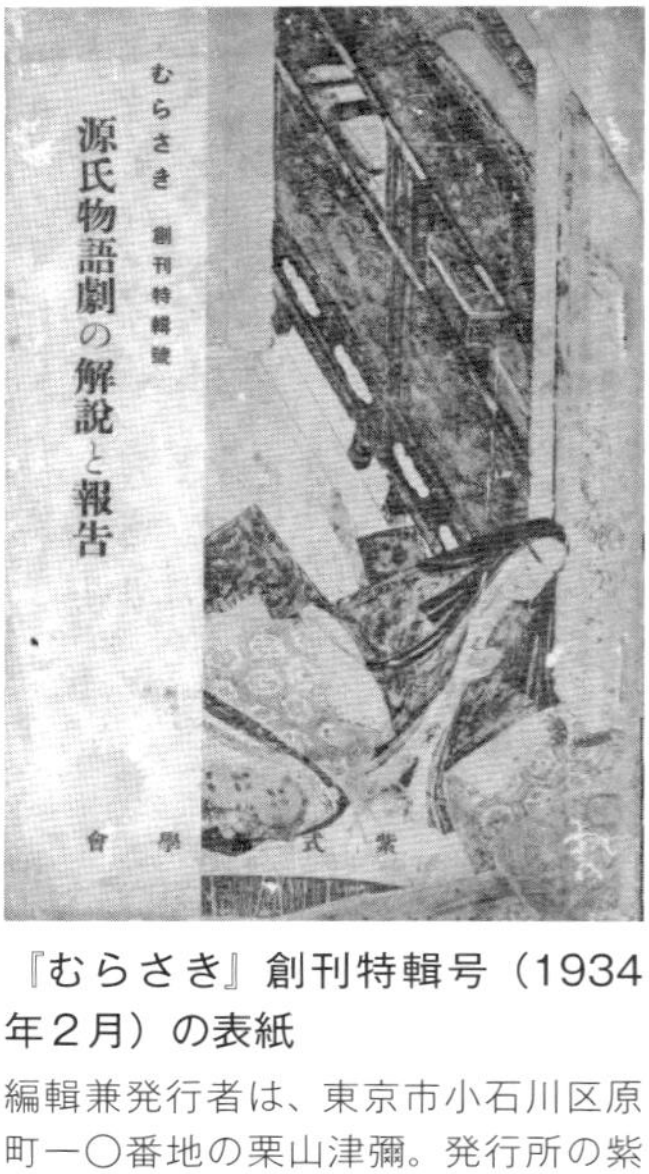

『むらさき』創刊特輯号（1934年2月）の表紙
編輯兼発行者は、東京市小石川区原町一〇番地の栗山津彌。発行所の紫式部学会も同じ住所である。

に対して久松はまだ三八歳で助教授、池田も三六歳の大正大学教授で東京帝国大学助教授になる二年前です。藤村の主な専門は近世文学ですが、年齢やポジションから、彼が紫式部学会を主導することになったと考えていいでしょうか？

**中野**　芳賀矢一の直系で、当時の東京帝国大学のボスというか、ドンというか、一番大きな影響力を持っていたのが藤村だと思います。

**今井**　後で出てきますけど、いちばんの原点の栗山津禰は藤村に学んだことがあって、藤村に協力を仰いだのがすべての始まりですから。

**和田**　さて、ここまでは順調な推移ですが（笑）、この直後に大きな事件が起きます。「源氏物語劇化上演後援顚末報告」によると、新歌舞伎座が一九三二年一一月二七日から四日間、『源氏物語』の上演を行う計画を立てていて、紫式部学会も後援していました。ところが「帚木の巻から須磨の巻まで」を脚色した「第一脚本」を、警視庁に提出すると、不許可になってしまいます。理由は二つありました。一つは、「主要人物」が「上つ方」（皇族）と思われること。もう一つは、「数人の女性に対する連続的なる恋愛生活」が、「社会状勢」に「悪影響」を及ぼすということです。警視庁と交渉する過程で、上演さえしなければ、古典文学の研究や普及に干渉するつもりはないという言質を得たようです。新歌舞伎座は主要人物を「或時代の貴族」に改め、恋愛をすべて削除した、「改訂脚本」を再提出します。しかし許可は下りず、上演の断念に追い込まれました。

**今井**　直前での中止で、衣装や小道具も準備万端、切符も完売していたから大騒ぎだった。もし予定通り上演していたら、昭和九年一月から『むらさき』は刊行していたのかもしれませんね。

**和田**　時代はちょうど曲がり角で、前年九月に満州事変が起き、日本は一五年戦争と呼ばれる戦争の時代に突入しています。この年の一月には上海事変が始まり、三月に「満州国」建国宣言が出され、五月には犬養毅首相が海軍青年将校らに射殺される五・一五事件が起きます。文学の世界でも、三月にコップ（日本プロレタリア文化聯盟）に対する弾圧があり、蔵原惟人や中野重治が検挙されていました。

一つ疑問に思っているのは、明治・大正時代に、『源氏物語』は舞台化されなかったのだろうかということです。もし前例があるなら、検閲はどうなっていたのでしょうね？

**今井**　『別冊太陽　歌舞伎源氏物語』（平

凡社、二〇〇一年）によると、明治四〇年一〇月歌舞伎座で榎本虎彦作の戯曲『葵上』、昭和五年三月にも歌舞伎座で『源氏物語葵之巻』が上演されたとのことです。後者は箏曲『葵の上』をもとにする舞踊劇で、光源氏、葵上、六条御息所が登場するもの。『ブリタニカ国際大百科事典』によれば、世阿弥作の謡曲「葵の上」が、箏曲のほか地唄や河東節、長唄になっていて、その流れなのでしょう。昭和八年八月には瀬戸英一作の新派劇『花柳巷談・葵の上』を東京劇場で上演していたようです。ただしこのときは、『源氏物語』の舞台化というよりは、箏曲や謡曲でお馴染みの演目の舞台化という受け止め方だったかもしれません。『源氏物語』に取材する謡曲には、ほかに『夕顔』『野宮』『浮舟』『源氏供養』『玉鬘』などもありますが、箏曲や長唄などにもなっているのは『葵上』だけのようですしね。

**和田**　舞台化に限定せず、広く古典研究の世界ということで考えると、この頃の研究者が時代状況の推移に伴う息苦しさを、感じることはなかったのでしょうか？

**中野**　露骨に息苦しくなるのはもう少し後ではないでしょうか。むしろ、彼らのほうが率先して国に寄り添おうとしていたのではないか。というのも、東大アカデミズム、藤村を中心とした彼らの動きとは別に、保田與重郎とか、あるいは私立のほうだと折口信夫たちといったように、いわゆる東京帝国大学の、芳賀矢一が中心となって明治以降、ずっとやってきた文献学的な研究とは別に、あと、岡崎文芸学もそうですね、東北大学の。東京帝国大学とは別の学派の影響力が、より民間、特に勃興していた新興階級に訴えかけるものが大きくなっていた。

いわゆる円本とか、その古典版としての『日本古典全書』、あるいは『歌学全書』。確か最初は『歌学全書』だったと思うのですけど、そういうものが出て、当時の新興階級の方がガンガン買うようになっていったときに、藤村たちのほうでも、市民の方に古典の素晴らしさを啓蒙するのは、われわれもやらなければいけないんだって、むしろ彼らのほうの危機感というか、そういうものがまずあって、それが『むらさき』だったり、もう少し専門的ですけど『解釈と鑑賞』の刊行だったりということではないでしょうか。この時代の藤村を見ていると、ともかく何とか啓蒙しないといけない。象牙の塔に閉じこもるのではなくて、もっと、市井に伝えなければいけないっていう思いがあったのじゃないかなとは思っています。その後、国体論が出てきて、そうですね、国体の本義が一九三七年ですので三年後です。三年後なので、もう少しすると国のために、っていうのがより露骨になってくるのかなといった感じで、ちょうど転換期あたりじゃないでしょうか。

和田　なるほど。検閲を前提に、古典作品のこういうテーマに触れるとまずいというような意識は、一九三〇年代前半にはまだないということですね。

中野　まったくなかったとは思えませんが、おそらく、そこまでではなかったのではないでしょうか。

今井　創刊特輯号の廃刊の経緯についての文も、検閲で引っ掛かってびっくりっていう、その驚きがとても伝わってくるので、ちょっと予想してなかったんじゃないですか。『源氏』は不倫で生まれた子供を天皇にするという大変な問題を書いている作品なのにと思うのですが、紫式部学会設立趣旨のところでも、高らかにゲーテやシェークスピアに伍する作品として、『源氏』を称え、学会として広めようとしているので、『源氏』は日本を代表する古典文学作品として、絶対的価値があると自信満々、禁止の対象になるとは考えてもないかと。

和田　同じ創刊特輯号に、藤村作の「巻頭言」が掲載されています。まだ日中戦争や「大東亜戦争」の時代の前なのに、紫式部学会会長としての最初の文章が、「今は国家非常時といはれてゐる」と始まるのは、少し異様な感じがします。『源氏物語』の上演禁止に衝撃を受けて、意図的に「国家非常時」という言葉を選んでいるような印象ですが、どうでしょうか？

中野　まったく同意見です。

今井　一九二四年五月の『国語と国文学』の創刊の辞にも、「世界大戦争は平和人道の意識を盛んならしむると共に、民族自覚を促し国家意識を固うする結果をもたらした」「日本民族の自覚は日本国民性の自覚である」とありまして、「国家非常時」とまで言わなくとも、戦争を意識しながらの国家と文学っていう認識を、ずっと持っていたんじゃないでしょうか。ただ、検閲で引っ掛かる側になるとは夢にも思わなかった、むしろ我こそが国文学を通じ大日本帝国に寄与してゆくのだっていう気概だったと思うので、『むらさき』の方は、検閲に引っ掛かったのを受けての文章だと、私も感じます。

和田　もう少し積極的な言い方をすると、「巻頭言」には「日本文学研究に従事することは、非常時に適しない閑事業などとは夢にも考へない」という一節があって、雑誌の出発時から「国民精神」や「日本精神」にリンクさせることで、紫式部学会の古典普及を守ろうとする戦略にも見えます。

**中野**　そういう感覚だっていう空気を感じたわけですよね、藤村自身が。

**今井**　ずっと前から、日本が列強に伍する一等国であると証立てる「国民精神」「日本精神」を解明するのが国文学研究だと誇りを持って行動してきたのに、それが評価されないで検閲に引っかかったことに、必死に抗議している感じを受けます。

**和田**　藤村の「巻頭言」でもう一つ、特徴的なことがあります。それは「余等」が「現代の婦人諸君」に、「日本文学を通してなさるべき精神的、文化的なる運動を興すことを勧告する」という、上から目線を感じさせる言い方のことです。これは後でお話を伺う「教養」の問題とも直結してきます、ここではその前に、紫式部学会の会員構成や、『むらさき』の読者について確認をしておきたいと思います。

## （2）『むらさき』の読者はどこにいたのか

**和田**　『むらさき』の創刊特輯号に、紫式部学会の「会則」が掲載されています。興味深いのは「通常会員」は女性に限定され、男性は「会友」という括りになっていることです。三カ月後に出る第一巻第一号に「紫式部学会記事」が載っていて、そこに通常会員と会友を合わせた二二七人の氏名が出てきます。性別は記載していないので、正確ではありませんが、男性名と推定されるのはわずか三一人（約一三・七％）しかいません。女性名と推定されるのが一九六人（約八六・三％）で、大多数を占めています。『むらさき』は紫式部学会出版部の発行なので、女性読者を想定して出発した雑誌ということになります。

第一巻第一号の「紫式部学会講座会員募集」からも、同じことが読み取れます。毎週土曜日に開かれる講座には、「都下の女子大学・女子専門学校・高等女学校等の学生・生徒の方々、国文学に趣味を持たれてゐる若い先生方・奥様方・御嬢様方、会社官庁にお勤めの方々」が、参加していると紹介されています。高等教育・中等教育の両方にまたがる女学生と、その卒業生が、講座の主たる対象です。「男子のお方でも、随時喜んで御聴講を歓迎いたします」と、門戸は開いていますが、男性がごく少数にすぎなかったので、この呼びかけが出てくるのではないでしょうか。ほぼ女性だけを対象にしている。つまり「紫式部学会」という名称ではありますが、現在の私たちが連想する学会、つまり研究の前線を形成していこうとする学会とは、異なる性格をもった組織のように見えます。

**今井**　栗山津禰が中心となって開いた女性のための講座がまずあって、その挫折から紫式部学会、学会って名乗ることを思いついたって感じですからね。

**和田**　そうですね、それはかなり大きな問題とリンクしているので、(13)「閉ざされている大学進学」のところでお話していただけるとありがたいです。

読者がどこにいたのかという問題に引き付けると、女子高等教育（女子高等師範学校・専門学校）の女学生に、『むらさき』がどの程度読まれていたのか、示唆を与えてくれる資料があります。実は二〇一七年三月にストラスブール大学とアルザス欧州日本学研究所で、「モダン再考：戦間期日本の都市・身体・ジェンダー」という国際シンポジウムが開かれました。そのときに「一五年戦争下の女学生と、女性教養誌『むらさき』」という講演で使った資料で、重複してしまいますが、フランスでの刊行予定しかないので、紹介させていただこうと思います。

**『むらさき』第1巻第1号（1934年5月）の表紙**

題字は藤村作、絵は松岡映丘。編輯兼発行者は波多野重太郎。発行所は紫式部学会出版部で、住所は東京市神田区神保町二ノ二、巌松堂書店𫝆学社内になっている。𫝆学社は発売所の名称である。大売捌所として、東京堂・東海堂・北隆館・大東館の記載がある。

文部省教学局が一九三八年一一月に行った調査が、教学局編『学生生徒生活調査（下）』（教学局）にまとめられています。そのなかに「平素閲読せる雑誌」という項目があります。まず女子高等師範学校生ですが、五〇六人の回答のうち、読者数が二桁に上る雑誌は一四誌です。多い順に挙げると、①『婦人公論』九八人、②『新女苑』四二人、③『主婦の友』三四人、④『中央公論』三二人、⑤『文藝』二九人、⑥『改造』二六人、⑦『婦人画報』二三人、⑧『文藝春秋』二二人、⑨『婦人の友』二一人、⑩『文学界』一五人、⑪『婦人倶楽部』一三人、⑫『むらさき』一一人、⑫『料理の友』一一人、

⑭『科学知識』一〇人、⑭『短歌研究』一〇人。母数が小さいので、数字上はあまり多くないように見えますが、『むらさき』の読者数は、『新潮』の九人や、『少女の友』の八人を超えています。割合で言うと、女子高等師範学校生の二・二%です。

今井　女子高等師範学校って、当時の女性に公的に認められている最高の教育機関ですから。そこでこれだけ読者が居たっていうのはすごいな。

和田　次に公私立専門学校生三一〇〇人の場合ですが、①『女医界』五〇〇人、②『婦人公論』四九九人、③『新女苑』二七二人、④『主婦の友』二六九人、⑤『中央公論』一四八人、⑥『文藝春秋』一二四人、⑦『婦人の友』一一〇人、⑦『婦人倶楽部』一一〇人、⑨『キング』一〇八人、⑩『婦人画報』九二人、⑪『改造』八七人、⑫『文藝』七四人と続きます。『女医界』がトップなのは、調査対象に東京女子医学専門学校が含まれていたからでしょうね。『むらさき』はその次の一三位につけていて、四四人（約一・四%）です。『令女界』は二七人、『新潮』は二四人で、『むらさき』よりかなり少ないです。これらの資料から判断すると、「都下の女子大学・女子専門学校・高等女学校等の学生・生徒の方々」を主な対象とする「紫式部学会講座」は、女子高等教育の場で、一定の影響力を持っていたと判断していいのではないでしょうか。

今井　なるほど。『むらさき』は女性向けの『解釈と鑑賞』といったところ?　あと、『中央公論』も読まれているけど『婦人公論』がずっと上位ってのが面白いですね。女性は女性向け雑誌をというバイアスを感じます。

和田　さらに「会社官庁にお勤めの方々」（「紫式部学会講座会員募集」）のなかにも、『むらさき』の読者はかなりいたようです。一九三五年三月に日本図書館協会が『職業婦人読書傾向調査』を発行しています。東京市の七大百貨店と簡易保険局に依頼して、前年一〇月に行った女子従業員の調査結果です。対象者の学歴は、高等小学校卒が約三八・六%、高等女学校・実科女学校卒が約五一・一%で、専門学校の卒業生は約一・九%（九〇人）しかいません。愛読誌の項目の回答数は四三三九。『婦人倶楽部』『主婦之友』『婦人公論』などの女性誌が圧倒的に強いのですが、『むらさき』は『中央公論』と並んで一七位に入っています。人数は二四人（約〇・六%）で、『婦人画報』の一三人や、『少女画報』『新潮』の七人と比べて、かなり多い数字です。

今井　官公庁お勧めだと、『中央公論』がかなり後退してますね。女性向け雑誌を愛読という性差が顕著です。

和田　また、公私立専門学校生七四三人が回答した「尊敬私淑する人物」のアンケートがあります。上位五位は、①吉岡彌生一二三人、②九条武子四七人、③成瀬仁蔵四一人、④西郷隆盛三五人、⑤乃木静子三四人です。吉岡は東京女子医学専門学校の創立者、九条は京都女子専門学校の設立者、成瀬は日本女子大学の創設者で、いずれも女子教育の当事者です。この文部省教学局の調査を報じた、『東京朝日新聞』一九三九年九月二五日の記事を見ると、調査対象は、女子高等師範学校二校と、女子専門学校八校でした。東京女子医学専門学校や日本女子大学がそのなかに含まれています。女子教育の当事者が上位に並んでいるのはそのためで、在籍する学校の創立者を挙げたということでしょうか（笑）。紫式部を挙げた人は一〇人いて、一六位に食い込んでいます。『むらさき』創刊特輯号の「紫式部学会会報」は、シェークスピアやゲーテには学会があるけれども、日本の「世界絶無の女流文豪」にはないことを、学会創設の理由に挙げていました。そのような顕彰活動が、効果を発揮したのかもしれません。ちなみに近代の小説家と比べると、林芙美子は九人（一七位）で、夏目漱石は七人（一九位）です。

今井　紫式部、ずいぶん健闘してますね。

和田　紫式部学会の普及活動には、それなりの効果があったということですね。

## （3）女性に求められた「教養」

和田　紫式部学会の通常会員・会友の八割以上が女性であることと関連しますが、紫式部学会が研究の前線を構築しようとする学会ではないとすると、雑誌『むらさき』は何を目指していたのかという問いが出てきます。その問いに答えるためには、同時代の研究レベルと、誌面に載る情報が、どのようにリンクしているのかいないのかを、確認する必要があるかもしれません。

池田亀鑑が写本や版本の異文を研究した成果を、『源氏物語大成』全八巻（中央公論社）にまとめるのは一九五〇年代半ばです。その前段階の『校異源氏物語』全五巻（中央公論社）の刊行も、戦時下の一九四二年まで待たなければなりません。紫式部学会の創立は一九三二年ですから、池田源氏学の基礎が確立される、一〇年近く前になります。

ただ紫式部学会がスタートした一九三二年前後を見渡しても、源氏物語研究のシリーズ本や単行本はかなり出ています。岩波文庫教科書版の『源氏物語』の校訂をした島津久基や、『校註源氏物語』（明治書院）などの仕事をする金子元臣、『源氏物語　桐壺より末摘花まで　口訳対照』（三省堂）をまとめる竹野長次、『源氏物語逐語全訳』六巻（文献書院）を出す吉澤義則らが、研究を進めています。しかし彼らは紫式部学会の立ち上げに関わっていませんし、『むらさき』に寄稿したこともありません。つまり同時代の源氏物語の研究者が、すっぽり抜けているわけです。一九三〇年代の『源氏物語』研究の状況や水位と、『むらさき』に掲載された『源氏物語』の情報は、どのようにクロスしているのでしょうか、あるいはしていないのでしょうか。

**今井**　『校異源氏物語』の刊行は一九四二年ですが、もとは一九二二年に退官し、二七年に亡くなった芳賀矢一の業績を顕彰する記念事業として、『源氏物語』の諸本集成と研究が行われていて、相当な成果があったので、紫式部学会が発足した年の十一月に、東京帝国大学国文学科主催、紫式部学会後援で、蒐集した研究資料の一部を展示する、源氏物語の古写本の展観会を開いています。現在『源氏物語』の最善本とされて、ほぼすべての注釈書の底本となっている大島本が前年、一九三一年頃、突如世に出まして、これとの出会いにより、池田亀鑑は『校異源氏物語』の底本を大島本に変更してすべてやり直したんです。それで『校異源氏物語』の刊行は十年遅れます。そういう意味では偶然ですが、池田源氏学の一番ホットな時期ではあったんです。

ただ、ちょっと面白かったのは、『国語と国文学』は、一九三三年三月から始まった学会消息という欄で、いろいろな大学や専門学校、高等学校などでの研究活動、それこそどんな卒論が出たか、講演会があったかなどを紹介しているのですが、そこに紫式部学会は全然出てこない。万葉茜学会というのは、何回か出てくるのですが、こちらはたった一箇所、写本の展覧会の紹介の部分だけに、「紫式部学会後援」とあります。歌舞伎上演が土壇場で中止になったあと、制作した舞台衣装の展覧会だけ行ったのですが、これについても、「一月九日より三〇日まで銀座松屋にて源氏物語同好会の主催で源氏物語に関する絵巻展図版画衣装等を展覧した」とあるだけで、顚末の説明も「紫式部学会」の名もない。紫式部学会ができたときには、東京帝大の教員が深く関わっていたのにと、やや不思議です。池田亀鑑や藤村作などの後押しというか、知恵で発見した「紫式部学会」ですが、彼らのなかに最前線の研究の場なんて意識はなくて、弁別されているのかなと思います。あるいは舞台中止で、懲り懲りしたのかも。

**中野**　ちょっと一つ、加えていいですか。だから弁別というのと同時に、ある種、都合よく使い分けられているきらいがあって、例えば本学でも最終的には教鞭を執ることになる沼波瓊音、『徒然草』研究でも名高い沼波あたりを中心に大正ぐらいから、いわゆる芳賀矢一の文献学に対して、「つまらない」というものすごい批判が、後で日本浪漫派等にも直結する話ですけれども、文献学はつまらないという批判があって、それへの対処が求められた。それに対するある種のはけ口というか、はけ口というと少し違いますかね、その批判への対応というか。彼らにとって芳賀先生から始まる日本文献学というのはもう確固たるものであり、池田亀鑑につながるわけですけど、それは絶対に必要なものであると同時に、つまらないことをやっているという批判をそらすというか、ガス抜きするというか、いや、こういうこともやっているのだと。教養の大事さ、面白さ、文学の素晴らしさみたいのをちゃんと伝えているじゃないかっていう、『国語と国文学』、あるいはいわゆるアカデミズムと、こういう『むらさき』に代表される教養とっていうのを、藤村や池田たちは、使い分けていたのでというのが、ちょっといやらしい見方ですけど感じるところです。

**和田**　今のお話のなかに出てくる「弁別」という言葉は、二つの世界をかなりはっきりと分ける言葉です。つまりアカデミズムの『源氏物語』研究と、『むらさき』に掲載された『源氏物語』の情報は、内容的にもレベル的にも、まったく違うと考えていいのでしょうか？

**今井**　それがどうなんでしょう（笑）。伝本研究、本文批判など文献学は、象牙の塔と揶揄されかねない、いかにも研究だと思うんですけど、『国語と国文学』には、そういう文献学の成果と思える論文が多数載っている一方で、今の研究者の目から見るとかなり大ざっぱな考察で、教養主義的な匂いの濃いものも多いです。日本精神とまで言わなくとも、それを解明しようという感じ。今の源氏研究では、本文を細かく読むことで全体を論じていく、だから本文批判も重要なのですが、そういう研究ではなくて、内容に踏み込みつつ、印象批評という感じも目につきます。そういう論と、『むらさき』の取り上げ方は、それほど違わないかもしれない。また『むらさき』では、よくこんな作品をというようなマイナーな古典の作品や作家を取り上げていて、『紫式部日記』とか、精密な注釈的読解の連載もある。だから、そもそも当時の東京帝国大学国文科の学問が、文献学と日本精神の解明を目的とする文学史研究の二つの方向性をもっていて、その路線とそこまで乖離していないような。当時の国文学者たちが普段書いてるのを、もうちょっと柔らかく味付けすると『むらさき』になるかなって気がしないでもないですね。

和田　紫式部学会ということで、どうしても話が『源氏物語』に集中してしまいますが、『むらさき』には中世文学についての論もたくさん掲載されていますね。中世文学の場合はどうですか。研究のアカデミズムと、誌面で紹介された情報を比較すると、どのような風景が見えてくるのでしょうか。

中野　いや、正直、中世文学自体が研究っていう点においても、中世文学・近世文学と比べるとやはりそこまで日の目を見ていない部分があって、ちょっと話が時系列的には戻るのですけれども、明治からずっと、やっぱり文学研究は西洋の影響がすごく大きくて、西洋の小説とか、あと、劇、そういうものこそが素晴らしいんだっていう西洋文化の価値観に反映・対応させて、やはり『源氏物語』だとか、他に近松とかですよね。近松が評価されたのも、シェークスピアになぞらえられたからという点があると思うのですが、そういうのと比較すると中世は暗黒の時代だっていう感覚が根強くあって（笑）。中世は武士が支配した野蛮な時代で、文学不毛の時代であるっていうのを強く受けていたわけです。

それが大正になって、震災とかがあって、『方丈記』のような危機の文学とか、あるいは『平家物語』のような死の文学みたいなものの評価が上がる、『平家』はさらに劇作・叙事詩っていう側面が強調されたこともありましたので評価されていくといった感じです。『むらさき』の場合も、『方丈記』や『徒然草』は入試にしばしば出されるので載っているというか、あと、『平家物語』『太平記』あたりの国民的にぐっとくるところを使っているといった感じです。やっぱり『むらさき』の中心は中古と近世で、それはやはり藤村・久松というのがそれぞれ中古と近世の専門家だったというのと対応していて、やっぱり中世、弱いんです（笑）。

今井　ちょっと脱線しちゃうかもしれないですけど、でも教科書って結構、説話とか軍記とか中世の……。

**中野**　教科書もそうですが、やはり受験の問題もあって『方丈記』、『徒然草』は受験に使いやすい、だからつまらないと、芥川龍之介もはっきり言っています。今と変わらないところってあって、『方丈記』とか『徒然草』は受験勉強にはいいよねみたいな（笑）扱いを受けて、合格した後は『源氏』をやろう、近松をやろうと。

**今井**　研究と違うわけですね、学校の教科書はね。

**中野**　やはり違うでしょうね。その危機感が、中世文学をいろんな意味で引っ張っていった部分もあるにはあるのでしょうけれども。

**和田**　中野先生がさきほどおっしゃった、アカデミズムと教養の使い分けですが、『むらさき』の古典を考える場合にキーワードになってくるのは、やはり「教養」という言葉だろうと思います。第一巻第一号に藤村作が、「婦人の教養としての国文学（一）」というエッセイを発表していますね。女性は「結婚生活、家庭生活といふことが先」になるので、男性よりも「豊かな情操の教養」を積む必要があるというのが、藤村の主張です。「家庭生活」における藤村の理想の女性像は明確で、「舅姑の最も勝れた保護者」であり、「夫の最も良い伴侶」であり、そして「子弟雇人の最も優れた教育者」です。それを実現するためには、家事や裁縫だけでは不十分で、「文学に依る情操の教養」を培う必要があるという論理の組み立てになります。古典文学も近代文学も共に、「教養」の必要条件と見なされています。

そう考えると、戦前版の『むらさき』が文学雑誌かと思えるほど、多くの文学者に原稿依頼した理由がはっきりしてきます。興味深いのは、近代文学が国文学研究の柱の一つであるという認識は、この時代には必ずしも形成されていないことです。戦後の一九五八年に刊行が始まる『岩波講座――日本文学史』でも、全八巻に近代文学の巻はありません。近代文学研究が本格化するのは、一九六〇年代に入ってからです。そうすると、次のように言えるのではないでしょうか。東京帝国大学国文科を頂点とする、国文学研究のヒエラルキーから疎外された女性は、古典文学の「教養」を身に付ければ十分ということになります。今井先生の言い方をお借りするなら、「男の学問、女の教養」でしょうか。同じように国文学研究の世界で、まだ市民権を得ていない近代文学も、「教養」の構成要素にすぎません。「教養」として切り取られる古典文学と、「教養」にすぎない近代文学が、『むらさき』の誌面を構成する二つの柱になってくる。そのような認識が、『むらさき』の編集方針を背後から支えているような気がします。

今井　そのお話で風巻景次郎の「文学史の問題」(一九四六年一二月成稿、『風巻景次郎全集』一巻所収)を思い出しました。国文学が戦意高揚に荷担したことへの反省から、国文学の歴史を振り返っているのですが、日本には〈文学〉という概念が育っておらず、国文学は、実に文学を研究していたのではなかった、それというのも近代日本には〈個人〉がなかったからだ、というのが風巻の主張なんですが、そうした国文学のいびつさの証として、明治以降の、彼らにとっての「現代文学」を研究対象としなかったこと、同時代の文学者、作家たちの活動と全く切れていたことを、繰り返し指摘しています。列強に伍する一等国として「わが国にも文学はあるぞ」の対抗意識から、国民精神の華を発見し研究していったに過ぎないというのですね。そういういびつさを抱えた「国文学」とは違うものになり得る部分を、『むらさき』は抱えていた、とも言えませんでしょうか。まあ結局『むらさき』も、雑多な部分をそぎ落としながら、戦意高揚に呑み込まれていきますが。

和田　「教養」というキーワードについて、もう少し補っておくと、第一巻第一号に下田次郎が「婦人の修養」を発表しています。下田は東京女子高等師範学校の教授を務めた人物で、一九三七年に退官します。「良妻賢母」を女性像の規範として掲げた、代表的な女子教育者の一人です。下田は女性の「修養」の目標を、「知識は専門的に深くなくても、多方面に亙り一通りの理解と興味とがあり、人の話が分り又話題に窮しない」ことに求めています。「教養」だから深くなくても十分である。その代わりに、どんな場面でも、人と話を合わせせられる広さが望ましいということですね。この考え方も『むらさき』の誌面構成に関わっています。趣味や娯楽に分類されるジャンルが、記事として数多くあるのはそのためです。

今井　光源氏の教育方針に似てますね。でも『源氏』では、一通り満遍なくなんていくものかって、陰口を言わせていますが。

和田　なるほど。藤村作が創刊特輯号の「巻頭言」で「現代の婦人諸君」に対して、「日本文学を通してなさるべき精神的、文化的なる運動を興すことを勧告する」と述べた、上から目線は、紫式部学会の役員構成にも表れていますね。第一巻第一号の「紫式部学会記事」で役員一覧が紹介されていますが、会長は藤村、講師は久松潜一と池田亀鑑の二人で、東京帝国大学国文科の教官で固めています。その次に「理事兼「むらさき」編輯委員」として、女性が八人並びますが、編集実務の担当ということですね。

**今井**　リーダーは男性で、女性はその助手ってやつ。

**和田**　はい、そのうちの一人が奥野昭子で、一九三七年一〇月の臨時増刊「少女文芸号」に、「教養としての古典を」を発表しています。王朝時代の「上流婦人」は、「手蹟が立派なこと、音楽に堪能なこと、文学に理解を持つこと」が理想だったと述べ、それらは女性の「教養」として、今日でも求められると書いています。つまり「実際的な家政」や、茶道・華道のような「お稽古事」は、大切ではあるが、それだけでは物足りないというのです。これは藤村作が「婦人の教養としての国文学（一）」で主張した、「教養」の考え方の反復です。このような考え方に基づいて、『むらさき』の編集作業が進められていったのではないでしょうか。

**今井**　そうですね。おおむね賛成なのですけど、ちょっと補足すると、稲垣恭子『女学校と女学生　教養・たしなみ・モダン文化』（中公新書、二〇〇七年）や小平麻衣子『夢みる教養』（河出書房新社、二〇一六年）などに、「文学」が「良妻賢母」の現場で危険視されていたと載っています。小平さんは本書でも「教養」について書いて下さっています。家から逸脱する恋愛とかを教えてしまう文学ということですね。また、『夢みる教養』には、良妻賢母教育とは違う、読者により「人格を育てる」教養主義教育などという講話を、東京女子大学の創立者、新渡戸稲造から吉屋信子が聞いて、非常に感銘を受ける、なんて話も出てきます。ただ思うのは、小平麻衣子さんが繰返し書いておられますが、男性の「教養」は、帝国大学に代表される国家のための高等教育があって、それの補完としての人格主義に基づく「教養」、あるいはマルクス主義からの批判に曝され、治安維持法下での挫折を経て広く職業と結びつく知識、社会と繋がる「教養」、日本精神みたいのですが、が見直される、それに対して女性は高等教育が閉ざされていて、その代替としての「教養」であり、だから結局は、高等教育を受けた男性から供給される、許され与えられたものという憾みがどこかあるということです。女学生に良妻賢母教育が禁じたさまざまな「文学」を、女学生の、高等教育を受けている兄だったり婚約者だったりが、供給する。特に経済的に豊かな階層の女性たちを彩るものとしての「教養」で、職業や自立に結びつかない。そういう、男性の「教養」とは違う女性固有の「教養」の問題がある。

## （4）「母性」探しの旅——古典文学の女性像

和田　もう一つ、『むらさき』のコンセプトを考える際に、キーワードとなる言葉があります。それは「母性」という言葉です。『むらさき』は一九三五年七月号で「母性の文学」を特集し、一九三六年六月号で「内外文学に現れたる母性」の特集を組みました。二つの特集を読みながら、大学院生の頃に手に取ったエリザベート・バダンテールの『プラス・ラブ——母性本能という神話の終焉』（一九八一年、サンリオ）という本が、記憶の底から蘇ってきました。フランスのアナール学派の歴史家であるフィリップ・アリエスに、『〈子供〉の誕生：アンシァン・レジーム期の子供と家族生活』（一九八〇年、みすず書房）という大著があります。「子供」を自明の前提と考えるのではなく、社会のなかで歴史的に形成された概念であることを、膨大な一次資料を通して明らかにした本です。この本の印象が強烈だったので、同じ頃に出た『プラス・ラブ』にも手を伸ばしたのだろうと思います。バダンテールはアリエス

「母性の文学」の特集を組んだ『むらさき』1935年７月号の表紙

エリザベート・バダンテール『プラス・ラブ—母性本能という神話の終焉』（1981年12月、サンリオ、鈴木晶訳）

の歴史学の系譜に連なる哲学者です。「子供」と同じように「母性」を、聖域から引き離して、その神話性と歴史性を明らかにしています。

**今井**　「母性」が、いつどの時代にも同じように存在するなんて無いですしね。

**和田**　バダンテールの『プラス・ラブ』を想起したのは、「母性の文学」の特集が一生懸命に、「母性」探しの旅をしているように見えたからです。この特集は、古代・中古・中世・近世・近代の、文学と「母性」の関わりを明らかにしようとしています。特集のリード文的な役割を果たす藤村作「女らしき母親」は、「女らしさの優しさと温かさ」を、「良妻賢母」の属性と捉えています。

**今井**　要するに、母は優しく温かいっていうこと。で、そんな母が古典文学のなかに描かれているか探す企画ですね。

**和田**　特に一生懸命さが伝わってくるのは、菊池うた子「王朝女流文学と母性」です。最初に「母の愛は永遠の愛で、最も高く清い愛」と歌い上げ、「こうした母性的な心は、すべて女の心である」と規定したうえで、「母性」探しの旅を中古文学の世界で始めます。つまりアプリオリに「母性愛」に価値を与え、それにふさわしい材料をピックアップするという論理の組み立て方です。菊池は『蜻蛉日記』の道綱の母と、『源氏物語』の明石上を、その例として引いてきます。しかし論理を構成するうえで、都合が悪い例は、無視するしかありません。中古文学で描かれる女性像は多様ですが、「母性」についてて、今井先生から何かコメントがありますか?

**今井**　まず、『蜻蛉日記』。確かに作者は道綱という息子の母ですけどね。夫との関係の、取引に息子を使っているような場面が多々あって、またその愛が息子にとっては重いんです。有名な鳴滝籠りの場面では、意地を張って山寺に入った母と、物忌み中を押してわざわざ迎えに来た父兼家、山寺に入れなくて麓の門の外に居るわけですが、その父との間を何度も往復させられて、道綱は、最後に父と一緒に自分も帰ると言い出すんです。あの辺の道綱母の心と、兼家と、道綱と、読むにつけて、「母性」は一筋縄でいかないぞって思います。それから『源氏物語』は、近年、親子の関係から読まれるようになってきまして、たとえば浮舟と母の中将の君の親子関係などは、人生に挫折した母親が過大な期待を背負わせて娘の人生を追い詰めていくというか。そういった複雑な母親と子供たちの関係がいくつも描かれていまして、明石の君の母性愛っていうのも、そうすることで一族の野望というか、要するに源氏の下に戻さないと娘の未来が開けないっていうのは娘のためだけでなく、その娘を持つ一族の望みでもある。そう読んでいくと簡単に「母性」は、美しいものとか、永遠のものとか、とても言えないって思わせる母親の姿が、あちこちに出てきます。実母以上に乳母《めのと》が養育に深く関わる時代ですし、「母性」なんて価値観ないですから。ですので、そんな平安文学から「母性」を探すのは苦労したでしょうね。

和田　成蹊高等学校教授を務めた中世文学者の阪口玄章や、戦後に白百合女子大学教授になる近世文学者の鶴見誠の場合は、もう少し「母性」に距離をおいて見ようとしていますね。阪口のタイトルは「戦記物語にゑがかれた母性」で、「母性」という言葉を使ってはいますが、『保元物語』から『平家物語』に至る「母性」には仏教思想の裏付けがあり、『太平記』になると武士道思想が根底をなすと指摘しています。「母性」を普遍的なものではなく、時代と文化圏のなかで形成されるものと捉えているようです。鶴見の「近世の文学に現れた母性」の場合は、「慈悲深い母親」もいれば「貪欲残虐な母親」もいる（笑）、「女丈夫型」の母親も登場すれば「継子責めをする母親」も登場する（笑）というように、「母性」の規範性をはぎ取ったリアルな言説になっています。中世から近世にかけての文学における、母親の形象化について、何かお話はありますか？

中野　中世・近世に関しても現在の研究水準から考えれば今井先生がおっしゃっていることに付け加えることはないのですけれども、一つ、引っ掛かるのは、このような、特に母親や女性への規範の押し付けっていうのは、ある種、とても国学的だなとも感じます。藤村の専門が近世だったことと絡むのでは、という指摘もありますが、藤村だけでなく、いわゆる明治以降の国文学研究自体が、近世の国学の継承という性格を持っていて、いわゆる『女大学』的なニュアンスがやはりあって、藤村たちにとっては自家薬籠中の物だったのかもなと思います。ただ、これもまた後ほど出てくると思うのですけども、もう日本浪漫派あたりになるとまったく違うステージに一段上がっていってしまうので、それはまた後ほど。

和田　分かりました。「母性」については約一年後の一九三六年六月に、「内外文学に現れたる母性」という特集が改めて企画されています。この号の「巻頭言」は、藤村作の「妻は強し」

です。まだ二・二六事件の記憶が生々しい頃で、皇道派青年将校が率いる部隊に襲撃された、大臣の妻たちの振舞いを、藤村は称揚しています。妻たちの「偉さ」は、「純然たる家庭婦人」だったことに起因すると述べ、「一生を家庭に捧げて、夫に盡くし、子供に盡くして満足するの心構へが大切」と諭しています。藤村の考え方に基づいて企画されたのなら、文学の「母性」の形象化を読み取る特集ということになります。多くの執筆者は、その方向で努力したのでしょうが、このときの「母性」探しの旅も、企画側の意図と、執筆側の結果が、必ずしもかみ合っていません。

今井　そりゃそうです。平安時代に「母性」なんて考えはないし。「母性」への異様なこだわりから逆に、『むらさき』の時代の価値観や、古典文学とかに求めていたものが窺えますね。

和田　関みさをは東京府立第一高等女学校の教諭で、『源氏物語』を中心に研究していた国文学者です。さすがに菊池うた子のような「母性」讃歌とは異なります。弘徽殿の大后や、式部卿宮の北の方を、『宇津保物語』や『落窪物語』にも登場する在来の「継子虐め型」女性と、「母性探求の旅（源氏の母性）」で捉えています。そのうえで紫式部が在来型だけではなく、理想としての「新しい継母の典型」を描こうとしていると述べ、「新継母道の樹立」という言い方で、企画との折り合いを付けようとします。

今井　無理やりですね。『源氏』だと、継子物語を明石姫君に「与えない」場面があって、理由は、継母は虐めるものって目で子が継母を見るようになると、うまくいくものもうまくいかなくなるから。その意味ではむしろ継母とうまくやるための「継子道の提言」って読むこともできます。

和田　一読して思わず笑ってしまったのは、浦和高校教授の藤田徳太郎の「お伽草子に現はれた母性愛」というエッセイです。『源氏物語』や国学の研究者ですね。藤田は御伽草子を割り当てられてしまいます。そうするとどうしても継母の継子苛めの話がたくさん出てきます（笑）。この系譜の作品のパターンは、勧善懲悪、因果応報の結末になることです。逆の言い方をすると、因果応報譚で教訓を提示しなければならないほど、継子苛めをする継母がいることになります。藤村作が提唱する理想的な女性像から、実在の女性は大きく隔たっているということを、読者は意識せざるをえません。

今井　逆効果ですね（笑）。

和田　二松学舎専門学校教授だった塩田良平は、戦後に日本近代文学館の第三代館長になったことから分かるように、多くの近代文学研究書をまとめています。同時に『平家物語』や『枕草子』の本も書いていています。この特集では黙阿弥を割り当てられました。黙阿弥のモラルが、大義のために犠牲を払わなければならないという簡単なものだったため、女性の人間性の強調より、犠牲を厭わない「母性」の強調の方が、物事が簡単に片付くと述べています。言い換えると実際の女性は、「母性」に収斂するような、簡単な存在ではないということですね。依頼されて書いた原稿が、企画者の意図を裏切る結果になる特集なんだなあと、読みながら思っていました。

## (5) むらさき出版部の単行本

和田　女性教養誌『むらさき』の活動の一環として、むらさき出版部（巖松堂むらさき出版部）の単行本にも簡単に触れておきたいと思います。雑誌の編輯委員が単行本の編集に関与したかどうかは分かりませんが、むらさき出版部からは、数十冊の単行本が出ています。一九四五年までの単行本で、現在まで私が確認できているのは、二八冊です。出版時期が早いのは、池田亀鑑『古代抒情詩抄』で一九三五年五月です。この本は、記紀歌謡や万葉集のアンソロジーですね。池田は前年に東京帝国大学助教授になっています。

出版時期が遅いのは服部直人『青春の古典』で一九四四年三月です。戦前の『むらさき』の発行は、この年の六月までなので、雑誌の発行期間と単行本の刊行期間は、時期的にほぼ重なっていたことになります。『青春の古典』には、「光源氏」や「宇治の物語」の章もあります。

今井　えーっと、『古代叙情詩抄』。非売品なんだ。何にも注釈とかなくて、ただ『記紀歌謡』『万葉集』の本文だけが載ってるだけ。作者名も、題詩とか、『記紀歌謡』ならその歌謡が出てくるまでの話とかも記載がない。

和田　アンソロジーです。ただ、最後に少し文章が入っていませんか？

中野　ああ、ここだ。本当に少しだな（笑）

今井　池田亀鑑が、どのように『万葉集』に親しんだかが書いてあって、だから池田先生がこの歌を選ばれたんだっていう感動はあると思いますし、非売品だから、そういう意味で興味をもつ人にのみ配布したものかもしれませんが、本としてはこれで読んで分かる読者がいる?っていう。つまり他に『万葉集』『古事記』の詳しい注釈書とか見ていて、学んでいて、相当知識がある人じゃないと、読めない。相当に不親切な本です、これは。

**和田**　読者層をどう想定するのかが、雑誌の場合と少し違っていたのかもしれませんね。少なくとも高等女学校の生徒に向けた本ではないですよね。

**今井**　おっしゃる通りです。また、『青春の古典』ですけど、服部は國學院を出た歌人ですが、この本『源氏物語』より圧倒的に『万葉集』に詳しい。全13章のうち「光源氏」「宇治の物語」だけ、あと「伊勢の男」なので。また人麻呂とか赤人とか憶良とか著名な歌人を扱わず、有馬皇子や大津皇子とか物語にまつわる歌人が中心。家持だけ載るのは防人の歌や「海ゆかば」「族(うがら)を諭す歌」を扱えるからかな。最初が「史詩と青春」という章で、「常民の史は…国民の精神である」とか書いてる。国民国家を統合する精神の表れとしての国文学で、むしろ『万葉集』が大事なのかしらと。『源氏』を取り上げた2章では、光源氏の章の方が面白いですね。源氏の生涯は贖いを根底にもつ道心って言うんですが、大罪を犯しているわりに罪の意識が低い。小説と違って一貫した性格描写はない、その時代の聖心の表れ、と繰り返し述べて、「神の子としての」、とか、「水べの」とか、折口信夫の影響を感じさせる批評があちこちにある。個人の性格(キャラクター)論ではなく、戦後の「色好み」論に近い目がある。驚きました。あと紫式部一人の手による作じゃないって書いていて、そうしたら日本の誇る天才作家って紫式部学会のコンセプトに反しそうです(笑)。

**和田**　単行本の著者を、いくつかのグループに分けると、編集方針が少し見えてきます。数の上で圧倒的に多いのは小説家で、石坂洋次郎・円地文子・中山義秀・林芙美子・真杉静枝・室生犀星の六人です。このうち円地と中山は二冊ずつ出しています。次に多いのは詩人と歌人で三人ずつです。詩人は佐藤惣之助・深尾須磨子・山之口貘で、歌人は今井邦子・生方たつゑ・服部直人です。今井は冊数が圧倒的に多くて、五冊まとめています。俳人は荻原井泉水一人です。ここまでの一三人が実作者ということになりますね。

**今井**　この作家のチョイスには何か傾向ありますか。まだ作家としては新人だとか、古典文学を扱った作品を得意とするとか。円地については、本編で、『むらさき』での連載小説は著作集に所収していない作家修業期の作だとか、

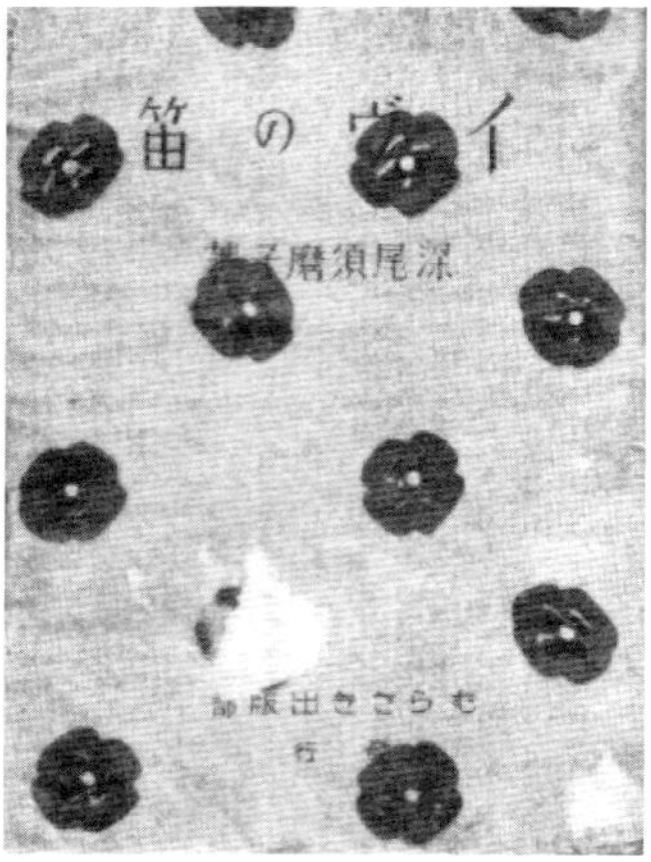


**深尾須磨子『イヴの笛』（1936年5月、むらさき出版部）の箱**
パリ生活に取材した詩と、ラジオで放送した物語を収録している。

その割に刺激的内容だとか分析されていましたね。犀星なんかはもう巨匠だったでしょうけど。

**和田**　特に傾向はないようです。出版メディアのなかで、むらさき出版部が一時代を作るというような、特徴のあるラインアップではありません。生方が今井のお弟子さんだったように、人間関係のつながりで、出版が決まったのではないでしょうか。年齢にも幅があります。今井・佐藤・深尾・室生は四〇代の終わり頃の一冊です。読者の目線で見ると、円地や中山や真杉は新鮮な印象だったかもしれません。

少し変わり種なのは、禅宗関係者の東野金瑛と、『むらさき』の編集長を務めたらしい小笹功です。山之口獏の最初の詩集が『思弁の苑』（一九三八年、むらさき出版部）で、山之口は「声をあげて泣く」（『東京新聞』一九五四年一二月二七日）というエッセイで、刊行時のことを回想しています。巌松堂の編集長の小笹が、詩集をまとめてくれますが、初めての詩集ということもあり、印税を手にして、声をはりあげて泣いたそうです。詩集にも印税を出していたことが、この回想で確認できます。他に短歌関係の仕事をしていた淵脇義雄の本と、雄松堂書店が編者を務める本があります。

**今井**　割合に詩を大事にしていたということですか。小笹功という人も詩人？

**和田**　文学者として名前が残っている人ではないと思います。残りの三人、池田亀鑑と岩田九郎と藤村作が研究者です。岩田は『古今名句鑑賞』（一九四一年、むらさき出版部）を出した時点で、学習院の教授になっています。芭蕉の研究者です。この人の名前を見て、少し驚きました。一九三七年当時は学習院中等科の国語の教師をしていて、入学してきた三島由紀夫少年の文才を、清水文雄よりも先に認めた人です。去年だったでしょうか、笠間書院から清水の日記が出ていますね。

**中野**　戦中日記ですね、出ましたね。前田雅之さんの解説が、載っていました。

**和田**　そうですか。あの本のなかに、岩田九郎のことが出てくるのではないでしょうか。

**中野**　繰り返し、登場しますね。

**和田**　清水文雄は岩田九郎の後任です。

**中野**　戦中日記には、岩田の学習院中等科長就任の顚末などが記載されていますね。もちろん、三島のことも記載があります。

**和田**　それ以外は、東大の藤村作と池田亀鑑だけですから、単行本の著者のなかで、研究者は非常に少ないことが目立ちます。しかも藤村と池田という、『むらさき』の中枢部の研究者だけですね。

**今井**　『むらさき』はやはり学術研究誌じゃなかったんでしょうね。栗山津禰が『紫式部学会と私』（一九五九年、表現社）で、『むらさき』のお陰で思いがけないさまざまな人と交流できた旨の回想をしていますが、どういう伝手で、どのような人に原稿を依頼し、本を出版していったかを考えると面白いですね。決して国文学研究者中心じゃないし、小林栄子とか、この頃知られていた女性の国文学者に近しいわけでもない。小林の著作は『国語と国文学』に書評が載ってるのに、です。

## Ⅱ　女学生と少女

### （6）『むらさき』の少女雑誌批判――「少女文芸号」

**和田**　第Ⅰ章の「女性教養誌『むらさき』の「教養」と「母性」」でだいぶ時間を取ってしまいました。ここから第Ⅱ章の「女学生と少女」に入っていきます。この章は近代の話が多くなりますが、恋愛小説や同性愛の節では、古典文学も絡んできますので、いろいろとお聞かせください。

**中野**　あと、古典教育とも絡むと思います、少女は。

**和田**　そうですね、古典教育の問題は、第Ⅲ章で集中的に議論する予定ですが、第Ⅱ章でも必要な場合はお話しください。最初は『むらさき』の少女雑誌批判」で、「少女文芸号」を扱います。

**和田**　「女学生」という概念と、「少女」という概念は、重なり合いながらもずれています。そのずれを際立たせることは、『むらさき』の戦略の一つだったように見えます。その戦略がはっきりと現れるのが、一九三七年一〇月に出た臨時増刊の「少女文芸号」です。この号に、「少女雑誌批判」として、神近市子「余りにも感傷的な少女の読物」と、百田宗治「指導性を要求する」が掲載されています。神近は女子英学塾在学中に『青鞜』に参加した女性で、『現代婦人読本』（一九三〇年、天人社）など、女性のあり方について

1937年10月に発行した『むらさき』臨時増刊「少女文芸号」の表紙

の著書・訳書をすでに数多く出しています。原稿依頼を受けた神近が、手に取ってみた少女雑誌は、『少女画報』『令女界』『少女の友』『少女倶楽部』の四誌です。読者や傾向は、四誌で異なります。読者が最も年少なのは『少女倶楽部』で、小学生から高等女学校の低学年くらいでしょうか。年齢が高いのは『令女界』で、高等女学校の高学年から専門学校生までカバーしています。少女イメージと関わる画像も、それぞれ特徴があります。『少女画報』は高畠華宵、『少女の友』は中原淳一、『令女界』は蕗谷虹児が、表紙絵を担当していました。しかし神近は四誌が「大同小異で、個性といふものを全く持つてゐない」と切り捨てています。同性愛や異性愛への憧憬、映画・美容・ファッションの情報、読者の投稿欄のどれを見ても、「感傷の浪費」に走っていると、神近の目には映ったようです。

詩人の百田宗治の少女雑誌に対する視線も、「感傷」を批判のポイントにしている点で、神近市子の視線と重なっています。掲載される「美しい物語」や「かなしい小説」は、「架空の感傷性」しか形成せず、さらに「現実の生活性」を阻んでいるという見方です。

**今井**　いわゆる「おセンチ」ですね。「おセンチ」は『日本語俗語辞書』だと「昭和初期の女学生が使ったのが始まり」だそうで、周囲からそう見られるだけでなくて、女学生自身が自分たちの特権として感傷性を大事にしていたってことでしょうか。稲垣さんの『女学校と女学生』の「女学生の手紙の世界」の章、「思い出共同体」など読むと、おセンチ文体を誇らし気に操り、手紙をやりとりしている感じです。

**和田**　このような批判は、神近市子や百田宗治の単なる個人的見解ではありません。「少女雑誌批判」という枠組みは、編集部が用意したものですから、『むらさき』の立場表明と読むことができます。さらに同じ号の「女学生と文芸について」に出てくる意見とも共鳴しています。たとえば高木富喜は「少女読物について」で、高等女学校時代に少女雑誌の「価値の低さ、浮薄な内容」を、先生から指摘されたと回想しています。少女雑誌の「浮薄な内容」の対蹠に位置するのは、先生が教壇で読む、与謝野晶子などの近代文学と、『金槐集』『新古今集』などの古典文学という構図です。つまり『むらさき』が編集する、近代文学・古典文学の「教養」になるわけです。

**今井**　『金槐集』なんて随分マイナーな選択なんですね。『万葉』っぽい響きの歌だから？　また『青春の古典』みたいに国民国家につながる『万葉集』ではなく、『新古今』なんですね。古典和歌の本流は定家の子孫の二条派だったから、男性は『万葉』でも女性は『新古今』を学べ、なんでしょうか。

**和田**　少女雑誌との差異付けという意味で興味深いのは、『むらさき』と吉屋信子の関係です。吉屋がこの雑誌に登場するのは、一九三五年八月と一九三六年五月の二回しかありません。前者は今井邦子の作品集『和琴抄』（一九三五年、むらさき出版部）についてのエッセイで、後者は座談会です。少女小説の依頼は行わなかったようです。また「少女文芸号」の後は、吉屋の寄稿はまったくありません。ところでこの「少女」という概念は、いつ頃から登場するのでしょうね。

**中野**　個人的にそこで興味深いのが、大正デモクラシーの頃の教育の問題です。垣内松三が『国語の力』を出したのも昭和に入ってすぐだったと思いますが、国語教育って何を教えるのかという問題です。まずは実用的な書く力を身に付けさせることなのだっていう国語教育と、文学を読んで教養ある人間に育てようっていう教育と、二つの方向性があって、大正デモクラシーから昭和初期というのは、まさにその教養の方が力を持った時代です。

その頃、同じように国語教育だけではなくて教育全体にあったのが、いわゆる童心主義というのですか、童の心、子どもは純粋な心を持っていて、というような、子どものその純粋な心を自由に伸ばすのが良いのだというのが大正の教育、まさにデモクラシー教育だった。少女の問題も、子どものそういう側面を強調する時代がつい一〇年前にあって、その教育を受けた子供たちがちょうど一〇代に差し掛かる頃に、いわゆる少女雑誌が注目を浴びるというのは、時代的には分かる気がします。「少女」がいつ頃からかというのは、調べておきたいと思います。

**和田**　いつ頃から登場し、どのように変容するかというのは、難しい問題ですね。

**中野**　国語の教科書にどんどん文学作品が載るようになる、読本という形で。物語を読んで、それが子どもの心を育てる、人間としての涵養になるのだというようなのが、大正時代から出てくる。それまでは何だかんだ言って読み書きをこそ教えるのだという国語教育観だったわけですけど、大正期に入って変わってきて、それがこういう少女雑誌を産む土壌となった。ただ、やはり注意しなければいけないのは、少女雑誌は少女雑誌で結構、受験対策とか載せているわけです。東京高師の先生のポイント解説みたいなの、まさに今の学習参考書みたいな感じになっているわけです。

　話を戻しますが、読本のほうでも、やはりこの時期は文学寄りですし、そこをさらにこちらから見るのが『むらさき』かなという気がします。『むらさき』から見れば少女雑誌って軽薄、それは、これもまた先ほどの藤村の話とかぶってしまいますが、『むらさき』の戦略、先生がおっしゃったように戦略で、当時、そういう批判が既にあるわけです。大正デモクラシーが挫折して、こういう少女雑誌というのは少女を浮つかせるものだと。その浮つかせる先に、女性の人権の問題みたいなものも関わってくる、女性の独立・自立みたいなものを抑え込もうとする、ここからどんどん大きくなってくる昭和の保守派の時代だと思うのですけれども、そういう世間の「少女雑誌はよくない」という批判をうまく使っている気が、言葉が悪いけど空気読んでいる気がして、それは差別化とも関わるのかな、と。

**和田**　中野先生がおっしゃったのは、大正デモクラシーを背景に、一九一八年七月に『赤い鳥』が創刊された頃の話ですね。『赤い鳥』は近代児童文学を確立させた雑誌と捉えられていますが、近代的児童観の成立と切り離すことができません。フィリップ・アリエスがフランス近代の「子供」観の成立を明らかにしたように、日本の「児童」や

座談会の様子

「子供」という概念は、自明の前提ではなく、時代と共に変容しています。「少女」という概念も同じだと思います。少女雑誌は明治時代にもあって、『少女世界』『少女の友』『少女画報』が創刊されたのは明治です。でもその時代の「少女」は、一九三〇年代の「少女」とずいぶん違うような気がします。平安時代には「少女」に該当する言葉はないのでしょうか？

**今井**　七〜十三歳ぐらいと考えると、年齢としては「姫君」が当たるけれど、年齢だけじゃなくて階層の問題が入ってきますね。「童《わらは》」も、要は「女童《めのわらは》」という、姫君のお話相手として出仕している、侍女の一種だけど成人前の少女ですが、これも年齢だけでなく階層の問題。

**中野**　子どもだろうと思うのですけど、これは黒田日出男先生に研究の蓄積がありますが、七歳までの子どもは大人と明確に区別されていたということが、日本の中世だったらありますね。

**和田**　たとえば「をとめ」という言葉のニュアンスはどうですか。語義に幅がありますが、童女の意味もありますよね。それから七歳というのは……。

**中野**　七歳以前の犯罪は問わないとか、いろいろ年齢の区切りも現在と違う。

**和田**　どうして七歳が区切りになるのでしょうか？

**中野**　「七歳までは神のうち」という成句もありますよね、ただこの成句は近世以降、ある種恣意的に広められたものので、昔はなかった、という議論もあるのですけれど、確かにたとえば子どもって神の示現であり、仏様も神様もこの世に姿を見せるときは、たいてい子どもか老人の姿なわけです。その区別が七歳なので、七歳まではやはりある種、大人じゃないという、まともな男性ではないという、「まとも」っていう存在に対する周縁の存在として子どもが説明されているなという感じです。

**和田**　中世の説話で、夢の中に童子が現れるというのはそういうことですね。

**中野**　そう、だから子どもなんです。それかおじいちゃん、おばあちゃんで。昔話では『竹取物語』もそうですけれども、おじいちゃんが竹を切るのは、やっぱりおじいちゃんと子どもはそういう、生殖とか、いわゆるまともな大人という範疇からは疎外されているからで、『竹取物語』のおじいちゃんが二〇〜三〇代ぐらいだったら、ちょっと恋に落ちそうなわけですから（笑）。

そう考えたときにやはり子どもというのが、中世とかだと明確に区別されているなという感じはします。烏帽子もかぶらないしね。そもそも、ここは今井先生にうかがいたいのですが、中古・中世期において、七歳以前の子どもには、男女の区別自体そこまで明確に問われていなかったのではないかな、という。

**今井**　見た目が分からないんじゃないかってよくいわれますよね。

**中野**　同じ格好させるわけですね。

**今井**　そう。短い切り袴に、上は短めの着丈の袿《うちき》かな、それを着ている。

**中野**　だから極端な話、安徳天皇女性説が出たりするわけですよね。みんな、童髪《わらべがみ》（放ち髪）で同じだから。その後、元服したときに性別に合わせて装束や髪型がそれぞれ変わっていく、という。

**今井**　『とりかへばや』っていう作品について、よく学生に言われるんですけど、なんで最初、分かんないのって（笑）。あれは少年も少女も同じような格好をしてるんです。で、元服すると男女は明確に違う格好になる。あと、成人式前だけど出仕、つまり公的な場に出て働くというか行儀見習いみたいなことをする。男児だと殿上童《てんじょうわらは》、女児だと女童。その場合は、男児は直衣《のうし》に指貫《さしぬき》で角髪《みづら》を結う、女児だと汗衫《かざみ》に長袴を着けたりして、視覚的に明確に男女の区別を付けます。

**中野**　和田先生がご専門のところだと思うのですけれど、子どもの中で男女が性差をより強調していくというのが、どこか近代的な気が、僕にはとてもします。それを古典に当てはめようとしているのだとしたら、やはり『むらさき』、藤村たちがやろうとしていることは、古典の研究者から見るとかなり違和感がある、今日の目から見ると、ということですけれども。

**和田**　『むらさき』が意図していたのは、同時代の少女雑誌から自らを差別化することですね。少女雑誌の主たる読者が、高等女学校や小学校高学年の生徒であるのに対して、『むらさき』のメインの読者は専門学校生より上の年代の女性だと思います。だから少女雑誌を批判することで、読者をあるべき女性像に導いていくという意図を感じます。

**今井**　男子と同じ『中央公論』『文藝』なんかも実は結構読んでいる、女子の教養ある人々がメイン読者。今なら「意識高い系」。そこに男子とは別の女性向け総合教養雑誌を与えちゃう、女性も与えられたのに誇りを持って読んじゃう。まあおかげで『むらさき』が成り立つんですが。

**和田**　『むらさき』の「少女文芸号」が出る一九三七年一〇月は、日中戦争開始の三カ月後です。百田宗治は「架空の感傷性」を批判することで、「現実の生活性」に価値を見出そうとしました。しかしその「現実の生活性」は次第に、戦争色に覆われていきます。もちろんそれは少女雑誌でも変わりません。一例として『少女の友』一九三八年一〇月号を取り上げると、表紙は中原淳一「秋空晴れて」が飾っています。断髪に洋装の少女が、大きい瞳で夢見るように、やや上を見つめている絵です。ところがこの雑誌のグラビア頁には、「イタリーの子たち」の写真と、「戦時下東京女学生生活」の写真が載っています。イタリアは一九三七年一一月に日独防共協定に参加したので、当時の日本の「盟邦」になります。前者には、ムッソリーニの写真や、イタリア少女隊進軍の写真が含まれています。後者は、府立高等第五高等女学校・第六高等女学校の生徒が、農業や養蚕の勤労作業にいそしむ写真です。

　中原淳一の少女像と、勤労作業にいそしむ女学生の写真は対照的です。少女雑誌の誌面で、両者がせめぎあっているわけです。つまり百田が主張する「現実の生活性」を志向しようとすればするほど、国策協力に呑み込まれていくしかない状況が訪れています。そう考えると、有用性がないため、「浮薄」と退けられて

**『少女の友』1938年10月号で、表紙は中原淳一「秋空晴れて」**

同誌の編輯局は実業之日本社内におかれていた。この号には、川端康成・西條八十・村岡花子・吉屋信子らが執筆している。

**『少女の友』1938年10月号のグラビア「戦時下の東京女学生生活」の写真**

東京府立第五・第六高等女学校の生徒が勤労作業で、玉ねぎやカボチャを農園で作っている。

も、「現実」とは別の仮想世界に帰属しようとした、少女雑誌の読者の気持ちに寄り添いたくなります。

**今井**　先ほどの「母性」の話でも思ったんですが、有用性を求めないただの「文学」、『むらさき』では古典文学ですが、有用性に拘らなければ、なかなか面白い人間の真実が出てくるんですよね。良妻賢母なんてまやかしだ、とかね。だけど『むらさき』は、男性に上から与えられた眼差し、「架空の感傷性」を批判し有用性を志向していたから、国策協力に呑み込まれてゆくわけですね。

## （7）恋愛小説・同性愛の規制

**和田**　高木富喜が「少女読物について」で回想した、高等女学校の先生の話、つまり少女雑誌の「浮薄な内容」には意味がなく、近代文学や古典文学には価値があるという、二項対立的な設定が、戦時下の社会や高等女学校で、いつまで通用したかは疑問です。近代文学や古典文学の全体性が、そのまま許容されていたわけではないからです。

**今井**　その転機はいつごろですか。

**和田**　一九三八年九月六日の『朝日新聞』夕刊に、「貞操軽視の小説、断じて不可――三十雑誌社と懇談」という記事が出ています。記事によると戦時下の国民精神作興を図る目的で、内務省図書課が九月五日に、総合雑誌・婦人雑誌・大衆娯楽雑誌の代表者約三〇人を招いて、「社会風教等の見地」から、以下の内容を一新するように指示を出しています。一新すべき内容のなかに、「若い女が多数の男と関係する」恋愛小説や、「姦通等を興味本位に取扱つたもの」、さらに「心中、越境事件を煽情的に描いたもの」「同性愛を讃美したもの」「女学生の用語として君、僕、姉御等を使用」したものが含まれています。「姦通」という言葉からすぐに想起されるのは、『源氏物語』の藤壺や女三宮です。そのくだりは、どうすればいいのかということになりますよね（笑）。

**中野**　たいていの王朝文学は駄目となりますね（笑）。

**今井**　全部、駄目ですよね、はい（笑）。

**和田**　研究の世界では許可するけれども、一般人が読む場合は不許可という弁別は、可能かもしれません。しかし現代語訳や注釈は、一般人に含まれる女学生の目に触れることになります。そのあたりはどう対応していたのでしょうか？

**今井**　本編の「紫式部学会と雑誌『むらさき』」で言及がありますが、『むらさき』の『源氏物語講座』では、そこは原文だけで現代語訳を省略する。
中野　飛ばす。
今井　そうです。谷崎潤一郎の現代語訳もそこのとこだけ、訳さない形で出版したという。有名な話ですよね。
和田　たとえば平安後期の『とりかへばや物語』は、作品全体のコンセプトが「取り替えたいなあ」というタイトルに現れています。男装の女児と、女装の男児が織り成す物語ですね。そうすると部分的な対応では無理ですよね。この作品の現代語訳は当時出ていたのでしょうか？　内務省図書課の基準に照らすと、全体が「一新」の対象になるような気がしますが。
中野　やはり、扱ってないのではないでしょうか。『とりかへばや』をはじめ、それ以降の中世の王朝物語自体が総じて変態的っていう、もうはっきりこういう言葉、使われましたよね。変態的で読むに堪えない、と。
今井　そう。『とりかへばや』は一応一九二五年に吉沢義則編「全譯王朝文學叢書」に収められていますが、どの程度読まれていたやら。何しろ戦後やっと肯定されるようになったころも、「変態的な内容だが家族愛が書かれているのは見るべきもの」みたいな形で、やや肯定されるようになった作品ですから。
和田　それは研究の世界でも。
中野　研究の世界ですから。
和田　教科書の話じゃなくてね。
中野　教科書は論外でしょうね。教科書はというと『源氏物語』も出てくるのは例の「須磨」の美文のところだけで、恋愛的なこと自体が除かれているわけですから、ましてですけれども。
和田　教科書はまた第Ⅲ章で、まとめてお話を伺わせてください。出版の世界に限定すると、少女雑誌の「同性愛を讃美したもの」は、内務省が規制の対象に含めていると考えられます。同性愛の描写が駄目だと、中世文学の世界では、継子苛めの物語と並んで人気がある、僧侶がお稚児さんを愛する男色の話はどうするのか。中世の説話集の出版や、現代語訳、あるいは翻案は、この時代には行われていないのでしょうか？
中野　僧侶と稚児との物語が、この時代積極的に出版されたということはないと思います。研究者は存在を知っていたとは思うのですけれども、刊行物として一般の方のもとには、とてもとても、出せていないだろうと思います。本格的な研究は、戦後を待たなければ。
和田　それは触れてはいけないものが入っているから避けて通るということでしょうか、あるいは研究自体がそこまで進んでいないということもありますか？

**中野**　両方あると思います。先ほど申し上げたとおり、中世文学研究は中古・近世と比して遅れていたでしょうし、遅れているからこそ手を付けるのはまず『新古今』と『平家』と『徒然草』と、っていう、先にやらなければいけないものが山積しているので。そういう中世王朝物語だとか稚児物語などというのは、やはり、後回しにされざるを得ない。

**和田**　なるほど。国民精神総動員委員会が、学生の長髪禁止や、パーマネント廃止を決定するのは、翌年の一九三九年です。その動きは、女学生にも影響を及ぼします。この年の二月八日に『東京朝日新聞』は、「女学生の新聞」という記事を掲載します。「非常時意識」を明確にするため、全国の女学校の校長と相談して、大日本連合婦人会が『女学生新聞』を発行するというニュースです。女学生が自ら取材して、レヴューの是非や、パーマネントの可否を問い、「銃後女性」の生活刷新を図ろうとしています。

　その動きを受けて、二月一八日に『日本女学生新聞』の発行準備会が芝女子会館で開かれました。「女学生新聞準備会」という『東京朝日新聞』の翌日の記事によると、府立東京高等家政、三輪田、跡見、小石川、洗足などの女学生代表が集まっています。その席上で、石坂洋次郎の『若い人』は「正しい女学生生活」を描いていないと槍玉に上がります。『若い人』は一九三七年二月と一二月に、改造社から二冊本として出版されました。ミッション・スクールが舞台

石坂洋次郎『若い人』（1937年２月、改造社）の箱

人気を博した小説で、ほぼ１年後の1938年１月には77版が出ている。

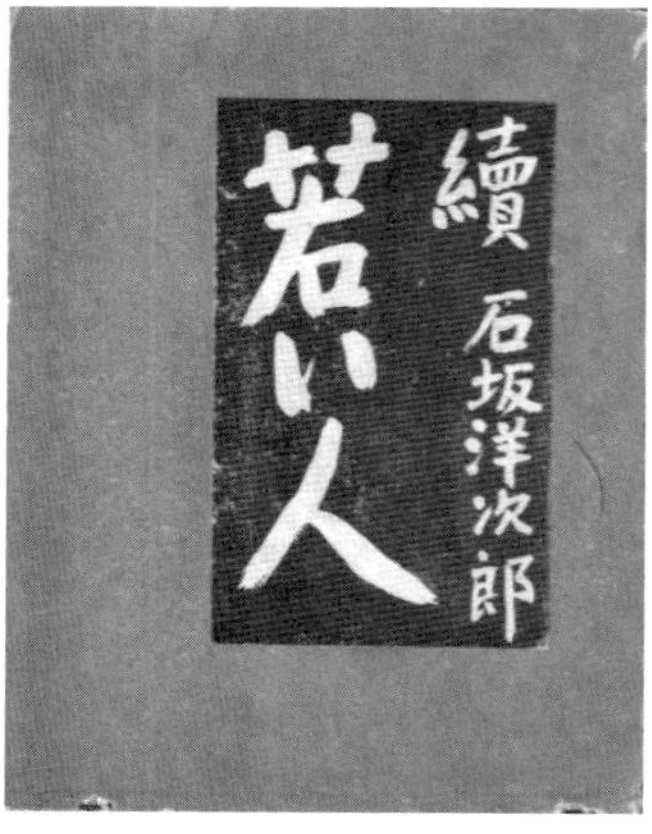


石坂洋次郎『続若い人』（1937年12月、改造社）の箱

こちらは1ヵ月後の1938年１月に62版を発行した。

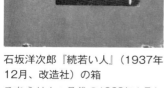

になっていて、男性教師と女学生が結ばれ、女子大学出身の若い女性教師と三角関係になる話です（笑）。小説はもちろん虚構ですが、実際にはありうる話で、百田宗治が主張した「現実の生活性」とリンクしています。つまり少女雑誌と比較しながら、「架空の感傷性」を退けて、「現実の生活性」に意味を見出す論理は、戦時下で破綻しているということです。「現実の生活性」に寄り添うなら、許容されるのは国策に協力する記事ばかりになっていく。その問題に『むらさき』は直面するのではないでしょうか。

**今井**　胸が痛いですね。

**（8）狭められる趣味と娯楽**

**和田**　国策協力の方向へ狭められていくのは、趣味や娯楽の世界も同じです。

第Ⅰ章（2）節の「『むらさき』の読者はどこにいたのか」で触れた、文部省教学局が女子高等教育の生徒を対象に、一九三八年一一月に行った調査に、「趣味娯楽」の項目が含まれています。『むらさき』は映画の記事が目立ちますが、映画はやはり人気が高かったようで、女子高等師範学校生では六位に、公私立女子専門学校生では三位に入っています。女子中等教育に目を向けると、順位はさらに上がります。『東京朝日新聞』が一九三九年一〇月二三日に、「娯楽調査（上）―女学生は映画好き？」という記事を掲載しています。東京文理科大学教育相談部の竹中玉一が、一九三八年の冬休み中に、東京市内の府立高等女学校一校と私立高等女学校二校の女学生一四二六人に、「娯楽日誌」を記録してもらい、学年別の変化を調べた統計です。

この調査の結果は、『教育パンフレツト』第三六七輯（一九四〇年二月、社会教育協会）にまとめられました。それによると高等女学校一年生～三年生の場合は、映画は各種娯楽の中の四位です。ところが四年生になると三位に上がり、五年生では一位になっています。冬休み中に映画を見た女学生は、一年生は五三・五％とほぼ半分ですが、五年生になると七四・六％で三分の二に増えています。各種娯楽の種目には、「はねつき」や「かるた」という正月らしい行事もあるので、一年生～四年生ではその二つが一位・二位を占めています。しかし五年生になると、「はねつき」や「かるた」を押しのけて、映画がトップになるわけです。

映画関係の記事を『むらさき』で見ていくと、アメリカ映画の紹介が多いことに気が付きます。『教育パンフレツト』の「全学年を通じて見たる女学生の映画観」でも、「外国映画を好んで見る傾向」が指摘されています。サイレントからトーキーに移行する一九三〇年代に、ハリウッドが輸入フィルムに占める割合は極めて高くなります。アメリカ映画を通して、日本の若い女性は恋愛に憧れ、ファッションや化粧の仕方を学びました。モードをリードする役割は、明治時代は舞台が担っていましたが、映画が果たすようになります。しかし日中戦争開始以降は、映画の国家統制が強化され、アメリカ文化は批判の対象となり、ファッションや化粧を楽しむ余地はどんどん狭められていきます。

**今井**　その分、国策映画みたいな邦画が作られるってことですか。本編の「映画／美術／音楽」では、『新しい土』が『むらさき』で結構辛辣に批評されているのを紹介していましたが。同じ一九三七年でも『新しい土』は二月（三月）公開、日中戦争開始は七月で、どんどん雰囲気が変わっていったんでしょうね。

**和田**　そうですね、趣味や娯楽の狭まりは映画だけではありません。一九四一年五月二四日の『東京朝日新聞』夕刊に、「娯楽場の自粛へ」という記事が載っています。ピンポンクラブでの「男女学生無軌道事件」を機に、「学生娯楽」を再検討するという記事です。文部省はそれ以前から、学生の娯楽場への出入り禁止を要請していましたが、警視庁は「趣味」の問題として黙認していたようです。しかしこのときは、営業者に自粛強化の通牒を出すことを決めています。『教育パンフレット』の調査結果によると、冬休み中にピンポンを楽しんだ高等女学生の割合は、全学年を通じて一四・五％。各種娯楽の九位に位置していました。家庭内の娯楽はともかく、盛り場の娯楽に対する規制は厳しくなっています。

**中野**　人気ですよね。

**和田**　人気があったんですね。しかし戸外で娯楽を楽しむ機会は、どんどん消滅していきます。

**今井**　息苦しくなりますね。

社会教育協会が1940年２月20日に出した『教育パンフレット』の第367号

この号は「女学生の娯楽調査―特に映画について」のレポートになっている。

## Ⅲ　高等女学校・専門学校と古典教育

### （9）中等教育制度と高等教育制度

和田　ここで本書のタイトルに入っている「女学生」という概念について、『むらさき』が発行されていた一九三四年〜一九四四年を中心に、整理をしておきたいと思います。「女学生」という言葉は、女子中等教育と女子高等教育にまたがって使われてきました。文部省『学制百年史』（一九七二年、ぎょうせい）に、二つの制度の学校数と生徒数の変遷が、データとしてまとめられています。

今井　中等教育が「高等女学校」で、高等教育が「高等師範学校」と「専門学校」ってことですね。

和田　はい、そうですね。少し時代を遡りますが、一八九一（明治二四）年一二月の中学校令改正の際に、新たに女子中等教育の規定が加えられ、高等女学校という名称が使われるようになりました。一八九九年二月に高等女学校令が公布されますが、当時の文相はその目的を「賢母良妻タラシムルノ素養ヲ為スニ在リ」と述べて、良妻賢母主義に基づく教育を行うと表明しています。高等女学校は大正後半期に発展します。一九一七（大正六）年に高等女学校数は三九五校しかありませんでしたが、一九三六（昭和一一）年には九八五校と、約二・五倍に増えています。生徒数も一〇万九八五七人から四三万二五五三人と、約三・九倍に増加しています。さらに戦時下で、その数字は飛躍的な伸びを見せます。一九四三（昭和一八）年になると高等女学校数は一二九九校になり、高等女学校生は七五万六九五五人を記録します。

中野　戦時下でもさらに伸びているのですね、意外な気もします。

和田　次に女子高等教育に目を転じると、一八九〇（明治二三）年に東京で女子高等師範学校が創設されました。一九〇八年には奈良にも、女子高等師範学校が新設されます。その間の一九〇三年三月の専門学校令により、専門学校が制度化されて、修業年限四年以上の高等女学校卒業者が進学できるようになりました。一九一九（大正八）年に女子専門学校生は一六七七人しかいません。しかし一九四〇（昭和一五）年になると一万九九〇〇人を数え、約一一・九倍の伸びを示します。

今井　二〇年強で一二倍近い伸びというとすごいですが、一九一七年の高等女学校生の十分の一強ってところですから。女子で高等教育を受けた学生は少ないですね。

和田　そうなんです。女子教育に限定して、数字上の経年変化を追いかけていくと、確かに時代と共に伸びてはいます。しかし中等教育と高等教育を男女別に比較すると、まったく異なる様相が見えてきます。『むらさき』一九三四年七月号に平林治徳が、「婦人の修養」というエッセイを書いています。平林は第八高等学校教授や学習院教授を務めた国文学者で、大阪府女子専門学校の教授となり、戦後は大阪女子大学の学長になっています。谷崎潤一郎と親しかった人ですね。平林は一九三三年末の統計を、次のように紹介しています。男子中等教育（中学校）の生徒数は約三三万六〇〇〇人ですが、女子中等教育（高等女学校）の生徒数は約三六万三〇〇〇人で、女子の方が上回っています。ところが男子高等教育（大学・専門学校）の在籍者は約一八万九〇〇〇人いるのに、女子高等教育（専門学校）の在籍者は約一万七〇〇〇人しかいない。比率で言うと、わずか九・〇％です。女子教育は中等教育までで十分という考えが一般的だったからで、平林はその考え方に疑問を呈しています。高等教育の話は、大学の問題につながっていきますが、その前に高等女学校と専門学校の古典教育についてお話を伺っておきたいと思います。

## （10）高等女学校・専門学校の古典教育

和田　高等女学校の国語教科書で、どのような古典文学を教材に選択し、どのような視点から教えるのかという問題は、時代状況と連動して変容する部分があります。今回は『むらさき』を中心にした座談会なので、一九三四年〜一九四四年に焦点をあてて、お話を伺いたいと思います。少し前の時代からたどると、一九二〇年代の半ば、大正デモクラシーから昭和モダニズムに移行する時期に、近代に書かれたいわゆる「現代文」が、教科書で大きく取り上げられるようになります。相対的に古典の教材は減少して、副読本が増えると言われています。「現代文」が入ってくることで、古典の捉え方や、古典という概念自体に変化が起きると考えられますが、そのあたりはいかがでしょうか？

中野　特に明治の三〇年代だとか四〇年代のいわゆる読本とか教材を見ていると、やはり近世の文章がとても目に付きます。今の私たちが多分、古典の教科書っていうと、たいてい、『徒然草』、『平家』、『源氏』、『枕草子』などを思い浮かべるわけですけれども、『源氏』や『枕草子』が出てくるのはかなり後で、『徒然草』とかは出てきますが、あれは比較的読みやすいからでしょう。やはり近世の文章が多くて、それは模範ということだったと思います。あと、漢籍です。明治期は、まだ江戸の流れを引いて漢文脈というものが明確にあって、例えば明治の元老たちも皆、漢詩が好きですし、そういうものが今から見ると違和感があるというか、逆に目立ちます。

　ところが、それが減ってくる。転換点は大正期にあって、研究の対象として近代文学が入ってきて、じゃあ、古典特有の価値って何だろうという話に今度はなったのだろうと思います。つまり、文章の作法、文の模範、読み書きのためのものではない、古典文学に何の固有の価値があるのか、というところに。では、古典の中でも読むにふさわしい文学をきちんと見つけてこなければいけないのではないかという発想が生まれたのではないか。

**今井**　読まなくちゃいけない古典ができたの、大正って、結構あとなんですね。文学を読んで人格を磨く教養主義とも関連があるのかな。

**中野**　大正期です。そこは明治期だと、やはりまず読み書きを教えるものとして国語教育はあり、古典も読み書き、例えば候文みたいなもの、松平定信の手紙、日記を読んで学ぼうみたいな、そういうノリになる。だってたとえば『源氏物語』とか、とてもじゃないけど、あれ、書くことの練習にはならないですよね。まったく違う価値が古典に求められていた。

　それと、あと、国民国家の形成の問題、そこら辺りが絡んでくるんだと思うのですけれども、時代を遡る前はやはりまず読み書きがあって、近世の擬古文みたいなものが盛んに学ばれているなと感じます。だいぶ遡り過ぎました。ごめんなさい。

**和田**　文学者の全集を見ると、素養に占める漢文脈の重要性が後退していくのは明らかです。森鷗外や夏目漱石の世代は漢籍の素養があるので、全集にも自作の漢詩が入っています。しかし世代が後ろになっていくと、漢詩は次第に全集から姿を消していきます。教科書レベルで言うと、さすがに古典が消えることはない。でもいまの中野先生のお話だと、「現代文」がかなり入ってくることによって、古典文学の見直しの機運が高まってくるということですね。そうすると、副読本を含めた古典の教材のなかで、『源氏物語』を含めた平安時代の女流文学は、どのように位置付けられていくのでしょうか？

**中野**　面白いなと思うのはまず気になっ

ているのが、笹沼俊暁さんも鋭く言及されている、漢文脈との関係です。日本の国民の国民性を文学から読み取るというのは明治期からあったことですけれども、昭和期になるとさらに強くなってくる。日本文学の素晴らしさは何かといったときに、遅れている「シナ」ではない、アジアの中で唯一、われわれだけが優れた文学を生み出してきたのだという意識の下、漢文学を切り離していく。そこで再注目されるのが、たとえば本居宣長だったりします。逆に言うと、去年中古文学会のシンポジウムのテーマにもなっていましたが、中古文学と漢文脈の問題っていうのはホットだなと改めて感じさせられました。話を戻しますが、漢文、漢文脈を排除して、日本の女房文学が、日本人の「もののあはれ」だとか、人を愛する心だとか、そういったものを国民性として反映しているのだというところである種、再発見されて、『枕草子』、『源氏物語』をはじめとした中古文学の中の女房文学がクローズアップされてきたっていうのは、おそらく無縁ではないだろうと思います。

**和田**　ちなみに中古文学会というのは、いつ頃からスタートするのですか？

**今井**　戦後です。一九六六年発足です。

**和田**　戦前には中古に特定する学会はないということですね？

**中野**　中世もない。中世はもっと遅いです。

**和田**　古典文学の全体性をカバーする学会もないのでしょうか？

**今井**　ないんじゃないですか。『国語と国文学』の学会消息も、要は各大学や専門学校の活動紹介でしたし。

**中野**　そう思います。

**和田**　そうすると学界というのは、どのように存在しているのでしょうか。まず東京帝国大学の国文科を頂点とするアカデミズムが人脈として存在する。それからたとえば東北帝国大学には文芸学の岡崎義恵がいて、実方清のような研究者を育てる。そんな風に、学会として組織化されずに、複数の大学や専門学校に、研究者が散在しているというイメージでいいのでしょうか。

**中野**　そうですね。

**和田**　なるほど。分かりました。古典の教材に戻りますと、高等女学校で使った副読本というのは、中学校の副読本と共通でしょうか。

**中野**　そうだろうと思います。

**和田**　そうすると女子教育という視点から、副読本の古典の教材を選んでいるわけではない？

**中野**　女子用の女子読本っていうか、たとえば『新女子国文』とかっていうのは女子用じゃないですか。

**和田**　『新女子国文』はそうですね。あれは副読本ではなく教科書ですよね。

**中野**　ああいうのは結構、監修が久松だったり、藤村だったり、佐佐木信綱だったりと、定期的に出ているので、綿々と続いているのだろうと思います。

**和田**　『むらさき』の時代にひきつけると、一九三七年三月に教授要目改正が行われます。『むらさき』が創刊されて三年後のことです。まだ日中戦争開始の直前ですが、政府は一九三五年八月に「国体明徴声明」を、同年一〇月に「国体明徴第二次声明」を出しています。おのずから一九三七年の教授要目改正では、「国体」の明確化が求められることになります。言い換えると「日本」に「固有」の文化を発見させ理解させるという観点から、古典文学を再評価するという流れになるわけです。

**中野**　全くそのとおりでしょう。

**和田**　紫式部学会の役員で講師を務める久松潜一は、高等女学校四年制用の教科書として、教授要目改正直後の一九三七年六月に『新女子国文』（至文堂）を編纂しています。その巻二は「現代文」のアンソロジーになっていて、古くは国木田独歩・二葉亭四迷・森鷗外から、新しいところでは西條八十・深田久弥・堀口大学らが採録されています。注目すべきことは、巻頭に「昭憲皇太后御詠」を、その次に河野省三「さわやかな心（其の一）」「さわやかな心（其の二）」を配していることです。河野は國學院大學学長を務めていた神道学者で、「国民道徳」「日本精神」の言葉を冠した著書が多数あります。アンソロジー全体のなかでは異質な採録で、一冊を統括する意味で選ばれたと考えられます。富士山や日の丸や明治神宮と接したときに感じる「さわやかな心」は、「国民性の本質」「日本魂の真髄」で、日本人はそれを根底に「尊い国体」を築き、「立派な国民道徳」を形成してきたというのが、河野の文章の眼目です。古典のアンソロジーの巻から、見えてくることはあるのでしょう

**久松潜一編『新女子国文　四年制用』巻二（1937年6月、至文堂）**
和綴じ本になっている。

か？

**中野**　特に一〇巻とかですね。コピーも一応、取ってはいますが……。

**和田**　これは、中野先生は全部、ご覧になったことは？

**中野**　いや、恥ずかしながら。これが至文堂から出ている久松の『新女子国文』です。中身はこのようなラインアップになっています。必ずしも古典だけではなく、明治期の文章もあったりします。

**今井**　これ、巻が後のほうが上の学年？

**中野**　間違いなくそうだと思います。後半になってくると、たいてい、巻の一〇に『源氏物語』の「須磨の浦々」みたいなのが出てきたりしています。

　読本に関して言えば、大正期と昭和期の性格は明確に違っていて、大正期に久松が出すのですけれども、これがとても文学教育の側面が強くて、当時の「質の良い文学を読むべき」という空気に合致していると思うのですけれども、同じ久松が昭和一〇年に、前のから十数年後にまた出すのですけれど、タイトルも中身の雰囲気も変わります。『新女子国文』ではなくて、『女子新国文』というのを昭和一〇年に出すのですが、最初から日本精神全開です。明確に違う。

**和田**　『女子新国文』に変わるときに、高等女学校の教育の場で、古典文学における平安期女流文学の位置に何か変化が生じるのでしょうか？

**中野**　授業の場でどのような……というのは分かりませんが、とにかく平安期の女流文学が「日本」の「固有」の国民性を反映した日本の文学史の中の重要な位置を占めるのだ！という言説は、どんどん強くなっていったと思われます。

**今井**　そうなんですか。実際に読むとこんなにまずいものはない（笑）作品が多くて、芳賀矢一も『源氏』みたいのが日本の代表的な文学なのは恥ずかしいとかって。

**中野**　例えば有働さんのご著書にも指摘がありましたが、内村鑑三などもそうですよね。内村も日清戦争のころ、『源氏』を罵倒している。それが二〇世紀に入って、第一次世界大戦あたりから世界文学みたいな言い方も出てきて、世界に冠たる一等国の日本帝国には当然、日本固有の素晴らしい古典文学があったはずだという、まず前提があって、そこには遅れた他のアジア文学の影響など一切ないという形で漢文学が切り捨てられていったときに、女房文学が残った。今思うと、それも間違った認識ですよね。『源氏物語』は漢文の影響が強くあるわけですけれども、漢文の影響はない、となったときに女房の文学というのが「発見」されたのだと思います。折口信夫の「女房文学から隠者文学へ」もその文脈で考える必要があるだろうと思うし、そのあとの蓮田善明とかが女房文学に、研究対象として手をつけているのも、やはり女房文学こそが「日本」の「固有」の国民文学、古典なのだっていう発想が、この昭和一桁代に強く出てくることと絡むのではと思います。それは多分、漢文脈を切り捨てる意識と、裏表の関係だった。

**今井**　でも、藤村作が、外国をうまく取り入れてくるところが日本の固有であるって、『むらさき』創刊特輯号でも盛んに主張していますよね。

**中野**　それも、この頃は、なんです。それで、だんだん減らしていく。二枚舌にもほどがあるなというか、自分たちが、かつて言ったことをどう思っているのだろうとも思うのですが、どんどん漢文脈を減らしていく。あんなものは関係ないんだ、っていう方向に。

**今井**　あと、『源氏物語』が日本の「固有」のって褒めたたえられることにウェイリーの訳とかってあるんですか？　一九二一年に刊行が始まって、三三年までかかる。

**中野**　確かにあったと思います。有働裕さん、笹沼俊暁さんなどが、そのあたり論じていたと思います。世界に『源氏物語』が紹介されて、かつ、日露戦争でロシアを破って、第一次世界大戦でも一応、勝った側で、日本は一等国だっていうのをヨーロッパが多少、認めだしたときに、では、そんなあなたの国の文学は？という問いに答えようとしたというのが、一九二〇年代にあったということですね。

**今井**　国学の段階から既に『源氏物語』の褒め方には微妙なところがあって、やっぱり読めば読むほどこれは手放しでは褒められないと、どうしてもためらうと思うんですよね、密通に加えて不義の子が天皇になるわけですから。その割に、どうしてわが国「固有」とかいう冠をつけられるのかと思ったんですけど。

**中野**　ある種、結論が先にあって、自分たちに都合のいいものだけ見ているわけです。片方では『源氏物語』は恋愛をガンガン描いていて、浮つくばかりの恋愛話で不敬だという議論もある一方で、同時に漢文とかの影響を受けない女房たちが優れた文学を作ったのだ、と。今でもたまに目にするような言い方も同時に出てきていて、本当に都合勝手な話だなとは、やはり読んでいて思いました。

今井　あと、女性の文学ということはそのときに問題になったりしないんですか。日本固有の文学というか、大和言葉の文章っていうのは、かつては女性の領域だったわけじゃないですか。進んだ文化である真名（漢文）は男性で、仮名（和文）は女性。そういう意味で、高等教育から女性を排除したり、普通選挙権が女性にはないような社会において、女性が「日本固有」の中心を担っていることに対しての恥ずかしさとか、居心地の悪さとかないんですかね。

中野　どうもなさそうですね、むしろ積極的に日本の文学は女性が担当していて、だからこそたおやかで、人の痛みが分かり、優しい文学なのだと、それは素晴らしいことなのだということを、例えば日本浪漫派の人たちは言葉にしていいます。かつて正反対のことをいわれていたことが、一九三七年あたりからガラっと一転するんです。そこはすごく面白いと思うし、同時に冷ややかに見えてしまうというか。

今井　でも、戦争がもっと進むと、もう一回、『万葉集』みたいなますらおぶりが良いとかってならないんですか。平安時代のめそめそした文学は、戦う日本人の心を鼓舞するのに全然向かないじゃないですか、内容的に。そこでもう一回、古典の位置付け、変わらないんですか？

中野　ますらおぶりの強調はおっしゃる通りですが、だからといって、女房文学を否定することはなかったと思います。というか、むしろ最後に言おうと思っていたのですけど、蓮田善明あたりになると、もう古典は絶対的に価値があるものです。批判することなどありえない。まず絶対的な価値があって、その中で特に戦争に使えるものが評価される。そうなったらたとえば『平家物語』でも、榊原千鶴さんの指摘ですが、小宰相が身投げするシーンが評価され、これは特攻精神なのだ、ってなったりするわけです。古典の位置も本当に時代とともにころころ変わっていくので、この時代は……っていうふうに限定をつけて議論していかないと厳しいなっていう点、感じるところが多いです。

和田　時間があまりないので、申し訳ありません、もう一度、教科書の方に話を戻させていただきます。『源氏物語』にはさまざまなテーマや問題系があります。たとえば一九三三年に東北帝国大学を退官した国語学者の山田孝雄は、その翌年に『源氏物語の音楽』（宝文館）を出版しています。ただ高等女学校の教育という場では、何をどのように教えるのか、逆に何を教えないのかという問題が生じます。『むらさき』一九三六年五月号に「清・紫二女を語る女流作家の座談会」が掲載され、「教科書採用の問題」も語られています。歌人の今井邦子は、山脇女子実習学校（後の山脇高等女学校）の初代校長の山脇房子から、『源氏物語』や『清少納言』を、女学校の教科書にどう取り入れたらいいのか質問されたことがあると語り、座談会の出席者に問いかけています。

**中野**　何年のことですか？

**和田**　一九三六年です。それに対して関みさをは、女学校を卒業する頃か、「五年位」からと答えています。歌人の水町京子は「香でもかゞしてやつた方がいゝ」と述べて、「差支のない所はね、読ませた方が…」と口ごもります（笑）。関から突っ込まれると、「取り扱ふ人が旨く、かう、やれば……」と再び口籠っています（笑）。一九三二年に新歌舞伎座の『源氏物語』の上演不許可で顕在化した、恋愛生活という問題が、高等女学校の教材の場合に生じてくるということですね。

深尾須磨子が『源氏物語』について、「今の女学校の教科書には出てゐませんね」と尋ねると、円地文子が「殆んど入つてゐません。女の出て来ないのは詰らない」と答えて、笑いが起きています。長谷川時雨は「空蟬なんかいゝですね、最後の一歩で止めまして……」と受けています。ここで問題になっている、高等女学校の教科書や副読本における、『源氏物語』の教材としての扱いはどうなっているのでしょうか？

**中野**　多分、遅れているんです。しばらく入らない。これまで述べてきたような問題があったからか、かなり遅れていた。入れるのを止めようとする動きもあって、入れようとしたら止められたみたいなこともあったといいます。けれども、ではなぜ入ったかというと、世界文学という形で評価されたから。

**和田**　それはいつ頃、入るのでしょうか？

**中野**　小学校の教材になるのは、昭和一三年ですね。高女の読本の中に「須磨の浦波」が入るのも、昭和七年とか、そのあたりからではないでしょうか。もちろん入れる箇所は考えないといけない、というような問題も当然、出てきたりしたとは思うんですけれども。

**和田**　恋愛という問題を避けて、支障のない一節を教科書や副読本に採用するとしても、原文を載せるかどうかも問題として浮上しそうです。日本語の場合は現代語と古典語の間に大きな落差がありますから、一九三〇年代の高等

和田博文氏

女学校生でも、かなりの時間を学習に費やさないと、『源氏物語』は読めないのではないでしょうか。原文ではなく、省略したものか、現代語訳を普及させれば、女学生でも理解できると、今井邦子は述べています。長谷川時雨はそれを受ける形で、女学生に読ませる場合は、現代語訳がいいと応じています。吉屋信子が知っている実例では、「ブルジョワの」「お嬢さん方は家庭教師を招んで」勉強していたそうです。現代語訳ということで言えば、与謝野晶子は一九一二年から翌年にかけて、金尾文淵堂から全四巻の『新訳源氏物語』を刊行しています。このシリーズは一九三〇年代でも、新興社から出ています。今井は「あの訳文は、失礼ですが現在では完全とは云はれません」と述べています。省略や意訳がかなり多いということですね。

**中野**　これも有働裕さんの『源氏物語と戦争』が指摘されたことですが、『源氏物語』は内村鑑三だとか芳賀矢一あたりから、女々しくてつまらないというような、戦争に使えないなんていうふうに批判を受けていたものが、世界文学という評価との兼ね合いの中で強引に再発見されていく流れ、というので外れないのだろうと思います。ただ、そのときに、ではそれを教養として、あるいは教育のテキストとして高等女学校でどのように教えるか、というのは、また別に、相当大変な問題だったのではないかと思います。単純な話として、教科書の素材としては、『源氏』は難し過ぎますから。

**和田**　ちなみにこの座談会の二年後の一九三八年から翌年にかけて、与謝野晶子は『新新訳源氏物語』全六巻をまとめています。また文学者のアプローチということで付け加えると、座談会の前年の一九三〇年から谷崎潤一郎は『源氏物語』の現代語訳に取り掛かり、一九三九年から三年間で、中央公論社から全二六巻が出版されています。敗戦以前の「源氏物語」の「教養」化という点で、二人の現代語訳の功績は大きかったのでしょうね。

現代語訳は文学者だけでなく、研究者も試みていたようです。座談会では関みさをが一九三四年にまとめた『源氏物語女性考』（建設社）も話題になっています。「途中で書直してすつかり翻訳にして了つた」というのが関の述懐です。八〇〇頁を越える研究書の体裁ですから、高等女学校の生徒が「源氏物語」に近づく、入り口として機能するのは難しかったかもしれませんが。他にも現代語訳や対訳として、島津久基・鈴木正彦・長柄忠子・宮田和一郎・吉澤義則の仕事があるようです。

**今井**　『源氏物語女性考』は人物ごとに項目を立てているんですけど、でも内容的には、たとえば桐壺の更衣を中心にしながら源氏三歳までとか、そういう書き方になってて、翻訳というか翻案ですよね。だけどあらすじがたどれるようって、だけどあらすじがたどれるようになっているっていうような、そういう内容かなと思いましたけど。

**和田**　そうですか。専門学校生だと参考になりそうな本ですが、『源氏物語』が好きな高等女学校生でも手に取りそうな内容ですか？

**今井**　完全に現代語訳で、所々、歌が出てるくらいだから、女学校の学生さんでも好きだったら読めるんじゃないですか。和歌は教育として実作させられていたようなので、現代の学生さんほど苦手意識はないでしょうし。

**和田**　恋愛の話も、特に伏せることなく出てくるみたいだな。

**今井**　えーっとどうだったかな。

**和田**　姦通の件はどうなっているんでしょう（笑）。

**今井**　はい、一応全部略さずにありますね。ただ、原文の書き方自体が曖昧で、それを忠実に訳しているから。「生憎な短夜で、逢ひ見ぬよりも帰って辛い気がされた」だけじゃ、ここに密通って注がなければ、純情な女学生には何があったかよくわからないかな。「命婦の君が源氏の直衣などはかき集めて持ってきた」をさり気なく省略してますしね（笑）。

**和田**　「源氏物語」への入り口は、必ずしも原文や現代語訳だけではないようです。円地文子は柳亭種彦の「偽紫田舎源氏」だったと、座談会で語っています。小さい頃に、一九一〇年前後でしょうか、祖母が読んで聞かせてくれたということです。吉屋信子は円地より一〇歳ほど年下ですが、草双紙の「田舎源氏」を読んだと述べています。それが「原書の手引」になったようです。長谷川時雨は円地より二六歳年上ですが、草双紙の絵が「王朝時代の女の人の着物」の「感覚」を、よく表していると評価しています。三人は年代に幅がありますが、「偽紫田舎源氏」から「源氏物語」に近づいていったことは、共通しているようです。もっとも「偽紫田舎源氏」の舞台は、平安時代から室町時代に移っていますが……。

今井　『源氏』っぽいきらびやかな古典文化の匂いがするってことでしょうか。でも『源氏』の場合、繰り返される恋愛を通じて、醜さや狡さと背中合わせの切なさや純情をうまく描いているのにその辺がないから。

和田　女子中等教育ではなく、女子高等教育の場合、実際の授業はどのように行われていたのでしょうか。教材は何を使ったのか、どのように学習を進めたのかが、高等女学校以上に見えにくいような気がします。

中野　そうですよね。僕も分からないです。

和田　活字本を読んでいたのかどうか。専門学校の古典教育がどうなっていたのか、東京女子大学に記録は残っていませんか？

今井　十五周年誌には、当時、一高教授で、東京女子大の方は非常勤講師なのに主任をやらされた守随憲治が、高等部と大学部のカリキュラムについて執筆していますが、かなり本格的だったようです。都内の私立大学、専門学校に比べ遜色ないと。卒論の題目も出ています。

和田　現在の、たとえば日本文学専攻の今井ゼミから見ても、まあまあよくやっているという感じですか。

今井　はい。でも実際は高等部から大学部に進む人数は少なかったですけどね。むしろ国語専攻部の方が主流になり、東京女子大学出身の国文学者、松村緑も、国語専攻部を出たあと東北帝国大学に入り、大学院まで進んで、母校に呼び戻されて教員になるんです。

和田　そうですか。最後にもう一つ、戦前の『むらさき』の最終段階になる一九四三年になると、高等女学校の国語教科書は、検定から国定に変わります。国定になることで、古典の選択や取り上げ方に、変化は生じているのでしょうか？

中野　そこも、今後継続して調べていこうと思います。もう完全に自由がなくなっていってる状態なのは確かでしょうが、確認したいと思います。

### (11) 日本浪漫派の古典と、『むらさき』の古典

和田　『むらさき』における古典を相対化する意味で気になるのは、ほぼ同時

期の日本浪漫派です。保田與重郎や亀井勝一郎、中谷孝雄らが作った雑誌『日本浪曼派』は、創刊が『むらさき』よりも一年遅い一九三五年三月です。比較的短命で一九三八年八月に終刊を迎えますが、『日本浪曼派』からバトンタッチされるように、同年七月に斎藤清衛門下の国文学者、蓮田善明・池田勉・栗山理一・清水文雄によって『文藝文化』が創刊されて、一九四四年八月まで続きます。古典の研究者が時代を代表する文学流派を作り出したという意味も含めて、『むらさき』とどう違うのかが気になる雑誌です。

1935年3月に創刊された『日本浪曼派』の表紙

**今井**　あと、『むらさき』所有者が持っていた文部省教学局編纂『日本精神叢書』、これ一九三四年の末ごろの『古事記と建國の精神』『心學精粹』を皮切りに断続的に刊行されてゆくもので、古典の研究者が文学流派を作る後ろ側に、背後にこういうご意向があった。

**和田**　『むらさき』の創刊特輯号には、紫式部学会が入会を呼びかける印刷物が一枚挟み込まれています。その文章では「日本精神」という言葉がキーワードになっていて、国文学には「日本精神の純正な姿」が現れていると書かれています。また「現下の情勢」で、「優雅にして奥ゆかしい日本精神の一面を、光輝ある国文学を通じて世界に宣揚」することが、日本女性が非常時になすべき「奉公の道」と主張しています。同じ創刊特輯号の藤村作「巻頭言」で補うなら、日本文学は「日本精神の影像」なので、日本文学の普及は、「非常時国民の精神を柔弱にする」わけではないという主張になります。

　藤村はこのような発言を、機会ある度にしていたようです。一九二五年に東京家政学院を創立した大江スミは、『むらさき』一九三四年八月号に、「大和魂と国文学」というエッセイを書いています。大江は国文学者ではなく、家政学や社会衛生学の専門家です。文部省から派遣されてイギリスに留学し、異文化としての西洋を実際に体験しています。東京家政専門学校の国語の時間に、大江は学生と一緒に出席したようで、藤村や池田亀鑑から、国文学を通して「日本精神」の教育を行うことが必要であると教えられたそうです。ただこの『むらさき』に繰り返し登場する「日本精神」という言葉は、自明の前提のように使われるだけで、明確に説明されていないように思います。

**中野**　まったくですね。

**和田**　むしろ「日本精神」にリンクさせることで、文学研究や古典の普及を守ろうとする戦略のように見えてしまいます。紫式部学会がスタートする段階で、「源氏物語」劇の上演禁止に衝撃を受けただろうことを念頭におけば、このような自己保守の戦略は理解できないわけではありません。

しかしそのあたりが、日本浪漫派と決定的に異なるところではないでしょうか。『むらさき』の「日本精神」について、何かお考えがありますか？

**中野**　『日本浪曼派』と『文藝文化』もまた違うわけですけれど、そこは取りあえずおいておくとして、『むらさき』と比較すると、違いはやはり明確です。『むらさき』は創刊当初から、たとえば映画の話があったり、趣味と教養なんていい方をしたり、何といっても世界文学名作選などというのも載せたりしていて、つまり、世界文学があって、そこに日本の文学もあって、世界文学の中の古典文学というか、世界と伍する日本の素晴らしい文化、みたいな感覚だったように思います。世界にはこれほど素晴らしい文学があります。でも日本にだって、と。世界にはシェークスピアがいます、日本にも近松がみたいな、そういう感じだと思うのです。ある種、相対主義的な感じで、だから『源氏物語』が世界で評価されるところも追い掛けていって、というような、藤村がやっていることは、そこは一貫していると思います。けれども蓮田とかを見ていると、もう相対主義を一切排していて、絶対主義ですね、そこは。世界文学の中に入るとか入らないとかは、おそらく興味なくて、「日本、もちろん素晴らしい」、それで終わりという自己完結した感じ。この点は『むらさき』が「日本は素晴らしい」というときのそれとは、決定的に乖離するし、蓮田に至っては、その日本はイコール即天皇だし、というので、もう全然、違うだろうなと思います。

途中、変質して、最終的には近接してきますけれども、やはり『むらさき』のスタートが趣味、教養、女性、世界の教養の紹介みたいなスタンスから始まっている相対主義的なものだったのと、蓮田などとはそこが一番の決定的な違いじゃないかなと思います。蓮田たちにとって、古典とは世界がどうとか、そういうのとは無関係に素晴らしいもので、その世界にこういう文学があるとかっていうのは興味がないとはいわないけれども、日本古典の素晴らしさには関係のないことなのだろうなと思います。既に多く指摘されているように、実はドイツ文学などから多大な影響を受けていますけども、実際は彼らも。

**和田**　保田與重郎が執筆した「「日本浪曼派」広告」が、『コギト』の一九三四年一一月号に載っています。直接的には自然主義的リアリズムを否定する文脈の言葉ですが、文学運動を否定するために文学運動を開始する、そのために「真理と誠実の侍女として存在するイロニー」を用いなければならないと主張しています。このイロニーが、『むらさき』にはまったく見られない『日本浪曼派』の方法です。

『日本浪曼派』の最も高い文学的達成の一つは、伊東静雄が一九三五年一〇月にまとめる第一詩集『わが人に與ふる哀歌』（コギト発行所）です。そのなかの一篇「曠野の歌」を例に取ると、すなわち幻の「故郷」に、絶対性が与えられています。詩が「わが死せむ美しき日のために」という一行から始まるように、それは死によってしか到達できない場所です。もう少し図式化して言うと、自分が存在する〈いま〉〈ここ〉を否定することによってしか、〈彼方〉には到達できない。これがロマン主義のイロニーですよね。保田與重郎の場合は、この〈彼方〉に「日本」という言葉が入ります。それは本来、概念としての「日本」のはずですが、戦争が深刻化する現実の日本と重なり合うところに、日本浪漫派のスキャンダラスな一面があったように思います。

**今井**　なるほど。『むらさき』の相対的な「日本精神」って総体的に捉えるってことでもあって、イロニーの否定はないですよね。むしろとても肯定的な感じ。あと「日本精神」は、竹内洋さんによればエリート学生文化、つまりこの時代の「男子」学生文化である、昭和教養主義のキーワードの一つだそうで、『むらさき』は女性向けだけど、やはりその流れにある。

**和田**　ただ『むらさき』における古典を相対化する意味で、有効な鏡となりうるのは、『日本浪曼派』より『文藝文化』の方かもしれません。「創刊の辞」には、「日本精神の声高く宣伝せらるるあれど、時に現実粉飾の政論にすぎず」という一文と共に、「所謂国文学の研究は普及せるも、故なき分析と批判とに曝されて、古典精神の全貌は顕

1938年7月に創刊された『文藝文化』の表紙

彰せらるべくもない」という一文が見られます。この「故なき分析と批判とに」という箇所が、まさに東京帝国大学の国文学に対する批判ですよね。

**中野**　そうですね。

**和田**　『文藝文化』を創刊した四人ですが、清水文雄は一九三二年、栗山理一は一九三三年、池田勉は一九三四年、蓮田善明は一九三五年に広島文理科大学を卒業します。紫式部学会の創立は一九三二年五月ですから、ほぼ学生時代にそのニュースを聞いたはずです。しかし『むらさき』への寄稿を調べると、王朝文学が専門の清水は二回ありますが、栗山と池田と蓮田は一回もありません。『むらさき』が原稿依頼をしなかったのか、彼らが断ったのかは分かりませんが、明らかに別々の道を歩んでいます。世代的にも、地理的にも、紫式部学会を主導する東京帝国大学国文科の教官とは肌合いが違います。国文学研究の世界に、文芸学的方法を導入した中世文学研究者の斎藤清衛が、一九二〇年に広島高等師範学校に赴任して、欧米旅行のため退職する一九三三年まで教壇に立っています。このときに斎藤の影響を受けたのが蓮田です。だから文献学的方法論に対する距離感は、『文藝文化』がスタートする際の前提として明確にある。そう考えていいでしょうか?

**中野**　まったくそのとおりだと思います。既に笹沼俊暁さんが丁寧に論じられているので付け加えることはないのですけれども、芳賀、藤村、久松、そして池田と続く東大アカデミズムを批判するというスタンスがもう明確です。

　この座談会の冒頭でちらっと先んじて申しましたが、『むらさき』という雑誌は、やはり藤村がそういう批判というか、東大の文献学的なやり方と違う、あるいは岡崎義恵だったり、斎藤清衛だったり、そして保田だったり、折口だったり、蓮田だったりといったような存在を意識して、だからこういうのもやっていますよっていう思いで出しているのではないか、という感覚が、僕はどうしてもしてしまうんです。自分のベースはやっぱ芳賀先生以来の日本文献学なのだが、日本文献学はつまらない。つまらないだけだったらまだいいんですけれども、日本古典精神を何ら称揚しない、というイデオロギッシュな批判に対して、いやそうではないですよ、と弁護する。だから、いかようにでも時局に対して変更が利く雑誌なんだと。だからどんどん時局に従って、『文藝文化』化していくという、そういう側面があったんじゃないかと思うのです。

**今井**　でも芳賀矢一も、最初の頃は結構、国民性とか言ってるし、日本精神というのも曖昧な語ではあるけれど、やっぱり諸外国と比べての日本ならではの何かを見つけねばっていう意識に貫かれているじゃないですか。

**中野**　間違いなくありますよね。

**今井**　それは日本文献学のもう一つの柱、「文学史研究」ですよね。国学、国文学と、文学のなかにわが国固有の精神を解明するという姿勢は、一貫してずっとあったと思うんですが、もう一方の狭い意味での文献学的な本文批判とか、注釈とか、そっちのほうにやっぱり、中心があるように見えるから、批判されるってことですか。

**中野**　生ぬるいってことでしょうね。まず、両方の側面があったと思います。東大アカデミズム自体が気に入らないという点。あいつらは気に入らないという批判と、生ぬるいという批判。それはどちらも本音だと思います。岡崎や、あるいは広島の蓮田たちがやっていることは、もっと過激でしょう。日本文化を見出すことこそが、古典文学研究の使命みたいな。というか、見出すも何もそこにあるんだみたいな。それを意図して無視している、あいつらはけしからん、というスタンスではないでしょうか。

**和田**　逆に東大アカデミズムの側から『文藝文化』がどのように見えていたのかを考えると、あれはエッセイであって研究ではないということでしょうね。

**中野**　そういうことだったろうと思います。ただ、時局がたてばたつほど、あちらのほうが評価されるというか、少なくとも一般の方々のシンパシーを得られている状態に対して、はて?という部分はどうしても残っていくので、どんどん戦争協力的に、結果的になる。だから、後に戦争が終わった後に、全然協力したわけじゃないんだみたいなことを藤村以下は皆、普通に言っていて、特にそれに対して批判も少ないわけですけれども、本当にそういうつもりだったのだろうと、少なくとも彼らの意識の中では。いや、別に戦争に協力していたわけではなく、時局に合わせて立ち回っていただけで、あいつら（蓮田など）とは違うんです、という。

和田　ただ『文藝文化』の執筆者を一律に捉えることはできないような気がします。

中野　まったくそうだと思います。

和田　たとえば常連執筆者の一人に松尾聡がいて、この人は一九三八年に学習院中等科の教授に就任し、その二年後に高等科の兼任になりますが、そのときに三島由紀夫を教えています。でも学生時代は池田亀鑑に師事していた、池田の教え子の一人です。だから戦後に『平安時代散佚物語の研究』で博士号を取りますが、これはもともとは『文藝文化』に連載していたエッセイでしょうね。戦前の『むらさき』にも三回執筆しています。つまり松尾の場合は、『文藝文化』の執筆者ではあるが、蓮田善明とはスタンスが違うということですね。

中野　そうでしょう。

和田　そこは少し幅があると考えなければいけないと思います。

中野　確か戦後だったと思いますけども三島由紀夫が、蓮田にしたって、あそこまで行き着く前まではやはり研究者、斎藤清衛門下の国文学研究者で、『国語と国文学』にも何本も論文を載せているし、だから完全に在野の人間であった保田與重郎と比較すると、はるかにアカデミックよりだ、というふうに三島が回顧しているわけですから、そこにある種、幅があるはずですね。

和田　興味深いのは『むらさき』が、相対的にアカデミックな蓮田善明と折り合いを付けようとするのではなく、文芸評論として書いた保田與重郎を取り込もうとしていることです。保田は『むらさき』に六回執筆しています。

## Ⅳ　家庭婦人と職業婦人

### (12) 女性の規範性――「日本婦人の道」

和田　『むらさき』は一九三八年三月に「日本婦人は如何に教育せられたか」という、上代～近代の女性の教育史をたどる特集を組んでいます。同じ号に藤村作が「日本婦道（一）」を書いていて、時代や環境によって「日本婦人の道」は表面的には異なるが、その「精神」は不変で、「古今を貫く日本婦道」があると述べています。結婚は「若い男女間の結合」だが、「家と家との間の結合」でもあり、夫に死別しても、「亡夫以外の異性に触れないといふその貞節心、その慎み、たしなみ」が、「日本婦道の代表的なもの」であるという主張です。本気で書いているのかいと思って（笑）、どうしても笑いが出てしまいます。平安時代と近代では結婚の形態がまったく違います。中古文学を通して「若い男女間の結合」を見るときに、どうすれば「日本婦道の代表的なもの」というような言葉が出てくるのか（笑）。

**今井**　幻想を語っているのでしょう（笑）。

**中野**　それは戦争未亡人の再婚とか不貞が問題になっていた時局もあるので、特に大事なトピックスだったとは思うのですけれど、さすがに古典を使われると……。

**今井**　だって再婚、不貞、当たり前ですもんね（笑）。

**和田**　中世文学も同じですよね。

**中野**　同じですね。

**和田**　前年から日中戦争が始まっていることを念頭におけば、この言説は、銃後の女性に求める規範性ということになります。敗戦直後の一九四六年四月に、坂口安吾は「堕落論」（『新潮』）で、「特攻隊の勇士はすでに闇屋となり、未亡人はすでに新たな面影によって胸をふくらませている」世相に触れて、「日本は負け、そして武士道は亡びたが、堕落という真実の母胎によって始めて人間が誕生した」と述べています。安吾の言い方を使うならば、藤村の主張は、武士道が亡びる前の、女性に課せられた規範性ということになります。

**今井**　戦後育ちのせいか、規範性なんて、って感じます。なるほど堕落こそが人間性を取り戻す道ですね。

**和田**　藤村の文章に呼応するように、『むらさき』の同じ号に、「日本婦道への反省」という、アンケートが載っています。服装・言語・動作の三つについて、「現代女性風俗に対しての意見」を求めたアンケートです。タイトルに「反省」という言葉が入っているので、女性風俗の現状を改め、「婦道」の規範を確立しようと、編集部は考えていたのでしょう。回答は二つに割れています。歌人の杉浦翠子は、「真赤な唇や、目のふちどりは、自然美の冒瀆」と非難して、それらは映画やレヴューの悪影響と断じています。詩人の竹内てるよは「不自然な化粧は改めたい」と、翻訳家の村岡花子は「西洋映画を真似たような洋装と化粧は改めてほしい」と述べています。杉浦とほぼ同じ感じ方です。

**今井**　村岡は、東洋英和でブラックモア校長ら外国人教師の薫陶を受けて身を立てたのに。略奪婚したのに。

**和田**　しかしそれと対極的な意見もあります。たとえば詩人の深尾須磨子は、

「すべて若い女性の良心に一任しておけばいい」と書いています。歌人の佐佐木信綱も「改めてほしいことは思い付かない」と回答しました。一九二〇年代は洋装と断髪のモダンガールが登場する時代です。洋装の服を着用する西洋スポーツが、若い女性に広がる時代でもあります。身体性の開放は、アンケートが求めた「風俗」、すなわち服装・言語・動作に端的に表れます。風俗への評価は、自分が慣れ親しんだ感覚が基準になりやすいので、好き嫌いがはっきり分かれます。社会的・時代的・文化的に形成される性の規範性が、大きな声で叫ばれやすいのが風俗です。もちろん女性を取り囲んでいた規範性は、風俗だけではありません。女性のあり方を規制する社会の制度は、女性を包囲するように数多く存在していました。その一つは、大学が女性に対して門戸を閉ざし、「日本婦人の道」として選択できなかったという問題です。

### (13) 閉ざされていた大学の門戸

**和田**　『むらさき』第一巻第一号の「紫式部学会記事」の「役員」の一覧で、会長と講師の次に「理事兼「むらさき」編輯委員」として名前が出てくるのが栗山津禰です。『むらさき』に即してジェンダーの問題を、「学問」や「教養」とリンクさせて考える際に、最もふさわしい人物の一人です。

　栗山には『拓きゆく道』（一九四〇年、明治書院）という著書があり、自らの行程を振り返っています。この本の「序」を書いたのは、高島平三郎と藤村作です。栗山は肝心なことを意外に書いていないと、今井先生は以前にメールでお書きになっていましたが、高島と藤村の序文の方が、栗山が突き当たった問題を明らかにしているという一面もあります。高島は栗山を、教育の世界における二重の開拓者と位置付けています。一つは、専門学校に入学して、男子と共学する最初の門戸を開いたこと。もう一つは、男子中学校の教諭になる最初の女性であること

**和田が所持する『拓きゆく道』に挟まっていた写真**

裏に「16.1.25」という年月日があり「栗山津弥様」と書かれている。

です。

今井　雑誌もそうですが、何でも男子と女子で分ける。区別がそのまま差別で、女子の生きにくさに繋がっている。そういう男子の領域に単身入っていく人ですよね。

和田　そうですね、一つ目は、栗山が東洋大学に入学する話です。新聞の学生募集を見て、早稲田大学と東洋大学に規則書を請求しますが、早稲田の入学資格は満一七歳の男子で、女性には門戸が開かれていませんでした。そこで東洋大学の土屋鳳洲教授に依頼しています。前例がないのは、今まで入学すべき女子がいなかったにすぎないという論理で、土屋は大学と交渉し、入学が許可されることになります。東洋大学大学部第二科に入学したのは一九一六年四月です。当時の東洋大学は、正確には専門学校令に基づく私立の旧制専門学校でした。栗山は私立の高等教育機関が入学を許可した、最初の女子学生ということになります。

栗山津禰『拓きゆく道』（1940年1月、明治書院）の箱

　私立の高等教育機関は女性に門戸を開き始めたばかりですが、帝国大学も女子学生の受け入れに積極的ではありませんでした。『拓きゆく道』によると、早稲田や東洋の規則書を取り寄せる前に、文部省の大学改正案に女子の入学許可が含まれていると聞き、栗山は胸を膨らませています。しかしそれは最終的に、改正案から外されてしまいます。

　この入学の経緯や、入学後の出来事について、今井先生からお話がありますか？

今井　『拓きゆく道』によれば、栗山は女高師に落ちて、するともう学び続ける道が見えない。男性なら、高等学校、高等師範学校、専門学校、いろいろあるのに。それで親が、もともと女高師に行かせる予定だったからってお金を出して、当てもないのに上京させて、勉強を続けさせるんです。社会的には許されてない女子の高等教育だけど、おのおのの家庭には、こういう親もいたんだって、ちょっと感動します。上京直後はともかく私塾に入って、国語伝習所と、それから二松学舎。ああいう和文、漢文の私塾は入れてくれるんですよね。で、二松学舎で教わっていた先生が東洋大学でも教えていて、それで引っ張ってもらったみたいですね。

で、その頃、専門学校改正に関連して、一時女子の入学も検討された。まあ、検討だけで実現はせず、一九一八年公布の大学令で示されたのは、専門学校の一部について、私立大学への昇格を認可する方針でしたが。でもともかく、そういう機運があったので、栗山は男子向けだった専門学校に入学する道を思いつき、門戸を叩いて、また実際に東洋大学が入学を許してくれた。けれども、栗山が第一号でどんどん女性が東洋大学に入学していくかとそう簡単ではなくて、いつの間にか門戸が狭まっていきます。例えば東京女子大学は、大学昇格を目指してカリキュラムの充実を図るわけですが、女子の専門学校が、戦前に大学として認められることはなかった。私立大学として認可されたいから、東洋大学も女子学生を聴講生という形で、栗山は一応本科生扱いだったのだけど、聴講生扱いに留めるとか。そうすると女子学生は結局、少なくなってゆく。だから彼女が一九一六年、第一号で東洋大学に入ったっていうのは本当になんか偶然と運みたいなものを感じます。

**和田**　そうですね。二つ目は、就職の話です。そもそも結婚して母になることが、「婦人の辿るべき正常の道」と認識されている社会では、教職につくこと自体が、道からの逸脱と見られます。山脇高等女学校の教壇に立っていた松井きつ子へのインタヴュー記事「女子教育の悩み」が、一九三六年一一月一八日の『東京朝日新聞』に載っています。現在では向学心に燃える人たちが女子高等師範学校に入学するけれども、一九一九年頃までは「一生独身で通さう」と決心した人たちが集まっていたと、松井は回想しています。そのような覚悟が必要だった時代を、栗山津禰は生きていたわけです。

栗山は在学中に文検と呼ばれる、文部省師範学校中学校高等女学校教員検定試験に合格します。そして一九二〇年三月に、東洋大学国文学科を首席で卒業して、千代田高等女学校専攻科に就職します。その二年後に、国語科漢文教諭として府立五中に転任しています。全国の中学校で、初めての女性教諭の誕生です。このときの経緯について、藤村作が「序」で説明をしています。東洋大学で栗山が開いた講座に、藤村は何回か出講していました。あるとき第五中学校校長の伊藤長七が、栗山を採用したいと考え、何人かの教授に相談します。他の教授は不賛成でし

今井久代氏

た。しかし藤村は、生徒がある年齢に達するまでは、男女の教員が揃っている方がいいと考えて、賛成したと回想しています。ところがせっかく職を得た府立五中を、栗山は後に退職してしまう。なぜ退職したのか、せざるをえなかったのかということを、栗山は『拓きゆく道』に書いていません。

**今井**　こう言っては何ですが、栗山の文体って情緒的で、思いつくまま展開する感じ（笑）。栗山の手紙がそのまま載っていますが、女性向け雑誌の投稿欄の文体にも似ているような。

**和田**　初めての道には、困難が付きまといます。栗山が府立五中に在職したのは、一九二二年から一九三〇年までです。退職の経緯は、高島平三郎が「序」で触れています。それによると長年勤務するうちに昇格し、「大学出の学士など」の、上司の立場になってきます。栗山が在職していると、他の男性教諭を昇格させられない。そこで他校に転任させられないかと、伊藤から高島に斡旋の依頼があったというのです。その結果、栗山は府立五中を退職したようです。その後は東洋大学で文検準備女子国語漢文講座を開催して、やがて紫式部学会の事務を引き受けるようになります。

**今井**　その経緯は同じ栗山の『紫式部学会と私』の内容になるんですけど、これもまた本人談では、よく分からない。当時の『東洋大学新聞』などを調べた水野眞知子さんの「旧制東洋大学における女子学生　学籍簿の検討を通して」（『東洋大学史紀要』6号、一九八八年）によれば、栗山の文検準備女子国語漢文講座というのは、女子の入学が少なくなった東洋大学に、女子部を設立してもらいたい、そのための運動の一環だったようです。また栗山は、中学退職の一年前から、この種の講座を開いているんです。講座に人が集まったのを大学に持っていって、これを実績として女子部を開いてくれって掛け合ったけども、もっとお金を集めないと駄目と断られて、それでもう一回、今度、女子国文検を作った。
栗山の『紫式部学会と私』では、そういう肝心の目的は、とても曖昧に書いてあります。そちらの書き方だと、最初は『源氏』講座をやるつもりはなかったけれども、文検受験勉強のために、『源氏』は独学は無理と。だから『源氏』の講座にしてほしいと。それで開いたらとても人気があって、非常にたくさんの人を集めたっていう。本当は、女子部設立をにらんでいるので、『源氏物語』以外の講座もいろいろあり、体系立てたカリキュラムになっていたようですが、そちらにはそれほど人が集まっていなかったようですが、そのあたりは栗山の本では匂わせている程度です。で、栗山の本によれば、そうしているうちに大学側から、大学の教室を使用するなら、東洋大学の教員を講師にせよと。要は女子部設立運動への妨害のようで、だって最初は源氏物語講座は藤村作に相談して最初は島津久基に、その後、池田亀鑑にお願いし、ていう経緯で、それで人気講座だったのに急に講師を変えられないと。困ったときに、紫式部学会を設立して講座を維持することになり、それで紫式部学会ができたんです。
だから、紫式部学会設立の動機というのは、創刊特輯号を読んだときとだいぶ印象が違っていて、どうやら女子高等教育の場が欲しいって思いのなれの果てっていうのも変なんですけど、挫折した結果、こういう会になっていったようで。大学令がでて、専門学校が一部私立大学に格上げされるようになって、かえって女子の高等教育の門がもっと厳しくなって、女子向けの専門学校か、あとはごく一部の奇特な大学が時々、女子を入学させる程度っていう時流の副産物なのかなあと。

**中野**　そういう気がしてきますね。全然、知らなかった。

**和田**　高島平三郎が書くように、栗山は確かに二つの点での開拓者だったのかもしれません。しかし両方とも一点突破、部分的な突破で、全面展開にはならない。現実のさまざまな分厚い壁に取り囲まれていて、一点突破してももうその先には行けない。

**今井**　そうなんです。

**和田**　藤村作は「女性教諭」（『むらさき』一九四〇年四月）というエッセイで、女性教諭を高等女学校だけに認めて、男子の中等学校に認めないのはおかしいと疑問を呈しています。ただ女性の職場として、「同じ教育事業の中には在るが、高等、専門学校、大学の教授はその中には入らないであらう」とも述べています。栗山津禰が突破した最前線が、中学校の教諭で、それより専門性を持ったポストに、女性は届きようのない時代だったことが分かります。それは単に、ポストの問題だけではありません。職業婦人がどのような視線で見られていたかという問題と表裏をなしています。同じエッセイで藤村は職業婦人に注がれる視線について、「婦人の辿るべき正常の道を、嫁して人妻となり、主婦となるに在りとして、職業婦人をこの正常の道を行き得ないために、已むを得ずしばらく職に就いて嫁入支度をなし、或は結婚の好機を摑まうとするものと見て軽蔑するのであらう」と書いています。

**今井**　結婚までの腰掛けですね。結局、雇用均等法の頃まで？　戦後四〇年間ほど、職業婦人に求められるのはそんな感じだったから、その意味では藤村は、当時としてはフェミニストで先進的と言えるかも（笑）。

**和田**　一九二〇年に東洋大学国文学科を卒業した栗山津禰とすれ違うように、一九二一年に東洋大学専門学部文化学科（西洋哲学）に入学したのは、小説家の野溝七生子です。大分高等女学校・同志社大学英文学科専門部予科を卒業して、東洋大学に入学しました。和辻哲郎が教壇に立っていた時代です。一九二四年に文化学科の第一回生として卒業しますが、勉強を続けたくて研究生になり、ドイツ文学を専攻します。しかし中退して小説家としてデヴューする道を選びました。野溝は五四歳になる一九五一年に、成瀬正勝に評価されて東洋大学国文学科専任講師に就任し、翌年に助教授、一九五六年に教授に昇格しています。女性は力があっても、大学の研究者になる機会は、戦後まで訪れなかったということでしょうね。

**今井**　先ほど名前を出した松村緑、歌人の石上露子を発掘した業績で有名ですが、松村は戦前に東京女子大学の講師になっています。女子大出身で、母校に奉職する、レアケースですね。また東北帝大に入って学んだのも大きいと思います。一方石上露子は旧家の長女に生まれ、高い教育を受けますが、要は良妻賢母のための修養、教養でした。古典や和歌の素養をもとに歌をよくし、与謝野晶子らと「新詩社の五才媛」とまで称されるけれども、二十六歳で親の決めた婿養子を迎え、筆を折らされ、以後忘れられてしまう。そういう人に松村が戦後出会い、再評価してゆく。女性と高等教育、良妻賢母と教養という部分で、忘れがたい出会いです。

**和田**　さきほど今井先生がおっしゃった、奇特な大学がときどき女子を入学させるというのは、東北帝国大学のことですよね。栗山を入学させるかどうかで、土屋教授が東洋大学と交渉した際にも、「既に東北大学でも女を入れてゐる」と説得したそうです。東洋大学よりも三年早く三人の入学を許可しますが、いずれも理科系です。

中野　そうでしたね。理科系です。

和田　ただあの三人は、本当に稀な壁の突破でしょう。合格者の一人の黒田チカは、それまでは東京女子高等師範学校の助教授を務めていました。東北帝国大学卒業後は文部省から派遣されて、オックスフォード大学で在外研究を行い、戦後にお茶の水女子大学の教授に就任しています。もう一人の丹下梅子も、入学以前に中等化学教員検定試験に合格していて、卒業後はスタンフォード大学に留学し、帰国後に日本女子大学校の教授になっています。いずれも例外的に「日本婦人の道」を切り拓いた知識人です。例外的な形でしか、壁の突破者は存在しないということですね。

今井　そう。あと、この松村緑が中心となって編纂した『東京女子大学五十年史』では、女学校で教えてる内容って結構、レベルが低いって。男子の中学校と同じ中等教育なんだけれども、中学校と高等女学校って全然、レベルが違うので、だから女学校を出てても高等教育を受けるレベルじゃなくて、東京女子大学は学生集めに苦労した、みたいに辛辣なことが書いてありました。同じ文検に合格して教師になっても、女性教師は下で、中等教育の中でも下の高等女学校でしか教えられない。それが実態。栗山は結局、五中でしたっけ、戦後小石川高校になる、で奉職したかった理由も、漢文を女学校でほとんど教えないからで、自分は漢文を勉強してきたのにっていうことらしいですし。だから『源氏』もどこまで教えてたのかとか、そう思います。まただから、『むらさき』が見果てぬ高等教育への夢に、つながってたんでしょう。「学会」だし、専門的な内容も多い雑誌でしたから。

## (14) 就職への道、文学者への道

和田　この時代の女性は、どのように職業につき、どのように文学者への道を歩んだのか。そのときにどのような困難や障害が待ち受けていたのか。その問題を考えるときに興味深いのは、『むらさき』が一九三九年三月に企画した「青春と文学」という特集です。常連執筆者である女性の文学者たちが、女学校を出た頃のことを回想していますが、それを読むと、女性が仕事を持

ち、文学者として自立する際の苦労が伝わってきます。

今井　読者は自分のロールモデルと思って読むわけですね。ただ、文学者ってのは、職業としては特殊ですよね。誰もがなれるもんじゃない。今よりずっと文学や教養への世間の評価が高かったから、文学者という職に多少可能性があったのかもしれないけれども。

和田　小説家の円地文子は「わが青春」を発表していますが、円地の場合は例外的に恵まれた境遇です。一九一八年に日本女子大学付属高等女学校に入学した円地は、「国文学の家」に生まれたため、江戸時代の戯作者の作品を手当たり次第に読んでいたと回想しています。国文学者の父というのは、東京帝国大学の国語学教授を務めた上田万年です。自己形成の段階で、文学があたりまえのように身の回りにありました。高等女学校が「馬鹿々々しく」なって、文学の道に進むため、四年修了時に退学したいと相談したときも、父は理解を示します。一九二六年に雑誌『歌舞伎』に戯曲が掲載され、文学者としてデヴューを果たしました。実家は浅草ですから、上京の苦労も味わっていません。

今井　森鷗外の娘とかも同じ。父の娘たちの例ですね。

和田　円地文子と対照的に、地方で育った女性の多くは、上京にも就職にも苦労することになります。歌人の今井邦子は諏訪高等女学校を卒業してから、函館の両親のもとで暮らしていました。「燃え上る青春」によると、両親は今井に「花嫁教育」を施しています。「女が職業をもつと云ふことは、家庭的に恵まれぬ婦人とか、良人に先立たれるとか、余程気の毒な人達」だと、父はいつも語っていたそうです。しかし文学の夢を捨て切れない今井は、結納をかわして結婚が間近になったある日、『女子文壇』の編輯長の河井酔茗を頼って上京します。一度は連れ戻されますが、一九一〇年に再び無一文で上京し、貧困生活の末にようやく、『中央新聞』が新設した家庭部の記者の職を得ています。

中野　東京生まれと地方生まれの、特に女性の進路選択の幅の差は、平成の今にですら当てはまる話ですから、当時はましてですね。

和田　今井邦子と東京で共同生活をしたのは、小説家になる生田花世です。「青鞜社のことなど」の回想に従うなら、徳島高等女学校を卒業して、徳島の小学校の教壇に立っていた生田は、そのかたわら『女子文壇』に投稿して文学の夢を育んでいました。一九一〇年に河井酔茗を頼って上京した生田は、王子の小学校に勤務します。今井と数カ月間同居したのはこの頃です。小学校を退職した後は、「麻糸つなぎ」の仕事や書生、さらに「紙箱工場で働いたり寄席の女中をつとめ」て、何とか食いつないでいきます。『青鞜』と出会うのはそのときで、一九一三年に同人になりました。ただ『青鞜』には、平塚雷鳥・野上弥生子・田村俊子・長谷川時雨・神近市子・伊藤野枝など、「女子大出の才媛」が揃っていて、「外様」の感覚を味わったようです。経済的な階層性や、東京と地方のエリア的な階層性を示していて、興味深い回想です。

**今井**　東京はもちろん地方でも、旧家など、要は資産家の娘で高い教育を受けるケースと、貧しくとも志高く、紆余曲折のすえ地位を獲得するケースとが、ある。

**和田**　詩人の深尾須磨子は、京都菊花高等女学校を卒業しています。「丹波の牧歌」によると、女学校時代は与謝野晶子や竹久夢二に心酔する「文学気狂」で、女優を夢見る松井千枝子ファンでもありました。学校で問題視されたようで、「不良少女」と呼ばれていたと回想しています。生家が旧家だったので、「由緒ある家柄、断じてその様なものにはさせぬ」と親に大反対され、舞台への夢は、恋愛への夢に転化します。若い男女が連れ添って歩き、ベンチに腰かけると、子供がぞろぞろついてきて、石を投げられたこともあったそうです。一九二〇年に機械技師の夫が亡くなり、遺稿詩集に自作詩を添えたのがきっかけで、森鷗外に認められ、文学の道に入ることになります。

深尾須磨子の写真（深尾須磨子『イヴの笛』、1936年5月、むらさき出版部）

ただこれらは、文学者として自立できた女性たちの回想です。その向こう側には、高等女学校を出て就職や文学者を志しながら、挫折して諦める多くの女性が存在したはずです。

**今井**　ですよね。本学の川上貞子奨学金というのも、東京帝大の教授を父にもち、本人も東女卒業後東北帝国大学まで出て、でも川上嘉市の後妻となられ、女性研究者を志す女性にと遺言で設立した奨学金なんです。当時女性として最高の教育を受けても、職業につくのは難しい。

中野　このような問題に対する、『むらさき』や各種女性雑誌の姿勢についでは、小平麻衣子さんが論じておられますね。女性たちに文学に親しみ創作を促す一方で、かといって小説家として生きることを決して勧めない、むしろそこから引き剝がそうとする。女性たちは、職業ではなく、あくまで教養としての文学に封じ込められていたように見えます。

## Ⅴ　戦争下の女学生と、「母」の規範性

### (15)日中戦争への動員と、女学生のファッション

和田　一九三七年七月七日に日中戦争が始まると、国民精神総動員の掛け声の下で、女学生の動員や勤労奉仕のニュースが目立つようになります。一九三八年一〇月二七日に日本軍は武漢三鎮を占領し、一一月三日の第二次近衛声明で、「東亜新秩序」の建設が目標として掲げられます。武漢三鎮占領から二日後、一〇月二九日の『東京朝日新聞』夕刊に、「学校団体を総動員」という記事が掲載されました。東京市では二八日の午後一時に、宮城に向かう祝賀大行進が、神宮外苑・上野・靖国神社などを出発しています。このときは都下の小学校児童・女学生・女子青年団員・女子青年学校生徒ら、六万人が動員されています。

今井　杉本苑子が女学生として見送ったときの体験をよく話していますよね。雨の学徒動員という。

和田　戦時色の深まりは、動員や勤労奉仕だけに現れてきたのではありません。たとえば女学生のファッションの変化からも読み取ることができます。明治時代の女学生が常用したのは袴でした。しかし一九二三年の関東大震災を機に、セーラー服が流行するようになります。一九三八年一一月二九日の『東京朝日新聞』に、「若さと喜びの誇り――セーラー服女学生」という記事が載っています。その時点での女学生の制服は、セーラー服が六割で、ジャンパーが四割でした。東京女子高等師範学校教授の成田順は、制服は学校の象徴なので、生徒である喜びや誇りが生まれる効用があるが、個性の表現ではないという弊害もあると語っています。しかしそのような長所・短所を比べる議論が、まったく無効になる時代は、すぐそこまで来ていました。

今井　選ぶどころじゃなくなる……。

和田　はい、戦時下で羊毛が輸入制限さ

れ、スフ混紡を余儀なくされると、スカートの襞が多いセーラー服は、非常時にふさわしくないという議論が起きます。無駄をカットするために、学校単位の制服を止めて、標準型を作ろうという提案も出てきます。一九三九年四月二八日の『東京朝日新聞』は、「国策に沿ふ女学生服」という記事を掲載しました。全国女学校長協会研究部が、全国統一の制服のデザインを募集すると、一〇七点の応募があり、東京女子高等師範学校附属女学校の案が一等に当選しています。これはセーラー服案ですが、当選作以外のほとんどは、経済的なジャンパー案でした。

**中野**　『戦時下の女子学生たち　東京女子大学に学んだ60人の体験』という本に、当時の本学学生の体験談が多く載せられていますが、確かに戦時下になると、すでに布地が売っていなくて、毛布でスカートを作ったみたいな話が散見しますね。

**和田**　この年の末になると、セーラー服のスカートに代わるモンペが登場します。『東京朝日新聞』は一九三九年一二月一一日に「モンペ女学生」という記事を載せます。これは福島県女子師範学校が全国に先駆けて、「時局色豊かなモンペ」を正式な制服にしたというニュースです。スフ入りのスカートは値段が高く、木綿製のモンペにしたが、運動しやすく、冬の寒い教室でも、スカートのように冷えないと称賛しています。写真を見る限り、問題はやはり審美性で、都市部の女学生が好むとは思えません。

**中野**　着物を仕立ててモンペに変えたという話もありますね。逆にスカートはどんどん姿を消していく。

**和田**　大妻高等女学校校長の大妻こたかは、このニュースにさっそく反応します。「衣服改良の試案（2）」（『東京朝日新聞』一九四〇年壱月二五日）で大妻は、福島県女子師範学校のモンペ導入に、「英断」と共感を寄せました。だが「女学生の趣味にあまり背かない」ようにという注文も出しています。戦時下の物資不足は次第に深刻化して、女学生のファッションはモンペ採用まで追い詰められます。ただしそれはまだ、一九四四年二月に女学生の戦時基準服が定められる、途上の一コマにすぎませんでした。

### (16)「大東亜戦争」下の「母性」と「賢母」

**和田**　『むらさき』の一九四三年三月号は、「日本の女性は如何にして教育せられたか」という特集を組んでいます。中古～近代の各時代を追いながら、女子教育の歴史を俯瞰しようという企画です。このうち中世を担当したのは阪口玄章で、「鎌倉、室町の女性の教育」を書いています。そのなかで阪口は、中世後期になると「三従といふ道徳の鼓吹」が目立つようになると述べています。「三従」というのは家のなかで、親に従い、夫に従い、子に従うという教えです。仏教にもありますが、この儒教道徳は近世に引き継がれていきます。「三従」を支える女性の「従順さ」と「辛抱強さ」が、「強い大きな力を生む」というのが、阪口の結論です。

**中野**　「三従」に絞ってお話することは、自分にはできませんが、少なくとも現代の研究では、武士道や、武士道から派生する女性の教育の問題というのは、結構、研究の一つの重要なトピックになっています。カノン批判研究の一つのバリエーションとも言えます。佐伯真一さんなどの指摘ですが、結局、武士道というものが中世の時代において は存在しなくて、武士たちは存外卑怯なことが多い。実際、武士道というのが理念化されていくのは江戸時代以降ということなわけですけれども、ただ、その中で軍記が果たした役割というのが、理念上の武士というか、理念上の武士道みたいなものが例外的に出てくるシーンだけが恣意的に抜き出されて、例外は捨象される形で読まれ、利用された。日本人は古来、武士道を持って生きてきたのだ、みたいなことが喧伝されて、最終的には戦争の、特攻の、という教育につながっていくわけですよね。

だから戦後の軍記研究は、そこへの反省みたいな形になるんですけれども、そこに女性も多分絡んできて、実は『むらさき』を見ていると、発刊初期の頃って、最初に少し申しましたけれど、中世文学はそれほど存在感がないのです。やはり何と言っても『むらさき』だから、当然ですけど中古女流文学が、女流という言い方もよくないですけれども、中古文学が中心で、そこに近世が、藤村の専門ですね、加わっていて、中世文学は取ってつけたように『徒然草』とかが出てくるぐらいです。当初はそうだったのだけれども、一九四〇年ぐらいになってくると、むしろ『平家物語』が目立ってきて、もちろんその利用のされ方というのは、今申し上げたようなものになってくる。

**和田**　阪口玄章が書いたのは結婚後の女性のことで、結婚前の女性の教育については触れていません。「教育上の施設とか方法といつた方面も、殆んど男性に関する事柄であつて、女性に対しては極めて乏しい」というのがその理

中野貴文氏

由でした。結婚前の女性の資料が、ほとんどないということでしょうか。

時代の流れとは逆になりますが、中古を担当したのは関みさをです。「手蹟が巧み」であることは、「よき結婚への第一段の足場」である。絵は「嗜み」の一つで、音楽は得意なものが一つないといけない。歌への造詣が深くないと、消息文や返歌の際に困る。――このような「物の心」を知り、「物のあはれ」を知る教育について、関は「平安時代の女性教育」で説明しています。二つのエッセイは対照的に見えます。阪口は結婚後の女性のあり方について書いていますが、関は結婚前の女性の教育について書いているからです。

**今井**　中古の女性教育の元ネタは、『枕草子』に載る、藤原芳子への教育方針かな。ただ清少納言も、仕えた定子中宮も、その当時の女性としては異色の漢籍好きでした。『源氏物語』でも、何事も中庸なのが良いとする光源氏の教育方針が披露される一方で、全部ひととおり出来て、突出したところがないのが良いって言ったって、人間なんだからそうもいかないと、陰口を叩かれています。これらは、まずはお后教育としての教養です。天皇のもとに入内して、寵を争って勝つだけの教養を身につける。またその教育は誰が施すかというと、母親および侍女（女房）なわけで、彼女たちにも教養が求められる。その意味で、結婚前の教育でありながら、要は貴族社会でうまくやっていくための素養なので、一生学んでゆくものでもあります。またうまくやるには「中庸」こそが大事というわけですが、人間なんだからそこに個性がでて、自己主張が出る無理な話だと。内大臣にそう当てこすらせ紫式部は、さすが人間観察が鋭いです。

**中野**　一方、中世は女性がどんどん家の中におさまってくる（おさめられてしまう）時代で、結婚の様態も変わってくる、というのが多分、関係はあるのかなと思います。一つ付言すると、結婚前の女性への教訓というのは、『阿仏の文』や『乳母の草子』など、いわゆる女訓物というジャンルで、頻出することにもなります。

和田　二つのエッセイの違いに触れたのは、「大東亜戦争」下で「日本婦人の道」という規範性として前景化されるのが、夫に対する妻の立場や、義理の親に対する娘の立場ではなく、子に対する母の立場のように見えるからです。しかもそれは子供の生ではなく、子供の死と向き合うように変化していきます。夫は出征していて、すでに戦死しているかもしれません。銃後で「家」を守るという規範性はありますが、義父や義母の姿はあまり可視化されてこない。それよりも子供の出征を喜んで見送らなければならない、子供というものは国に捧げるものだという規範性が、最後にせり出してくるわけです。

中野　そうすると、この『むらさき』だけに限りませんけれども、当時の古典の利用方法としてずっとあった、自分たちが主張したいこと、自分たちにとって都合のいい女性像、あるいは国民像を古典から探してくるという彼らの思考パターンというか、研究パターンの中で、最終的には夫が戦争に行って死んでしまっても、再婚せず貞節を守る。あるいは自分も死ぬ。あるいは子供に従う、というのを探してくる、ということに結果的になって、そうすると『平家物語』の中の女性たち、みたいなものがクローズアップされていく。この『むらさき』の最初の頃、『平家物語』の女性といえば、出てくるのは祇王などが中心だったりするのですけれども、だんだん平家の未亡人になってくる。最終的には、夫が一の谷の合戦で戦死したので、身重の体を投げうって入水して後を追った小宰相などがクローズアップされて、これも榊原千鶴さんの指摘ですが、それがサイパン陥落のバンザイクリフと重ねられるといったような、そこまで行きます。

今井　身重なのに入水していいんですかって思いますが。

中野　いや、まったくそうですよね、二重の、仏教的には重い罪なのですけれども。女性とはこうあるべき存在だと、都合のいいところを見つけてきて、その都合のいいところを繰り返し掲載することによって、カノン化していく、定番の教材化していく、というのをずっと繰り返している感じがします。

和田　「大東亜戦争」は、一九四二年六月五日のミッドウェー海戦で敗れて、戦局の転換が訪れ、南方の島々では撤退や全滅が相次ぐようになります。『むらさき』一九四三年一一月号の

「日本の母」という特集で、母は子供の死と向き合うことを求められます。プロレタリア文学運動から転向して、日本浪漫派の評論家になった浅野晃は「幕末志士の母」に、「日本の母は、大君の辺に捧げんがために、その子を立派に育てる」と記します。歌人の片桐顕智は「大東亜戦争と母」で、「お国に吾子を捧げることを母の本懐とし、お国につくしうるかどうかを憂ふるのが、日本の母の本統の気持なのである。米英流の利己主義、個人主義をもつては、到底はかられぬわが家族制度の美風である」と書いています。儒教思想の「三従」は、「三」を束ねる「家」に従うということも意味しています。片桐の論理は、「個人」の対極に「家」を設定し、「家」と国家を重ね合わせることで成立します。それが「大東亜戦争」が「母性」という物語を連れていった、到達点だったと言えるのではないでしょうか。

**中野**　それが、古典文学に「女性」性が発見されたベクトルとも重なるのでしょうね。これは別の議論になりますが、結局、戦後『むらさき』は続くわけですよね。続くというのは、いったんなくなって、『藝苑』でしたか、違う雑誌になって、それももう、戦局の悪化でどうにもならなくなって、紫式部学会自体も活動停止というか、廃会になるのでしたか、そこは分かりませんけれども、でも復活するのですよね。その復活にも藤村は関わっているのですか？　そこで、やはり個人的に関心があるのは、反省はないのか、という点に尽きます。反省という言葉も適切ではないかもしれないですけれども、その戦前の『むらさき』と戦後の『むらさき』との関係みたいなものを、当事者はどう思っていたのだろう、ということです。当事者というのはもちろん、藤村や久松のことです。

**和田**　戦後版の『むらさき』が再スタートするのは、一九六二（昭和三七）年の一一月ですね。

**中野**　結構、経ってからなのですね。もう当事者はいないのか、でも久松とかは、まだいませんかね。

**今井**　彼だけはやってますよね、講座。私は栗山の『紫式部学会と私』を読んだ限りですけど、戦後になってやっと劇が上演できてよかったっていう(笑)。戦局に荷担してっていう思いは、そういえば感じませんでしたね。

**和田**　藤村作は一九五三年に亡くなるから、戦後版の『むらさき』には書いていません。久松潜一は一九七六年まで生きますから、たくさん執筆しています。

中野　なるほど。

今井　例の唐突な書き方の『紫式部学会と私』によれば、戦後、藤村も池田も亡くなって、栗山は紫式部学会に自分の居場所がない、合わないって思う事態があったようです。それで辞めると言い出して、会長の久松潜一から慰留されていますが。なぜ対立したのか、行間から感ずるしかないのですが、繰り返し自分は人を集めることができる、歌舞伎の上演も大成功で非常にもうかった、とか書いていて。戦前の『むらさき』は、女性に高等教育の機会が閉ざされていて、でも伝統的に古典文学、とくに『源氏』は女性向け教養とされていた。池田亀鑑が『源氏』最善本と思った大島本だって、要は嫁入り道具として書写されたものですし。そういう女性と『源氏』との特別な関係があったから成り立った、結構貪欲な、雑多な雑誌ってところも、特に最初はあったと思うんです。おそらく栗山などが歌舞伎上演にこだわって、実際、講座に付随して舞とか芸能を鑑賞する催しは良く行われていたようです。思いがけず検閲による中止があって、東大アカデミズムは及び腰になった。その分、栗山が自由にできた部分もあったんじゃないか。それが戦後、女性の教養にこだわる必要がなくなる。女性も大学に通えるし、アカデミズムも、日本精神の解明、教養じゃなくて、文学に息づく、歴史的存在としての個に向き合う「読み」を重視する。戦前『むらさき』路線の必要はないし、それでは成り立たなくなった時代。その中で、栗山の立ち位置がなくなっちゃったのかなと思うんです。

中野　自分の関心が古典教育にあるので、結局、なぜ古典を学ばなければいけないのかという、昨今の中学生、高校生からもよくされるこの問いは、ある種、普遍的な問いかけだと思うのですけれども、その答えが戦前は、今とは明確に違うわけですよね。当初『源氏物語』は入っていなくて、でも世界文学として評価されたとか、そういった理由があって入ってくるようになったあたり、『源氏物語』は、価値がポリティカルに「発見」されているわけです。そういうところに今以上に、僕らも敏感になるべきだろうなと。というか、やはりわれわれ古典文学研究者はついつい、古典をアプリオリに価値があるものとみなして議論してしまいがちだけど、それだと蓮田と変わらなくなっちゃうので（笑）。古典を教育することの意味・意義というのを、きちんと、やはり皆で考えないと。揺れて、揺れて、最後行き着くところまで、時局に合わせて行くだけだったら、こうなるんだっていうふうに、やはり思ったりします。

**今井**　これ、言うときっと怒られちゃうんですけれども、個人的にはなんか、もっと本当は広いことを女性だって学びたかったのに、たまたまこれしか残ってなかったっていう感じで、戦前『むらさき』がうまれた、って感じをすごく受けるんです。

**中野**　それ、とても分かります。ある種、現状の中での最適解を出さざるを得なかった、みたいな苦悩、苦悩とまでは言ってはいけないかもしれないけれど。それ、すごくおっしゃること、分かります。

**今井**　強引に最初に戻ってくると。私に『むらさき』を巡り合わせて下さった方、戦後になったら、もう日本の古典文学に心酔していた時期がまったくなかったかのように生きて来られたって言う。戦前は、古典文学ぐらいしか彼女に許された学ぶ場所がなかった。で、戦後は、国策と古典文学を見たこともあって、というのは、旧蔵者の方は、『むらさき』廃刊の一年ぐらい前のは持っていないんですね、で、そうしたことを否定してきた。実際、女性が学ぶ世界が広くなると、別に古典文学にこだわらなくなってゆく。そうなったら男性が直面してきたのと同じく、なぜ古典を学ぶのか、文学の意味は何か、要らないじゃないかって問題に向き合うことになる。その先を考えると少し怖いですが。あるいは、戦後『むらさき』の世界を棄ててしまっても、ずっと奥の方に大切に取って置いたところに、小さな希望があるかもしれません。

**中野**　そうですね。戦後昭和の長い期間も、基本変わっていなくて、女性が大学に行くのに国文か英文だったらいいか、みたいな、それと似ていましたよね。国文、英文くらいしか、女性で大学へ行くことが、普通ではなかった。それが今は社会学でも、経済学でも、理系でも全然、当然ですがよくなったわけで、女性が国文に行く固有の理由はなくなった。これらも全部、つながることなのかなと。

## (17) 勤労挺身隊と『むらさき』の終刊

**和田**　日中戦争から「大東亜戦争」へと戦時色が深まるなかで、高等女学校のあり方は大きく変容します。『報国』第二〇号（一九四二年三月）の発行所は、東京府立第五高等女学校報国団です。以前の校友会が、前年六月に報国団に変わり、その団誌として『報国』が発行されました。「報国団結成に当つて」によると、報国団は文部省の指示で、一九四〇年に全国の大学と専門学校で組織されています。一九四一年になると中等教育の学校でも結成されるようになります。目的は「皇道翼賛の精神を青少年学徒に徹底させる」ことで、第五高等女学校では報国団の下に総務部・鍛錬部・国防訓練部・学芸部・生活部・農場作業部の六部をおき、そのなかに合計三一の班を配置しています。たとえば銃後後援班では、応召された人に渡す千人針や、出征陸海軍将兵に届ける慰問文、陸軍恤兵部に献納する慰問袋を作成しています。東京女子大学に報国団の記録は残っているのでしょうか?

**今井**　『五十年史』によれば、一九四一年四月に文部省からの学友会を解散し報国会を結成せよとのお達しを受けて報国会を結成しています。ただ学芸部ならぬ本学の文化部では「西尾実指導の日本芸術会、石村貞吉主導の日本文化研究会、小田董指導の英語会」という感じで、報国会大会第一部で宮城遥拝し武運長久を祈ったあと、第二部として英語劇、文化映画がなごやかに…とのこと（笑）。実はこの前、マルクス主義が盛んだった一九三〇年前後、本学も「赤い学生」が出て、特高に捕まりもして。学長の安井てつは愛情深く学生を守るとともに、女高師で学んだ明治の愛国者として、国に背く学生を出したことに苦しみもする。それで一九四〇年、皇紀二千六百年を迎えた年に安井は学長を辞任、より深いキリスト教信者だった石原謙学長のもとで、報国会の時代を迎えた。ミッション校としての国策との矛盾を、キリスト教をもととする深い思索で見つめ、報国会を作っても、何とか東京女子大学らしさをまだ保っていたのですが。

東京府立第五高等女学校報国団が1942年3月に発行した『報国』第20号の表紙

**和田**　一九四三年六月になると、学徒戦時動員体制確立要綱が決定されます。高等女学校生の労働力が、本格的に戦時体制の一角を担うようになります。同年一〇月七日の『東京朝日新聞』夕刊に、「学校で軍需品生産」という記事が出ています。紹介されたのは洗足高等女学校の試みです。提携先の北辰電機の話では、それまでの勤労奉仕は年に三〇日間という規定があり、一学期に一〇日間ほど、二〇〇人～三〇〇人の女学生が来て指導をしていました。しかし少し慣れた頃に終了してしまうので、効率性が悪いことが問題でした。そのため逆に工場から学校に、指導員と材料を送り込み、教室に小さい電線加工工場を作ることにしたのです。記事はこれが「「学校工場」の先駆」であると伝えています。

一九四三年の末には、都下の女子中等学校の新規卒業生が、勤労挺身隊として厚生省の方針に基づいて、工場に割り当てられることが決まります。一二月二九日の「九割は翼の増産へ」（『東京朝日新聞』）によると、第一回の割り当てで、三〇〇工場のうちの九割を、航空機関係が占めていました。挺身後は原則として工員になることも決まっています。

**今井**　先ほどの続きですが、東京女子大学も国策に抗しきれず、校舎を工場に転用したりします。一九四四年春、「決戦非常措置要綱」を受けて、軍需工場よりはと岡田乾電池の申し入れを受け入れる。工場奉仕の傍ら、許された時間のみ授業をし、それを学生は貪るように学ぶ。何とか本学らしさを残そうとするけれども、一一月の東京大空襲を受けて航空機製造工場を、大講堂で、というのをせめて突っぱねて校舎で、ですけど受け入れざるを得ない。白亜の建物をコールタールで黒くして、配給だけで寮食を作るのでは学内を歩く体力もないほどなので、校地の一部を畑にして。その合間に、学長はキリスト教の講話を説く時間を持ち続けた。この頃の話を聞くと、戦地に行かずにすむ部分だけは、女子で良かったかなと思うけど、銃後に居ても、信念と国策の狭間で苦しむのですね。

**和田**　『むらさき』が一九四四年六月に「讃女性進軍」の特集を組むのは、もはや高等女学校や専門学校の通常の授業が成立しなくなったときです。東京家政学院創立者の大江スミは「教へ子のかどでに」を、「昭和十九年二月二十四日、各種学校令による学校の女学生は、向ふ一ヶ年間学業を停止して挺身隊を組織し、直接国家に得奉公するやう、その筋より命ぜられました」という文章から始めています。東京家政学院の一部には、ある会社の分工場が設けられて、二五〇人の工員が女学生の指導をすることになりました。成立しなくなったのは、学校の授業だけではありません。同年一月に日本出版会は、雑誌の統合整備を発表し、多くの雑誌が廃刊や休刊に追い込まれます。『むらさき』も六月号の「編輯後記」

にあるように、六種類の短歌誌と統合され、『芸苑』として新発足することになっています。

**今井**　そういうお話しを伺うと、戦後の国文学者の多くが「仕方なかった」と戦前を振り返るのもわかりますね。また一方で、ミッション校だった本学は、もうちょっと後まで抗っていたので、その部分国策に靡いてその地位を守ろうとした国文学、『むらさき』の教養と日本精神は、情けないのかもしれない。でも本学も明治の愛国者の安井てつ学長のままだったら、愛情深く学生を守った安井でも、もう少し早く国策に呑まれたかもしれない。私の義母は一九二九年生まれ、女高師付属の女学校生だったのですが、集団疎開で新潟県に行かされ、そこで工場奉仕を続けて終戦を迎えたそうです。最後の方は全く授業がなく、戦後は英語なんか全然わからなくなっていたと。『むらさき』はすでに女学生への訴求力はなかったようで、義母は『むらさき』を知りませんでした。国家、有用性と、教育、文学。いろいろ考えさせられます。

**「讃女性進軍」の特集を組んだ、『むらさき』1944年6月号の表紙**

これが同誌の終刊号になった。

**和田**　ここまで「女学生とジェンダー」というテーマで、一九三四年以降の『むらさき』の約一〇年間の歩みに沿いながら、お話を伺ってきました。最初の今井先生のお話に戻りますが、東京女子大学に寄贈された『むらさき』をお持ちだった方は、戦後に英語に関わるお仕事をなさりながら、『むらさき』を捨てられずにずっと持っていらっしゃったということですね。それは戦時下の女学生が、かつて手に入れた少女雑誌を手放さず、「架空の感傷性」の世界を保つことで、空襲下の時代に耐えていたことと同じかもしれません。確かに『むらさき』は創刊時から、一面では「日本精神」にリンクして、女性の規範性を説いてきました。しかし同時に古典文学や近代文学、趣味や娯楽の世界に、直接つながっていました。だからここから先は推測になりますが、『むらさき』をお持ちだった方も、古典文学への夢を手放さないことで、過酷な空襲下を生き抜いてきたのかもしれません。『むらさき』も少女雑誌も、そのほとんどが空襲で焼かれ，姿を消してしまいました。しかし焼失を免れて現存するわずかな雑誌が、今日の私たちを、女学生の無数の物語に誘う、通路になっていると思います。長時間にわたりましたので、このあたりで終わらせていただきます。どうもありがとうございました。

# Ⅱ

# 一九三〇年代後半〜四〇年代前半の女性──性

# 一五年戦争下の女学生

和田博文

## 1　恋愛・スポーツ・就職――モダン都市の女学生

女性教養誌『むらさき』が発行されていた一九三四年五月〜一九四四年六月は、一五年戦争の時代とほぼ重なっている。一九三一年九月から始まる満洲事変、一九三七年七月にスタートする日中戦争、一九四一年一二月から戦火が深まる「大東亜戦争」の時代に、女学生はどのような足跡を残したのだろうか。関東大震災からの復興を遂げたモダン都市のなかで、女学生は注目を集める存在だった。朝日新聞社が毎月、「女学生の会」を朝日講堂で開いていたのは、その証左の一つである。「第三十六回女学生の会」(『東京朝日新聞』一九三一年九月二七日)では、小高吉三郎が「野球の話」、有島生馬が「大震記念制作について」というタイトルで講演し、満洲事変の映画ニュースが上映された。このときは府立第一高等女学校・淑徳高等女学校・日本橋高等女学校など九校から、一〇〇〇人の女学生が来場している。

マスメディアが取り上げるのは、それまでの規範や制度を越えていく尖端相である。その典型的な一つが、女学生の恋愛だった。たとえば一九三三年七月一三日の『東京朝日新聞』に、「近代女学生気質―団体で恋愛遊戯」という記事が掲載されている。病院の事務員として働きながら、裁縫女学校に通う一七歳の女性が、学生と簡易旅館に同伴で宿泊しようとした。取り調べてみると、同じ女学校の三年生七～八名が、小鳥組というグループを作って、放課後に喫茶店で男性と待ち合わせたり、井の頭公園で手をつないで散歩したりしていることが分かる。この日は新宿ムーラン・ルージュを見物してから、学生に誘われて投宿しようとしたのである。記事は「異性を漁る『小鳥組』」というセンセーショナルな見出しを掲げて、「驚くべきデカダン恋愛が流行し団体をなして恋愛遊戯に耽つてゐる」と報じた。

恋愛の末の心中も、マスメディアの恰好のネタである。一九三三年二月一二日に実践高等女学校専門部国文科の二人が、大島の三原山に向かい、そのうちの一人が噴火口に投身自殺してしまう。亡くなった女性は淑徳高等女学校を卒業したが、和歌や漢詩の創作もしていて、専門部に進んで学んでいた。二月一四日の『東京朝日新聞』は「同性心中を企てたものと見られてゐる」と報じたが、翌日の朝刊では「恋愛や同性心中ではなく平生の耽美主義」が原因という、父親のコメントを紹介している。「実朝の金槐集や万葉集が大好きで常に気に入つた歌が一つ出来たら死んでよい」と語っていたらしい。ただ読者の目線に立つと、恋愛や同性愛、そして文学は、のめり込むと自殺に至る危険なものというメッセージが、記事からは伝わってくる。

この時代に恋愛は、「不良」というレッテルをしばしば貼られた。三田高等女学校や大森高等女学校の校

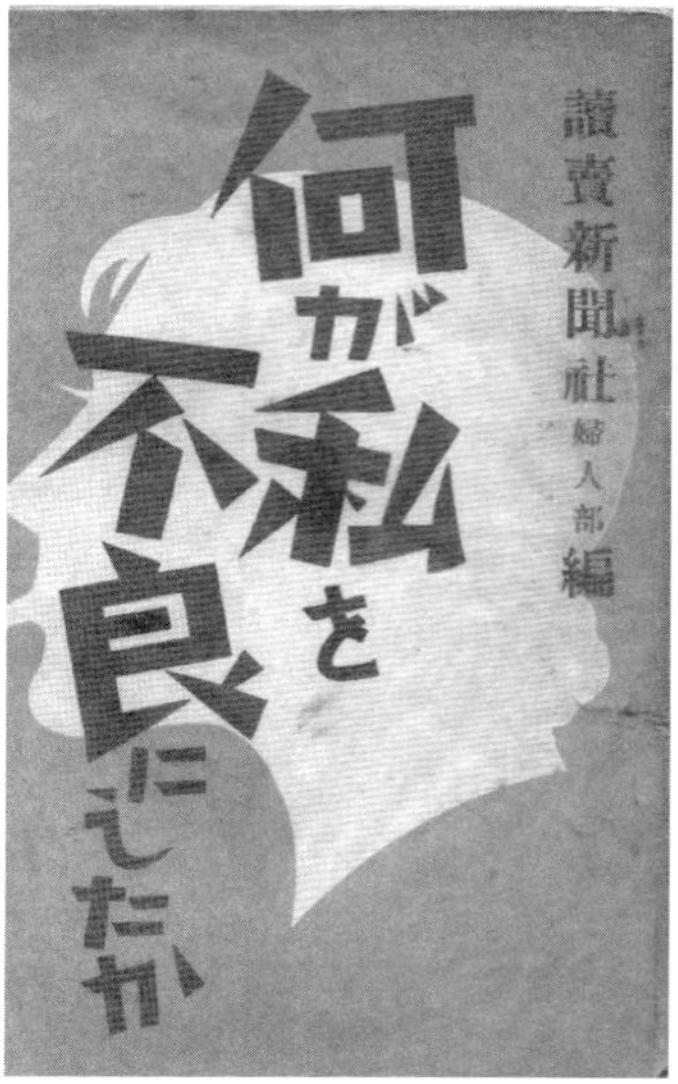

読売新聞社婦人部編『何が私を不良にしたか？』（1935年6月、森田書房）の表紙

13編のタイトルの後に、3行程度の罫線で囲んだ文章が挿入されている。婦人部の記者が執筆したと推定されるが、女学生が「不良」になるパターンを、婦人部がどのように捉えていたかがよく分かる。

長を務めた青木朝子は、『現代世相と女学生』（一九三六年七月、想苑社）で、女学生が「不良化」する契機として、映画・レヴュー・喫茶店をあげている。デパートや劇場も含めて、盛り場には誘惑の魔の手が潜んでいるという警告は、同時期のさまざまな書物から読み取れる。読売新聞社婦人部編『何が私を不良にしたか？』（一九三五年六月、森田書房）もそんな一冊である。女学生は何が原因で「不良」になるのか。取材を通して婦人部の記者は、一三の典型的なパターンを提示する。避暑地やレヴュー、カフェやデパートは、危険なスポットとして挙げられている。

左翼運動への参加も、尖端相の一つである。「女子英学塾の左傾女学生留置」（『東京朝日新聞』夕刊、一九三二年四月三日）によると、警視庁特高課は共産青年同盟を壊滅させるため、東大自治学生会だけでなく女子専門学校にも捜査の手を伸ばした。東京女子大学ではデモに参加した五名の女学生が検挙され、新たに女子英学塾の女学生も取調べを受けている。共産党の機関誌『赤旗』と、津田自治学生会中央委員会名のアジビラを所持していたからである。一九三〇年代初頭の新聞に出てくる「左傾女学生」の記事は、一九三三年に入ると消えていく。前年三月から始まる日本プロレタリア文化連盟への大弾圧で、蔵原惟人や中野重治は検挙されていた。小林多喜二は地下に潜るが、一九三三年二月に官憲に虐殺され、共産主義者は転向の季節を迎えることになる。

自殺や検挙のような危険性とは無縁だが、近代スポーツも尖端相の一つである。国際大会に女子選手を派遣するため、一九二六年四月には日本女子スポーツ連盟が創立されていた。人見絹枝が第二回世界女子オリンピック大会に出場するのは、その四ヵ月後のことになる。女子スポーツの初期に、普及の場となるのは高等女学校である。一九三一年二月八日の『東京朝日新聞』は「女学生スキー熱」で、青森県の女学校では週三時間の体操のうち、一時間はスキーに割いていると伝えた。青森高等女学校では一四一名の女学生が、スキーを所有している。同年七月二六日の「久喜高女優勝」という記事からは、全日本女学生庭球選手権大会がすでに一二回目を迎えたことが分かる。女学生を母の世代と明確に区別する一つの要素が、近代スポーツだったのである。

女学生と母の世代の差異を際立たせる、別の明確な指標は就職である。高等女学校卒業後に就職を希望する女学生数は、急速に増加しようとしていた。そのニーズに女学校はどう対応しようとしたのか。「学窓を出る彼女達は何を目指してゐるか—著しい職業的独立の傾向」（『東京朝日新聞』一九三二年二月四日）は、就職担当者の言葉を紹介している。府立第二高等女学校では、一九二三年の関東大震災まで、女性の就職を「恥辱」のように捉える傾向があった。しかし現在では一〇〇人中七〇人が、教員・医師などの職業と直結する上級学校への進学を希望し、一五人が銀行や会社への就職を考え、家事手伝いとなるのはわずか一五人しかいないという。女子高等師範学校附属女学校でも、九〇人余りの卒業見込者のうち六〇人以上が進学を希望していた。残りの三〇人も、裁縫・料理の学校で学ぶことを考えている。

山脇高等女学校は創立時から、「家庭の主婦」になる女性の育成を目指して、職業人は想定していなかった。ところが二二〇人の卒業見込者のうち、五割が職業に結び付く上級学校への進学を目指している。さらに二割は就職を希望して、家庭に入る者は四分の一しかいないという。山脇は家事専攻科も併設している。しかし資格を取得できないので、希望者は年々減ってきていた。大妻高等女学校でも資格取得への憧れが強く、薬学専門学校への進学希望者が著しく増加している。上流階級の子女が入学する仏英和高等女学校の場合は、卒業後に「おとなしく家庭に残る」女学生が六割と多数派だった。しかし三割は就職につながる専門学校などへの進学を希望している。また「家庭に残る」女学生のうち半分は、「いざといふ場合」に中等教員になれるように、教員免許状だけは取得していた。

## 2　日中戦争開始と、マスメディアが提示した女学生の規範像

就職希望の女学生の急増に、対応を迫られたのは女学校だけではない。職業紹介所は就職先を斡旋する必要がある。一九三三年一二月四日の『東京朝日新聞』夕刊に、「働きたい娘心―八百人の女学生を呼んで紹介所で職業相談」という記事が掲載されている。東京府の職業紹介所が、府下約八〇の女学校に問い合わせると、希望者はその時点ですでに二〇〇〇人いて、卒業期には三〇〇〇人に膨れ上がる見込みであることが判明した。前年度と比べると、倍増になっている。職業紹介所が三日に第一回の職業相談を開催すると、八

〇〇人の女学生が集まった。就職希望先はほぼ、銀行と会社とデパート。そのため職業紹介所では大幅な求人開拓を余儀なくされている。

労農派マルクス主義の経済学者・山川均の妻で、初期フェミニズムのキーパーソンの一人である山川菊栄は、「流行性職業熱―卒業期の女学生を見て（二）」（『東京朝日新聞』一九三七年三月二四日）でこう述べている。一九三〇年以降の四年間で、職業婦人は著しく増え、医師・薬剤師は六割ほど、看護婦・産婆は四割ほど増加した。丸ノ内では男性の七分の一だった女性が、この二年間で、五分の一になっている。少数の知的な職業婦人に対しては、「浮薄な流行気分で職業に走る」という非難が集中する。しかし多くの人は経済的な理由で就職している。現在の大きな問題は職業婦人の待遇で、男性に比べて明らかに不利である。昇進の道は閉ざされ、昇給も遅いと。

山川菊栄の連載は、日中戦争勃発の四ヵ月前に行われている。一九三七年七月に盧溝橋で起きた日中両軍の衝突は、八月に上海の交戦を引き起こす。一二月になると日本軍は南京を占領、翌年五月には徐州を、一〇月には広東を占領した。中国大陸の戦線は拡大の一途をたどっている。戦火の深まりは、女学生の就職状況に変化を与えた。戦地に赴いた男性の仕事の穴を埋めるように、女性の労働力が要請されたのである。「男子に代つて活躍する婦人の職業戦線」（『東京朝日新聞』一九三八年九月二〇日）によると、長期戦による女性の職場進出は目覚ましく、三分の一が女性社員で占められる会社もあった。軍需インフレの波に乗って、工場の求人が最も多く、百貨店・銀行・会社がそれに続いている。人手不足なので、女学校を出てから五～六年が経過しても、就職は可能だった。

日中戦争による変化は、女学生の就職状況だけではない。たとえば一九三五年九月二〇日の『東京朝日新聞』夕刊には、「当世学生気質—呆れた無軌道」という記事が掲載されていた。男女中等教育の生徒の「校外救護」を目的に、東京府補導協会が発足して、二三〇余りの学校の、一四万人の生徒に働きかけることになる。それに先立ち、新学期に入ったばかりの時期に、盛り場や遊園地で実地調査が行われた。昼間は授業時間なのに、映画館に出入りする学生や、劇場で舞台役者に歓声をあげる女学生がいる。夜になると新宿界隈の飲食店に、専門学校の生徒と「風俗を紊してゐる」女学生の姿が、相当数見られた。このようなモダン都市の尖端相としての、女学生の恋愛や風紀問題が、日中戦争を境に新聞紙上から姿を消していくのである。

　女学生の恋愛や風紀問題と入れ代わるように、新聞紙上にせり出してくるのは、時局を反映する女学生の姿だった。日中戦争勃発の翌月、一九三七年八月に政府は国民精神総動員実施要綱を閣議決定する。国民精神総動員にふさわしい行事や行動が、女学生の新しい規範像として提示されるようになる。この年の年末の『東京朝日新聞』で、「女学校風景」という連載が行われている。「非常時の備へ—女学校風景（２）」（一一月四日）が紹介したのは、府立第五高等女学校の鼓笛隊である。校舎の正面には「祝出征」「祝武運長久」という大懸垂幕が掲げられ、日本古来の楽器である太鼓や横笛を使って演奏が行われた。一〇日には同校の鼓笛隊も参加して、都下

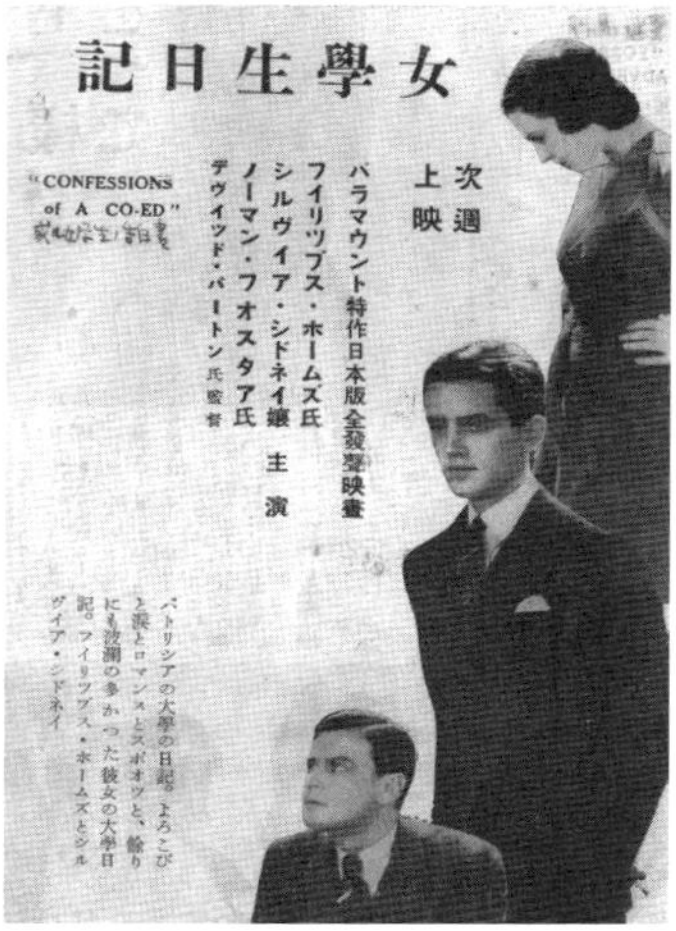

1931年にアメリカで制作されたパラマウント映画「女学生日記」の広告（『S.P.』28号、発行年月日不記載）

アメリカの女子大生の恋愛ドラマは、1930年代の日本で女学生たちの憧れをかきたてた。

の全女学校七八校の女学生五万人が、神宮外苑競技場で愛国歌を合唱することになっている。同じく「銃後の備へ―女学校風景（5）」（一一月八日）では、実践高等女学校や女子学習院などの取り組みが紹介された。実践では「非常時」にふさわしく、白鉢巻を締め、薙刀術の教練を行っている。女子学習院では「国家総動員」に呼応して、質実剛健の申し合わせを行い、愛国機女学生号への献金や、千人針を作っていた。また大妻高等女学校ではバザーの利益で、「名誉の傷病兵」に白衣を贈ることにしている。「日本婦人の生活改善は着物から」という趣旨で、モンペ式の非常時服も考案して実用化した。府立第九高等女学校では、手作りの可愛い豆人形を慰問袋に入れている。

一九三八年七月になると『東京朝日新聞』は、「女学生・汗の勤労奉仕」という連載を組む。日中戦争も二年目に入り、夏休み前に中等学校で勤労奉仕が始まったので、それを順次紹介するという企画である。そのトップに起用されたのは、中等学校ではなく専門学校の、東京女子大学と日本女子大学だった。連載第一回（七月一八日）の「白衣の勇士に捧げる感謝」では、東京女子大生一二〇人が、日本赤十字病院を二日間訪れ、廊下掃除やガラス拭き、洗濯や包帯巻きを行ったと紹介されている。第二回（七月一九日）の「針に籠る誠意　三つ星の肩章」は、日本女子大生六五〇人が新校舎の敷地を開墾し、同校付属女学校生六〇〇人が軍需品部品製造の仕事をしたと報じた。

それ以降は高等女学校に舞台を移して、連載が続いている。第三回（七月二〇日）の「鍬を手にして土を耕す嬉しさ」は、府立第二高等女学校生二〇〇人の校庭修理の様子を伝えた。第四回（七月二一日）の「ホームスパン織り出す戦時色」は、玉川学園の女学生が数十人単位で泊まり込み、薪割、ジャガイモ掘り、牛の乳搾りなど、「長期戦下の自給自足振り」を発揮したことを報じている。第五回（七月二二日）の「大地を友として野菜作りに専心」は、府立第六高等女学校の四八〇人が、六〇〇〇坪の農園で野菜作りに励む姿をレポートした。各回に共通するのは、女学生の感想の収録である。それは単なるトピックの提供ではない。戦時下の女学生のあるべき姿という規範像を、連載は提示しようとしていたのである。

## 3　空白の頁で綴られた書物――中原淳一『女学生々活』

日中戦争開始後の時局の反映は、勤労奉仕や、「銃後」の催しだけに現れてきたのではない。ファッションや髪型の自粛の動きも、女学生の間に広がっていく。「パーマネント〝落城の前夜〟」（『東京朝日新聞』一九三九年六月二四日）は、日本パーマネント協会と東洋パーマネント協会に所属する、東京市内八〇〇軒の業者が、合同自粛大会を開いたことを報じた。二つの協会は、大日本電髪利用連盟というカタカナを排除した名称の組織を結成して、八項目の自粛事項を申し合わせている。「女学生のパーマネント謝絶」という店頭表示が、そのなかに含まれていた。また逓信省・中央電信局・中央郵便局に勤務する各二〇〇人と、官庁・銀行・会社の女性事務員一〇〇〇人余りが、「銃後娘の会」を結成したことも併せて報じられている。この会は、「華美な扮装（みなり）」と「模倣結髪」の自粛を呼びかけた。

髪型を自粛する動きは、すぐに女学校に伝わる。「率先断髪を全廃」（『東京朝日新聞』一九三九年七月一八日）は、女子学習院の上級生が、質素な結髪にすることで、「銃後女学生の心意気」を示そうと申し合わせた記事である。同校の大多数の女学生はそれまではボブ刈り。髪の先端をカールして、髪飾りのお洒落を楽しんでいた。しかし夏休み中に髪を切るのをやめて、九月の休暇明けには、時局にふさわしいよう、髪を後ろで束ねて登校すると決める。後期と高等科に在籍する約三八〇人が、この申し合わせに従って行動することになっていた。

一九三〇年代前半に急増した女学生の就職は、日中戦争下で戦地に赴く男性労働力の補充という役割を担わされる。さらに一九四〇年前後になると、労働は別の性格を与えられるようになる。一九三九年一〇月二〇日の『東京朝日新聞』に掲載された「職業選びに夢が多過ぎる」という記事は、東京職業紹介所婦人部が女学校に出張して、調査した結果の報告である。調査対象は翌年春に巣立つ予定の、女学校一四〇校と女子商業一〇校の約一万二〇〇〇人。そのうち就職を希望する者は三六八五人で、求人数は倍近い七〇一六人に上っていた。求人が多いのは時局関係の企業で、工場をもつ会社が一六七九人とトップである。しかし女学生の側では、ビジネスセンターへの憧れが際立ち、丸の内や日本橋で就職したいと考えていた。工場関係会社の最低賃金は三〇円で、二八円の官庁、二六円の銀行、二四円のデパートを上回る。この報道からは、女学生の本音が透けて見える。

中等学校の卒業生は「銃後」労働力の供給源と目され、時局産業に動員をかける時代はすぐそこまで来ていた。約一年後の一九四〇年一一月一九日の『東京朝日新聞』に、「卒業の〝夢〟は時局産業─華を去る女学生気質」という記事が載っている。かつての女学生は銀行・会社・デパートなどの華やかな職場に憧れていたが、来春巣立っていく女学生はさすがに「興亜の乙女」らしく、「健気な銃後女学生気質」を持ち、「国防国家建設の一翼」としての時局産業に、身を投じようとしていると記事は伝える。もちろん女学生の本音が変わったわけではない。時局産業の急速な発展が、政府の女学生動員計画を要請していたのである。文部次官・厚生次官名の通達に基づき、東京職業紹介所は総動員態勢で、都下一六〇余りの女学校に係員を派遣する。面接で生産力拡充産業への就職を説得した結果、約三分の一の五一〇〇人が応募したのである。

女学校の卒業生だけでなく、在学生も戦時体制に組み込まれていく。荷見秋次郎『其の日の心得』（一九四二年一月、婦女界社）の表紙には、「全女学生必携救護訓練図解」と書かれている。前年八月に文部省は各学校に対して、学校報国隊（団）編成の訓令を出していた。空襲に備えて中等学校以上の学校では、学校長が学校報国隊を組織して、自校の防衛だけでなく、地方の警備団から要請されれば隊を派遣し、隣組の防火力強化にも協力することになっている。平時の場合は学校・病院・工場での、戦時の場合は戦場・病院船・陸軍病院での、救護活動が想定されていた。

一九四三年六月になると、学徒戦時動員体制確立要綱が閣議決定され、勤労動員の徹底が求められる。女学生の卒業後の労働力ではなく、在学中の労働力が、戦時体制に組み込まれたのである。それは一九三〇年代後半の勤労奉仕と、次元が異なる制度である。「防空服で汗の勤労―決戦の夏に〝休み〟なし」（『東京朝日新聞』一九四三年七月一一日）によると、都の教育局には工場や農村から、労働力補充の依頼が毎日届いていた。それが学校に割り振られ、一回一〇日間のスパンで、学校は反復的に生徒を送り込む。この年は夏休みどころではなく、約一万人の女学生が軍需工場などで、八時間の労働をこなしていた。

戦時下の女学生にもう一つ要請されていたのは、近未来の賢母像である。「卒業前に母の教育―女学生洩れなく育児実習」(『東京朝日新聞』夕刊、一九四一年一一月一一日)によれば、翌年三月卒業予定の、都下女学校の専攻科・高等科の女学生を対象に、育児の実地教育を行うことになる。そのスローガンは「生めよ殖せよ!そして立派に育てよ」。スローガンの意味は、白眉社編輯部編『女学生愛唱歌』(一九四一年七月、白眉出版社)を併せて読めば明らかだろう。全五七編の巻頭には、主婦の友社募集入選作の「日本の母の歌」が配置されている。三番の歌詞を引いておこう。「ああ大君に　いとし子を／御楯と捧げ　つつましく／にほふ九段の　花かげに／祈る姿の　母たふと」。生んで育てるのは、子を「御楯と捧げ」るためで、「祈る姿」が賢母のあるべき姿として提示されている。

生活必需物資統制令が公布され、配給統制が全面化する一九四一年四月に、時代の流れに逆行するような本が出版された。中原淳一『私の女学生々活』(ヒマワリ)である。「今は何でもなく過してゐられる少女の時代が幾年か後には大切なあなたの想ひ出となり、いつまでも、いだきしめてゐたいやうな懐しい日々となることでせう」「あなたの女学生時代の歴史をこの本にお記し下さい」と、中原は冒頭で女学生に語りかけている。全体の構成は一年生から五年生に分かれ、「時間割」「このお友達のこと」「上級生のこと」「夏休プラン」「此の夏に着た私のドレスの布」「写真のページ」などのタイトルと、中原のカットが挿入された。タイ

**中原淳一『私の女学生々活』(1941年4月、ヒマワリ)の表紙**

中原の画は実業之日本社の雑誌『少女の友』の表紙を飾り、都会的なセンスの抒情性が、女学生たちの人気を博していた。

トル以外の文章はない。この本の基本的なコンセプトは空白の頁で、そこに自分で書き込むことにより、女学生時代の記憶を反芻できる一冊が完成する。時局の反映は、「勤労奉仕記録」の二頁しか見られない。

一五年戦争下でそれまでの女学生文化は、戦時色に侵食されていった。そのなかで最後に残された砦が、この本の形態だったように思える。華美な服装や髪型の自粛、勤労動員の日々、規範としての賢母像は、紛れもなくこの時代の女学生が直面した現実だった。しかし他人の目に触れないように、空白の頁に秘かに記されただろう、夢見る少女一人一人の記憶も、女学生のもう一つの現実だったことは間違いない。

# 女学生文化と教養――紫式部は〈作家〉ではない

小平麻衣子

## 1　古典をどう読むか

『むらさき』に女学生の読者がいるのは事実であり（『むらさき』一九三六年二月号「談話室」。以下『むらさき』からの引用は発行年月だけ記す）、紫式部のイメージを掲げる画期的雑誌に、彼女たちが教養の夢を託していたことは間違いない。だが、〈女性〉ということだけを共通項として、源氏物語と近代読者をつなぐのは、実はスキャンダルなのではないか。『むらさき』は、どのようなバランスによって「各女学校の副読本に選ばれる重い使命を荷ふ」（一九三七年二月号編集後記）雑誌になり得たのか。本稿では、女学生文化の中でも、文芸雑誌における読者の位相と、〈教養〉定義の揺れを中心に、創刊から太平洋戦争開戦の一九四一年までをひとまずの区切りとして概観する。

稲垣恭子は、一九三六年から一九四三年の女学校卒業者を調査し、最も人気のあった科目は国語で、「文学志向が強いほど、それが顕著になる傾向があった」と述べている（『女学校と女学生――教養・たしなみ・モダン文化』二〇〇七年、中央公論新社）。ただし、教科としての国語と文学が直結することは、決して自明ではない。女学生に文学が禁じられていた時期の長さを思い浮かべるだけでも十分であろう。国文学研究と現代文学の遠さも、然りである。しかしながら、大正教養主義の影響による文学作品の内容の高潔化と、研究者や教育者の人格・個性追求傾向の強まりによって、この時期にはそれらは歩み寄っていた（拙論「文学の教養化と作家の効用――国文学・鑑賞主義論争にふれて」日本近代文学会関西支部編『作家／作者とは何か――テクスト・教室・サブカルチャー』二〇一五年、和泉書院）。

国文学研究における、文芸学という方法の出現も、これとかかわる。例えば吉田精一「日本文芸学の意義」（一九三六年二月）が、国文学研究の専門深化が行き過ぎ、「考証の為の考証、詮索の為の詮索」といった些末主義に陥ることもままあることから、日本文芸学、つまり「文芸の文芸性といふもの作品の美的意義とか美的形成」を捉える「日本文芸の本質学」が求められてきた研究状況を説明している。古典に関し、文法や語彙の修得、本文校訂などは、対象との歴史的な距離を前提とするが、これに対し、美の本質を捉えようとする文芸学は認識や感性に寄っており、また現代からも時代を超えて美を理解できる、ある種の美の通有性を前提としていると言えるだろう。

当時の女学生には、学知の蓄積よりも、他者に寄り添える感情の教育が望まれており、物語中の人物や作家の思いを想像するなどの鑑賞が、教育段階で重視されていた。文献学ではなくても研究が成り立つ文芸学の発想は、女学生と〈研究〉との間の、それまであった越えがたい距離を、多少は近づけただろう。少し目を転じれば、『むらさき』でもかなり多い外国文学の紹介も、翻訳のダイジェストであり、また発表年や時代性の情報が欠落している場合も多く、女性に対しては、歴史化や語学の習得が目指されているわけではない。国語＝文学好きという状況には、外国文学も、そして古典も、現代文学を読むように、つまり個人の心理を共有するように読まれるようになったということである。

例えば石山徹郎「三つの答案」（一九三六年四月）では問答体で、教師の「現代女性と古典文学」という題で何を書くかという問いに対し、女学生三人の古典を読む目的が示される。一人は自分たちの「思想感情の由来を知るため」という歴史的意義を挙げ、もう一人は、遠い古典の中に、「自分と同じやうな心を持ってゐる人を発見」すると興味をひかれると述べ、「更級日記」に、昔にもこんな「文学少女」がいたのかと面白く感じる、と具体例を挙げる。既にこのような考え方が無視できないことが窺える。こうした女性たちの態度が、学校教育課程をも超えて個人の嗜好になり、種々の雑誌経営も支えているのだろう。

もちろん、『むらさき』の学術的立場は、文芸学を主流とするものではない。先ほどの吉田精一は、「作品の美しさ、偉大さは直観によつて知りうる《ママ》。といふのでは、単に主観的な鑑賞批評に終つて、体系ある学問とは申されませぬ」と苦言を呈しているが、これが文芸学自体への批判なのか、学問としての文芸学は簡単にはできないという女性たちへの苦言なのかは、この誌上でははっきりしない。むろん両者はレベルに差があるものの、学者になる必要のない（ならせたくない）女性たちと、研究が一線を画すことは、さまざまな関連づけの機会を捉えて強調されていると言えよう。『むらさき』は、読者に対して古典作品の丁寧な評釈を繰り返すが、女性読者は、そのような古典研究への包摂と、差異化の矛盾の中に置かれていたのである。

## 2 あてびとの〈教養〉という矛盾

こうした状況において、女性作家の重用は、学者とは差異化し、同時に、雑誌の象徴としての紫式部のイメージを立ち上げるためには必然であったと言える。例えば、古典への深い造詣を持ち、登場回数の多い女性の一人に、円地文子がある。円地については、別項で詳細が述べられるだろうが、ここでの関心に即して言えば、古典物語の人物設定を現代に置き換えた小説をいくつも載せているのが特徴だろう。例えば「玉鬘」（一九三六年六月）は、「序にかへて」で、「自分では、すつかり、源氏の人物や事件になじんでしまつて、今では他人事でない親しみを持つやうになつて」「私は自分の周囲に、空蟬を、朧月夜内侍を、葵上を、しば〳〵見出して、独り微笑むことがある。環境が似てゐるのではなく、性格に一致を見出すのである」とある通り、現代の舞踊家・瑠璃子の、パトロン藤井への愛情と、すれ違う縁談の経緯を描いている。

だが、古典を読む際に想像力を強調することは、当時の女性の教育にとって、両義的である。言うまでもなく、学者になることは断念させられるとしても、紫式部を女性作家に重ねるほど、作家という近代的職業も読者のロール・モデルとして身近になってしまうからである。『むらさき』の読者の階層で、あるいは時局的に、女性作家になろうと奮起することが奨励されていたかどうか。誌面には、こうした古典を題材にした創作とは逆に、自身で創作に手を染めたり、作家になることを戒めるような言説が両立している。

例えば本多顕彰は、「文学的生活」を提唱する文章で、「私のいふ文学的生活とは、必ずしも創作家の生活や批評家の生活を指すものではなく、また、必ずしも文学作品愛読者をさへ指すものでないことを先づ前以つて断つておきます」と文学への深入りに釘を刺す（「文学的生活」一九三五年一二月）。女性作家自身も例外ではない。岡本かの子は、紫式部が男性に劣らぬ文学の大成をしたことを、女性の可能性として言い及びながら、創作者を目指すのは、相応の才能があるものだけにした方がよいとする。

> つまり花を作ることは非常に至難であるが、花を賞することに誰《ママ》でも許さるべく女性の生活要素の豊富な資源としてむしろ奨励すべしとさへされなければならない。まして文学は単なる花ではない。人生の善美深度罪悪。ことごとくよき文学鑑賞によつて味覚し、分別し、探求し、ともすれば単調になり勝ちな女性の生活意識を表裏左右より豊富複雑にし主体的に彫刻し生活の現実を洗練し、琢磨する。（岡本かの子「女性の意欲」一九三七年二月）

誰でも作家になれるわけではない、とは、自身の体験を踏まえた、それ自体はまっとうな注意だが、周囲と併せみれば、『むらさき』の矛盾の一部を形成することになる。

こうした矛盾は、『むらさき』が正面に掲げる「教養」の使い方とも連動している。例えば、一巻一号から始まり、批評的読み物が配置される「趣味と教養」という欄がある。欄名に象徴的に表れているように、「趣味」と「教養」は、対立しているのか、類似する概念なのかは、曖昧である。個別具体的な古典作品の評釈である「古典名作鑑賞講座」が一貫しているのに対して、「趣味と教養」欄は、「趣味」のみ、あるいは

「教養の頁」と変更される期間もあり、一定しない。内容も古典や現代、外国文学に関するもの、演劇や絵画、香道、自然科学的なエッセイもあるが、特にその内容によって「趣味」か「教養」が分けられているという判断はしにくい。

近代における「教養」の語は、大正期ごろまでは、知識や階級が下の者を対象とし、教化・教育という意味合いが強かったのに対し（「胎児の教養」や「愛国心の教養の必要」などが用例）、昭和期になって、人格の高さと一体化した学問の深さという、エリートが堅持する概念と融合したことは、既に論じたことがある（拙著『夢みる教養　文系女性のための知的生き方史』二〇一六年、河出書房新社）。「教養」は、近代的「教育」のような、制度に基づいて享受層が拡大したもの（そうであればこそ、努力の成果や功利的結果への期待も含まれる）なのか、生まれながらの選ばれた環境によって身に備わる趣味性の高い文化資本なのかは、その語の成り立ちからして曖昧になっている。

源氏物語をはじめとする古典の解説において、作中の貴族たちの光輝を表すのに、「教養」があるという言葉が頻出するのも、現在のわれわれにとっておなじみの光景だが、このころに一般化し、貴人と女学生の同一化を媒介するキーワードとなったものだろう。ここで飛び越えられるのは、階級の違いであり（仮に女学生がそれなりに選ばれた存在であるとしても、である）、それ自身が目的である貴族的趣味と、技術の習得であり社会的な自己実現の基盤でもある近代教育とのずれである。もちろん、近代教育がそのようなものであるにもかかわらず、その対象が中流以上の女性であり、社会が彼女たちの納まる先を専業主婦に導いている場合、教育が職業上の活躍などに発展しないように、優雅な趣味として表象されなければならないということであり、その二重規範が、「教養」の語の曖昧さによって実現されるということである。

このように、女性を読者としてあてこんではいるが、知的好奇心を全方位的に奨励しているわけではない不安定な状況は、読者の活動をその反映として顕在化する。例えば読者に対して応募が呼びかけられた「むらさき創作」は、「古典を素材とする創作」であり、第一回の締め切りが一九三六年三月五日、第二回が同年一二月一五日で、池田亀鑑、今井邦子、室生犀星が選に当たっている。第一回一等は、山脇高等女学校卒の主婦である鳥山敏子「迷ひ」である（図1）。この作品は、源氏物語の宇治の中君を主人公に据え、姉の大君と、薫、匂宮とのいきさつを、匂宮と六の君の婚礼後から回想を交えて描いたものである。「男と云ふものは、愛情を幾つにも分けることが出来るのだらうか。それとも男の示す愛情や誓ひの言葉は陽炎のやうにはかないものであり、その折の心を過ぎる幻影に過ぎないものなのだらうか」など、主人公の心を一人称で疑似体験するような書きぶりが特徴である。その限りでは、円地文子を手本とした『むらさき』読者のふるまい方が、実現していると言える。

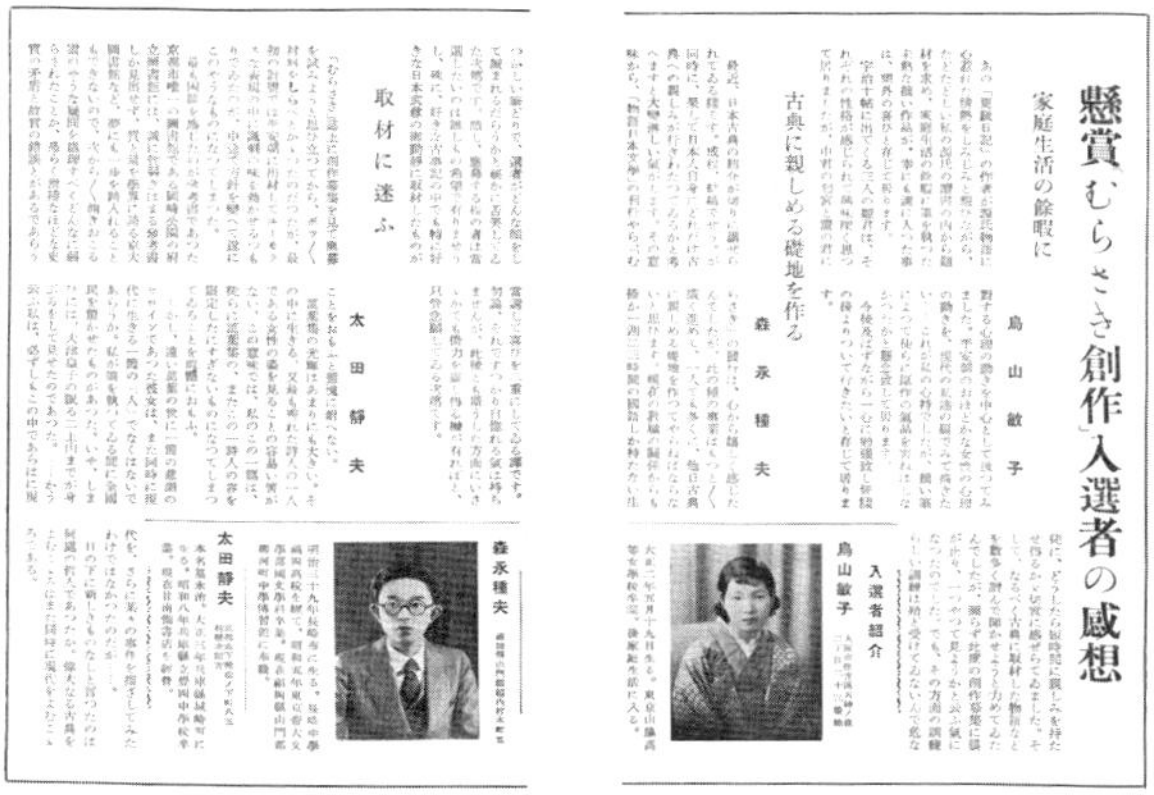


図1　懸賞「むらさき創作」入選者の感想（『むらさき』3巻7号）

ただし、入選の二等以下は、添えられた経歴によれば、「白鳥の飛びゆく彼方」森永種夫（東京帝大国文科卒、中学校勤務）、三等「二上山」太田静夫（兵庫県立豊岡中学卒、書店経営）、他に誌上に掲載された佳作は、與志野恭、厨川登久子、志方吉雄である（一九三六年七月）。第二回では、田中勇（京都帝大独文科卒、日本放送出版協会勤務）、平田東胤（慶應義塾卒、鐘淵紡績に就職後、病気のため退く）、栗山正（宮城師範卒、小学校勤務）、伊藤昇（立命館退学）、戸室有泰（法政国文科卒、高等女学校勤務）であり、男性が多い。森永の「入選者の感想」が、「一人でも多くに、他日古典に親しめる礎地を作つてやらねばならない」とあるように（一九三六年七月）、特に教育者の方便であることも強調されている。女性読者が応募しないのか、選者が男性しか入選させないのか、そもそものリテラシーの違いを考慮する必要はあるとはいえ、この結果には、女性の才能というイメージを前面に出していながらも、一方ではその活動を制限する雑誌の方針を、再確認せざるを得ないだろう。

## 3 「入会のおすすめ」と時局

そうであればこそ、このころから『むらさき』は、女性向きのイメージを実現するために、女性読者の獲得にようやく本気になったと言ってよい。象徴的なのは、一九三七年一〇月臨時増刊号の、「少女文芸号」特集であろう。神近市子「余りにも感傷的な少女の読物」や百田宗治「指導性を要求する」は、他の少女雑誌について、同性愛的な少女小説やその甘さ、レビュー熱をとりあげた批判を行い、佐々木澄子「文芸読本など」、奥野昭子「教養としての古典を」といった批評で理想的な読み物の方向づけをする、その先に『むらさき』が透けて見える構成である。一方、詩や小説にはいかにも少女雑誌めいた挿絵をつけるなど（図2）、池田亀鑑の実業之日本社時代の経験が取り入れられているかは定かではないものの、学校教育と雑誌内容の関連づけによって、リテラシーのある層を、若い時期から読者として育成しようとする姿勢が顕著である。

巻末に掲載されている「学会だより」で、会員の充実が強化されるのは一九三七年一一月頃からである。「会則抄録」や「入会のおすすめ」によれば、会員には雑誌『むらさき』の他に、各種講座の割引などの特典があるが、さらに、会報の配布や（一九三七年一二月）「会員談話室」の新設、会員の投稿・論文を誌面に掲載すること（一九三八年二月）などが次々書かれるようになる。

会則抄録では、賛助会員の他に、通常会員は「女子にして年額五円」、会友は「男子にして年額五円」と女性の優遇が示されていたが（一九三七年一一月）、単発的に設けられた「紫だより」という欄では、依然として男性の投稿が七名、女性は二名という偏りである。ここでさらに変更が加えられたのが乙種の会員という制度である。「通常会員は甲乙二種に分かち、甲種の会員は会費一ヵ年五円六拾銭（二回分納可）とし、毎月雑誌『むらさき』の配布をうけま

図２　清水ちとせ　小説「野菊」挿絵（『むらさき』４巻11号）

す。乙種会員は年額壱円八拾銭で毎月会誌の配布を受けます」とある（一九三八年四月）。会報は、女性も含む当番会員が編集を行い、会員相互の交流も重視しているとアピールされ、入会の敷居を低くしたと考えられる。その反映であるのか、編集側の戦略であろうか、「会員座談室」に選ばれる投書も、このころから明らかな変化を見せる。

なんだか夢のやうなうれしさ。これで会員になれたのかしら、遠く自分に及ばぬものと思つてゐただけに、あの憧憬の紫式部学会の会員になれたなんて、不思議な気でいつぱい。（会員談話室、椿卯女、一九三八年八月）

東北の寂しい漁村の生活者である私は、私たちの都である山形にさへ年五回とは行けない様な、時代の歩みにはともすれば遅れ勝な日常です。毎月の「むらさき」を、どんなに鶴首しているか、お解りになりますかしら。（中略）益々みふるひあられんことを。（会員座談室、長谷川キヨノ、一九三八年一〇月）

憧れの表明といい、文体といい、また他の読者への呼びかけと言い、これらは、それまでの高踏的な内容や雰囲気を持つ投稿とは異なり、おなじみの女性雑誌の投稿に近いと言えるだろう。この「会員座談室」は、会報にその機能を譲ったのか、理由はわからないがすぐに終了してしまい、残念ながら会員のスタンスはあまり追えない。だが、こうした広がりやある種の気安さは、度重なる雑誌の工夫によって、ある程度獲得されたと予想しても間違いではないだろう。突出した才能との関連づけではなく、ひとりひとりの、ということは多くの、心に留められるものでなければ、古典文学は、国民性を保証するたしなみとして機能しないからであり、このあと戦中にも雑誌が継続できるのは、それなりに国策に合致する側面があったからである。徐々に海外文学の紹介を縮小している『むらさき』だが、同時期に次のような「反省」を掲げるのも、偶然ではない。

わたくし達は、文学を通じて、日本的なるものの美しさ、正しさ、明るさを求め、現代婦人としての高雅な趣味と教養とを深めたいと思ひます。従つてむらさきは華々しい思想家や学者や芸術家を作り上げやうと志すのではなく、むしろつつましやかに自らを省み、己をむちうつて、よき日本婦人たることを庶ふ人々の前に、捧げられるべきものであります。(「反省」一九三八年一〇月)

当然ながら、これは普遍的な日本女性の心がけといったようなものではなく、戦時という時局に即して捉えられねばならない宣言である。それぞれの作家が、こうした宣言を意識していたかどうかは定かではないが、例えば福田清人の創作「紫式部」(一九三九年一月)では、父・藤原為時が、式部に対して、「今の世ならはしでは女の子は、いくらさうした学問をしても学者として世間に通らないので、お父さんはお前が男に生れなかつたのを大変残念に思つたのであった。しかし智慧をみがき心をゆたかにしておけば、いつか何かの役に立ゝう」と述べる。式部は、夫の死後に物語を書くようになっても、知人にひそかに貸すだけであり、知識をひけらかすこともしない。筆写が王朝期のリテラシーの最先端だとしても、「お父さん」が親しく呼びかける「女の子」のあり方は、現代の読者に向けられたメッセージであるのは言うまでもない。それは、雑誌メディア時代に置き直せば、つつましすぎるふるまいになるだろう。

それでも、「教養」が言われるうちはまだよかったのかもしれない。一九三八年六月には「文化と教養」、同年八月から一九三九年一〇月まで「女性と教養」と名を変えながら続いた「趣味と教養」欄は、一九四一年一〇月で姿を消す。代わりに雑誌の前面を大きく飾るのは「大日本歴史講話」であり、募集されるのは「銃後文学」（一九三九年一月）である。『むらさき』が戦時の心的糾合に女性たちを誘ったのか、心の支えになったのか、どちらかには決定することは困難だが、具体的な検証はさらに続ける必要があるだろう。

# 高等女学校と女子教育

中村直子

## 1　近代日本女子教育のはじまり

一八七二（明治五）年に「学制」が公布され、日本の近代教育制度が創始された。「人々自《みづか》ら其身《そのみ》を立て、其産《そのさん》を治《をさ》め、其業《そのげふ》を昌《さかん》にして、以《もつ》て其生《せい》を遂《とぐ》るゆゑんのものは他《た》なし……学《がく》にあらざれば能《あた》はず。是《こ》れ学校《がくかう》の設《もう》けあるゆゑんにして」の一節ではじまる「学制」は、明治政府がすべての国民に対して学校教育を授けることを高らかに宣言したものである。財産を築き、立身出世し、充実した生涯をおくるためには、学校において学問を修め、それを資本として自らの力で人生を切り拓かなければならないという、現代社会にも浸透している考え方がここに生まれた。この「学制」は、華士族農工商の身分差や男女の区別なく「必ず邑《むら》に不学の戸《こ》なく家に不学の人のなからしめん事を期《き》す」という壮大な抱負を掲げたもので、列強大国に一刻も早く並び立ちたいと苦闘していた明治初年の日本国政府の強い決意が投影されている。

「学制」に基づいて作られた小学校は男女共学で、六～九歳のための下級と一〇～一三歳のための上級の八年制であった。中学校に関しては男女共学と明記されてはいなかったが、女子の入学を阻《はば》むような定めがなかったため、一八七三（明治六）年の中学校設置からの一〇年間は、男子学生に比してきわめてわずかながらも、女子学生も中学校に在籍した。（一八七三年：男子一七四七名・女子二〇名。一八七九年：男子三七二八一名・女子二七四八名。一八八二年：男子一三〇〇四名・女子八四名。）

「学制」によって近代教育の基盤は作られたわけであるが、きわめて急進的な性格をもつ制度であったため、とくに地方からの強い反発を受けることとなった。男女共学であったことも、儒教的道徳観が根づく当時の社会環境にあっては、かえって女子の就学を妨げる要因ともなった。そのため、旧態然《きゅうたいぜん》とした社会の現状を考慮し、就学率の低さを解決するために「学制」の見直しが行われ、一八七九（明治一二）年公布の「教育令」において、小学校以外の学校における男女別学が定められた。またそれにともない、中学校に代わる女子中等教育機関として、一八八二（明治一五）年に東京女子師範学校附属高等女学校が設けられることになった。校名に「高等女学校」が用いられた最初の女学校である。

ただし、「高等女学校」以前にも、女子に近代教育を授けることを目的とした学校は存在した。その先駆けとなったのは、海外から派遣された宣教師によって設立されたキリスト教主義の女学校である。私塾のような形を出発点にしたそれらの女学校は、そのすべてが中等教育機関と呼べるものではなかったが、フェリス和英女学校（一八七〇年）や、のちに女子学院に引き継がれるA六番女学校（一八七〇年）・B六番女学校（一八七三年）、神戸女学院（一八七五年）をはじめとするミッション系の女学校が各地で設立され、外国人女性宣教師による英語教育を通じて、欧米の近代的な文化や学識が女子学生に教授された。のちの明治女学校（一八八五年）など、日本人によって創設された学校も含め、キリスト教主義の女学校は、日本の近代女子教育を大きく牽引《けんいん》した存在であった。

また、一八七二（明治五）年には、最初の官立女学校として、東京女学校が開校された。身分を問わずに女子に教育をさずけるという革新的な政策によって創立された東京女学校は、当初は八歳からであった入学資格を小学校卒業の一四〜一七歳女子とあらためたことを契機に、中等教育機関としての性格をより明確にした。「女子にして親《したし》く外国人と語を通じ、博学明識《はくがくめいしき》のものと相交《あいまじわ》り、見聞を広大ならしむるを要《よう》するなり」（教則）と、きわめて進歩的・開明的な教育目標を掲げた同校の設立には、女子教育にいわば国運の一端をかけて臨んだ政府開明派の意気込みが伺われる。東京女学校では、教育内容や水準を女子固有のものに制限せず、外国人教師も含む男女教員によって、動物・植物・金石・物理・化学・歴史・文法・作文・地理・数学・英学など、広範な学科が教授された。また、教材としては、『学問のすゝめ』、『西国立志篇』、『世界国《くに》尽《づくし》』、『窮理《きゅうり》図解』などの和書や、『ウィルソンリードル』、『ユニオンリードル』などの洋書が用いられ、ミッション系の女学校に勝るとも劣らない、西欧近代的な教育が行われた。このように、「女子学校の模範」となることを期待された東京女学校であったが、一八七七（明治一〇）年に西南戦争による財政逼迫《ひっぱく》を理由に設立五年で閉校となり、在学生は東京女子師範学校（英学科・別科・予科）へと移されることになった。東京女学校から東京女子師範学校特別英学科に移り、同科を首席で卒業した鳩山春子（共立女子学園創始者）はのちに、「（特別英学科には）西洋人の教師はなく歴史、博物等の問答《もんどう》をしたり、文法の実習をしたりする様な事もなく、実にやさしい訳読《やくどく》が二時間半と書取《かきと》り位《ぐらい》で大して予習する程のこともなく、余りに張合《はりあい》のないことは言葉にいいあらわせぬ程でありました」（鳩山春子『我が自叙伝』）と、両校の教育水準の違いを回顧している。

では、開明派の人々は、なぜ女子教育に国運の一端があると考えたのであろうか。一八七一（明治四）年の岩倉使節団に代表されるように、幕末・明治初期に海を渡り、欧米の近代化を目の当たりにし、様々な専門分野において西欧文化を学んだ人々によって、明治という時代は切り拓かれた。女子教育もその一つで、福澤諭吉『学問のすゝめ』と並び、明治時代に最も影響力をもった訳書『西国立志編』を著わしたことで知られる中村正直《まさなお》（女子高等師範学校初代校長）は、一八六六（慶應二）年に幕府留学生取締として渡英した。そして、イギリスの母親の知識や見識の高いことを知って、女子教育の重要性を認識し、「日本へ帰ったら女子教育に力をいれなければ日本は危《あや》うい、婦人が今のままでは日本は外国と競争できない」（山川菊枝『おんな二代の記』）と痛切に感じたと言われている。これらの先人が欧米近代社会に衝撃を受けたことを契機に、「母親」としての女性の存在性が日本においてはじめて認識された。そして、近代思想としての「良妻賢母思想」が、新しい社会規範として明治時代に急速に拡がっていくことになったのである。

一般的に良妻賢母思想は、儒教的な伝統思想であるかのようにとらえられがちであるが、家父長制度のもとにあった江戸時代の女性には、娘、妻、嫁として生きることを主として求められていたのであり、江戸時代にひろく用いられていた女子用教訓書「女大学《おんなだいがく》」や「女今川《おんないまがわ》」においても、（教育する存在としての）母親についてはあまり述べられてはいない。近代以前の日本では、妻や嫁に比し、母親としての役割が顧みられることはほとんどなかった。武家においても町家においても、家庭内での学識的な教育は、父から男子に対して行われるものであった。それに対し、明治時代には、「人子学問の端緒《たんしょ》を開き、其以《それをもっ》て物理を弁《わきま》ふるゆゑんのもの、母親教育の力多《おお》きに居る。故に博《ひろ》く一般を論ずれば、其子の才不才《さいふさい》其母の賢不賢《けんふけん》により、既《すで》己《に》に其分《そのぶ》を素定《そじょう》すと云《いふ》べし」（文部省「（学制）当今着手の順序」）、「人民をして、善《よ》き情態風俗に変じ、開明の域に進ましめんには、善き母を得ざるべからず」（中村正直「善良なる母を造る説」）などが示すように、善い国民を育てるための母親の役割がにわかに重視され、将来母親として子を産み育てる女子の教育が近代国家にとって急務であると考えられるようになったのである。これらの文中の「子」とは男子を意味していると考えてよいのであるが、明治以降、母親は娘に「婦徳《ふとく》」や家政を教授する存在としてだけではなく、息子の教育についても期待されるようになったのである。

## 2　高等女学校の確立

さて、先述のように、「教育令」において小学校以外の男女別学が定められたことにより、女子の中学校入学が認められなくなった。この時から第二次世界大戦後に男女共学となるまで、中等教育以上の女子教育は専《もっぱ》ら「女学校」で行われることになった。そして、明治初年以来、基づく規定がないままに行われてきた女子中等教育が、「高等の普通学科を授け、優良なる婦女を養成する所」と定められ、東京女子師範学校附属高等女学校が設立された。（一九一二［明治四五］〜一九四二［昭和一七］年には、家政科目を中心とする「実科高等女学校」が別置された)。文部省はこれ以降、女子の中等教育機関に「高等女学校」の名称を用いるのであるが、男子にとっての中等教育が女子にとっては高等教育、すなわち教育の最終段階であるとその名が示しているように、男女別学を契機に、教育施策の面でもまた、東京女学校(一八七二〜一八七七年)時期からの大きな転換があった。中学校に比し、英語、数学、理科などが簡略化される一方で、修身、国語、裁縫、家事などが多く加えられ、「女礼《じょれい》、音楽等を加へ専ら中人以上の女子に順良適実《じゅんりょうてきじつ》の教育を授くる」(文科省、一八八二年通牒)といったように、高等女学校の学科課程を女子固有のものとすることが定められたのである。

| | 中学校令施行規則 | | | | | | 高等女学校令施行規則 | | | | |
|---|---|---|---|---|---|---|---|---|---|---|---|
| | 1年 | 2年 | 3年 | 4年 | 5年 | 計 | 1年 | 2年 | 3年 | 4年 | 計 |
| 修身 | 1 | 1 | 1 | 1 | 1 | 5 | 2 | 2 | 2 | 2 | 8 |
| 国語及漢文 | 7 | 7 | 7 | 6 | 6 | 33 | | | | | 0 |
| 国語 | | | | | | 0 | 6 | 6 | 5 | 5 | 22 |
| 外国語 * | 7 | 7 | 7 | 7 | 6 | 34 | 3 | 3 | 3 | 3 | 12 |
| 歴史/地理 | 3 | 3 | 3 | 3 | 3 | 15 | 3 | 3 | 2 | 3 | 11 |
| 数学 | 3 | 3 | 5 | 5 | 4 | 20 | 2 | 2 | 2 | 2 | 8 |
| 博物 | 2 | 2 | 2 | | | 6 | | | | | 0 |
| 物理及化学 | | | | 4 | 4 | 8 | | | | | 0 |
| 理科 | | | | | | 0 | 2 | 2 | 2 | 1 | 7 |
| 法制及経済 ** | | | | | 3 | 3 | | | | | 0 |
| 家事 | | | | | | 0 | | | 2 | 2 | 4 |
| 裁縫 | | | | | | 0 | 4 | 4 | 4 | 4 | 16 |
| 図画 | 1 | 1 | 1 | 1 | | 4 | 1 | 1 | 1 | 1 | 4 |
| 唱歌 ** | 1 | 1 | 1 | | | 3 | | | | | 0 |
| 音楽 | | | | | | 0 | 2 | 2 | 2 | 2 | 8 |
| 体操 | 3 | 3 | 3 | 3 | 3 | 15 | 3 | 3 | 3 | 3 | 12 |
| 教育 | | | | | | 0 | | | | | 0 |
| 手芸 | | | | | | 0 | | | | | 0 |
| 計 | 28 | 28 | 30 | 30 | 30 | 146 | 28 | 28 | 28 | 28 | 112 |

* 女子は随意科目。 ** 随意科目。

1901年の学科目と授業時間数/週(文部省『学制百年史資料編』より作成)

日清戦争(一八九四〜一八九五年)後、近代産業の発達によって日本の国力が急速に高まったことに加え、戦争の勝敗は国民に対する義務教育の差にあったといった国民教育に対する認識が深まったこともあり、日露戦争(一九〇四〜一九〇五年)までの一〇年間で学齢児童の就学率は劇的に上昇した。(一八九二年:55・1%、一九〇七年:97・4%)それに伴い、「中学校令」(一八八六年)に遅れて一八九九(明治三二)年に公布された「高等女学校令」において、「高等女学校は女子に須要《すよう》なる高等普通教育を為すを以て目的とす」と、法令上はじめて高等女学校の明確な位置づけがなされた。

中学校では五年と定められた修業年限は、高等女学校では四年であり、学科目にも差異があったが、「高等女学校令」によって設置が制度化されたことにより、公立高等女学校が全国に次々と設立され、生徒数を急速に増やした。（一八八二年：五校・二八六名、一九〇二年：八〇校・二万一五二三名、一九一二年：二〇九校・六万四八七一名、一九四六年：一四一三校・九四万八〇七七名）明治初年に唐人髷《まげ》に（男装の）小倉袴からはじまった姿形が、復古時代の高島田に太鼓帯、鹿鳴館《ろくめいかん》時代の束髪にビクトリア朝のドレス姿を経て、明治三〇年半ばに大きなリボンのひさし髪に海老茶《えびちゃ》色の女袴《おんなばかま》に定着する頃には、「海老茶式部《しきぶ》か鼠《ねずみ》式部か」（『吾輩は猫である』）などと世間で揶揄《やゆ》されながらも、「女学生」、すなわち高等女学校に通う女生徒の存在は、ひろく世間に認知されるようになったのである。中には当時まだ珍しかった自転車に乗って通学する者もいて、悪評も含め、小説や風俗画にもしばしば登場した。

東京女子高等師範学校附属高等女学校の通学服（1902年頃、お茶の水女子大学所蔵）

この「高等女学校令」制定にあたった文部大臣・樺山資紀《かばやますけのり》は、同じ一八九九年の訓示において、「高等女学校の教育は其生徒をして他日《たじつ》中《ちゅう》人《じん》以上の家に嫁《か》し、賢母良妻たらしむるの素養を為すに在り。故に優美《ゆうび》高尚《こうしょう》の気風温良貞淑《きふうおんりょうていしゅく》の資性《しせい》を涵養《かんよう》すると倶《とも》に、中人以上の生活に必須なる学術技芸を知得せしめんことを要す」と述べた。日本の近代女子教育創始および普及の思想的基盤となった良妻賢母思想が、この時点では変容されはじめていたことがわかる。すなわち、女子への教育を創始し推進する基盤となった思想が、家庭に入って良妻賢母となるために必要な程度の教育を授ける、女子の教育を女子固有の教育内容・教育水準に制限する思想にいつしか変節していったのである。「社会的意味づけが変われば容易に、良妻賢母思想は女の生き方を妻や母であることに限定させ、教育レベルを程度に押さえる機能をはたしていくことになるのである。」、「「良妻賢母」というイデオロギーの成立は、「男は仕事、女は家庭」という性的役割分業に即した形での、期待される女性像の成立であるとともに、女が家事・育児を通して国家へと動員されていく、女に対する国民統合のありようを示すものであった。」（小山静子『良妻賢母という規範』）と指摘されるように、明治初年の啓蒙的な近代思想は、戦後七〇年を経た今日まで残っている、性差を前提とした社会規範的な思想へと姿を変えた。

一九二〇（大正九）年の「高等女学校令中改正」においては、「高等女学校は女子に須要なる高等普通教育を為すを以て目的とし、特に国民道徳の養成に力《ちからし》め、婦徳の涵養に留意すべきものとす」と、高等女学校の教育目的に「国民道徳の養成」と「婦徳の涵養」が加えられるようになった。

## 3　『むらさき』の時代と高等女学校

一方で、明治末頃から大正にかけて、欧米の女性運動隆盛の影響を受け、「婦人問題」が盛んに議論されるとともに、良妻賢母思想を見直す動きも出てきた。また、第一次世界大戦（一九一四〜一九一八年）を契機に、高等女学校卒業後に職業に就く「職業婦人」が急速に増えるとともに、高等女学校卒業者の進路としての高等教育機関を求める機運も高まった。女子への大学解放は第二次世界大戦後を待つことになるが、一九〇三（明治三六）年に「専門学校令」が公布され、入学資格が中学校卒業者もしくは修業年限四年以上の高等女学校卒業者と定められると、日本女子大学校、津田英学塾、東京女子医学専門学校などの女子専門学校が設立された。また、『青鞜《せいとう》』（一九一一年創刊）による「新しい女性」の提唱など、思想的にも大きな波が起こった。

日露戦争の翌年には、女子の小学校就学率が95％に達し、その後の就学先である高等女学校も、大正年間に、学校数を二一三校（一九一三年）から六六三校（一九二六年）へ、生徒数を六万八三六七名から二九万九四六三名へと、男子の中学校を凌《しの》ぐ勢いで増やすことになった。本書で取り上げている女性教養誌『むらさき』が創刊される前後の一九三五（昭和一〇）年には、同学年齢女子の六人に一人が高等女学校に就学するようになっていた。

東京女子高等師範学校附属高等女学校の通学服（1932年以降、お茶の水女子大学所蔵）

大正ロマン主義の流行や関東大震災を契機とする洋装普及の流れの中、今日まで受け継がれていることになる、セーラー服やジャンパースカートを制服として定める高等女学校も出てきた。また、大正年間には、高等女学校に通う生徒を読者層の中心とする『少女界』、『少女世界』、『少女の友』、『少女画報』、『少女倶楽《くら》部《ぶ》』などの雑誌が次々と創刊され、これらの少女雑誌に牽引される形で、「女学生言葉」やたしなみ・教養をはじめとする「女学生」文化が開花した。

しかしながら、世界的な大恐慌（一九三〇）に続く、満州事変（一九三一年）、日中戦争の拡大（一九三七年）によって、女子中等教育にも戦争の影が次第に強くなっていく。『むらさき』の「巻頭言」は「今は国家非常時といはれている。」と始まるが、一九三四（昭和九）年の創刊時点で、「我々は、日本文学の研究に従事することは、非常時に適しない閑事業などとは夢にも考へない。又日本文学の普及を図ることを、非常時国民の精神を柔弱にするものとはいさゝかも思はない」と断らなければならないような社会的情勢であったことが『むらさき』の言説中にも伺われるのである。

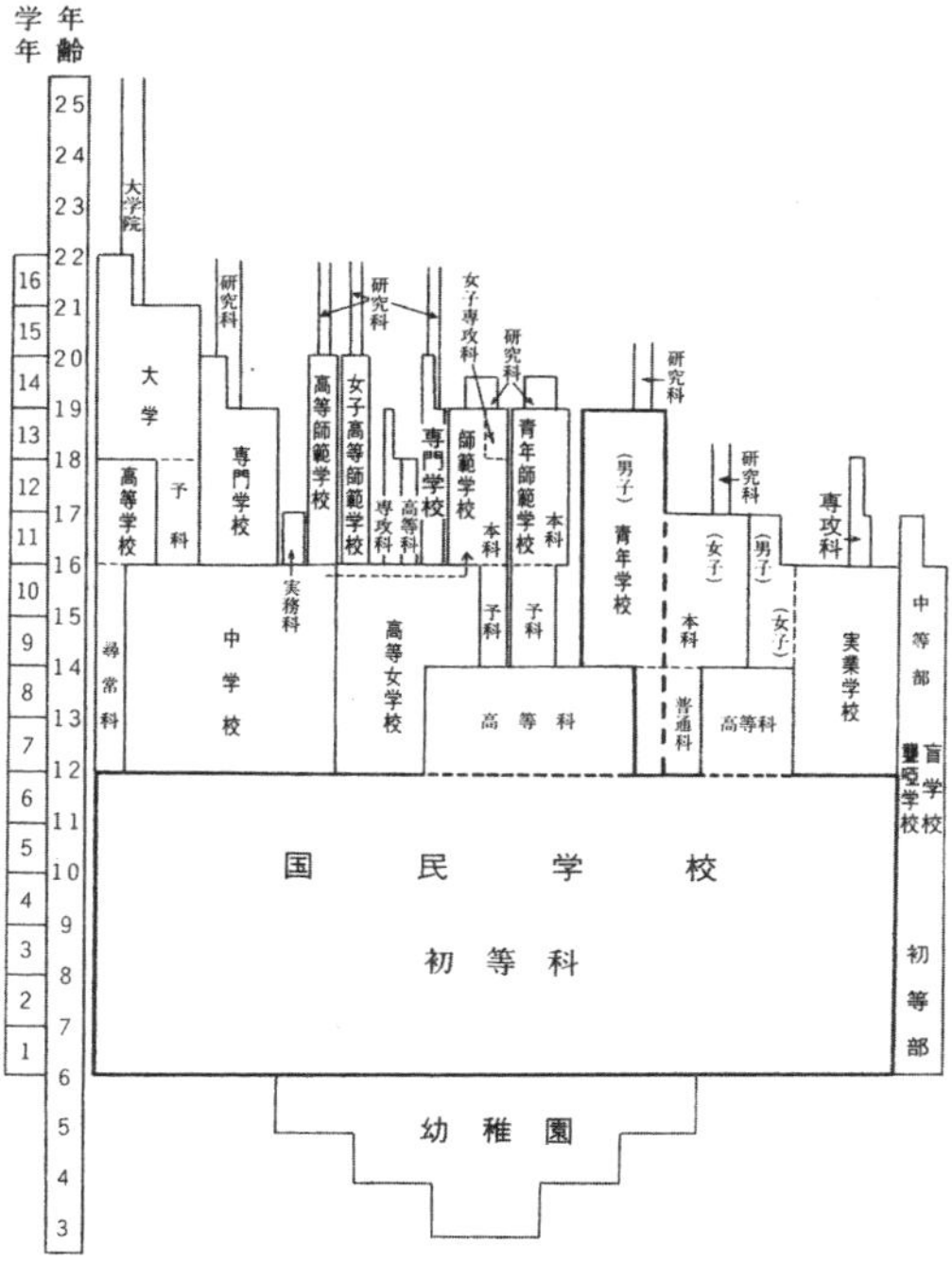


1944年の学校系統図（『学制百年史　資料編』文部省）

一九四一（昭和一六）年に小学校は、国民学校と改められた。また、一九四三（昭和一八）年一月には「中等学校令」が公布され、中学校・高等女学校・実業学校を「皇国の道に則《のっと》りて」、「国民の錬成《れんせい》をなす」ことに目的をもつ同格の「中等学校」と定め、修業年限を四年と改めた。次いで、三月公布の「高等女学校規程」においては、教科が基本教科としての「国民科」、「理数科」、「家政科」、「体錬科」、「芸能科」、増課教科としての「家政科」、「実業科」、「外国語科」に再編されるとともに、あらたに「修練」が加えられた。「教科外の行事および作業等の教育的意義を重視し、教科外における行事等を組織化して修練と名づけた」（『学制百年史』）とあるが、一九三八（昭和一三）年頃から「勤労即教育」、「行学《ぎょうがく》一体」を掲げて進められた「学徒勤労動員」と相通じるような、教科外の活動を教育に置きかえる傾向が、戦時下では色濃くなっていった。

戦局の悪化を受け、一九四三（昭和一八）年に一学年の三分の一を勤労奉仕とすることとし、一九四四（昭和一九）年四月からは、中等学校以上のすべての学校において一年間、教室内での授業停止が行われることになった。そして、女学生たちもまた、軍需工場や農村へと戦時下の人手不足を補う労働力として駆り出されて行ったのである。『むらさき』が終刊を迎えたのは、この年の六月であった。

「日本文学を通じて、日本人としての自覚を高め、現代婦人としての高雅なる趣味と教養とを深める」、「現代女子教育の精神を体し、正しき学校教育の普及徹底を期する」ことをめざした『むらさき』にも、時局を反映して、勤労奉仕の意義を称える「学生の勤労奉仕と私の思出」（一九三八年一〇月）や、「讃《さん》女性進軍」特集「教へ子のかどでに」、「女子挺身隊《ていしんたい》におくる」（一九四四年六月・終刊号）といった記事が掲載されるようになった。そして、「やまとだましひ」、「撃ちてし止まむ」、「ますらをぶり」、「学徒に捧ぐ」など、戦争を意識した内容が、毎号のように掲載される状況下において、『むらさき』は雑誌統合の国家的要請に沿う形で、終刊となった。

本稿で述べてきたように、高等女学校は、女子のために設けられた中等教育機関であった。女子に高等教育を求める世の声に応える形で高等女学校には「高等科」や「専攻科」が設けられたりもしたが、男子の中学校のように、卒業後に（旧制）高等学校や大学に進学することは認められておらず、高等教育は、わずかに女子高等師範学校などの官立師範学校や日本女子大学校などの私立専門学校において行われていたのみであった。一九三七（昭和一二）年に「教育審議会」が設置され、「皇国の道」を基本とする教学刷新《さっしん》と学制改革が検討された。この教育審議会が提出した答申の中には、「国民学校令」などとともに女子高等学校の制度化と女子大学の創設も含まれていたのであるが、戦局の悪化で最終的には見送られる結果となった。

女子の中等教育は明治初年頃から昭和一〇年代までに飛躍的な発展を遂げたわけであるが、女子のための高等教育機関の公的な制度化がようやく実現したのは、第二次世界大戦後、一九四五（昭和二〇）年一二月の「女子教育刷新要綱」においてであった。そこには女子大学の設立および大学における男女共学と、中等学校における男女間の教科の平準化を実施する方針が定められており、一九四七（昭和二二）年には、東京帝国大学への女子学生の入学がはじめて認められることになった。同年に「教育基本法」、「学校教育法」が公布され、義務教育制の（新制）中学校が発足したことにより、明治初年に日本の近代化の申し子として誕生し、変遷する教育施策下にあって六五年にわたって女子の中等教育を担いつづけた高等女学校は、ここにその使命を終えることになったのである。

# ファッションと身体――登山・スキーのズボン

武内佳代

## 1　女学生とスポーツ

雑誌『むらさき』の一九三七（昭和一二）年二月号に岡本かの子が「女性の意欲」というエッセイを寄せている。そのなかでかの子は、「長編小説には長距離競走の耐走力を要する」ため、「スポーツ界に選手あると同じやうに、精神界（それに肉体力も伴ふ）にも同じく選手的な素質ある者が文学に於いても作者選手として世に立つべき」と主張している。女性の執筆活動に不可欠なものをスポーツ選手の「耐走力」や「肉体力」に喩えるその姿勢には、スポーツへの少なからぬ関心を看取できる。実際、かの子は女性主人公がスポーツをする小説を複数描いている。女学校を卒業したばかりの道子が家族に隠れて夜道をランニングする「快走」（『令女界』一九三八年一二月号）や、スカールの選手である室子が春の隅田川で自ら艇を走らす「娘」（『婦人公論』一九三九年一月号）などである。これらの小説は、女子競技スポーツの盛り上がりを肌で感じたかの子の時代的体験によってでいよう。

女子の競技スポーツブームは、大正中期から昭和初期ごろ、すなわち一九二〇年代から三〇年代半ばごろにかけて主に女学生を主役として巻き起こったことで知られる（來田享子「スポーツへの女性の参入」『スポーツ・ジェンダー学への招待』二〇〇四年、明石書店）。陸上・テニス・水泳・バレーボールなど様々な競技スポーツにおける女性選手たちの輝かしい登場と活躍が見られたが、とりわけ陸上選手の人見絹枝の登場はこのブームの最大のクライマックスだった。二階堂体操女塾（現・日本女子体育大学）を卒業後、『大阪毎日新聞』の記者をしながら陸上競技に励んでいた人見は、一九二六（大正一五）年にスウェーデンで開催された第二回万国女子オリンピック大会に単身参加し、走り幅跳びで世界記録を出すなどして個人総合優勝を果たす。さらに二年後のアムステルダム開催の第八回オリンピック競技大会では八〇〇メートル走で二位に入賞し、日本人女性初のメダリストとなった。こうした女性選手の活躍のなか、女学生のスポーツ熱は加速し、彼女たちの身体やファッションの表象はもはやスポーツを抜きには語れないものとなる。

競技スポーツへの社会的な熱狂は、女学生に身体運動の快楽を知らせると同時に、運動服の機能化を推進し、全国の女子中等教育機関の運動服は従来の和装から洋装へと急速に転換を遂げた。まずセーラー服を活用するなどしたスカート型を経て、数年のうちにはショートパンツ型・ブルマー型の運動服が広く普及する。これにより、脚が見えるショートパンツやブルマーを身につけて軽やかに走り回る活発な女学生イメージが誕生する。当初は「女性らしさ」を脅かすものとして保守的な男性層を嫌悪させもしたこのファッションと身体イメージの転換を、高橋一郎は端的に「女子身体イメージの近代化」と呼ぶ（「女性の身体イメージの近代化―大正期のブルマー普及」『ブルマーの社会史―女子体育へのまなざし』二〇〇五年、青弓社）。果たしてそうした「近代化」の進行において女性のファッションや身体の表象は、どのような様相を呈したのだろうか。これについて、陸上競技やテニスといった当時の主要な競技スポーツとの関わりからの考察は、笹尾佳代の優れた論考（「変奏される〈身体〉――女子スポーツへのまなざし」『スポーツする文学―1920―30年代の文化詩学』青弓社、二〇〇九）に譲りたい。本稿では従来注目されてこなかった登山とスキーに焦点を当てる。『むらさき』の発行時期とは多少ずれるが、国策の下で服装が平準化される前夜としての、一九二〇年代から三〇年代の終わりに目を向ける。先回りして言えば、女性の登山とスキーにおいては、女性らしさの規範としてのスカートからブルマーを経て、一九三〇年代半ばごろにはズボンという男性ジェンダーを侵犯しかねない服装が標準化し流行する。身体イメージの男性ジェンダー化を招きかねないこのズボンという装いが、どのように導入され、どのような過程を経て女性たちの間で持てはやされるようになったのかを見てみよう。

## 2　登山とズボン

一九二〇年代の女子競技スポーツブームの煽りによる全国の女子中等教育機関での体育教育の重視は、「日本婦人の美徳である女らしさを失ふ」（『婦人公論』一九二八年一月号）といった既成の議論を後退させ、一九三〇年代にはスポーツする身体こそが女性美の条件と見なされるようになった。たとえば、『婦人画報』

一九三〇年五月一日号の「美容衛生から見た女子のスポーツ」という記事で文部省体育研究所の吉田章信は、「女子がスポーツをやつては、容姿を悪くするとか、特有の優美さがなくなるなどと、心配した時代はすでに過ぎ去つてしまひました。／新時代の婦人美は、その伸び〳〵とした健康さや、血色の生々した所、それから機敏な動作の中にあるのです。近年、女子スポーツが非常に盛んになつたのは、誠に喜ぶべき傾向で、スポーツによつて婦人は、ますます近代的の美を発揮してゆくことになります」と述べている。注目したいのは、ここで吉田が「新時代の婦人美」を育むスポーツとして、水泳・ダンス・テニス・乗馬など一〇種類の例を挙げるなかに登山も含めていることだろう。

強健な母体を獲得するための体育向上を目的とした女子中等教育機関の団体登山は、すでに一九〇〇年代前半には試みられていたが、当時はごく限られた女学校のみにすぎなかった。女性の登山が本格的に普及するのは、大正後期から昭和初期にかけてである。それまでの学校登山の蓄積によって、一九二六（大正一五）年には富山県立高等女学校（以下、富山高女）で山岳部が創設されるとともに、初の女性だけの山岳会として、三一年には東京ＹＷＣＡ山岳会、三五年には大阪でもクラブ・エーデルワイスが設立されている。そうしたなか、一九三〇年代には女性登山家も現われはじめる。この「日本女性登山史の黎明期」（『日本女性登山史』一九九二年、大月書店）を担った女性登山家の一人が、明治期に『食道楽』などの小説で人気を博した村井弦斎の長女、村井（黒田）米子だった。彼女は早くも一九一九（大正八）年、一八歳の女学生だったときに、彼女の弟、その学友、書生らとともに立山に登るといういわゆる大名登山を決行しているが、富山高女と同女子師範学校が初めて団体で立山に登ったのも同じ年だった。このときの高女生一行の服装は

「木綿の単衣に昼夜帯を締め、裾をまくりて赤い腰巻を出」すという和装のため難儀な登山となったようだが、一方、東京育ちの村井米子は、女学校の運動着がより先進的だったのだろうか、ブルマーをはいて不自由なく山道を踏破したとされる（『日本女性登山史』前掲）。女学生の身体イメージの近代化をもたらしたブルマーは、女性の登山服の近代化にも関与していたのである。

女性の登山だけでなく登山服の先駆者ともされる村井は、一九二〇年代に入るとブルマーからズボンへと装いを変える。当時の女性登山はまだスカートが一般的で、学校登山ではまだ着物や袴姿も見られる時代だったが、女性登山の草分けたちは機能性を考慮して積極的に自前のズボンを着用していった。

その一人である黒田初子は、女性たちの間に登山が普及する風潮に合わせて、一九三二年、女性のための登山指導書の嚆矢とも言うべき『婦人の山とスキー』（大村書店）を著し、序文でこう述べている。

女の人が山へ登る？　そんなことは想像さへしなかつた時代が、まだ最近のことだつたのでございます。そしてズボンをはいてリュックサックを負つて山から下りて來れば、きまつて麓の宿では正夫（引用者注・登山家だった夫の黒田正夫）の弟だと思ひ込むのでした。（略）それが今からちょうど足かけ十年前の話なのでございます。所が只今では、たくさんの女の方達が山へ御登りになり、勢ひ山が好きになり、二三の婦人の山登りの会までも出来る様になりました。（傍線部引用者・以下同様）

この記述からは、一九二〇年代の初めごろには黒田が登山にズボンを着用していたことだけでなく、そうしたズボンの着用が彼女の身体に表象としての男性ジェンダー化をもたらしていたことが見て取れる。このように当時の登山とは、乗馬と並んで、ブルマーやショートパンツといった運動服を超えて、女性が本来男性のものであるズボンを身にまとうことのできる極めて稀なスポーツだったと言える。ただし乗馬と比べて登山の場合は、スカートを着用した女学校の団体登山を除けば、さきの黒田の序文に「女の人が山へ登る？そんなことは想像さへしなかつた時代が、まだ最近のことだつた」とあったように、まだ一般的には男性のスポーツと見なされていた。つまり村井や黒田といった女性登山の草分けたちは、ズボンをはき、男性のスポーツに挑んだという意味で、女性規範からの二重の逸脱をやってのけていたことになる。

さきの黒田の本のタイトルが示すように、当時の登山はスキーとセットでとらえられていた。そしてベストセラー作家を父とし、女学生時代に大名登山をした村井米子の例からもわかるとおり、そうした男性のスポーツとしての「登山やスキーにおけるジェンダーを超えることができたのは、経済的に恵まれた富裕階層の女性たち」（藤田和美「解説 『婦人の山とスキー』黒田初子」『女性のみた近代Ⅱ 女の生活』二〇〇五年、ゆまに書房）が中心で、それは「文字どおり良家の子女の趣味」（『日本女性登山史』前掲）であった。もちろん東京帝国大学出身の心理学者を父にもつ、黒田初子も例外ではない。

## 3 スキーとズボン

ここで登山からスキーへと目を移してみよう。

日本にスキーの技術が本格的に紹介されたのは、一九一一（明治四四）年のことである。当時のオーストリア・ハンガリー帝国のテオドール・レルヒ少佐が、新潟県高田（現・上越市）で日本の青年将校たちにスキー術を指導したのが始まりとされる。以降、スキーは男性を中心に次第に全国に普及する。

一九二〇年代に入るころから女学校による団体スキーの模様も新聞で報じられていく。たとえば早くは、一九二一年三月二四日の『読売新聞』朝刊に「女生徒のスキー滑走ぶり」と銘打った、金沢の第二高等女学校の生徒たちがスカートでスキーをする写真が掲載されている。翌年四月二八日の『東京朝日新聞』朝刊の「近頃盛んな女の運動」という記事には、全国の女学校の体育を紹介するなかに、「其風土の関係から新潟北海道のスキーにスケート（略）等は爽快無比だが一寸一般にはできない」とあることから、スキー教育が盛んだったのは主に豪雪地域の女学校だったことがわかる。

こうしたスキー教育の積み重ねにもよっていよう、一九二五年二月二一日には、北海道・東北・信越などの女学生が参加した初の全日本女子選手権スキー大会が新潟県高田で開催されている（『東京朝日新聞』朝刊、一九二五年一月一八日、二月二二日）。日本初の本格的な女子競技スキー大会の試みである。

さらに翌年一月二五日の『東京朝日新聞』朝刊には、「運動界／続々開く　スキー大会　月末から三月まで」という見出しの記事があり、「注目に価することは女子のスキー熱が非常に盛んになつたことで三月下旬には東京の各女学生三百名が練習の為田口温泉高田市等に殺到して来るはずである」などと、豪雪地域だけでなく都市部の女学生の「スキー熱」の現われも報じられている。スキー熱が沸き上がるなか、女学生がどのような服装でスキーを行っていたかについては、図1に挙げた同年二月二三日の同紙掲載の、第二回女子スキー選手権大会の模様を見れば一目瞭然であろう。登山の装いと同様、ほぼスカートで占められていた。

この状況は一九三〇年代のはじめごろまで続いたようだ。たとえば、女性史・服装史研究家の村上信彦は

図1　スキー選手権大会に参加する女学生たち

図2　「女学生で賑ふ池ノ平スキー場」

『服装の歴史（三）ズボンとスカート』（一九七九年、講談社文庫）のなかで、「昭和五（引用者注・一九三〇）年に（引用者注・東京）府立第六高女の生徒たちは妙高スキー場に出かけたが、ズボンは一人もなく、みなスカートに長靴下をはき、（略）マフラーだけは一人前に風になびかせている。どう考えたって無茶な話で、さぞかし冷たかったろうと思うが、それが当時の女学生だった」と振り返っている。ただし、図2の一九三〇年一二月二六日の『東京朝日新聞』朝刊の写真を見る限り、後方に居並ぶ女学生の多くがスカートであるものの、前方で滑る様子はズボンかブルマーを着用しているようでもあり、一九三〇年前後は女子スキー服の過渡期だったと考えられる。

事実、黒田初子は、さきに引いた一九三二年の著書のなかで、初めてスキーをする女性は普段着でも構わないが「理想を言へば、ズボンにした方が」いい、という言い方をしている。つまり三二年にいたってもなおズボンの着用は一般化していなかったことになる。

農村の女性たちが昔からはいてきた猿股やモンペなどを除けば、都会の女性たちのズボンの着用は従来、乗馬服、少女歌劇の衣装、パジャマやごく一部の職業服（劇場の案内係など）に見られる程度だった。だが、早くは村井米子がブルマーやズボンで登山をしたように、一九二〇年前後から競技スポーツブームが始まり、女子中等教育機関の運動服がショートパンツやブルマーへと徐々に移行したことに伴い、女性たちはスポーツをする服の機能性をより主体的に意識し重視するようになったと考えられる。

女性スキー服の過渡期だった一九三〇年前後には、女学生時代にスポーツブームの洗礼を受けたであろう名流婦人たちがズボンを着こなして華麗にスキーに興じる姿が報じられた。

たとえば、一九二八年一一月二七日の『読売新聞』朝刊では、「年と共に盛んな女子のスキー熱」という見出しで、「婦人スキーヤーとして名のある人」として宮妃をはじめ華族・教授・企業家の夫人といった、いわゆる「名流婦人」の実名と顔写真を掲げ、その勇姿を褒めたたえている。そのうえで、いまだスキーが女性の間で一般化しない理由として「日本の婦人が総じて勇気に欠けて居ること」、また、「和服を脱しきれない日本の婦人にとつて股のあるズボンをはくことは中々の重大な問題」であることを挙げる。つまり「和服を脱し」てズボンを着こなし、雪の斜面を滑走する「名流婦人」の「勇気」あるスキー姿は、旧来の「日本の婦人」像を打破した〈新時代の女性像〉の表象と位置づけられたのである。おそらくこうした位置づけは、さきに挙げた一九三〇年の吉田章信に代表される社会的論調、すなわちスポーツこそが「新時代の婦人美」を育むという論調と無縁ではあるまい。

こうした気運から、従来は男性がはくものとされていたズボンが、一九三〇年代前半には急速に〈新時代の女性〉を象徴するスポーツ・ファッションの一つとなっていったと考えられる。

黒田の『婦人の山とスキー』刊行の翌年、村井米子は女子スキーの指南書として『雪―女性とスキー』（南光社）を出版している。「新時代の女性」に向けたとされる同書では、「スキーを志す女性は、すべからく、凡ての因習的なものを捨て、、新らしい美を認める心がまへを、持たねばならない」としたうえで、「スキーでは、スカートは却つて運動の美しさをもたらさず、不便さと、見た目にも煩はしさを與へますから、新らしく整へるには適しません」とズボンの着用を強く勧めている。加えて、そうしたズボンのスキー服の流行にも言及している。

銀座の飾り窓にスキー服が出、デパートに現はれるばかりでなく、この頃のファッション・ブックに、かなり沢山の部分をスキー服にさいてゐます。皷張して描かれた、背の高くて、恐ろしく長い脚の女性が、太長いズボンをはいた線の美しさ。（略）その絵姿が雪原に立つとしたら、たしかに色彩感も豊かに、線も美しい、新時代の美感でせうと想像されます。／彼の地の流行界に、そんなに注目されるスキー服の美は、やはりズボンが生命でせう。（略）ズボンの魅力に注目しだしたのは、運動熱と共に発見した、トレーニング・パンツや、スキー姿の魅力からではないでせうか。

ここからは、ズボンという女性のスキー・ファッションが、もはや機能性を超えて「新時代」の装飾美の地位を獲得し始めていたことが窺える。本来、女性の身体イメージを男性ジェンダー化する危うさを抱えたズボンが、このように「銀座の飾り窓」や「デパート」や「ファッション・ブック」を賑わすまでに女性の装飾美と結び付けられた論理は、次の村井の主張から明らかになるだろう。

村井は同書で、自らが勧めるスキーを「スキーそのものを楽しむほか、山へ登る手段として」の「登山スキー術」と規定し、競技スポーツとしての「競走スキー術」や「スキーのジャンプ」と明確に区別している。そのうえで、「とかく競争を主とするスポーツの実際は、畸型や、男らしさをもたらし勝ち」だが、対して登山スキーは山々の雪景色の「美を、光を、清けさを、心ゆくばかり感受する」芸術的なスポーツであるため「スキー女性こそ、優美をモットーとすべき」だと説いている。ここから推察できるのは、競技スポーツとの差異化によって、一九三〇年代には女性のスキーのズボン姿が「新時代の女性」の「優美」な身体を象るファッションたり得ていったのではないかということである。スキーというスポーツをこうした競技と趣味とに分断する論理こそ、本来男性の衣服としてあったズボンを、にわかに女性のファッションにまで押し上げることを可能にしたと考えられる。

図３　スタイルブックのスキー服

## 4　ズボンからモンペへ

図3に掲げた『婦人画報』一九三六年二月五日号（増刊スタイルブック春の号）の挿絵にあるように、管見の限り、女性のスキー・ファッションは一九三〇年代半ばごろには一般的にスカートからズボンへ装いを変えている。最後に、それが女学生文化として花開いた様子にも、ささやかなが

ら触れておこう。

運動する少女の小説や挿絵が目立つ『少女倶楽部』（大日本雄弁会講談社）では、いち早くスキーを取りあげている。とくに目次のカット絵に注目すると、一九三四年二月号ではまだスカートでスキーをする少女の絵柄（蕗谷虹児画）であったものが、翌年二月号（蕗谷虹児画）、翌々年二月号（門脇卓一画）になると、ともにズボンでスキーをする少女の絵に変化している。

さらに『少女倶楽部』に比べてより大人しい雰囲気だった『少女の友』（実業之日本社）では、一九三五年から四〇年にかけて中原淳一が表紙絵を担当していたが、うち一九三六年二月号と三八年二月号は、スキー板を持ちビビッドな色合いのスキーウェアに身を包んだ少女が表紙を飾っている。残念ながら、どちらの表紙絵も上半身の大写しであるためズボン姿かどうかは定かではない。とはいえ、そもそもスポーツに関する表紙絵がほとんど無いなかでスキー服を二回も採用しているのは、それがスポーツをする服というよりも、流行のウィンター・ファッションとしてモード化されていたためと考えられる。どちらの表紙も読書投書欄を確認する限りでは大好評だったことが窺える。また投書欄には、「私達此頃スキーで夢中ですの」（一九三六年四月号）といった投書もあり、実際にスキーに親しんだ女学生の姿も垣間見える。

こうした女性たちの間での、一九三五年ごろのさらなるスキーの広がりは、じつはかの有名な川端康成の『雪国』にも投影されている。仁平政人は近年の論考で、越後湯沢をモデルとしたこの『雪国』の舞台に、一九三五年前後において「山間の温泉地がスキーリゾート地へと変容する過程」を読み取り、従来の「伝統的風土」という空間解釈を一変させた。こうした新しい解釈のよすがとなったのが、作中の、都市から押し寄せるスキー客たちばかりでなく、駒子ら芸者たちのスキー参加に関する描写なのである（「「旅行」する言葉、「山歩き」する身体——川端康成『雪国』論序説」『日本文学』二〇一七年六月）。

ただし、一九三七年に日中戦争が勃発し、三八年に国家総動員法が制定され、日本がいよいよ総力戦体制へと舵を切るなかで、こうした気運は一変する。国家において女学生の身体が良妻賢母のそれであると同時に「銃後」を守る人的資源としての労働力とみなされるようになると、それに応じて少女雑誌でもスポーツ（運動）ではなく、健康増進のための体操と国のための労働作業を強く奨励するようになる。たとえば一九三九年以降、『少女倶楽部』から「運動小説」が消えるのはその端的な表われだろう（山田昭子「「少女倶楽部」における運動小説について」『芸術至上主義文芸』二〇〇七年一一月）。一方で、こうした社会動向に伴って、一九三七年ごろから女性の「非常時服」「国防服」として推奨されていたモンペが、急速に女性たちの間に浸透していった（井上寿一『戦前昭和の社会　1926-1945』二〇一一年、講談社）。ここにいたって、登山やスキーが拓きつつあった女性のファッション・モードとしてのズボンの一般化の道は、もはや完全に閉ざされてしまう。

本稿の冒頭で触れた岡本かの子の一九三八年の短篇「快走」では、「女学校在学中ランニングの選手だった」道子が着物の下にショートパンツを忍ばせ、一人、夜道を走る。過去、登山やスキーでズボンに親しんだ女性たちもまた道子のように、戦時下でモンペに身を包みながらも、その内奥には在りし日のズボン姿への執着を忍ばせていたかもしれない。

# 女性の職業と社会進出――『むらさき』と職業婦人

久米依子

## 1　モダニズム期の「職業婦人」

『むらさき』が発行された一九三四年の少し前、大正末期から昭和初期のモダニズム時代には、女性の社会進出――いわゆる「職業婦人」の台頭が新たな社会現象として注目を浴びていた。第一次大戦期（一九一四～一九一八年）の欧州経済の停滞、そこに関東大震災（一九二三年）の復興景気が重なり、日本経済の工業化が一段と進む中で、女性の職種が広がり、職業婦人が増加する時期が訪れたのである。

それまでも農業や漁業といった第一次産業に携わる女性は少なくなく、また明治時代から女工などいわゆる「労働婦人」（『職業婦人に関する調査』［一九二四年、東京市社会局］の用語による）の求人は多かったが、「職業婦人」はそれらと異なり、事務系や資格職に就く女性のことを指した。日本社会の近代化が始まって以降、早くから看護婦や教員といった女性の新しい職業が生まれていた。村上信彦『大正期の職業婦人』（一九八三年、ドメス出版）によれば、明治四〇年代（一九一〇年頃）には女性教員は三万余、看護婦・産婆が数万、女工として四〇万人以上が働いていたとされる。しかし役所や会社に勤める職業婦人的な女性は一万程度であったらしい。明治時代には女性向きの職種も、職業婦人になる者もそれほど多くはなかったのである。しかし一九二〇年代後半には、産業構造の変化と共に押し寄せる都市化の波が女性向きの職種を次々に生み出し、いっぽう、増加する女学校進学者の中にも、知能・技能を活かして賃金収入を得たいという意欲が生まれていた。双方の要求が嚙み合ったところに、職業婦人の時代が到来したのである。

一九三一年刊行の東京市統計課の『職業婦人戦線の展望』（東京市役所）には、女性の職業が五〇種以上列挙されている。その中で、「知能的業務」としては事務員、店員、外交員、婦人記者、女医、次に「技術的業務」としてタイピスト、電話交換手、製図手、また「肉体的労働業務」として女工、車掌、劇場案内人、給仕、エレベーターガールなどが挙げられている。

一般的に職業婦人とは、先述のように事務職や資格職――「知能的業務」と「技術的業務」に携わる女性、と考えられていたが、「肉体的労働業務」に含まれる車掌やエレベーターガールも、新種の都会的仕事をこなす者として、ジャーナリズムでは職業婦人として扱われることが多かった。一九二六年七月の『婦人公論』の職業婦人に関する特集記事では、カフェの女給やモデル、声楽家、映画女優までも職業婦人として取り上げられている。そうした曖昧さを含みつつ、総じて「職業婦人」には、近代的・知的・都会的なイメージが付与された。それまでの「労働婦人」とは異なり、都市の中で知識や教養、技能を活かして収入を得る、洗練された女性たちという、女性にとって好ましい像が流布されたのである。

なお、『職業婦人戦線の展望』によれば、全国の公私設職業紹介所で扱われた一九三〇年の女性の求職者数は八七万人余、求人数はそれを上回る一〇〇万人余であった。職業婦人の社会的な需要が確かにあったのである。

## 2 「職業婦人」の光と陰

ただしそうした求人数の多さは、女性の低賃金の実態を反映したものでもあった。女性に対する求人が伸びた背景には、低賃金の労働力を得ようとする産業界の思惑があった。家長の権限が強く、家制度の中で女性には財産権が認められなかった戦前期の日本において、女性の職業は自活のためではなく、家計を補助する働きにすぎないと考えられた。したがって家計補助の範囲で足りるとされて賃金は低く抑えられ、そうした安価な労働力を産業界は求めたのである。女性の就職の機会は、低賃金のおかげで拡大したといえるのであり、女性の地位の低さが、その社会進出を支えるという構造になっていた。

したがって、ジャーナリズムが華やかな職業婦人のイメージをもてはやしたのとは裏腹に、職業婦人を取り巻く状況は必ずしも好ましいものばかりとはいえなかった。低賃金のため、自活の道が閉ざされがちであることに加え、女性は家庭内存在であるべきという強靭な「良妻賢母」規範が未だ根強くあり、その規範に反する職業婦人は性的に堕落しているのではないかという疑いや、結婚のできない不幸な女性なのではないかといった偏見にもさらされたのである。さらに結婚後は、妻が職業婦人であることは夫の権威を傷つけるとして、夫や係累から離職を強いられることが多かった。山川菊栄は一九二五年に「職業婦人の経済的地位」という論（『婦人と労働』第三巻第一号～三号）の中で、職業婦人は家庭内では「家族制度の桎梏」、外では「廉い賃金と、劇しい仕事と、長い労働時間と、そして社会の偏見と軽侮」という難題に悩まされていると指摘している。若い女性にとって憧れの像であったかもしれない職業婦人の実情は、日本社会の厳しいジェンダー秩序の抑圧を受け、自立的なあり方を阻害されている状況だった。

先に取り上げた『婦人職業戦線の展望』は、「第一編　第一章　職業婦人の諸問題」で「婦人は男性社会に於いて働くのであるからして、その意味に於いても、婦人が職業に就くといふことは既に一つの戦ひなのである」と述べ、ベーベルの『婦人と社会主義』（一八七九年）やコロンタイ『婦人労働革命』（一九三〇年）といった、欧米における婦人の解放・独立を促す思潮を紹介している。しかしいっぽうで同書に収録された日本女子高等商業学校校長・嘉悦孝子「家庭生活と職業との調和」という文は、「婦人の天職は何と申しましても家庭の仕事と、次の時代の国民を養育すること」「街頭へ出て働く婦人も始終家庭を忘れてはならないのです」と戒めた。あるいは前田一『職業婦人物語』（一九二九年、東洋経済出版部）という書籍は、女性の職業や職業紹介所などを書中で解説しながら、「結婚受難の職業婦人」「誘惑の魔の手は延びる」といった章をたて、職業婦人への揶揄や偏見をその書自体で述べるというありさまだった。

こうしてイメージが先行し、実態と虚像のズレをはらんだ職業婦人へのジャーナリズムの関心は、昭和期の不況が深刻化すると徐々に薄れていった。その点では、女性の社会進出に対して、保守的な気運が強まる時代へと変わったといえる。『むらさき』は、その時期に創刊されている。

なお、ジャーナリズムの記事は減ったが、一部の職業婦人たちは、働く女性たちの環境の改善のためにストライキや組合運動を組織するなど、労働者としての自覚を深め、その点でも「職業婦人」という呼称はそぐわなくなっていった。「職業婦人」の問題は、無産者運動に接近する中で、発展的に解消したと考えることができるのである（拙稿「職業婦人――モダニズムと「職業婦人」」和田博文監修、久米依子編『職業婦人 コレクション・モダン都市文化70』所収、二〇一一年九月、ゆまに書房）。

## 3 『むらさき』の中の「職業婦人」

『むらさき』は、主たる読者である女性に、日本の古典を中心とした高い教養を学ばせようとする啓蒙的雑誌であり、女性の社会進出を奨励するような姿勢とは初めから距離があったと考えられる。加えて創刊の時期は、先述のように、女性の生き方への見方も、保守反動化が進む情勢であった。したがって、職業婦人の記事などが『むらさき』の誌面にほとんど見ることができないのも、当然といえよう。

それでも創刊間もない頃の誌面には、まだ職業婦人が注目された時代の名残りを感じさせる記事やページが見受けられる。

たとえば、第一巻第二号（一九三四［昭和九］年六月）に掲載された茅野雅子の小文「六月と柿の木」には、職業婦人を思わせるようなモダンなファッションの女性の図が添えられている（図1）。茅野の「六月と柿の木」は、心をひく六月の花として柿の花を挙げ、「うす黄にこぼれてゐる素朴な趣」や「あざやかな

図１　「六月と柿の木」挿絵

葉の色」の好ましさを述べた上で、文末に二首の歌を詠んだエッセイである。身近にあるささやかな自然美を愛する心情を綴った小文であり、ことさら職業婦人に関係するような内容ではない。そうした文にモダンな女性像の絵が付けられた点に、時代風俗の反映が見られよう。新時代の女性像を肯定的に捉え、抒情的な文章に添えるのにふさわしいと考える姿勢が、まだ雑誌メディアの中で生きていたと思われる。しかしこうしたモダンな女性の図は、その後の『むらさき』には見つけにくくなる。

他に、初期『むらさき』に掲載された注目される記事として、第二巻第九号（一九三五［昭和一〇］年九月）の牧野不二雄「女流科学者マダム、コヴァレフスカヤ」がある。野上彌生子訳の『ソーニャ・コヴァレフスカヤ』（一九二四年、岩波書店）から多大のヒントを得たと断り、ロシアの著名な女性数学家ソフィア・コワレフスカヤの半生をコンパクトにまとめている記事である（図２）。

記事によれば「コヴァレウスキー夫人」は一八五〇年モスクワに生まれ、ドイツのハイデルベルヒとベルリンで学び、優れた数学の論文を公表。やがてストックホルム大学で、ロシア人女性として初の大学教授になる。このように知的な活動で成功した女性だが、しかし、私生活では夫が事業に失敗して自殺するという不幸があり、その点を『むらさき』の記事は重視している。「ソーニャは数学史上に不朽の名を残したので

図２　「女流科学者マダム、コヴァレウスキー」写真

ありますがそれは真に傷《いた》々しい姿であつたことでせう」と推測し、「「働くことが唯一の慰めでなければなりません」と自らを励《はげま》したこの淋しさうな女性の生活は涙なくては、見られぬものであつたことでせう」と断じる。そして「熱望した絶対の愛は遂に彼女のものとはならなかつたのであります」（傍点原文）と、研究者としての栄誉は得ても、「傷々し」く、「淋し」く、「愛」のない生活を送った女性と見なし、大いに同情している。ここに、『むらさき』の職業婦人の捉え方が端的に顕在化しているといえるかもしれない。

それはすなわち、知的な職業で成功し、専門家に高く評価されても、愛のない生活を送る女性は不幸である、という見解である。職業婦人の先達である「コヴァレウスキー夫人」の努力を讃え、敬意を表しつつも、その生き方は夫婦生活の幸福を約束しない、と危惧する態度が見られよう。

『むらさき』創刊号（一九三四［昭和九］年五月）では、藤村作（東京帝国大学国文学科教授）が「婦人の教養としての国文学㈠」という記事で、以下のように述べている。「婦人と雖も国家社会的教養は大切である。けれども文化社会婦人の最も重要なる活動は寧ろ家庭に在らう。舅姑の最も勝れた保護者であり、夫の最も良い伴侶者であり、而して子弟雇人の最も優れた教育者であるべき主婦の教養としては、それにもましたものは家庭的の教養である」。

藤村は女性の教養の大切さを教示するが、それはあくまで家庭婦人としての役割の中で生かせるべきものであると主張する。いわゆる良妻賢母主義の上に立って「婦人の教養」の重要性を述べる立場である。『むらさき』の穏健な女性観、家庭観をここに見ることができ、「コヴァレウスキー夫人」の記事にある、夫人への強い同情も、同じ立場が導くものといえよう。

そして「女流科学者マダム、コヴァレウスキー」の記事以降、近代の知的な女性成功者についての記事は『むらさき』に見かけられなくなる。やはり、こうした女性の紹介は、内外の古典の魅力を語り、家庭的な婦人を理想として讃える誌面にそぐわなかったようである。

## 4　「職業婦人」に関わる歌

以上のように、記事中に「職業婦人」に関わる言及がほとんど見られない『むらさき』であるが、それ以外のページに、ささやかながら注目すべき要素も含まれている。ごく少数ではあるが、職業婦人である読者が詠んだ歌、あるいは職業婦人に触れた歌の掲載があったのである。

創刊間もない頃、読者投稿の「短歌」欄は今井邦子が選を行っている。投稿掲載作の多くは暮しの中のささやかな想いや、四季の移り変わりに目をとめて自然の事象を詠む歌が多く、時に仕事の感慨を詠む歌が掲載されても、そのほとんどは男性投稿者の作であった（実は、短歌や俳句の投稿などを見ると、男性名の投稿も少なくなく、『むらさき』が決して女性読者だけの雑誌でなかったことがわかる）。

その中で、女性教師の歌が、少数ながら見出せる。第二巻第九号（一九三五［昭和一〇］年九月）の「一等」入選は「北海道　金井里子」の連作五首であり、金井は教師を辞めたばかりらしく、退職の思いを五首の主題としている。

教職を去るとふ事のかくばかりさびしき事と思はざりしが
退職願書きて出て来し校門に教へ子三人砂遊びせり
おやすみと一度に云ひて砂遊び又も続くる児等を見返る
明日の朝去りゆく我を知る時し如何になげかむ心苦しき
をはりまで歎かず去らむ児ども等と笑みつゝ三年暮したる我

この五首に対し今井は「此作全体に亙つて、つゝましく生くる人の心のかげが映つて居ります。それは誠に尊い事です。第三首目の歌など実によいと思ひます」と選評した。退職のさびしさと、退職を知らずに挨拶する生徒たちとの心残りのある別れ、そして嘆かずに去ろうとする決意を詠んだ歌に、「尊い」ものを読み取っている。たしかにこの五首は、三年間とはいえ教職に打ち込んだであろう作者の、職を辞するに際しての自恃と寂しさを伝え、また児童と職場で温かく交流したであろう月日を推察させる歌となっている。

続く翌月の第二巻第十号（一九三五［昭和一〇］年十月）にも、女性教師が仕事について詠んだ歌が選出されている。三等までの入選作ではないが、「秀逸」として選ばれた数人の中の、「福島　下田はつ江」の連作である。

ふりつゞく雨は鬱たうし谷あひの校舎はたゞにひそやけきのみ
子等を教ゆわざにもなれてこのごろの暮しはやゝに楽しくなりぬ
緑葉に音なくそゝぐ雨あしを眺めてあれば心和みぬ
しみ〴〵と子供さとして泌々と子供心に触れし心地す
わが言の胸にしみてか子供等の瞼ににじむ涙いとしも

教職の歌ではあるが、「谷あひ」の村の学校に勤めているため、子供たち相手の仕事の歌と自然詠とが無理なく調和し、その点が評価されたのではないかと思われる。地方の村落で、山野の風景に親しみながら、子供たちに誠実に向き合い、心を込めて教えようとしている女性の姿が浮かぶような作である。
また『むらさき』には「互撰短歌」のページもあり、第一巻第八号（一九三四［昭和九］年十二月）の第二回には、「千葉県　高木つる女」の歌として以下の二首が含まれている。

　葺汁の湯気ほのぼのとかぐはしう夕べを父のかへりまちわぶ
　タイピストとなりて都に馴れし友が　たよりとゞきぬ秋風の頃

二首目の歌は自分の職業を歌うものではなく、友人が都会で職業婦人となったことを、遠くから思う歌である。そこには、都会暮らしに慣れていく友人と比べ、秋風の中、取り残されたような寂寞の思いも漂っているようだ。一首目の歌が、「茸汁の湯気」が「ほのぼの」と香る夕べに父の帰宅を待つという、素朴な料理を囲む家族の団欒を詠んだものであるだけに、対照的な「タイピスト――」の歌に込められた複雑な思いが推し量られる。

以上が女性と職業の関わりを詠んだ『むらさき』の中の少数の掲載例である。ただしよく見ればこの三例も、金井里子の歌が退職の歌であり、下田はつ江の歌は山暮しの教師の歌、そして高木つる女の歌は職業婦人の友人を思う歌であり、すべて、いわゆる都会の職業婦人がモダン生活を謳歌しているような歌ではない。その点で、『むらさき』誌上に掲載してもさしつかえないと判断されたのではないかと考えられる。

そのような抑制がかけられた上で、かろうじて掲載されたこうした歌も、しかし『むらさき』ではその後、ほとんど取り上げられなくなる。読者婦人の歌は生活詠や自然詠であり、仕事に触れていても軽い農事であったりする。そして記事は「高雅なる趣味と教養とを深める」（「『むらさき』の特色」創刊号）ために、古典的文化を称揚し教示する。それは軽佻浮薄な流行に流れず、伝統文化や女性の「家庭的の教養」（藤村）を尊重するこの雑誌の、揺るぎない姿勢の表れではあったろう。しかし、僅かながらも誌面に載った女性教師の歌やタイピストの友人を思う歌には、時代の事象に向き合う当時の女性たちの気持ちがたしかに刻まれている。『むらさき』の読者の教養が高いだけに、時代の証左となるこのような記事や歌が、もう少しあればと惜しまれるのである。

# 戦争とセクシュアリティ――軍事主義がもたらす境界線を問う

内藤千珠子

## 1　軍事主義とジェンダー

近代は、帝国が植民地を求めて戦争を反復する、戦争の時代だった。戦争をベースとする帝国主義や植民地主義は、現在にいたるまで、かたちを変えて継続している。現代にあっては、戦争が行われている戦時と、平和な日常が保たれている平時との境界線は曖昧になり、平時のなかに戦争の論理を含みもった社会が構成されている。実際のところ、非常に目にみえにくいかたちで、軍事主義が世界のルールを下支えしているといえるだろう。

シンシア・エンローは、現代社会の制度のなかには戦争の論理が組み込まれており、しかも、すべての軍事化された事象には、ジェンダーの力が関わっていると指摘した（『策略――女性を軍事化する国際政治』上野千鶴子監訳・佐藤文香訳、二〇〇六年、原著二〇〇〇年、岩波書店）。エンローが論じるのは、軍隊は軍事化という物語の一部分にすぎず、軍事化された表現は、あたりまえで疑いを抱くことがないほど私たちの日常に深く行き渡っているということである。たとえば、ファッションに関わる情報のなかで「定番のモッズコートを大人な印象で着こなす」というフレーズを目にしたとする。人によっては、まったく軍事的表現に見えないかもしれない。だが、モッズコートはもともと軍服である。同じように、ミリタリーテイスト、迷彩柄といった単語が、ファッションをめぐる文脈で用いられるとき、直接的に戦争の現場をイメージすることはないかもしれないが、それらは軍服デザインから派生したものだ。つまり、ミリタリーファッションを、それと知らなかったとしても、身につける価値のあるものとして選択するとき、私たちは戦争と関係ないと思っている自分の日常の領域で、軍事化の物語を生きさせられることになるのである。

エンローが指摘するのは、軍事主義は男らしさと同時に、女らしさの概念を必要としていることである。戦争や軍国主義といった単語からは、男性のイメージが引き出されやすい。兵士、軍人と聞けば、男性を思い浮かべる場合が多いだろう。だが、「戦争には女がつきものである」という表現や、女性が被害者となる戦時中のレイプや性暴力は、戦う兵士と同じくらい当たり前のものとして戦争のイメージのなかに含まれているはずだ。平和を愛する女性という図式、あるいは戦時性暴力の犠牲者となった女性を自国の兵士が守るといったプロパガンダは、すべて近現代の軍事的な文脈から生み出されているのである。

女らしい軍事化は、目につきにくく、しかも取るに足りない瑣末な問題とされて隠蔽されている。だが、軍事主義は女らしさの概念に強く依存しているのであり、よき母、よき妻、女性兵士、従軍する「看護婦」、軍人の妻、娼婦、レイプ被害者など、女性の集団を分断し、女性たち自身が互いを区別しあう境界線をもつように操作するという「策略」を実践しているのだ。女性を軍事化する策略の背景には、家父長制度と結びついた構造的問題があるため、家父長制を批評するためのフェミニズム的観点が重要となる。

こうした問題意識を出発点として、アジア・太平洋戦争期の日本で、軍国主義が要求した、女性のセクシュアリティをめぐる境界線について検証してみたい。

## 2　戦争が求める「女らしさ」の理想

一九三一年に満州事変が起こり、次第に戦争が日常を侵蝕していくが、とりわけ対米英戦争がはじまった一九四一年以降、総力戦体制下の思想統制は強められていった。こうしたなかで、女性たちも戦時体制のなかに組み込まれていくが、最大のポイントは、女性のセクシュアリティが、生殖能力に一元化されるという点である。母という記号が最重要視され、女性の理想的イメージは、「軍国の母」として定着していく。一九四〇年には「悪質ナル遺伝性疾患ノ素質ヲ有スル者」の出生を防いで優れた民族の質を保つという、差別的な「優生思想」を背景とする国民優生法が成立する。翌四一年には、人口政策確立要項の閣議決定がなされ、結婚の早期化や奨励、出産の奨励、「産めよ殖やせよ」というスローガンが示される。戦時体制のなかで、女性の性は国家の管理下に置かれ、生殖セクシュアリティのイデオロギーにからめとられていく。すなわち、結婚報国、産児報国こそが、銃後の女性たちに要求される戦時協力だというわけである。

すなわち、女性の生殖能力が重視され、母が理想化される文脈からは、二つの要素を抽出することができる。

性の美しさが健康と結びつけられること、結婚や恋愛をめぐって個人の意思や性的イメージが禁じられることの二つである。

まず、女性の美が健康と密接に連結させられることについて、ジェニファー・ロバートソンは、一九三一年に朝日新聞が全国規模で開催したミス・ニッポン・コンテストに注目し、この美人コンテストのキーワードが「健康美」であったことを分析している（「日本初のサイボーグ？」荻野美穂編『〈性〉の分割線』二〇〇九年所収、青弓社）。「新日本」のイメージに相応しい、優生学的に優秀な女性を選定しようというこのコンテストでは、モノクロの素人写真のみが審査対象とされ、応募者本人というよりは、写真によって固定された身体測定値が査定されたという。つまり、「ミス・ニッポン」は、写真技術によってイコンとなった、脱身体化した身体として表象されたのだ。近代国家を代表する模範的な身体をもった「ミス・ニッポン」は、生殖能力を十分に発揮できる衛生的健康美を象徴する。同時にそれは、脱身体化されているため、固有性や個別性に縛られず、他と置き換え可能な記号と化し、女性の美をめぐる一般的イメージとして広く流用されていく。

この優生学的な健康美は、化粧品広告のなかの女性表象を通じて拡散されていったといえそうだ。同じ時期の婦人雑誌や広告の論理を考察した石田あゆうは、時局による販売減を避けるため、化粧品会社が広告を増強していった際に、化粧品を贅沢品ではなく生活必需品として位置づけ、化粧を「健康化粧」、化粧する女性たちの美を「健康美人」のイメージで描き出したと指摘する（『戦時婦人雑誌の広告メディア論』二〇一五年、青弓社）。健康な美というイメージによってつながる「ミス・ニッポン」あるいは広告のなかの

「健康美人」たちは、軍国の母とはまた異なったかたちで、母性や生殖イデオロギーを象徴する。

そして一九四二年には、愛国婦人会、大日本聯合婦人会、大日本国防婦人会と、三つの全国規模の女性団体を統合し、すべての日本女性を戦時体制のもとに結束させようと、大日本婦人会が結成される。その機関誌『日本婦人』の創刊号には、大政翼賛会主催の「健民彫塑展」より、土門拳が撮影した写真と作品に寄せられた詩が掲載されているが、そこでは「健康美」をともなった女性イメージが強調されている（図１）。

さて、母性と生殖をめぐる第二の要素とも関わるのだが、国策を推進する論理が詰まったこの『日本婦人』の誌面からは、戦争が女性たちに要求する役割や義務の内実をつぶさに知ることができよう。なかでも重視される「婦人の責務」は、結婚である。

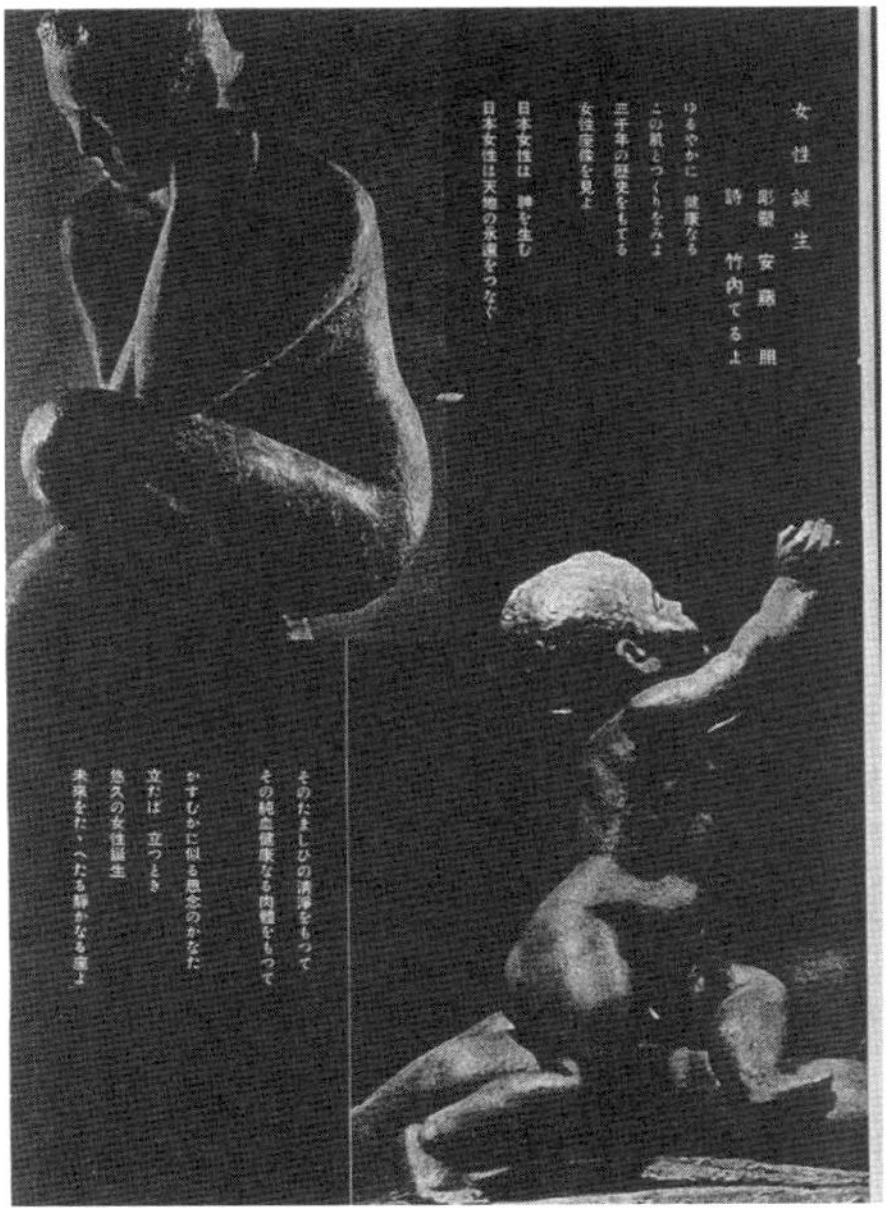


図１　「健民彫塑」（撮影・土門拳）、『日本婦人』（創刊号、1942年11月）冒頭の口絵

「女性誕生」（彫塑・安藤照、詩・竹内てるよ）に寄せられた詩には「ゆるやかに　健康なる　この肌とつくりをみよ」「純血健康なる肉体」といった表現がみられる。

あの人は兵役関係があるから結婚しても何時《いつ》召集されるかもしれないと、兵役忌避にも匹敵する結婚忌避が一部にはありはしませぬか。現在の徴兵の状況から申しますと、兵役にかゝらぬ者は男の中の屑と見るべきだと思ひます。兵役の関係で、結婚を忌避するとは実に嘆はしい事実で、この点、一部の婦人の兵役に対する理解が不十分だと考へられるのであります。(陸軍中佐・田中義一「国民皆兵と婦人の責務」『日本婦人』一九四三年一一月)

結婚を個人的に、享楽的に考へることを止めるべきです、結婚は国家的に大切な意義をもつてゐるのですから……相談所へお出になる方でも要求が多すぎるやうに思ひます。(日本婦人本部審議員・結婚相談所長・三輪田繁子「結婚電撃質問」『日本婦人』一九四三年七月)

こうした論理は、若い女性たちに、優生学的に正しい「優生結婚」を促してきたが、戦局が行き詰まるなかで、「白衣の勇士」である傷痍軍人との結婚が重要なトピックとなっていく(図2)。たとえば、深田久彌の小説「天の餅」(『日本婦人』一九四三年一月〜五月)は、傷痍軍人と結婚し、息子を軍人として国家に差し出すヒロインを設定した典型的な国策小説だが、こうしたタイプの小説や美談はこの時期のメディア空間に広く確認することができる。また、『日本婦人』にはそれを推進しようとするメッセージが散見され、「傷痍軍人に良いお嫁さんをお世話し

図2 『日本婦人』(1943年10月)の口絵写真

「白衣の勇士に嫁ぎませう」との文言が付されている。

ませう」と題された座談会では、「お嫁さんになる方は、よほど忍耐強くなければいけません」「親御さんも、娘さんも自分だけ幸福になればい丶、といふやうな考へは捨てて、もつとお国のことを考へて頂きたいと思ひます」といった発言が並ぶ（『日本婦人』一九四三年五月）。一九四三年一〇月には、大日本婦人会総裁の東久邇宮妃聡子が「傷痍軍人と結婚御奨励の御歌」を「下賜」し、それを受けるかたちで、「勇士の方々に相応しい配偶者をお世話申上げ」「力添へを致しますことは、私共大日本婦人会員の一人一人に課せられました大きな務めかと存じます」（山内禎子）、「私ども日本の女は、もはや自由主義的な、享楽的な結婚観は一掃しなければならぬのです」（九頭龍千代）という言葉が重ねられていく。

他方で、「大陸の花嫁」という選択肢も賞揚される。一九三八年に満蒙開拓青少年義勇軍制度が採用されると、女性たちにも「大陸の花嫁」としての満州移住が奨励されることになり、「大陸の花嫁」養成施設が各地に続々と開設されていった。花嫁斡旋に尽力する女性を紹介した記事では、「大陸北辺の沃野に聖鍬をふるふ開拓義勇軍の若き尖兵達も、結婚適齢期に達した。延びゆく国力の礎きづく大切な使命も、花嫁がなければ失敗に終ると、本会では花嫁斡旋に努めてゐる」「満州開拓の重要さを知りませう」といったフレーズが見られる（「日本一！　拓土の母冨樫さん　大陸の花嫁百二十人」『日本婦人』一九四四年四月）。

報国結婚の枠ぐみには、個人的な結婚、自由主義的な結婚、享楽的な結婚を選択することを批判し、禁じるメッセージが含まれている。あくまでも国家のための結婚であり、恋愛もまた否定されている。恋愛や結婚の主体となる女性の意思や、女性の性的魅力の発現も禁止されている。

それに加えて重要なのは、この時期のメディアにおいて、性をめぐる情報が時局にそぐわない、不健全なものとして排除されていくことだ。一九三八年、内務省は「婦人雑誌に対する取締方針」を出す。恋愛や性をめぐる物語、相談記事や告白、婦人病や性病をめぐる売薬広告は、すべて規制の対象となり、女性の生身のセクシュアリティを記述する表現は、言説のなかから消えていく（石田あゆう『戦時婦人雑誌の広告メディア論』前掲）。つまり、セクシュアリティをめぐる表現のなかで、個人の意思や行為遂行性も、女性の身体性それ自体も、風俗を害し、国民精神に悪影響を与えるものとして、不可視にされていくのである。

## 3　戦時性暴力から考える「公娼」と「慰安婦」のあいだ

このように、理想化される女性の美や、セクシュアリティの規範からは、生身の身体性が消去され、性をめぐる自由も、性的快楽も禁じられる。そして、規範からの逸脱は、男性を誘惑する敵国女性の娼婦的イメージ、日本的な健康美の対岸にある西洋的な官能美、日本軍が駐在する現地で性を売買する「不道徳」な娼婦たちの表象を通じて現れてくる。

日本の女性の理想的な姿、すなわち一般女性の規範からはみ出すものとして、境界の外側に位置づけられ、それを代表させられているのが、公娼制度下の娼妓たちであり、従軍を強いられ慰安婦とされた女性たちである。公式的な図式において、理想的な規範の中にいる軍人の母や健康美人と、娼妓や慰安婦とは、対極的なものとして分断されている。しかしながら、娼妓や慰安婦のセクシュアリティは、軍人の母や健康美人と同じように、戦争と軍事主義が女性ジェンダーに要求する「女らしさ」の重要な役割にほかならない。

藤目ゆきは、近代の公娼制度が、軍隊慰安婦と性病管理を基軸とした国家管理売春の体系であり、軍隊建設の利益と結合して誕生したものだと述べている（『性の歴史学』一九九七年、不二出版）。そもそも軍の駐屯地の建設は、遊廓の新設や拡大と不可分だったのであり、大日本帝国は植民地にも次々と公娼制度を導入した。植民地都市には、神社と遊廓が必ず作られたという。日本の軍隊慰安所制度は一九三二年が開始の年とされるのが定説だが、慰安婦の動員は公娼制度を下敷きとして拡大されていった。地域や時期によって慰安所と公娼制の境界は曖昧だが、植民地や戦地にあってはグレーゾーンが多くなる（宋連玉・金栄編『軍隊と性暴力』二〇一〇年、現代史料出版）。

慰安所は、兵士のレイプ禁止、性病予防、軍の機密管理などを目的として設置されたが、つとに諸研究で明らかにされているように、実際にはレイプ防止の機能は果たさず、性暴力を誘発し、性病を広める悪循環を生み出す（髙良沙哉『「慰安婦」問題と戦時性暴力』二〇一五年、法律文化社）。戦場のレイプと戦場の売買春の間には想像上の境界線が引かれているが、実は両者は地続きなのであり、女性のセクシュアリティは男性に従属する対象、暴力の対象と措定される。

さらにいえば、軍隊は平時における性暴力を下敷きとして構造化されている。戦場のレイプも売買春も、戦時性暴力の具体的事象だが、いずれも、家父長制度に基づく男性同士のホモソーシャルな連帯と女性嫌悪とを基軸としている。そこには男性同士の理解によるホモソーシャルな回路が組み込まれており、たとえば戦場でのレイプや売買春を共有することが軍人同士の絆を強めるといった、男同士の連帯に基づくコミュニケーションには、女性のセクシュアリティを暴力的に支配しても構わないという、性暴力を肯定する女性嫌悪が前提とされている。女性身体は母性のイメージを介してネーションと結びつけられているので、戦時において、敵国の女性を傷つけることは敵の文化を傷つけることになり、自国の女性が傷つけられるときには、自らの国家が屈辱を受けるという意味になるのだ。

構造的にいえば、女性のすべてが性暴力の被害者になりうる可能性があるのだが、そのことは非常に見えにくく、また、暴力を受ける女性のセクシュアリティは、境界の外側に排除されてしまう。境界の内側に視点を定めてしまうと、外側への想像力は働きにくくなり、性規範の境界線がもつ暴力を考えることは難しくなる。

一九三〇年代の廃娼運動のなかには、こうした問題が明瞭に現れているといえそうだ。この時期、日本の廃娼運動の当事者たちは公娼制廃止が目前に迫っているという認識を持つに至っていた。そのため、廃娼運動は純潔報国運動へと転換していったという。だが、視点を転じれば、まさに国外の軍隊駐屯地では、女性の動員が整備され慰安所が拡大されていた。戦地を視察に訪れた廃娼運動の女性活動家たちは、まちがいなくそれを目撃していただろう。だが、それを批判的にとらえる視線は共有されなかった。むしろ純潔報国運動においては、日本軍の性病予防の国策樹立、性病から日本軍を防衛することが政策機軸とされていたのだった。植民地における公娼制や軍隊慰安所制度に対して、沈黙が貫かれてしまったのである（藤目ゆき『性の政治学』前掲）。そもそも廃娼運動の論理のなかに、娼妓を国家にとっての「恥」とみなす賤業観が存在していたこととともかかわるが、娼婦を「性病をもたらす存在」とみなして差別する視線は、家父長制によって管理された家の外側にいる娼婦たち、植民地や戦地という外部にいる女性たちを例外化し、軍事主義の要求する、女性を分断する境界線を補強する危うさを抱えもっていた。
廃娼活動家だけではなく、植民地や戦地に視察に行き、あるいは従軍した女性たちが、性暴力の構造に触れる一瞬は、それぞれにあったことと想像される。当然視して言及しないという姿勢、または暗黙の前提とみなす発言、沈黙して書かないという選択など、さまざまなケースがあるが、南方に従軍した作家の小山いと子は、『日本婦人』に次のような興味深い記事を寄せている。

着物を着て街を歩いてゐたら、「白昼日本の着物を着て歩いてはいけない。特殊の女とまちがへられるから、国辱である。」といふ意味の忠告を受けた。日本の女が日本の着物を着て日本の占領地帯を歩いてなぜいけないのであらうと考えて見たが解らない。（中略）
傍をマレーの女はサロンを穿き、印度の女はゆるやかなサリを着け、支那の女は花模様のヅボンに軽げな上衣といふそれ〴〵自分たちの服装で思ふことなげにさつさと歩いてゆく。（中略）
それから幾日か経つて同じ街で三人の和服を着た日本の女に行き合つた。妙にみにくゝ見えたので私は立ちどまり、つくづくと眺めてみたが、やつぱりどうひいき目に見ても美しくなかつた。
日本の着物が美しく見えないことは天津や北京でも経験したことを思出した。
なるほどと思つたが、何かまだわからないものが残つてるやうな気がする。以上、たゞあるがまゝを書きしるした。わざと何の批判も意見も感想もさしひかへた。問題はどこにあるのか。世の識者の方々に俟つ。（「南方通信（昭南にて）陸軍省検閲済」『日本婦人』一九四三年三月）

軍部からの「忠告」が、従軍女性作家と「特殊の女」たちを切り分ける。女性作家の目は、それに倣うかのように、女たちを切断していく。占領された土地にいる、現地の女たちと、占領する男に守られる日本の女。従軍する特権をもった女と、現地にいる「特殊の女」。ここでは、「日本の着物」という記号を通して、占領地帯の日常を支える異様さが問われていることに留意したい。日本の女が、占領地帯で、日本の着物を着て女性らしさを表現することは、性に従事する女だという徴を附与されることだ。その基準を吸収させられてしまった「私」には、「日本の着物が美しく見えない」。

軍事主義の要求する規範の内部に身を置くことで、一定の利益を得ることができた女性たちもいただろう。そうした女性の一人である「私」は、「なるほど」と思ってその秩序の内側に身を置くが、「何かまだわからないもの」があることを書き記す。「なぜ」という問い、「わからない」という感覚は、不十分ではあるものの、規範からはみ出すものを想像する第一歩にほかならない。

「国辱」は女性ジェンダー化されている。女性の美やセクシュアリティは、分断されて利用されている。「私」は女である。「マレーの女」は、「印度の女」は、「支那の女」は、「私」をどう眺め返したのだろうか。「和服を着た日本の女」の視界のなかに「私」は存在しただろうか。性的なイメージは、なぜ女性に代表させられるのだろうか。こうした問いをもちながら、ジェンダーとセクシュアリティの境界に目を凝らすことによって、現在を縛る暴力の連鎖を考察するための出発点が開かれるはずだ。

# Ⅲ　モダン都市の女子高等教育機関

# 東京女子高等師範学校

芳賀祥子

東京女子高等師範学校（現お茶の水女子大学）は、官立の女子高等教育機関として、女子教育の中核を担ってきた。名前の通り「師範」となること、つまり、女子教育の担い手を育てることが大きな目的だったが、それのみならず女性が高等教育を受ける場としての機能を果たしてきたたと言える。

その始まりは、一八七五年の東京女子師範学校の開校にさかのぼる。

一八七二年に学制が敷かれ、男女問わず国民として教育するという方向性が示されても、女子教育不要との見方は根強く、女子の就学率は非常に低いままだった。そこで、まずは女性の教員を養成すべく、一八七四年に設立の布達が出され、翌年一一月、東京市本郷区湯島に開校、皇后の行啓を仰いで開校式が行われた。翌月、皇后から「みがかずば玉もかがみもなにかせん　学びの道もかくこそありけれ」という歌が送られると、譜がつき、以後、校歌として今にいたるまで愛唱されてゆく。学びの道で切磋琢磨する女性を、「玉」「かがみ」に喩えてことほぐ歌は、女子教育への期待と励ましを感じさせる。

『お茶の水女子大学百年史』（一九八四年、非売品）は、この設立の過程について、「女子のための特別の学校という存在」も「師範学校という」「目的と形態も」「舶来品に近いもの」であり、「そういう意味では、この学校は、維新政府が外国から日本社会の教育体系のなかに持ち込んできた、二重の意味で斬新な学校であった」として、「維新政府の文教政策の先行投資事業としての性格」「パイオニア的性格」を指摘している。この、「パイオニア的」な官立であるということ、つまり国によって先進的につくられた教育機関であるという点は、国家と女子教育の葛藤を反映して、この後も、複雑な経路をたどることとなる。

例えば、創設期は、初代校長・中村正直のもと、必ず

関東大震災の後の一九三六年、お茶の水から現在の大塚に移転した。写真は移転直後、正門から本館を写したもの

しも教員になる義務は課せられず、女性は無知でいいとする封建的な思想に対抗して、女性が教養を持つことを重視していたのに対し、二代目の校長・福羽美静になると、「国粋主義」的な色合いを深める（前掲、『百年史』）。この方針の変更について、初代の卒業生を母に持つ山川菊栄は『おんな二代の記』（一九七二年、平凡社東洋文庫）で、「初期には後年の師範学校よりははるかに自由な空気にとんでいた」、「きのうまでの「男女同権」、「独立自主」のスローガンは「女は女らしく」ときりかえられ、『西国立志編』は『女大学』に変り、生徒に小倉袴をぬがせて大きな帯をしょわせ、高島田、薄化粧で礼式のけいこをさせるようになり、創立当時の趣意とは逆の方向に楫がとられました。」と述べている。男性の学問は国家のために何ら問題ないとみなされるが、女性が国費を使って学問をするとなると、男性と同じ活躍ではなく、「国家が求める〈女〉の範疇で」というダブルスタンダードが働き、教育方針は揺れ動いていく。「良妻賢母」という言葉に現れているように、国家の想定する〈女〉に求められるのは、良識を持ってよりよい次世代を育てることであり、官学が目指す、学問による立身出世や自立とは自ずから軋みが生じるのである。

さらに組織の上でも改変が繰り返される。一八八五年、東京女子師範学校は、東京師範学校と合併し、「東京師範学校女子部」となる。この結果、他府県の尋常師範学校より一段高い「女子高等師範学校」となり、より強く教員養成制度の中に組み込まれていく。服装も、国粋主義時代から一転、鹿鳴館時代を反映して洋装となり、ダンスの練習も行われるようになった。そして、一八九〇年、高等師範学校から女子部が分離されて、「女子高等師範学校」が設立される。官立の制度の中で唯一、高等女子教育を受けられる場となったため、学問研究や専門職を志す生徒も、ここへ集まってくるようになった。一九〇八年、奈良女子高等師範学校が設立されるとともに、名称はもう一度変わり、ここでようやくこの項目の名前である「東京女子高等師範学校」となる。このような名称の紆余曲折にも、国家の女子教育の位置づけをめぐる軋轢が見られると言える。

かくして、東京女子高等師範学校は、女性への堅実な学問の機会を保証する場として一定の役割を果たすとともに、「官立」という微妙な立場の中で、国家の期待する女性像に応えようとするという、ある意味で難しい位置におかれてゆくことになる。

官学の中で、「男並」の学問をしようとする女性たちは、固くて真面目というステレオタイプなイメージで語られることもしばしばだった。例えば、『むらさき』が発刊していたのと同時期に、雑誌『婦人公論』で連載し書籍化した神崎清『女学校ものがたり』（一九三九年、山崎書店）を見ると、当時の主な女学校の筆頭として「東京女子高等師範学校」が出てくる。「校風は堅実を少し通り越してロマンスめいたものは一切厳禁」「ことほど左様に、今日ではお茶の水タイプと称する、石膏で固めたやうな型が出来上がつてゐる」と語られ、「この既成概念のために、お茶の水の人たちは、どれほど損をしてゐるかわからない」とも述べられている。

そのような学問する女性に対する揶揄と敬遠にも負けず、多くの卒業生は教師となり、次代の女性教育を担っていった。中には、研究者、医者など、より専門的な知識を探求していく女性もいた。

初期の学校の様子を知る上で欠かせないのが、初代卒業生の青山千世であろう。彼女の在学時の様子は、娘の女性運動家・評論家の山川菊栄によって、『おんな二代の記』（前掲）の中に活写されており、当時の女性たちと学問への期待が伺える。

また一八七九年卒の荻野ぎんは、日本の女性で最初に医者となった人である。師範学校卒業後、医学校に入学し、たった一人の女性として学問を積んだものの、開業試験を受ける段になって女性であることを理由に却下されてしまう。彼女は古書を調べてその中に「女医」の制度があることを盾に内務省を動かし、ついに一八八五年、三四歳で開業免状を取得、婦人科医院を開業した。

教育の分野においては、安井てつが筆頭と言える。安井は、一八九〇年の卒業後、母校や岩手の師範学校で教えた後、イギリスへ留学し、帰国後母校で教授となる。その後、バンコクの皇后女学校教育主任などをへて、東京女子大学の学長に就任、進歩的な教育観で、女子高等教育の発展に尽くした。また、同様に母校の教授となった保井コノは、一九一四年科学分野で初の官費女子留学生としてアメリカに留学、一九二七年に理学博士の学位を授けられて、女性理学博士第一号となり、植物学者として研究を重ねた。保井に続いて、植物色素を研究した黒田チカ、緑茶の化学成分などを研究して女性農学博士一号となった辻村みちよ、吸収スペクトルによる化学研究の加藤セチなど、理学博士が次々に生まれている。

菅聡子『女が国家を裏切るとき――女学生、一葉、吉屋信子』（二〇一一年、岩波書店）は、このような女性たちを参照しつつ、「良妻賢母の枠を大きく逸脱した、すぐれた教育者・研究者が数多く輩出されたこともまた事実である」として「私的領域においてはしばしば制度から逸脱し、一方公的領域において制度に寄与する、二重の存在様態」を指摘する。

女性たちは、制度の要求の中でよく学び、校歌にあるような、「玉」「かがみ」としてみがきあいながら、何を映し反射していくべきか、いつの時代も自他に問い続けたのである。

# 津田英学塾——戦時下の英語教育

滝上裕子

津田英学塾は、女子英学塾を前身として一九三三（昭和八）年に設立された。東京府北多摩郡小平村に開校された同校は、女子英学塾の教育理念を色濃く受け継ぎ、一九四三年に津田塾専門学校に改称された。

女子英学塾の創立者・津田梅子（一八六四～一九二九年）は、一八七一（明治四）年に大山捨松などと共に日本最初の女子留学生として渡米し、小学校教育を受け、キリスト教の洗礼も受けた。女子大学の設立など女子高等教育の整備が進んでいたアメリカで、津田は一八八二（明治一五）年にワシントンのアーチャー・インスティテュートを卒業し帰国する。日本女性の地位向上と高等教育の必要性を感じ、華族女学校で英語を教えていたが、一八八九（明治二二）年に再渡米し、ブリンマーカレッジで生物学を、その間にニューヨーク州オスウィーゴー師範学校で教授法を学ぶ。帰国後、華族女学校と女子高等師範学校教授を兼任したが辞任し、一九〇〇年七月、女子英学塾を設立し、九月に授業を開始した。この背景には、前年の高等女学校令と私立学校令公布により、私立学校の増設とその教員養成のための女子高等教育機関の必要性が増したという社会要請がある。同校は、婦人運動家として知られる山川菊栄や神近市子などを輩出した。

キリスト教主義が定款に記されたが、津田は教育と布教は別と考え教派も問わなかった（亀田帛子『津田梅子』二〇〇五年三月、双文社出版）。また、「婦人問題」については論争の渦中に入っていくことには慎重で、女子英学塾の運営から身を引いた時期に「婦人参政権」に賛同する意思を表明している（高橋裕子「津多梅子と『婦人参政権』」『家族と教育』二〇一一年一二月、明石書店）。これらは津田の教育機関代表への考えがうかがえる。

「私立女子英学塾規則」（一九〇〇年七月二六日認可）趣旨には「第一条　本塾は婦人の英学を専修せんとする

者並に英語教員を志望する者に対し必要の学科を教授するを目的とす」とあるように、津田は生徒の個性に従ってそれぞれに教育をするため少人数制にし、英語教師の免許状を得ようと望む人々のための確かな指導を行うことを方針とした。加えて、英語の専門家となるにしても他の事柄にも広く考えをもつ「完き婦人即ち all-round women」であることを心掛けねばならないとし、以後この理念は長く受け継がれていく。新時代に生きる女性の新しい「教養」教育は、「全体としてみれば、高等女学校教育を支配した良妻賢母主義が、「人格」教育という新しい装いをまとって高等教育段階にもちこまれた」（天野正子『女子高等教育の座標』一九八六年一一月、垣内出版）が、津田の開校には、夫の存在に関わらず自立した女性として男性と対等に社会に出ることを目的としているという独自性があった。

一九〇三（明治三六）年、専門学校例が公布されると、女子英学塾はすぐに認可を申請し、翌年三月一七日付けで認可を得る。さらに同年五月一一日、教員無試験検定の許可を願い出て、翌年九月一〇日付で英語科教員無試験検定の許可を得た。女子の学校としては初めての特典で、「一九年間、津田塾の独占」（『津田塾大学一〇〇年史』二〇〇三年、津田塾大学）だった。職業技能として英語教員の育成が実際に進んでいたことがわかる。

授業で用いる英語教材の新たな制作も進んだ。“Girls' New Taisho Readers”（津田梅子・熊本謙二郎編著、一九一六年一〇月、東京開成館）は、それまでの輸入した教科書ではなく、日本人による日本人の英学者が詳しく学べるための教科書で、その後の英語中等教育教科書の原型となった。また、津田の後を継ぎ塾長に就任した星野あいを顧問に女学校教員経験者たちによって“Tsuda English Readers”（一九三一年一〇月、三省堂）が出版され、全国や朝鮮に広まり版を重ねた。

卒業生は教員無試験検定により同塾が願い出をして許可を得ていたが、この頃から思想問題も問われることとなった。英語教員にふさわしい者として、同塾が二七回卒（一九二九年）の卒業生名簿を一括提出したところ、警視庁調査に基づく報告により何名か照会を求められた。その結果、数名の学生の許可がおりなかった。非合法であった共産党に少しでも関心や関係がある者が教員となるのはとんでもないことだ、と考えられたためだ。これを初めとして、教員無試験検定の願い出には学生一人ずつの性行調査書の提出を要求され、教員一同が苦労をして作成に当たった（星野あい『小伝』一九九〇年、大空社）。

津田梅子の逝去後、一九三三（昭和八）年に星野あいを塾長として津田英学塾が開校する。同校は、ハンセン病療養医療所での勤務でも知られる精神科医の神谷美恵子や、『思想の科学』創刊など社会哲学者として知られる鶴見和子などを輩出した。津田英学塾では次の三点を要点として学則が改正された。（『会報』第39号、一九三四年八月）

一、時代の要求に留意し、学科内容を変更せし事。
二、英語、英文学の授業時数を増加し、又授業日数を増して、教授の徹底を期し、学生の実力増進を図りし事。
三、選科を廃して、本塾卒業生は悉く本科卒業生となす事。（後略）

英語、英文学の授業時数増加に併せて、当時の政府による教科運動、国体明徴運動を教科に反映させることを盛り込むこととし、国民道徳（一年次）・東洋倫理（三年次）が新設された。さらに、随意科目として従来のフランス語の他に、商業英語とタイプライティングが追加された。これは、女子の職業分野が拡がる一方で「すでに教職関係だけでは卒業生の就職を満足させることはできない就職難の時代だった」（前掲『一〇〇年史』）背景がある。

タイプライティング授業風景（津田塾大学所蔵）

戦時下、多くの女子専門学校で「教練」が授業時間割にくみこまれたが、同校では体育もなぎなた、建国体操ではなく、テニス、ホッケーが教えられるなど（江尻美穂子「津田塾大学」、『大学体育』vol. 21、一九九四）、保健や人間性の尊重を基盤においた教育が守られようとしたが、時勢は同校に厳しいものとなった。

創立四〇周年式辞（『会報』第50号、一九四〇年一二月）で星野あいは「断じて徒らに排外思想、独善主義に堕してはならない」とし、将来日本が世界的指導者の地位にあった時に「英語教育もその重要性を増して来る事」を信じると述べ、微妙で厳しい立場を滲ませている。また、教員として高等女学校で勤める卒業生が「『ところでその英語は何の為に勉強するのでせう』と生徒に問うと「ハイ、敵性国家イギリスの国状をさぐるためにです」と答へられ、さても恐ろしい世の中とはなったものです。この可愛い国民学校の優等生たちは、このやうな偏狭な愛国心をオカッパ頭につめ込んで女学校へやって来たのでせうか」（『会報』第52号、一九四一年一二月）と、英語教育に携わる複雑な状況を伝えている。

英語を使えることは、内務省、海軍省、陸軍経理学校などで仕事の要があったが、敵国語として排斥される風潮が強くなった。一九四二（昭和一七）年、文部省は高等女学校の英語教育を随意科目とし、授業時数を大幅に減らして週三時間以内と定めた。また、創立期から尽力していたアナ・ハーツホン等、アメリカ人、カナダ人教員の多くは日本を離れ戻ることが出来なかった。一九四三（昭和一八）年、理科（数学科・物理化学科）が増設され、津田英学塾は津田塾専門学校に改称され、予科・本科は英文学科となった。理系学科の増設は同校の存続発展のため時流をみたものだったといえる。

敗戦後、星野あいは内閣に設置された教育刷新委員会委員に推挙され教育の建直しに尽力し、戦中から念願であった女子大学の津田塾大学へと教育の発展を図り進めていくこととなる。社会進出のために、国際的な視野をもち職業を得、自立して社会へ出て行くための教育が改めて必要とされる時代であった。

# 日本女子大学校
## ――「総合大学」の設立を目指して

高野晴代

二〇〇六年まで二〇年間にわたって、新宿にある「市川房枝記念館」の古典文学講座の担当であった。ある時、長い間聞いてくださった受講生の方が、「新宿に来るのが、大変になりました。来月でやめます。それで私の「宝物」を先生に来月差し上げます。大事にしてくださいね」と仰った。いただいたものは『むらさき』五冊分をきちんと製本したものだった。第七巻の年の五冊とすると、一九四〇年刊にあたり、そんな時だからこそ「古典名作鑑賞」などを一心に読んでいらしたのだと思われる。当時の学びたいと思う女性たちにとって『むらさき』がどんなに大切な本であったか、察するに余りあるものがあろう。

その『むらさき』の創刊号（別冊から数えると第二号）には、「日本女子大学図書館訪問記」が収載されている。

> 如月とはいへ日ざしも麗かな一日、目白台なる日本女子大学の図書館に弘田由己子先生をお訪ねいたしました。

と始まるこの訪問記であるが、『むらさき』の記者を迎えたのが、国文科教授であり図書館の責任者であった弘田由己子だった。訪問記は図書館について「コンクリートの真新しいモダンな校舎」にあり、その校舎は「新館」と呼ばれ、「新館の中心に中央図書部とて四室の書庫と大閲覧室からなり、その他各科各部に専門図書をお揃へになっていらっしゃるさうでございます」と書かれている。新館とは今もなお使用されている「樟渓館」のことだが、それについて、弘田は次のように述べたと記載されている。

「独立した図書館の建物がまだ出来ませんので、人

> と本とストーブの三つ同居してゐて」と微笑遊していらっしゃいますが（略）

ここには、独立した図書館の建設計画があることが示されている。これこそが創立者成瀬仁蔵が望んだ女子「総合大学」にかかわることであり、「独立した図書館」は総合大学には必須の施設だったのである。

日本女子大学は一九〇一年目白の地に創立され、当初からカレッジではなくユニバーシティを目指していた。しかし当時は男子の国立大学のみが「大学」であり、私立は男子の高等教育機関であっても大学を称することはできず、法的に私立の大学が許されたのは一九一八年であった（『日本女子大学学園事典』二〇〇〇年）。一九二六年二月の『婦女新聞』（『日本女子大学史資料集第七』より引用）の社説「文部省と女子大学」では次のように記している。

> 目白の日本女子大学校、荻窪の東京女子大学は、共に名称こそ大学であるが、文部省の法規のうえでは専門学校として扱はれているのである。両校の当事者は、之を大学令による真の大学たらしめようと努力し、東京女子大学は、すでに年限を五年とし、内二年を大学予科、三年を本科としているから、男子の七年制高等学校を経て帝国大学を卒業するものと同一の年限を費やさなければ、卒業することはできない。（略）日本女子大学校は、大正八年故成瀬校長永眠の際の遺言により、桜楓会（注・日本女子大学卒業生団体）員が一致して基本金の募集に着手し、先ず家政大学を開始しやうというので、猛烈なる運動を起して準備を進めている。

男子の大学との年限の一致やまずは資金面の援助というように、両大学は、大学昇格のための運動を進めていった。

『むらさき』の記者が訪れたのは、この一九二六年に竣工した「新館」であり、桜楓会が集めた基金を中心に建てられた総合大学の予科である高等学部の建物であった。一九二七年高等学部は開校したが、文部省は大学令の適用を認めることはなく、専門学校令の下での設立許可による開校と言える。一九三〇年には高等学部の卒業生が入学できる大学本科が開校、この訪問記が書かれた一九三四年には第二回の卒業式が行われるものの、二年後一九三六年には四回生で打ち切られた本科の最後の卒業式が記録されている。多くの女子専門学校と昇格についての運動を行なったが、結局文部省は「女子大学」を承認することはなかった。加えて財政面、学制変更の問題などが浮上したこともあり、本科は四回生で終わっている。その後厳しい戦時下であっても、総合大学へのさまざまな努力は続けられ、当該の高等学部や本科の卒業生のその後の活躍と「大学の体制をとるに応じて整えられた研究態勢や設備や図書などは、第2次世界大戦後に大学昇格を果たす際にただちに役立つことになった」(『日本女子大学学園事典』)と言えよう。

『むらさき』の記者は、さらに次のような指摘をしている。

こちらの図書貸出の制度は、御創立以来の自治の精神に基き、「自由検索」Free access とて学生が自由に書庫に入り希望のものを選択して借りて行ける由、その期間も学生間の申合せにて一週間と定められ何事も自治の上にたっての事との仰せ、美しい事と思ひました。

これは、いわゆる開架式の図書館を示すが、日本女子大学図書館ではそれを守り続け、現在も開架方式を採っている。また「御創立以来の自治の精神」とは、創立者による、学生自ら考えて行動するという意識であり、その考えを踏まえて、取材当時学生による学校行事(運動会・遠足など)の運営、また寮についても自治組織によって管理する自治寮が誕生した。しかし、一九四〇年には自治活動が、戦時体制を取る中「日本女子大学報国団」を結成していることも記載されている(『日本女子

「新館」内に設けられた中央図書館

大学校四拾年史』一九四二年）。

また『むらさき』の記者は、次のように続けて書いている。

図書の購入も学生自身醵出分と図書館支出の分とある由にて、早く紫式部学会もかういふ制度の図書館を持ちたいと、お話伺ひつゝ心中に望みました。

この図書購入の方式について、『家庭週報』（桜楓会発行の機関誌）が一九二七年六月一〇日付け発行誌に、「私たちの図書室（日本女子大学高等学部新館の一室）」として写真と共に詳細に記述している。

図書購入の方法については学校から購入するものは別であるが、学生図書費から購入するものはすべて学生の希望による事になってゐる。一応各科の専門の先生にご相談することになってゐる。また私共の気付かない図書を先生からおしえていただいて必要と認めるなら購入することになってゐる。これは各科四年の図書係から代表者を一名宛出して学生側の意志を代表せしめる（略）規約　一、購入希望の図書は投書箱へ投書すること（著者書名発行所定価等そなへ付の紙にご記入の上））」

ここには、自治の精神の上に、良書を学生と共に揃え、図書室の充実を図り、「総合大学」設立に向かって進む教員、学生たちの意気込みを感じることができよう。「日本女子大学図書館訪問記」は、日本女子大学のひいては女子大学が当時置かれた状況を具体的に呼び起こしてくれたのである。

# 奈良女子高等師範学校
## ——教室の内外で「婦徳ノ修養」を目指した学校

塚本飛鳥

中等教育の拡充により女子中等教育学校教員の需要が高まったことを受け、一九〇八年に奈良女子高等師範学校は設立された。東京女子高等師範学校に次ぐ第二の官立女子高等師範学校であるが、その制度は高等師範学校を踏襲したものである。学科は予科四か月、本科三年八か月に分けられ、本科に国語漢文部、地理歴史部、数物化学部、博物家事部の四部が置かれた。奈良女子大学へと引き継がれ廃止となる一九五二年まで、女子の最高学府のひとつとして多くの女子教員を育成し、教育学者の荘司雅子、国文学者の清水好子、画家の小倉遊亀などを輩出した。奈良女子高等師範学校はどのような方針のもと、いかにして人材を育成していたのであろうか。当時の様子は、奈良女子大学学術情報センターが公開している「奈良女子大学校史関係史料」からうかがうことができる。

「会議録」によると、一九〇九年四月二六日の教官会議において、野尻精一初代校長は次のような訓示を行っている。

> 本校ノ目的ハ本校規則ニ示ス如ク女子ニ高等師範教育ヲ施スノミナラズ普通教育ヲ研究スルコトモ亦其目的トスル所ナレバ常ニ此等ノ點ニ留意アリタシ教育ノ方針ニ付テハ生徒ノ学力技芸ノ発達ヲ図ルハ勿論ナレドモ婦徳ヲ養成スルコトモ各位ノ重ナル責任ノ一ナレハ単ニ学術技芸ノ教授ヲ以テ教授ノ任務了レリトセス日常婦徳ノ養成ヲ計ラルル様希望ス又学術技芸ヲ教授スル上ニ於テハ単ニ之ヲ注入スルニ止マラス常ニ生徒ヲシテ研究ノ態度ヲ取ラシメ種々ノ方面ニ応用スルノ工夫ヲ為サシムル様誘導アリタシ

この創設当初の訓示からは、教員の育成を目指すと同時に、普通教育の研究に力を入れることを学校の目的とし、生徒に対しては婦徳を養成することを重要な方針としていたことがわかる。とくに、婦徳を養成することについては、「生徒心得」にも「一　本校生徒ハ常ニ婦徳ノ修養ヲ務メ勤労ノ習慣ヲ養ヒ家事ヲ実習シ以テ本邦婦人ノ典型タランコトヲ期スベシ」と明記され、生徒も意識して努めるよう求められた。一見、教員として社会に働く女性の育成と「本邦婦女ノ典型」を目指すことは相反する方針のように思われるかもしれない。しかしこれは当時の文部省が高等女学校において良妻賢母主義教育を求めていたためであり、高等女学校で教える教員を育てる女子高等師範学校では「婦徳ノ修養」に努めることが必要だったのである。

　この「婦徳ノ修養」は、奈良女子高等師範学校の特徴的カリキュラムを見るとよく意識されていたことが分かる。そのひとつが薙刀の教育である。奈良女子高等師範学校における薙刀教育については江刺正吾編『体操・薙刀からスポーツへ戦前の女子高等教育機関における身体教育』（二〇〇三年、道和書院）に詳しいが、今の体育に当たる体操の時間数は東京女子師範学校と比べても多く、厳しい寒稽古が行われていた。奈良女子高等師範学校では、赴任先の高等女学校での指導のため、そして「婦徳ノ修養」の精神鍛錬のために重要視されていたようである。ほかにも特徴的なカリキュラムに修学旅行がある。一九〇九年七月三日の「東京朝日新聞」朝刊の「奈良女子高師の特色」という記事では、「奈良は名所舊蹟に富み歴史上見るべき所多く又地理研究の材料として隔週一回教授と共に各生徒をして野外旅行をなさしめ居れる」と紹介されている。

奈良女子高等師範学校の授業の様子（「讀賣新聞」1921年1月15日朝刊）
割烹着を着た家事科の生徒が、絞り染めの実習を行っている。

日帰りのものから半月以上にわたるものまで実施され、ときには中国四国地方や東海地方、一九四〇年前後になると朝鮮や満州へも赴いている。四年次に東京へ旅行することが恒例となっており、一九一三年一〇月の「第二期生東京方面修学旅行記録」によると、二〇日間の行程のなかで皇居や乃木邸、帝国劇場、各大学や師範学校、省庁などを訪れている。なかでも文部省では田所学務局長から婦徳を修め国民道徳に尽くすべく努力するよう訓示を受けている。この文部省への訪問は恒例となったようで、年によっては文部大臣から同様の訓示を聞いている。また、東京女子高等師範学校も毎年訪れており、同じ官立女子師範学校として交流を深めていたようである。

寄宿寮についても、カリキュラムと同様に教育方針が反映された特徴的なものであった。当時の高等師範学校はすべて全寮制であったが、生徒に自炊を課していた学校は全国で唯一奈良女子高等師範学校だけであった。戦後に入寮が自由選択となるまで、生徒は必ずこの寮で自炊を行いながら、科や出身地が異なる者で作られたグループで、集団生活を営むこととなっていた。「寄宿寮規則」に「寄宿寮ハ生徒ヲシテ協同和楽ノ中ニ於テ学業ヲ修習シ徳行ヲ練磨シ兼ネテ家事ヲ実習セシム」とあるとおり、寄宿寮ではグループが家族のように「協同和楽」することが目指され、共に自炊を実習することで「婦徳ノ修養」が行われたのである。また、奈良女子大学アジア・ジェンダー文化学研究センター編『奈良女子高等師範学校とアジアの留学生』(二〇一六年、敬文舎)によると、官立学校として唯一設けられた中国人女子留学生のための特設予科制度に所属する留学生についても例外ではなく、寄宿寮で日本式の生活を営むよう定められていたという。授業の中だけではなく教室の外においても、生徒を「本邦婦女ノ典型」とするべく指導を行っていたのである。

一九一四年、東京・奈良の両女子高等師範学校の学科が統一され、文科・理科・家事科と区分することとなった。この新しい学科にはすべて「家事」を課すようになっており、「婦徳ノ修養」に重心をおいた女子教員の養成がますます目指されることとなった。その一方で、初めての卒業生を出す一九一三年には本科研究科が設立された。教員育成だけでなく、研究をも目的とし、生徒にもその力をつけるという方針の通り、女子にも研究者の道をひらくべく設置されたのである。さらに研究雑誌を刊行するなどして奈良女子高等師範学校は大正自由教育における教育研究の先進校となった。奈良女子大学百年史編集委員会『奈良女子大学百年史』（二〇一〇年、奈良女子大学）によると、全国の高等女学校や女子師範学校の校長から、奈良女子高等師範学校に対して、学問としての家事科の振興に関して期待が持たれていたという。

そのような中、文部省主催の女性のための公開講座が大阪で行われ、一九二五年からは奈良女子高等師範学校に委託される形となった。この公開講座「成人教育婦人講座」は、講師を奈良女子高等師範学校内外から招き、数か月にわたって一〇時間前後の講座が開かれるというものであった。第一回の科目を見てみると「思想問題と其の批判」「良き児」「食物の理解と其の応用」「洗濯科学の発達」が設けられている。このように時勢の解説や、時には芸術の鑑賞術などを盛り込んだ多彩な講座は毎回盛況だったようである。この講座は「母の講座」と改称され、一九四三年頃まで毎年続けられた。このように生徒だけでなく学外のさまざまな女性、特に家庭を持つ女性に対する教育をも奈良女子高等師範学校は担ったのである。

以上のように、奈良女子高等師範学校はカリキュラムや寄宿寮などに表れるような特徴的な指導で多くの女性教員を養成し、学外に対しても女性教育の提供を行った。それは官立の学校として、文部省の方針のもと、求められる女性の育成を目指したと言えるが、女子の勉学や研究への道を確かにひらいたのであった。

# 神戸女学院
## ――女子高等教育への挑戦

渋谷百合絵

芳子は町の小学校を卒業するとすぐ、神戸に出て神戸の女学院に入り、其処でハイカラな女学校生活を送った。（略）理想を養うこと、虚栄心の高いこと――こういう傾向をいつとなしに受けて、芳子は明治の女学生の長所と短所とを遺憾なく備えていた。

田山花袋「蒲団」（一九〇七年）のヒロイン横山芳子のモデル岡田美知代は、神戸女学院出身者であった。芳子の華美で独立心、虚栄心の強い性質を神戸女学院の生活に由来するものと見る本作の表現は、学院に向けられた世俗的な視線を前提としているように読める。しかしこうした皮相なイメージに反して、神戸女学院は近代日本における女子高等教育の確立を牽引した学校であった。

神戸女学院は、米国伝道会「アメリカン・ボード」の女性宣教師によって、明治の初年代に創設された女子の寄宿学校である（一八七九［明治一二］年に「英和女学校」、一八九四［明治二七］年に「神戸女学院（Kobe College）」と改称）。アメリカの女権拡張運動の先駆けであり女子大学の元祖である「マウント・ホリヨーク」をモデルに、女子のためのリベラル・アーツ教育を探求していった。例えば一八九一（明治二四）年には小学校卒業後の課程として、予備科二年、本科三年、高等科三年を設け、聖書のほか、予備科では和漢学、英語、数学、図画など、本科では地理、歴史、理化学、博物学、心理学、家政、音楽を教え、

山本通校舎（『神戸女学院八十年史』）

さらに高等科を文科と理科に分けて、和漢学、神学、心理学、音楽等の必修科目の他、文科は英文学、哲学、理財学、理科は理化学、博物学を教えるなど、幅広い総合的な教育が行われた（一九〇六［明治三九］年には音楽科も附設されている）。

このように神戸女学院はその草創期から、男子にも対等に渡り合うことができる、自立した思想を抱く女性の育成をかかげ、明治の良妻賢母教育とは一線を画する教育がなされていたのであった。こうした学院の性格は、キリスト教の伝道のみならず、女子に一流の教育を施す学校の確立をこそ宗教的使命と考えていた、クラークソン、ブラウン、ソール、デフォレストといった歴代院長らの熱意によって培われたものと言えるだろう。

しかし先進的な女子校が独自の地位を獲得していくには、国家権力との関係や世俗的評価、学校運営の面で多くの困難が存在した。

神戸女学院の寄宿生活には厳重な規則があり、服装も自由ではあったが日本的な質素さが理想とされ、「東京の淑女女学校の様に奢侈贅沢の風はない、軽薄な風は少《すこし》もない、一体に地味で外国人の学校のやうではな」（『神戸新聞』一九〇八［明治四一］年三月二日）かった。それにもかかわらず、女子に男子と対等な教育を施す神戸の西洋人の学校ということで世間からは冷ややかな目で見られていたことが、先の「蒲団」の表現に端的に表れている。

また神戸女学院は一八九九（明治三二）年の高等女学校令、私立学校令に際し高等女学校の認可を得る選択もあったが宗教教育及び儀式が禁止されるため、あえて「各種学校」として独自の高等教育を模索する道を選ぶ一方で、国粋主義の風潮に配慮して、和裁や衛生、保育といった家政や生け花、茶の湯などの授業を選択制で行う試みがなされている（谷岡郁子「近代女子高等教育機関の成立と学校デザイン」）。その上で、一九〇九（明治四二）年には五年制の普通部の上に四年制の専門部を設置し、高等女学校、女子専門学校と同等の教育課程に改編した。

一九一九（大正八）年には、第一次世界大戦後の女性の地位向上の機運に乗って、普通部を高等女学部に、専門部を大学部（予科一年・本科三年）に改称し、さらに予科を三年制の高等部に改組して、男子の中学校・高等学校・大学に匹敵する教育課程を確立した。また大学部を第一部と第二部に分け、第二部の卒業生には中等学校英語科教員無試験検定の資格が与えられた（一九二三［大正一二］年）。ただし大学部は英文科のみとなり、かつては英文科と同等の重要な地位にあった理科は第一部の一科目と選択科目に転落し、哲学、数学も選択科目にすぎないものとなった（『神戸女学院八十年史』）。一九二八（昭和三）年には、高等部、大学部、音楽部をすべて専門部に統括し（一九三七［昭和一二］年にはさらに専門部が専門学校と改称された）、高等部に四年で教員無試験検定を受けられる新課程（乙類）を設けたため、従来高等部から大学部まで五年を要した英語科教員無試験資格の取得が三～四年で可能となり、大学部の存在意義が薄れ、学生数の減少を招くこととなった。

神戸女学院は男子に匹敵する高等教育課程を確立し、教員資格に直結する英語教育によって学院の社会的意義を顕示することに成功したが、一方で、草創期の目標であったリベラル・アーツや、大学部自体も弱体化させる結果となったのである。

さらに生徒数拡大によって、一九三三（昭和八）年には西宮市岡田山にキャンパスが移転されたが、このキャンパス移転の資金補塡のために一層の生徒数の拡大が図られ、一九三四（昭和九）年には日中戦争へ向かう国家主義の台頭に沿うかたちで、高等部に二年制の家政科が設けられた。家政科は学院教育の大きな特質であったはずの英語を勉強する必要がなく、華やかなキャンパスで学べるとあって盛況し、一九三九（昭和一四）年には、在籍生徒総数一〇一六名、高等女学部五九四名・高等部三四六名・音楽部六八名・大学部八名で、高等部の半数以上が家政科で、「個人教授で経費のかさむ音楽部や消滅一歩手前の大学部をかかえた学院の財政難はこの家政科の収入である程度緩和された」（『八十年史』）のであった。

一九三七（昭和一二）年には、御真影奉戴が法的に規定されるのに先立って神戸女学院は自発的にこれを拝受し、学院の教育方針を「教育に関する勅語の聖旨を奉戴し、女子に須要なる教育を施し、併せてキリスト教の精神に拠り人格の修養につとむるを以て目的とす」と定めた（一九三九［昭和一四］年）。さらに一九四四（昭和一九）・一九四五年には学院の建物内に軍事工場が移転し、勤労奉仕により授業時間も削減され、報国体制に取り込まれていったのである。

このように神戸女学院は時局に合わせた学校運営を行う反面、日米開戦の直前まで、国際交流事業に尽力したことも見逃してはなるまい。ヘレン・ケラーや海外の著名なキリスト教の指導者を招いて講演会を開催するほか、アメリカの大学と姉妹校関係を結び、交換留学生や、アメリカの日本文化研究者を学院へ招致するなどの活動が行われた。また学院の学生は様々な国際青年会議にも出席し、例えば後に国際基督教大学教授となる武田清子は、一九三九（昭和一四）年にオランダで開催された世界キリスト教青年会議の場において、海外の青年から日本の中国侵略に対し厳しい追及を受けた経験を書き残している（『神戸女学院百年史　各論』）。さらに学院音楽部は、世界的なピアニストとして活躍した小倉末子、芥川賞作家の由起しげ子など、芸術分野においても優れた人材を生み出している。

以上に見てきたように、神戸女学院はアメリカの伝道会が設立した学校として女子のためのリベラル・アーツ教育を模索し、高等教育機関を創り上げた。また学問、教育、芸術の分野においても優れた人材を輩出し、国際交流をアカデミズムの領域で支え続けたのである。だがその陰には、流動する時勢と学院の体制を摺り合わせることで存続をはかってきた苦難の歴史を見ることができる。神戸女学院の歴史は、まさにミッション・スクールが近代日本の女子教育のなかでどのような役割を果たし得たかを体現しているのである。

# 東京女子医学専門学校
## ——六畳一室・生徒四人ではじめた女医教育

小野光絵

その歴史は一九〇〇（明治三三）年一二月五日、麹《こうじ》町《まち》区《く》飯《いい》田町《だまち》（現・千代田区飯田橋）の六畳一室にわずか四名の生徒という、寺子屋のような形で開幕される。

日本の医療の近代化・西洋化は一八七五（明治八）年、医術開業試験の制度に始まる。しかし当初は男性にしか受験資格がなく、荻野吟《おぎのぎん》という女性が根気強く働きかけ、一八八四（明治一七）年にようやく女性も受験が可能となった。荻野は翌年に初の女性医師となる。

そして二七番目の女医として世に出た吉岡彌生《よしおかやよい》（一八七一［明治四］〜一九五九［昭和三四］年）は、「東京女医学校」→「東京女子医学専門学校」→「東京女子医科大学」と発展する女子教育機関を立ち上げ、細く開かれた女医への扉を大きく開け放つのである。

その最大のきっかけとなったのは、彌生の母校である済生学舎《さいせいがくしゃ》が、一九〇〇（明治三三）年九月に女子の入学を中止したことである。そこは当時、女性の入学を受け入れていた唯一の医学校であった。彌生の入学時には約五〇〇名中一五、六名ほどであったという女子学生が、七〇名ほどにまで増加していた頃だが、男子学生による女子学生へのつきまとい・交際強要が相次ぎ、風紀が乱れているという悪評が立ったので、学校側は女子生徒排除に踏み切ったという。当時は、女性の医師など不要であるという世相でもあった。

医師を目指す女性にとって時代はまさに逆風であり、彌生は学生時代から、女子学生が学問に集中しにくい環境を問題視していた。クリニック室での臨床講義の記憶を次のように回想している。「（演習の順番が回ってきて、女子学生が先生から）呼ばれても、出て行く者は唯《ただ》自分一人でした。これは多くの男性間を押分けて行くので、行く丈《だけ》でさえ容易でないのに、先生から訊ねられた時へまな答えでもしようものなら、散々冷やかされるので、それを恐れて躊躇《ちゅうちょ》するのでありました」（「女医界」一

三六号〜一四〇号）

行き場を失った女子医学生を救済し、安心して学業に専念できる環境を作りたい――彌生は情熱のままに、わずか三ヵ月で「東京女医学校」を立ち上げた。とはいえその最初期は、自身が経営する東京《とうきょう》至誠《しせい》医院《いいん》の中の一室に生徒四名という小さな学校である。二度の移転を経て、生徒が三三名にまで増えた頃、最大の試練が訪れる。一九〇六（明治三九）年公布の医師法により、一九一四（明治四七［大正三］年までに医学専門学校に昇格するか、もしくは廃校かという選択を迫られる。本校は小規模かつ経営が苦しく、頭蓋骨の標本が一つ、顕微鏡が一つ、試験管が十数本という貧弱な設備（『吉岡弥生伝』）だった。文部省が本校に提示した条件は、付属病院を作り、各科別々の診療所を設置すること・一学年一〇〇人に対し二五人の患者を置くこと・各学年に毎年二五体の解剖用屍体を確保するなどの内容で、あまりにも高すぎるハードルである。

指定の制帽・制服を身にまとい、吉岡彌生学長と（『東京女子医科大学百年史』）

この時危機に立ち向かったのは彌生だけではなかった。三三名の生徒たちは資金調達のための音楽会（一九〇三［明治三六］年一一月開催）を自ら企画し、一二〇〇枚以上の切符を売り歩いて四〇〇円の利益を得た。同年の三月に本校は、牛込《うしごめ》区市ヶ谷《いちがや》河田町《かわだちょう》（現・新宿区河田町）の陸軍獣医学校跡へ移転しているが、その価格が一二〇〇〇円であった点を見ても、四〇〇円は相当な額であることが分かる。

そして一九一二（明治四五）年の三月、専門学校昇格が決まった際は、感極まって泣いた生徒もいたという。

彌生は生徒の姿に勇気づけられ、「今迄《まで》は弱い力の無いものとのみ思っていた女子にこれだけの力があり、これだけ仕事が出来るものだという自信の出来たことでありますと、頼もしい同志の姿としてふり返っている。（「女医界」前掲記事）

入学希望者は急増し、四月には「東京女子医学専門学校」として、初の入学生九五名（志願者は一二八名）を迎え、合計一五一名の全校生徒で新学期を迎えた。さらに一九二〇［大正九］年には予科が設置され、女医をめざす者は本校で予科一年、本科四年と学び、卒業試験を通るという道筋が確立されたのである。

しかし非専任の教員に頼るという現状が創立当初から続いており、その都合上、水曜日が休日となっていた。当時の在校生である三神美和氏（一九二四［大正一三］年卒）の証言によると、彌生はこれを学生には「日曜日を休みにすると、男の人と手を携えて遊びに行ったりするので、本校は、日曜日は授業をして、水曜日を休みにする」と伝えていたそうである（『東京女子医科大学八十年史』）。三神氏は真相を察してはいたようだが、「その頃の学生の気質は、一言で言えば質実剛健」という校風を物語るユニークなエピソードである。

一九二四（大正一三）年からは、初の専任教授に迎えた吉岡正明（彌生の義弟）の主導で学則改正がなされ、日曜日が休日となる。同時に、有給助手制度を導入して、卒業生を研究者へと育成することにも力を入れはじめる。一九二五（大正一四）年に戸田クニが助教授となったことを皮切りに、一九二七（昭和二）年に二名、一九三一年に五名、一九三二年に一名、一九三三年に一名の助教授を誕生させ、ほとんどの科に本学出身の教員がみられるようになる。一九三〇（昭和五）年には、卒業生の宮川（西村）庚子《かのえこ》が日本で女性初の医学博士となる快挙も成し遂げた。女性の社会的な地位向上という彌生の念願が大きく実を結んだ、一つの象徴的出来事であるといえよう。

そして、一九二六（大正一五）年の卒業生である香川綾は、自らも女子教育に貢献するとともに、栄養学の知識の普及に尽力する。女子栄養大学を含む香川栄養学園の創立者であり、一九三五（昭和一〇）年から現在に至る雑誌「料理と栄養」の創刊者でもある。食品の四群点数法や計量カップ・計量スプーンなどを考案し、栄養学を日常の料理と結びつけた。

また、一九四四（昭和一九）年の卒業生である、精神科医の神谷美恵子も個性的な活躍をみせる。ハンセン病患者との出会いがきっかけで医学を志し、本校卒業後は、それまで見過ごされていたハンセン病患者の心の病のケアという課題に取り組み、患者の生きがいというテーマに真摯に向き合った。一九六五（昭和三九）年には長島《ながしま》愛生園《あいせいえん》精神科医長に就任している。神谷の卒業の年は「むらさき」終刊の年と重なっており、在学中の日記は「むらさき」後期の頃に実在した女学生の姿をリアルに切り取っている。

「勉強したくてむずむずする。睡眠時間を少しで済ませるといいのだけれど／学校の勉強に関連したもの以外で読みたくてたまらないのは W.James の心理学。」（『神谷美恵子著作集10』「日記」一九四二年五月二四日）という一文に、ストイックで情熱を秘めた神谷の日常が凝縮されている。宮沢賢治など多数の国内外の文学にも親しんでいた神谷は、ある日の実習の感想を日記でこのように綴っている。「細菌実習では点滴法と墨汁染色をやり、暗視野装置のデモンストラチオンを見る。後者は暗夜に星を見るごとくキラキラと輝いていて、思わず襟を正した」（一九四二年五月一五日・前掲書）後に翻訳家やエッセイスト・思想家としても花開くことになる神谷の感性がここに先取りされている。

なお、本校は戦後に大学へと昇格し、一九四七（昭和二二）年から東京女子医科大学となる。すなわち、東京女子医学専門学校としての歴史は一九五一（昭和二六）年三月をもって完結となる。そして、本校と歴史を併走したいくつかの後発のライバル校が廃校や共学化の運命を辿るなか、元祖であり現在唯一の女子医科大学として今なお屹立しているのである。

# 聖心女子学院高等専門学校

## ――修道女というオルタナティヴ

大塚美保

聖心女子学院高等専門学校は、カトリックの女子修道会である聖心会が、一九一六（大正五）年、芝区白金（現・東京都港区白金）三光町《さんこうちょう》の聖心女子学院構内に開設した女子学校である。同じ構内にすでにあった高等女学校、小学校、幼稚園、外国人部（インターナショナル・スクール）に加え、当時の学校制度における最も高度な女子教育を授ける目的で設立された。

そもそも一九〇八（明治四一）年にレヴェレンド・マザー・サルモンら聖心会の修道女五名がはじめて東京の地にやって来たのは、日本からの要望の声を受け、ローマ法王ピオ一〇世に派遣されて、カトリックの女子高等教育機関を日本に作るという目的のためだった。開校当初は英文科のみだったが、一九三〇（昭和五）年に国文科、一九三八年に歴史科を増設。大正期から昭和戦前・戦中期を通じて女子高等教育機関の役割を果たした聖心女子学院高等専門学校は、終戦後、一九四八（昭和二三）年に開学した新制大学・聖心女子大学にその役割を譲り、一九五〇年三月の卒業生をもって閉校した。

イタリア文学者で翻訳家・作家の須賀敦子は、聖心女子学院高等専門学校の英文科に一九四五年に入学し、四八年に卒業した、同校最後の時期の在校生である。（当時の正式名称は一九四四年の改称により「聖心女子学院専門学校外国語科（英語科）」だった。）須賀のエッセイ「寄宿学校」には、多くの外国人修道女が生徒を指導し、寄宿舎では英語が公用語という当時の学校生活が活写されている。その中に、ドイツ出身の修道院長レヴェレンド・マザー・ヘルマナ・マイヤーをめぐる印象的なエピソードが記されている。

マイヤー院長は、ピアノでショパンを弾いていたある生徒に、「バッハを勉強なさい。バッハに音楽をならいなさい」「バッハをやってからなら、ショパンもいいけれど。バッハの深さってなにか考えてごらんなさい」と言った。生徒の間で人気の小説本を見て、「もっと大切な本が山ほどあります」「古典をお読みなさい。ホーマーとか、ダンテとか、シェクスピアとか。『風と共に去りぬ』はそれからでじゅうぶん」と言った。それらの言葉を聞いていた須賀は、ある時、外出許可を貰うため院長の部屋を訪ねた。

マイヤー院長は背もたれの高い椅子にかけて、編物をしていた。黒い毛糸のはいった大きな籐の籠が足元においてあって、院長先生というよりはグリムのおとぎ話に出てくるやさしいおばあさんみたいで、私はすっかり安心してしまった。

「あなたはどこへ行くの」とたずねながら、マイヤーさんは編物から目をあげてじっと私を見た。とたんに私はまったく関係のないことを口ばしってしまった。

「どうすれば、この本は深いとか深くないとかわかるようになるのですか」

ふぉっふぉっふぉっと彼女は笑った。そして編物をやめて、私の片手を綿入れのようにふくよかな自分の両手ではさんで、言った。

「いい音楽をきいたり、本をたくさん読んだり、いい絵をみたり。そのうちにだんだん」A little by little. というのを、彼女は、ア　リーテル　バイ　リーテルとつよいドイツなまりで発音した。

（『ヴェネツイアの宿』一九九三年、文藝春秋、引用は『須賀敦子全集　第二巻』二〇〇〇年、河出書房新社）

当時、修道院長は学校長の上にあって、学校と修道院を統括する立場だった。そのような立場のマイヤー院長と一寄宿生とのこのやりとりは、修道女と生徒との密な関係性や、修道女による教育が教養の本質や、人生の指針に及ぶものだったことをうかがわせる。

須賀の文章から伝わってくる教育の姿は、聖心女子学院高等専門学校開校当初からの学校風土《カルチャー》であったことが、『聖心女子学院創立五十年史』（聖心女子学院編集・発行、一九五八年）ほかの校史や、卒業生の回想から読み取れる。たとえば、大正末期から昭和初期に在校した門野まり子(昭和二年英文科卒)は回想記の中で、専門学校のカリキュラムや少人数教育が、本科第一学年の一学期が終わると退学者が出るほどの厳しさであったこと、宇野哲人(中国哲学者)、武島羽衣(歌人・詩人・国文学者)、新津米造(英語学者)ら各分野で著名な日本人教授に加え、マザー・マクシェーン、マザー・ラム、マザー・ヘンダーソンらの外国人修道女によって西洋史・西洋美術史、教育学・心理学、音楽・体操にいたる学科が教授されていたこと、「倫理、論理、哲学、英文学史等全部が英語のお講義、代数、幾何までが英語」という英語中心の教育環境だったことを伝えている。さらに、修道女教員と生徒たちとの敬愛に満ちた関係についても語っている。(「専門の思い出とソフィア会のこと」『聖心女子学院創立五十年史』同前)

以上に見て取れるとおり、聖心女子学院高等専門学校の教育の特質は、第一に人文学と英語を中心とする高度な教育を女子に授けたこと、第二にその教育は単なる学課に留まらない全人的教育をめざし、それを修道女が担ったことである。

この二点目の修道女という存在に注目したい。日本の聖心女子学院は聖心会オーストラリア管区の修道女たちの手で創設され、主に英語圏出身の修道女が教育に従事したが、学院に学んだ日本人生徒の中から修道女になる者が多く現れた。専門学校の卒業生に限って見ても、英国留学を経て母校の教授となった川瀬渡、同じく母校で英語の教鞭を執った翻訳家の嘉治瑠璃子、先述の須賀敦子のように、在学中の学問を発展させて海外文学・語学・翻訳に活躍した女性たちが一方にあるのと同時に、また一方には、第七回卒業生でのちに聖心会のマザーとなった伊藤松野をはじめ、修道会への入会者が目立って多い。専門学校三五年間の卒業生八四九名のうち、聖心会をはじめとする修道会への入会者は九〇名にのぼる。(『聖心女子学院創立五十年史』同前)

専門職への道と修道女への道は決して別々ではなく、根本において帰一するものだった。なぜなら端的に言っ

**昭和戦前期の聖心女子学院本館と校舎**

写真右手の鉄筋コンクリート校舎は1928年９月に完成し、1階に専門学校が入った。（『私たちをつなぐもの―聖心女子学院のあゆみ―』伊庭澄子監修、1994年、聖心女子学院発行）

**終戦直後の修道女たち**

戦時中、連合国側に国籍をもつ外国人修道女は国外退去ないし国内の収容所に収容された。（『私たちをつなぐもの―聖心女子学院のあゆみ―』同上）

て、彼女たち卒業生の世代にとって、修道女になることは、結婚して家庭婦人となる以外の人生のオルタナティヴ（alternative 既存のものに代わる他の選択肢）を意味していたからだ。修道女は生涯独身を貫き、家庭に属さない。修道院内での祈りと労働に専心する修道会もあるが、聖心会が教育修道会であるように、教育や福祉、医療・看護等の活動を目的とする修道会も多く、そうした修道会に所属すれば社会活動、社会貢献への道が開ける。

先述の須賀敦子もまた、青春期に修道女になることを考えた一人だった。専門学校卒業後、聖心女子大学の文学部外国語外国文学科に学んだ須賀は、

女が女らしさや人格を犠牲にしないで学問をつづけていくには、あるいは結婚だけを目標にしないで社会で生きていくには、いったいどうすればいいのか

（「大聖堂まで」『ヴェネツイアの宿』前出）

という問いを抱えつつ、大学卒業後の進路を模索した。「自分で仕事をしなくては」と悩む一方で、修道女になる選択肢を真剣に考えたという。（松山巖「年譜」『須賀敦子全集　第八巻』二〇〇〇年、河出書房新社）最終的に彼女は在俗のカトリック信徒の立場で社会改革に関わる道を選び、イタリアのコルシア書店や日本におけるエマウス運動にコミットしていった。

須賀のように「結婚だけを目標にしないで」「学問をつづけ」「社会で生きていく」というオルタナティヴな生き方を求める若い女性にとって、その可能性を身を以て示した存在、それが、生徒と日常的に接していた学院の修道女たちだったのである。

# 東京女子大学
## ――安井てつが理想とした女子高等教育機関

髙橋修

『むらさき』誌上で東京女子大学が紹介されたのは、同誌の創刊後間もない一九三四（昭和九）年六月の一―二号においてである。ちょうどその前年は、東京女子大学創立一五年に当たり、記念の祝賀式・祝賀会が盛大に挙行された。その一方で、初代学長（当時は名誉学長）の新渡戸稲造（一八六二～一九三三）が米国で客死した年でもあり、一つの時代の終焉を思わせた時でもあったのである。このように東京女子大学にとって大きな節目であったことから、本稿も当該期前後を中心に、その歴史を紹介することとしたい。

東京女子大学はキリスト教主義に基づきながら女子に対して高等教育を施すことを目的として一九一八（大正七）年に設立され、その当時は東京府豊多摩郡淀橋町角筈（現・新宿区）に校舎を構えていた。後に設備拡充を図って一九二四（大正一三）年、豊多摩郡井荻村（現・杉並区善福寺）に移転をし、そのまま現在に至っている。さらに同年は、安井てつが二代学長となった年でもあった。

安井てつ（一八七〇～一九四五）は東京女子大学設立にあたっての精神的支柱ともいうべき人物である。下総国古川藩士井家の家臣の家に生まれ、東京女子師範学校（現・お茶の水女子大学）に学び、一八九六（明治二九）年、英国に留学。ケンブリッジ大学で教育学、オックスフォード大学で心理学を学び、一九〇〇年に帰国。女子高等師範学校教授兼舎監となった。一九〇四年にはシャム国（現・タイ王国）バンコック府皇后女学校教育主任となり、同校設立に尽力した。その後、学習院講師、東京女子高等師範学校講師・教授、附属幼稚園主事となる等、教育者として名実共に高い評価を受けていた。こうした人物・実績から東京女子大学の初代学監として白羽の矢が立ち、一九一八年に就任し、同校設立に奮励することとなったのである。

『むらさき』で紹介された当時の東京女子大学（『むらさき』1-2号、1934年）

正面の建物が図書館（現・本館）、その右側には東校舎（現・六号館）、左側には西校舎（現・七号館）がそれぞれある。同校の象徴であるチャペル・講堂は写真右手前側に立地するが、この写真当時はまだ建設されていない。

安井てつの理想とする女子高等教育の在り様は彼女の学長就任の辞に表れており、現在でも東京女子大学の教育活動の根幹を形づくっているといえる。その骨子は、①キリスト教主義に基づいた人格教育を重視すること、②学生の体育を重視すること、③リベラル・カレッジ（教養教育を行う大学）として、人間形成に必要な根本的な教養を教えることを重視すること、④学究的生活と社交的生活の調和を重視すること、以上の四点を力説した。①に関わり、安井てつはよく「サムシング」を口癖にしていたというが、それは「強制されない宗教的なある雰囲気」のことと捉えられ、東京女子大学の有する気風をよく伝える言葉である。

④の理想の一つの表れが学寮の存在である。学寮は全国各地から上京する学生のために開学当初から設けられ、井荻村への移転の折にも、校舎と共に先に整備され、東京女子大学を特色づけるものであった。『むらさき』では、学寮は「コンクリートの綺麗な建物、一人一室で、百六十余人の方々が、学校の誇たる自治の精神の下に理想的団体生活を営んでおられる」と紹介されている。「一人一室」は、新渡戸稲造の「人は一日に一度は、ただ独りになって祈り冥想する時を持つことが大切だ」という考え方が具現化されたものである。また、安井てつは規則よりも相互の信頼を重視して学寮における自治組織の設立を熱心に働きかけ、一九二七（昭和二）年に学寮の自治制度が導入された。学寮の寄宿生達自らの手により寮での生活全般に関わる規約書が制定され、それに基づき学寮自治が実現したのである。なお、小説家の瀬

戸内寂聴は東京女子大学国語専攻部の出身であり、時期は幾分ずれるが、一九四〇（昭和一五）～一九四三年頃の学寮を中心とした学生生活の様子は彼女の自伝小説『いずこより』にて活写されている。

一九二四年の移転にあたっては、その数年前から大学設備全体の総合計画が策定され、その任にあたったのが米国の著名な建築家アントニン・レーモンド（一八八八～一九七六）である。彼の総合計画に基づき、一九二二（大正一一）年から西校舎・体育館・学寮・学長住宅（現・安井記念館）・外国人教師館が施工された。いずれも当時としては珍しい鉄筋コンクリート造りが採用されたおかげで、翌一九二三年の関東大震災に際しても、その被害は最小限にとどめ得たのである。ただ、工事は遅延をきたし、移転の年である一九二四年に完成したのは西校舎（現・七号館）・体育館・学寮・外国人教師館であった。その後、学長住宅は一九二五年に、東校舎（現・六号館）の一部・当時の理事A・K・ライシャワーの住宅（現・ライシャワー館）は一九二七年に、図書館（現・本館）は一九三一年に、チャペル・講堂は一九三八年にそれぞれ落成し、当初の総合計画はじょじょに実現化したのである。なお、右に挙げた諸建築物の多くはその文化財としての価値が認められ、現在、国の登録有形文化財に登録されている。

正門入口から正面に見通すことのできる図書館（現・本館）は本学を象徴する建物である。その壁面に刻まれたラテン語「QUAECUNQUE SUNT VERA」は新約聖書の「ピリピ書」（Ⅳ－8）の一節「凡そ真《まこと》なること」から引用されたもので、理事会において安井てつ、新渡戸稲造、A・K・ライシャワーを交えて検討した結果、「大学に対する希望を特に示すもの」として採択された言葉である。

図書館の構造は地上三階・地下一階建てで、『むらさき』では、「教室を両翼にしたこの中央の建物は、地下は同窓会購買部、二階以上は図書館にあてゝある由。先づ二階に参りますと、すぐ大広間の閲覧室があり、廻廊風なのは参考室で、こゝは教授方の御指定あつた書物を

図書館内部の様子（『むらさき』1-2号、1934年）

上掲写真の部屋は、現在新渡戸記念室として大学の歴史を紹介する展示施設となっている。

参考に出して置いて、学生の勉学の資とするとか。そしてこゝの装飾はゆかしくも武蔵野をしのばせて、松かさと芒の模様でした」と描写されている。

この図書館の地階建設による残土は、A・K・ライシャワー婦人の設計により、野外舞台に相対するスロープを造るために用いられた。この野外舞台はプレーデーの折に、学生達の踊りや劇が行われる場所となり、本学の名物の一つとなったのである。『むらさき』で紹介されている「杜の会」とは、一九二八（昭和三）～一九三八年の間に学生達が中心となって結成された植樹グループのことである。彼女達の献身的な働きによって、移転当初は殺風景であったキャンパスの敷地がじょじょに緑にあふれ、四季折々の木々の姿を楽しめるようになったのである。「シェークスピア・ガーデン」は英語専攻部の学生よってシェイクスピアの作品に、同じく「萬葉の園」は国語専攻部の学生によって「万葉集」にそれぞれ出てくる植物を栽培する庭として整備された。

日本全体が戦時体制へと歩みつつある中、一九三八（昭和一三）年の創立二〇年も無事に迎えたことを契機として、一九四〇年に安井てつは学長を退任した。『むらさき』の東京女子大学の紹介記事はこうした激動の時代のはざまにあって、ある程度落ち着いていた当時の学内の雰囲気をよく伝えるものといえよう。

# Ⅳ

# ジェンダー・モダニズム・生活

# 恋愛の夢、結婚の夢
## ――教養主義とロマンチック・ラブ・イデオロギーの狭間で

倉田容子

### 1　『むらさき』編集方針と読者層の齟齬
#### ――「愛読者を婦人に限るかの如きは間違つて」ゐる

私が頂いた課題は「恋愛の夢、結婚の夢」であるが、雑誌『むらさき』は、同時代の典型的な恋愛観や結婚観、女性規範、あるいは結婚・恋愛に対する憧れや願望を検討するための格好の情報源では必ずしもないことを、まずはお断りしておきたい。

創刊号（一九三四年五月）の巻頭には「一、「むらさき」は現代の女子教育に関心をもつ人々の責任ある執筆にかかるものであります。／一、「むらさき」は現代女子教育の精神を体し、正しき学校教育の普及徹底を期して編集せられてをります」（二頁）とあるが、『むらさき』の執筆陣は小説家や歌人・詩人の他は、紫式部学会会長の藤村作をはじめとし、池田亀鑑や久松潜一など同学会役員を中心とした研究者・教育者が多数を占めている。一九三七年一月号にて誌面の大幅なリニューアルが行われ、ごく短期間、女学生特集が

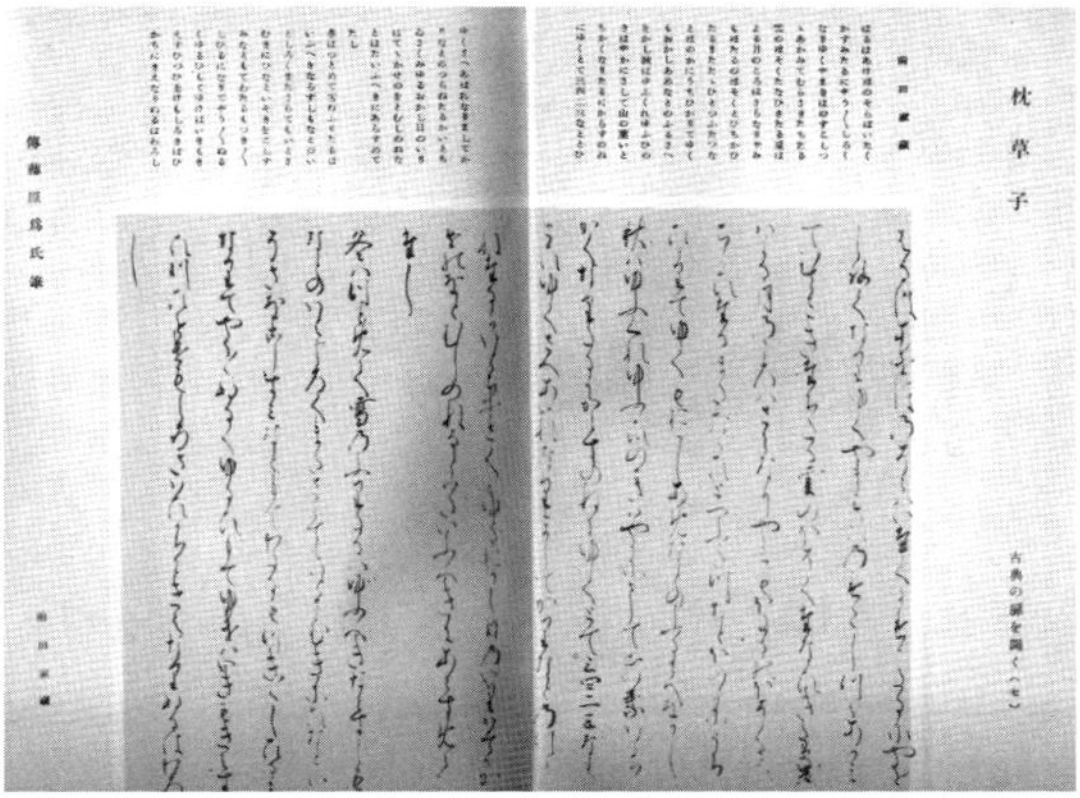


**図1　1936年新年特大号の「古典の扉を開く」**
「古典の扉を開く」は、同号から始まり、以後断続的に連載された。絵巻や写本の写真とともに解説や翻刻が掲載され、古典鑑賞講座などと同様、読者の支持を得た。

組まれたり現代ものの創作が多く掲載されたりするが、これはむしろ例外的である。それ以外のほとんどの時期は、婦人の修養についての訓話や、「女流文学」、女性登場人物がテーマとして多く取り上げられる傾向はあるものの、古典文学に関する初学者向けの鑑賞・批評と、語釈・通釈・評釈から成る古典鑑賞講座が基軸となっている。婦人雑誌である以上に、一般向けの学術雑誌としての性格をより強く帯びていると言えるだろう。

そしてまた、こうした学術性こそが愛読者を『むらさき』に惹き付ける最大の要因であったことが、読者投稿欄「談話室」（一九三五年一月号より開設。一九三六年三月号より「雑簡抄」と改称。一時中断し、一九三七年三月号に「談話室」として復活するが、その後再び中断）に掲載された投稿からはうかがえる。『むらさき』付属の葉書「愛読者通信」には「本号に付ての御批判」という欄が設けられており、読者から寄せられた批判は『むらさき』誌上にしばしば掲載された（図2）。その中には次のような、「現代女子教育の精神」を体することを目指す編集部と現実の読者の受容状況との齟齬を示すものも少なくない。

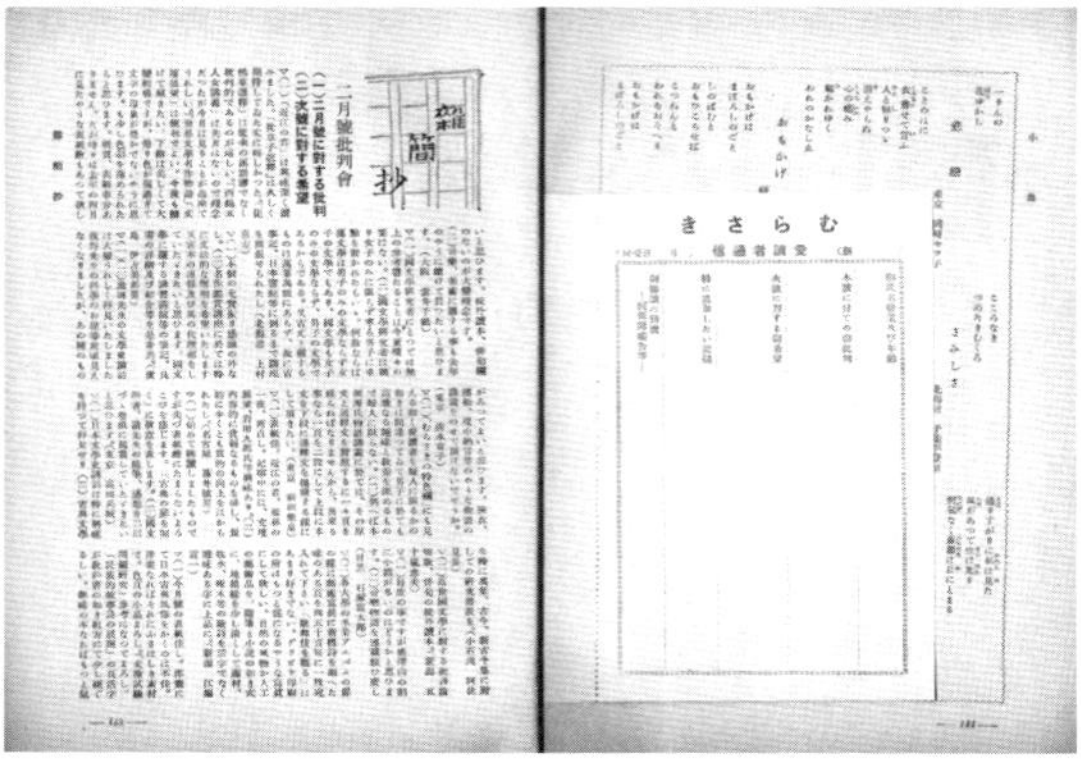

図2　1936年４月号の読者投稿欄「雑簡抄」と愛読者通信

> （一）「むらさきの特色欄」にも見える如く愛読者を婦人に限るかの如きは間違つてゐて男子に於ても高雅なる趣味と教養を深めるもので婦人に限らない。（東京・前田楽泉、一九三六年四月、一四五頁）

こうした男性読者の存在をアピールする投稿の他にも、「国文学研究者は独り女子のみに限らず寧ろ男子に重点を置かれたらい丶。何故ならば漢文学は男子のみの文学ならず女子の文学でもあり、国文学も女子のみの文学ならず、男子の文学であるからである」（北海道・上村喜方、一九三六年四月、一四五頁）といった、役員を除いて会員のほとんどを女性が占めていた紫式部学会や、その機関誌である『むらさき』が内包する文学ジャンルのジェンダー規範に対する批判も見えている。

また、女性読者と思しき投稿も、国文学一般への強い関心を示すものが多い。

> 女性改造、女性が廃刊され、婦人公論又通俗的に堕ちて行つて、婦人雑誌として見るべきもののなき近頃「むらさき」の発刊は実に嬉しいものでした。國語と國文學、文学、或いは國語、國文が専ら専門家の雑誌である為趣味的な座談的な柔さを要求するのは無理な、否間違つた事でさへあります。しかも、

我々はさうした柔さを要求し紅茶を喫しながらでも読まれる物があればよいと思つてゐたのです。そこへ生れ出では御誌です。どうして喜びなくて受取れませう。（略）此の愛する我が「むらさき」が国文学上の他の諸雑誌とは自ら異なる貢献をなすと共に、婦人雑誌界にも特異の地位を占めて進んで行くことを祈りつつ。（満鉄公湖、一九三五年一月、八二―八三頁）

『むらさき』の婦人雑誌としての独自性とともに国文学雑誌としての意義を顕彰するこの投稿は同時に、『國語と國文學』、『文学』、そして『國語國文』と、国文学研究の代表的な学術誌を挙げることで、投稿者のアカデミックな知識を誇示する側面を持つ。同様の傾向を帯びたものとして、「藤村、久松、森本（治吉――引用者注、以下同じ）、木枝（増一）、塩田（良平）、近藤（忠義）、阪口（玄章）、諸先生等々――こんなに国文学の大家が一堂に集つた月刊雑誌はそんなにあるまいと思ふ」（埼玉県・宮谷尚市、一九三五年三月、四九頁）と執筆陣の権威を称賛する投稿も見られる。

他方、一九三七年新年特輯号におけるリニューアルに際しては、レヴューのグラビアに対する批判（一九三七年三月）や、「最近の本誌の傾向は高踏的なものより普遍的なもの へ別言すれば通俗的なもの又は大衆的なものへと転じつ丶あるやうに見えます。一例が各種の名作集です。古典の普及という立場からは成程結構です。然し奥深い古典の意思が解説の如きもので汲み得られるとは思へません。それよりもより根本的な古典研究と云ふ立場から思想的社会史的考察が為されて欲しいと思ひます」（東京・中村孝平、一九三七年三月、一九一頁）といった学究的内容への回帰を望む声が寄せられた。これら以外の投稿も、多くが『むらさき』の高踏的・学究的性格を称賛し、国文学関係の記事の拡充を願うものであり、読者が「恋愛」や「結婚」の話題を求めて『むらさき』を購読していたわけではないことは明白である。

だが、それでは戦前の『むらさき』に「恋愛」や「結婚」が一切語られていないかというと、そうではない。そこには、古典文学に事寄せて「恋愛」のあるべき姿を語る、同時代の性規範からはやや逸脱した「夢」が示されている。

## 2 『源氏物語』は「恋愛のバイブルである」

ここでは便宜上、戦前の『むらさき』を三期間に区分しておく。第一期は、創刊号から一九三六年一二月号までの国文学雑誌としての傾向が色濃い期間、第二期は、「女学生と文学」特集（一九三七年二月）や「臨時増刊　少女文芸号」（一九三七年一〇月）が編まれた、一九三七年一月号から数号の女性向け文芸誌としての傾向を強めた期間、そして第三期は、第二期との境界線は曖昧であるが、次第に時局を意識した記事が目立つようになる期間である。いずれの期間においても「恋愛」「結婚」に関する記事は多くないが、婦人雑誌であると同時に国文学雑誌でもあるという『むらさき』の性格が強く発揮されているのは第一期であり、「恋愛」「結婚」に関する特有の視点もこの時期に示されているように思われる。そのため、ここでは第一期に絞って「恋愛」「結婚」観のありようを見ていくこととする。

「恋愛」を掲げた特集としては一九三六年二月号の「戦争と恋愛の文学」があるが（ただし、これは目次に記されたタイトルであり、表紙には「愛と闘争の物語」とある）、これは完全な企画倒れであり、執筆者の多くは「恋愛」にまったくと言っていいほど言及していない。「恋愛」への言及が比較的多く見られるのは、やはり平安朝の物語文学に関する記事である。たとえば、一九三四年一二月号の特集「物語文学」では、『古事記』から『義経記』、さらには『アイヴァンホウ』や『哀れなハインリヒ』など海外の小説や詩に至るまで様々な時代・地域の「物語文学」が取り上げられ、それぞれ梗概と解説が付されているが、『源氏物語』や『伊勢物語』に関しては恋愛物語としての側面が前景化されている。なかでも沼澤龍雄「源氏物語一夕話」は、『源氏物語』の価値を「物の哀を知らしめる」（二五頁）ことや「美しき絵巻物で調和の美の極致を発揮して居る」（同前）こと等の他に、「全五十四巻凡そ七百場面よりなるいみじく、くしきトーキーである」（二六頁）「平安朝極盛期の全社会事象を蒐集陳列したデパートメントストアである」（同前）「人間のもつあらゆる感情を収録したエンサイクロペディアである」（同前）「恋愛のバイブルである」（同前）と述べた上で、次のように続ける。

　これを要するに、真の人生を描写したるが故に、よく普遍性と永遠性とをもつて居る。源氏と紫上、薫と浮舟は太郎とお花であり、次郎とお竹であり、彼氏と彼女氏である。（二六頁）

「源氏と紫上、薫と浮舟」の関係性が遍く「彼氏と彼女氏」に通ずるとして『源氏物語』の価値を普遍化するこの記述は、「黄金の戦車、百万の大軍、今は影をも留めて居ない、残れる者は僅かに此廃墟ではないか。

しかし男と女との恋、そこには今も昔も変りない永続性があり恒久性がある。千歳を隔て、猶ほ滅びざるものは両性の恋だ」（二—三頁）と述べた厨川白村のベストセラー『近代の恋愛観』（一九二二年一一月、改造社）を想起させる。大正期の恋愛論ブームに影響を与えた厨川のこの本には、「記紀万葉の如き古代の文献に徴しても、また平安朝の文学に現れた所を考へて見ても、日本人は本来もつと自由に、もつと解放的に、もつと正しく両性関係を見る事の出来た聡明な人種であつたのだ」（六頁）という記述も見えている。評価軸に違いが見られるものの、古典を通して普遍的な「恋愛」の姿を探ろうとする点において、沼澤の記述は厨川との同時代性を感じさせるものである。

厨川はさらに、平安朝までの文学には自由で解放的な性関係が現われているにもかかわらず、「鎌倉時代ごろからの戦国殺伐の気分と、儒仏の外来思想とを捏ねまぜて出来た武士道と云ふ者に誤られ、人が『人』としての生活の最も重要な部分である両性関係に対して、奇怪至極な偏見と僻み根性を抱くに至つたのだ」（同前）と続けているが、『むらさき』には軍記物語に究極の「恋愛」を見出す記事も掲載されている。阪口玄章「戦記文学の中の恋愛」（一九三五年二月）は、戦記文学について「女性はいつも消極的な立場におかれてゐた。しかもその結末は何れも悲惨な運命に終つてゐるのである」（一八頁）と述べた上で、袈裟御前や横笛の悲劇を次のように意味づける。

これらの作品の生れた時代と、これらの女性の境遇とを一先づ度外視して、又、既成宗教にとらはれる事を問題としないで、なほ且つ、そこから女性の心持に向つて何等かの深い示唆は存しないものであらうか。／つまり、死といふものを道義的に考へないで、又、出家といふことを形式的に考へないで、そこに、つきつめた純一、一元を求め、妥協を排して自己の真実に生きるべき道を求めて邁進したといふ心持がこれらの恋愛譚の底を貫いて流れてゐると考へられるのである。（一八―一九頁）

このように阪口は、戦記文学における悲劇を「自己の真実に生きるべき道」へと邁進する「心持」の現れであり、現代女性の「心持」にも「深い示唆」を与えるべきものと位置付ける。

古典文学と現代女性の「心持」を接続させようとする記述は、「恋愛」をテーマとした記事に限らず、『むらさき』第一期には頻繁に見られるものである。一九三六年四月号の特集「現代女性と古典文学」はその典型である。岩城準太郎「古典文学の魅力」は「時代の隔たりを超越し、百世に通じて光つてゐる人間性の相好、その最も純一な形が即ち古典文学に現はれるのであるから、過去の文学を歴覧して、近世の町人文学よりも、却つて上古中古の貴族文学の方に親しみを感ずるのは、後者が右のやうな普遍妥当の本性を具へてゐるからである」（一五頁）として上代中古文学の普遍性を強調し、武島羽衣「人格主義」は「吾人はわが国歴代の文学を読んで、作中にながれたる作者の尊き考察、きよらけき情操、もしくは仰ぐべき理想を検討し鑑賞し、之を精神の糧となし、性霊の坩堝となし、わが人格にながし込み、織り入れて、以て玲瓏たる光を心に放たしむるやうにしなければならぬ」（一六頁）と古典受容のあるべき姿勢を語る。佐藤幹二「内と外」はより直截的に古典文学を現代女性の規範として位置づける。曰く、「我国の古典文学の舞台には、多くの傑れたる女流作家が登場してすばらしいわざを見せてくれるのである。自然の美しさを見る眼聞く耳のたしかさ、人生のあはれさ人情のもろさに泣く真実さ、わけても女性としてのつゝしみ、たしなみへの心やり、それらについては現代の女性が八百年千年以前の過去の女性に驚異を感ずるに違ひないと信じる。言葉遣の巧妙さ上品さ、この一点だけに関しても現代女性の猛省を煩すに充分である。如何に美しく生くべきかの問題が、そして暗示が、古典文学に溢れてゐる」（二一頁）。小平麻衣子『夢みる教養』（二〇一六年九月、河出ブックス）は、大正期以降の女学校において国語教育が、古今東西の文学を「現在の自らの人生とかかわらせて読む」（三七頁）ことを通して女子の教養主義（人格主義）の窓口となったことを指摘しているが、古典を「如何に美しく生くべきか」という問題と直結させるこれらの記述はまさに教養主義の系譜に連なるものと言えるだろう。

ただし、「恋愛」「結婚」という点に関して、平安朝の物語や軍記物語が読者の手本となり得たかは疑問が残る。それは、単に『むらさき』読者が学究的内容を求めていたからというだけではない。先に述べた一九三四年一二月号の特集「物語文学」において、松下政藏「恋愛小説としての伊勢物語」が「権勢と恋愛といふことは王朝時代の上流社会の有閑生活の大部分であつたであらう。（略）勿論道徳意識にも時代が反映して、現代は許されざる行為も当時はさまで悲しむべき反人道視されなかつたであらう」（三〇頁）と述べているように、平安時代の物語に描かれた「恋愛」のありようは近代社会における「恋愛」「結婚」の規範とは異質なものであったからだ。近代社会の「恋愛」「結婚」観を端的に示しているのが、前掲の厨川白村『近代の恋愛観』の「良人の収入によつて妻が終生衣食の道を得るのは正しい事だ。また性交家事育児をするのも正しい事だ。ただ此両方の間に権利義務関係雇傭関係、賃銀関係があつてはならないと云ふのだ。そして之を無からしむる所の者は、二人の魂の結合――真の同心一体を完成する恋愛の外には断じて存在し得ない事を、私は飽くまでも切言する」（一八一頁）という記述である。ここでは、「魂の結合」＝「恋愛」が結婚に至る唯一の手段であることや、「性交」はそうして結ばれた婚姻関係内において行われるべきものであることが説かれ、さらに男性には生産労働を、女性には再生産労働を振り分ける性別役割分業が前提とされている。このような性・恋愛・結婚を三位一体の規範とする恋愛観はロマンチック・ラブ・イデオロギーと呼ばれるものであり、近代社会に特有の考え方と目されている。翻って古典文学に描かれた「恋愛」「結婚」のありようを見てみれば、袈裟御前や横笛はともかく、「源氏と紫上、薫と浮舟」および彼らの周囲で展開される多彩な、そして近代的恋愛観からすれば時に奔放にも見える性関係には、当然ながらロマンチック・ラブ・イデオロギーとは相容れない要素が含まれている。

同時代の性規範と古典文学に描かれた性現象との距離を見せつけることは、編集部や執筆陣の意図するところではなかっただろう。だが、古典文学の紹介・批評を通して性現象の歴史的変遷を示すことにより、「恋愛」・「結婚」観の普遍性ではなく、むしろその歴史性が照らし出される。それは結果的に、同時代の性規範を相対化する視座を提示することにも繋がるだろう。この点にこそ、『むらさき』の面白さがある。古典文学と己の内面を直結させる教養主義と、註釈重視の国文学研究、そしてロマンチック・ラブ・イデオロギーのあわいにおいて、『むらさき』はどこにも着地しない「恋愛の夢　結婚の夢」を描き出す。

## 3　古代人に「現代人の新なる魂」を吹き込む
### ――「果して自分の愛情は純潔であらうか」

古典と現代女性の「心持」を接続させる回路は、前者を後者の範とするにとどまらない。一九三六年二月号の「編輯後記」にて「取材を古典文学に求めること」を条件とした「むらさき創作」懸賞募集の告知がなされ、同年五月号にて予選発表、六月号にて入選発表、七月号と八月号に入選作が掲載された。予選発表の

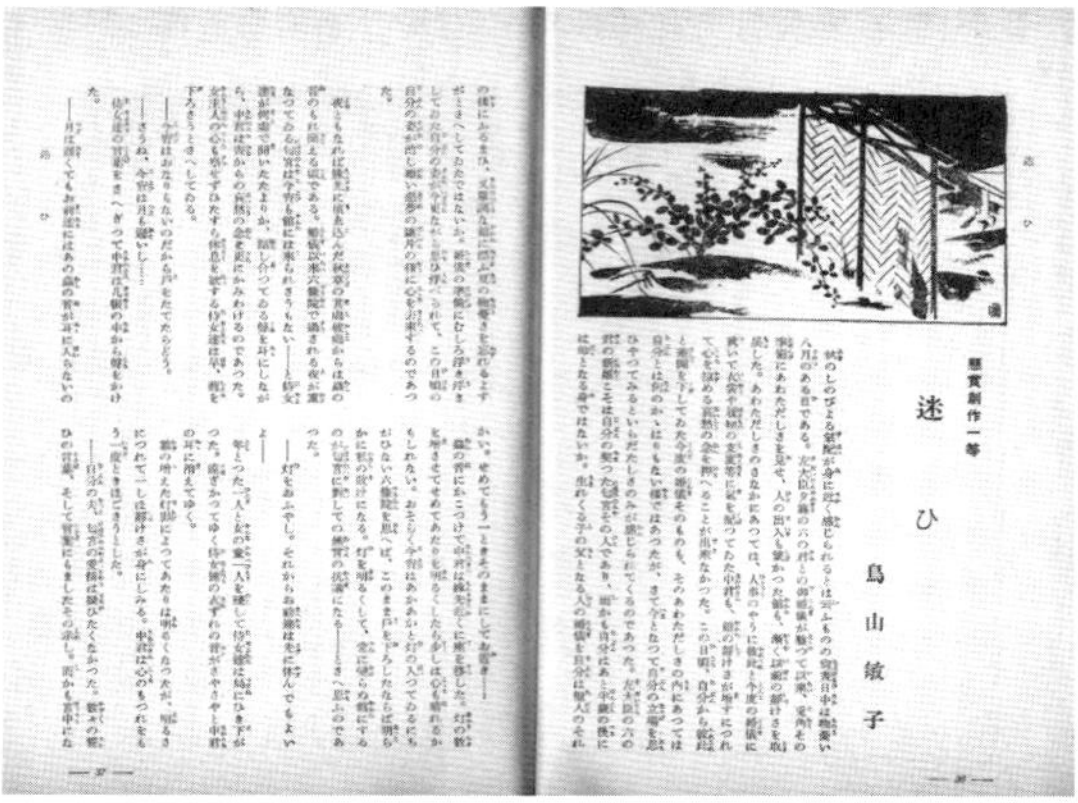
懸賞創作一等
迷ひ
鳥山敏子

図３　第一回「むらさき創作」懸賞創作一等に選ばれた鳥山敏子「迷ひ」（1936年７月）

際、選者の今井邦子は「第一回「むらさき創作」の募集に就ては私は一方ならぬ興味と関心をもつて之にあたるものであります。それはかねてから私がかくあらばと考へを拡げてゐた古典文学のなかに材をとり、それに現代人の新なる魂を吹きこんで、輝かしき作品として世に送らうといふ、きはめて意義あり興味ある創作の募集の事でありますから、普通の新作物より又一しほの趣きがありませう」（一九三六年五月、一六七頁）と述べている。古典を現代女性の範とする一連の記事とは逆に「現代人の新なる魂」を古典文学に吹き込むことが提案されているわけだが、その結果、投稿された創作においては、近代的な性規範に照らせば逸脱的に見える登場人物たちの行動が「現代人」の視点から再解釈され、

意味づけ直されるという、興味深い現象が生じている。

第一回「むらさき創作」の懸賞創作一等に選ばれた鳥山敏子「迷ひ」（一九三六年七月）を見てみよう（図3）。これは『源氏物語』の宇治十帖に材を採った創作であり、中君を視点人物とし、「宿木」を現在時としつつ、姉の大君、薫、匂宮とのこれまでの経緯や自身の心境を回想する内容となっている。中君は現在、匂宮の妻として京の二条院に移り住み、出産を控えている。だが匂宮が夕霧の六の君を迎え、足が遠のいたことで、「男と云ふものは愛情を幾つにも分けることが出来るのだらうか。それとも男の示す愛情や誓ひの言葉は陽炎のやうにはかないものであり、その折の心を過ぎる幻影に過ぎないものなのだらうか」（三八頁）と思い悩む。そもそも匂宮との文のやりとりは、「かうした手紙のやりとりが京都《みやこ》の雰囲気を自分の心に漲らせ、その雰囲気を通して自分の夢がはてしなく拡がる」（四一頁）という、遊戯的な「恋愛の夢」に導かれたものであった。さらに、中君は「自分の結婚に依つて薫の君と姉君とが結ばれる」（四四頁）ことに「自分の結婚の意義」（同前）を見出したが、その姉君は死んでしまった。「結婚の意義」を見失い、中君は「迷ひ」の最中にいる。

この二月自分のみが唯一人残された宇治の山荘からこの二条院に移されたのだ。さうしてやがては母にならうとしてゐる。それなのにこの虚ろな心、夫、匂宮を愛してゐる自分の心は肯なへるけれど果して自分の愛情は純潔であらうか。純潔な愛情でないとしたならば今宵のこの侘しさやいらだたしさは何故だらう――（同前）

この後「言葉をかはすだけなら、人妻の自分にも許されるであらう」(同前)と、薫の君にあてた消息の筆を執るところで、物語は終わっている。

文のやりとりや「結婚の意義」を事後的に意味づけ直す説明的な語り、そして引用文にある「純潔な愛情」の観念には、たしかに「現代人の新なる魂」の所在を見ることができる。「現代人」の視点から再解釈されることにより、本来「二人の魂の結合――真の同心一体を完成する恋愛」といった観念を持たなかった平安朝の登場人物の「行動」は、「純潔な愛情」を欠いたものとして意味づけ直され、小説は頽廃的なムードに包まれている。

このように『むらさき』に示された古典文学における「恋愛」「結婚」のありようは、同時代の性規範とは異質なものであった。一方で、それを現代女性の「心持」に接続しようする力学が常に働いているため、「恋愛の夢　結婚の夢」は捩れを含んだまま宙吊りとなっている。だが繰り返しになるが、この点にこそ『むらさき』の婦人雑誌としての面白さがあるのではないか。時に時代の規範から外れつつ、古典文学の鑑賞・批評を通して性現象の歴史性を照らし出す誌面には、「夢」ではなく批評の入口が開かれていた。

# 家族制度と出産・育児

宮崎真素美

「母性」はいつの時代も世相を映す鏡と言っていいだろう。ユングの言う生み出すことと呑み込むことの二面性を根源として、そこにはさまざまな時代の相貌が反映されやすい。一五年戦時下の、女性を読者とする『むらさき』においてはなおのことであった。

## 1　母性の涵養・藤村作《つくる》

創刊からほぼ毎号、二〜四頁ほどの分量で女性について綴っているのが、国文学者藤村作《つくる》である。みずからの実体験を交えた広範な内容には、紋切り型の言い分も散見されはするが、当時におけるきわめて現実的な提言をふくんでいる。ここでは、そのうちの母性や家庭、育児といった視点で書かれたものを見てみたい。

「女らしき母親」（二巻七号、一九三五年七月）では、「学校で最も優良と認める生徒」は「例外なく賢明な母親を持つ家庭の子」であり、母親の「やさしさ」や「あたたかさ」による「春風駘蕩」の教育の重要性を説いている。一方、「去々月帝都に起つた、所謂二・二六事件」で襲撃された側の女性たちにふれた「妻は強し」（三巻六号、一九三六年六月）では、西洋のことわざである「夫人は弱し、されども母は強し」に対し、今般は「婦人は弱し、されども妻は強し」であるとし、その根拠を、彼女たちが「純然たる家庭婦人」であり、「貞淑な家庭婦人として、よき妻、よき母として、それに満足し、それに全心身を捧げて終始されたこと」に求めている。

そして、これら硬軟二論を合わせたものに、「日本婦道（二）」（五巻四号、一九三八年四月）があり、ここでは前年に起こった日中戦争も意識されている。先の「女らしき母親」と同じく、「母性の中心は慈愛に在る」、「柔よく剛を制すともいふが、母性のその子に対する訓育の力はこの和い、暖い慈愛を通すところに、厳父にも勝るものがあるのである」とされる一方、「妻は強し」と同様に、「国家人、社会人としては、強く〳〵生きるのが日本婦人の道」であり、それは、「目前の新聞紙上に、日支事変の為に北京、中支の戦争に従事してゐる、我が子の為に遙に激励の辞を寄せたり、又その子に父の喪を秘して国事に勤めしめたりする、日本母性の上によく見えてゐる」とするのである。

さらに、「結婚生活の意義（女の立場）」（五巻八号、一九三八年八月）では、現代の結婚生活には旧来の様式と新様式とがあり、これに対応してゆくには、「家庭生活を簡易化するか、女子教育を延長、拡大するか」であるとする。そして、結婚は「お互の間のよき理解、尊敬、お互の趣味の相当程度の一致を必須条件」とするのであり、「高程度の教養を持つこと」も必須と指摘。結婚は相手の家庭に入るので、「今一層服従、従順、謙譲の美徳を教へ、且つ訓練をなすの必要」があり、さらに、「良い母として生くる」ことも加わる。総じて、「一般に亘った知識教養と、子女の十分の信頼を得ることの出来る人格的修養が大切」なのだと結論され、「女の立場」は至難の業である。

また、育児について現代にまで通ずる重要な指摘を展開しているのが、「その場その場の理屈」（三巻一〇号、一九三六年一〇月）であり、幼少の兄弟の事例に照らして、その場その場で異なった理屈をもって子に接してはならないと戒めている。さらに、児童の教育に関する藤村の熱血漢ぶりを伝えるものに、「恐ろしい児童の利己の一例」（五巻一号、一九三八年一月）がある。電車の入口で乗車してくる人を押し出している小学生を見つけ、「殴ってやりたいやうな不快を感じた」藤村は、彼の通う小学校の目星を付けるべく、降車した小学生を追跡するに及んでいる。学校へ通う人たちの公共マナーについて目につくことが多く、「教育実際家」はこれについてどのように処しているのかと、疑問と苦言を呈している。「実行の工夫」（六巻七号、一九三九年七月）では、「児童の天真を害せず、その児の天性を損じない」子供の悪事への穏やかな対応を紹介し、「躾と訓育」（七巻一一号、一九四〇年一一月）では、「「しつけ」は固定しきつた社会に生きようとする大人を作り、訓育は進歩し行く世に処し得べき大人を作ることになる。そこで今のやうな動揺、発展の時代に於ては、多少の弊は認めても、今の訓育を重んじなければなるまい。多少の粗野は認めても、これを寛仮しなければなるまい」として、伸びやかな「訓育」を支持しており、子供への視線は愛情深い。

## 2　室生犀星の画期的小説「女の一生」

藤村が述べるような柔和で強く、聡明な母親像の一方で、室生犀星の連載小説「女の一生」（四巻第二号、一九三七年二月～五巻第八号、一九三八年八月）では、柔弱な男性たちとそれに対する「混血児」女性三人の逞しい生き様が、未婚の母としての出産や彼女たちの母親のありようとともに描き出されている。ここには、みずからの心の欲するまま正直に生きてゆく女性たちが活写されており、連載終了直後の一九三八（昭和一三）年九月には、早くもむらさき出版部から単行本として出版の運びとなっている。

単行本『女の一生』重版広告（七巻一一号、一九四〇年一一月）は、「妖しき美しさに輝く混血児のむすめ達の悲しき宿命を負ひ乍ら尚血みどろに人生を闘ひぬく。それは、まさに悲壮美の極致であるであらうか。──青春とはかくまで悩みと悲しみに満ちたものであらうか。／ここに、あなた方の考ふべき多くのものがある」とうたい、作者犀星の視点を次のように批評している点が目を引く。「文壇の重鎮室生犀星氏によつて描かれたる異色ある女の一生、著者は青春の過ちを一応認め、これに新しき解釈

「女の一生」第15回（5巻4号、1938年4月）挿絵

自分との子を出産した上野みね子の元を訪れて弱り切る藤堂兼雄。

を下して甦生せしめんとする。著者の女性観はこゝにその全貌をあらはすものと言へよう」。「異色」、「過ち」、「甦生」は、犀星の闊達な筆致に対するエクスキューズとして機能しており、「こゝに、あなた方の考ふべき多くのものがある」との反面教師的な視点の導入が、本書の出版意義の保証と映る。

米・英・独の男性をそれぞれの父親とする三女性は、父不在で生い立った境遇を共にし、「混血児」への偏見に満ちた眼差しに抗しながら友情を深めてゆく。一人はすでに未婚の母、女学校を中退して商社へ就職した一人は、裕福な環境に育った同僚男性とのあいだに一子をもうけながらも男性の不甲斐なさに失望して関係を絶ち出産、その友人で件の三女性とは異質の、厳格な父権の元に生い立った女学校時代の同窓生も、品性卑しい夫に愛想を尽かしてみずから離縁と、男性との不和による女性の精神的自立は、当時の一般的な日本人家庭へも拡げられている。「混血児」らの母親に対する視線は、自分を育ててくれたことへの感謝と、「莫迦だつた」という冷徹さと、シンパシイとがない交ぜに言表されて複雑きわまりない。それゆえ、娘の妊娠に気づいた母が娘を問い詰め、行く末を心配し、「惨めな気持になることを避けなければならない」とする思いは、母の姿との二重写しで娘の心に染み入ってゆく。

このような経緯で「子供を産む」という一大事が、本作ではさまざまに照らされる。「混血児」三女性のうちの一人は、かつて別の一人の部屋で出産をしたのだったが、経済的にも母子を支えざるを得なかったその部屋の持ち主は、そのせいで「子供が好きになれない」。さらに、出産時の様子から「哀れな小鳥」と比喩されるもう一人の出産をめぐる描写は、烈しい陣痛に「障子の桟がまがつて見える」、「夢中にえたいの分らない苦痛の声を絞り立てて叫びつづけた」、「遂に一塊の桃色の小さい肉体からふしぎな第一声が猿のごとく高く打ち叫ばれた」といったように周囲の人間の反応もふくめて生々しい。

そして、彼女たちの対男性意識も現実とのあいだで、「男ばかりを対手にして生活をしてゐることがいけない」、「男対手の生活を早く切り上げないかぎり、わたくし達の人生は間違ひばかり重ねて行くにちがひない」、「でも、男を対手にしないでは暮らせないほど無能無学にできてゐるから仕方ない」と揺れ動きながら認識され、ついに、出産をした一人は子供を相手方の家へ引き渡し、心機一転「哈爾浜」へと旅立つ。「露西亜、独逸、伊太利、支那、満人など各国の人種がぞろぞろ散歩して」いる「知る人の顔の見えないこの都会が急に好きになり」、「松花江」に向かって「みんな流れておしまひ!あの人も、あの子も!」と心の中で叫び、「堂々と歩いて」行くことを結びとしている。作者犀星は実際に、連載開始直後の一九三七(昭和一二)年四月からひと月弱の満州・朝鮮旅行をし、哈爾浜には一週間の滞在をしている。旅嫌いを自認する犀星までもが多国籍の人びとの行き交う大陸へ出かけ、主人公に活路を与える新天地として描いたところに、当時の時勢が浮かび上がる。

## 3 通史的母性の特集

古今東西の文学をとおした「母性」の通史は幾たびか特集を組まれており、日米開戦以前の誌上では各時代の世相を分析的に照らし出していておもしろい。文学表現を戦意昂揚や翼賛の道具としない、学究的姿勢につらぬかれていることがその理由である。二巻七号(一九三五年七月)の特集「母性の文学」では、森本治吉「上代文学と女性」、菊池うた子「王朝女流文学と母性」、阪口玄章「戦記物語にゑがかれた母性」、鶴見誠「近世の文学にあらはれた母性」、吉田精一「母性と近代文学」が各時代の個性をあぶり出している。

森本（上代文学）は、古代における母系制度の名残によって後世よりも母の実権が強いために、娘たちが自らの恋愛の障壁として母を捉える歌が多いことを指摘、娘の恋の相手にとってすら、母は「苦手であり、おつかない憚られる存在」であったとする。続く菊池（王朝女流文学）は、王朝時代の一夫多妻主義のために、女性は「夫の愛をひきつける為にも、夜がれを慰める為にも、より強く子供の愛に生きねばならなかつた」とし、「宮廷女流文学を貫くものは、抒情精神と共に「母性的な心」である」と指摘する。阪口（戦記物語）は、日露戦争に出兵する兵士の母が天皇への忠誠を港で呼びかけた「一太郎やあい」を例にして、「満州事件以来現在に至る我国の情勢は、再びこの母を甦らせる十分の理由を持つてゐた」とはじめ、「保元物語から平家物語に至るまでの母性の言動には仏教的思想」が、「太平記へ来ると、余程武士道的な思想」が根柢にあり、楠正行の母の諫めは「父桜井駅の教訓と共に今もなほ国民の血潮の中に流れ込んでゐる」として、満州事変下の様相へとつなげ、その後の時代的傾斜を予言的に言い当ててもいる。だが一方で、戦記物語には個性や心理が十分に描かれていない憾みがあり、それは作品の性質上やむを得ないとの分析的な視点も忘れていない。そして鶴見（近世文学）は、「人間味が多い」「愚か」な「町人の母が近世の母親の代表者」であり、子供を可愛がるだけ可愛がってしかることもできず、父親からもかばうので、その子はろくな者にならないが、「意気地のないと云へば意気地のない、馬鹿と云へば馬鹿な、併しあくまでも人の好い、情け深い、やさしい母親」が近世を代表する母性であると愛情深く説く。吉田（近代文学）は二葉亭四迷が訳した「親ごころ」（作者不詳）のあらすじとともに、娘の境遇にみずから寄り添おうとする切々たる老母の愛情に如くはないと、先掲の藤村作《つくる》が啓蒙的に象る聡明な母親像とは対極的な老母を、外国文学を援用して評価している点が興味深い。

また、これらから三ヵ月後に同様の特集「物語の女性」（二巻一〇号、一九三五年一〇月）が通史的に組まれ、母性にふれたものとしては、次田真幸「古事記に現れた女性」、森本治吉「風土記の女性」、富澤美穂子「宇津保物語に現れた女性」、時下米太郎「平家物語に現れた女性」があげられるが、各時代を照らす論旨は先の特集と大きく異なってはいない。

さらに翌年には、「内外文学に現れたる母性」（三巻六号、一九三六年六月）として、倉野憲司「渇れざる母性愛―古事記を中心に―」、森本治吉「万葉人の母性」、関みさを「母性探究の旅（源氏の母性）」、金子英二「母性の種々相―日記文学を中心に―」、後藤丹治「祇王祇女をめぐつて」、峰岸義秋「高められたる精神美―謡曲に現はれた母性―」、藤田徳太郎「御伽草子に現はれた母性愛」、小池藤五郎「近松の描いた母性」、鶴見誠「西鶴の描いた母親」、塩田良平「母としての忍従―木阿弥の母性―」、大内修二郎「シェイクスピアに現れた母性」と、多くの論者を配して、再び通史的な母性の特集を組んでいる。

そのうち、関みさを「母性探究の旅（源氏の母性）」は、当時における最も新しい解釈として池田亀鑑による母性思慕論を取り上げ、光源氏の恋愛放浪が母性探求の旅であることを述べ、金子英二「母性の種々相―日記文学を中心に―」は母性愛の諸相を、「いたはり」と「いとほしみ」（「讃岐内侍日記」）、性奔放で利己的ゆえの盲目的な愛（「十六夜日記」）、男性作者による間接的な悲しき母性の際立ち（「土佐日記」）としてみせる。また、峰岸義秋「高められたる精神美―謡曲に現はれた母性―」は、謡曲における母性を主とした曲目は狂乱物に多く、「率直に、多少皮肉に言つてみると、謡曲に出て来る或る種の女は確かにヒステリーの様に思ふ」と興味深い指摘をしており、小池藤五郎「近松の描いた母性」も、近世における「変態的・特異な母性の型」として、「槍の権三重帷子」の「おさゐ」が娘婿にと考えた権三に恋人があると知るやいなや、「強い母性的の欲求が変態的な性格と合して、思ひもよらぬ、自己のものとする欲望に変じ、無実の罪を身に受け、遂に邪道に墜ちてゐる」と紹介する。さらに、塩田良平「母としての忍従―木阿弥の母性―」は、「一般に女性は受動的ではあるが、恋愛時代は男性に対して相当強い対立意識をもつてゐるものである。しかし一まづ母となることに於て（生理的事実の前に於て）相手の男を見直す心の働が起る。恐らくこの時が女一代に一番大きな心の変化が来る時ではないか」と母性に関する持論を展開し、黙阿弥の作における母性の果たす必然性を、「黙阿弥の持つモーラルが社会的大義（作中黙阿弥は浮世の義理と言つてゐる）のためにはあらゆる犠牲を払はねばならぬと言ふ簡単なものであつたために、複雑な感情の交錯をさけるためにも人間としての女を強調するよりも、犠牲をあへて行ふ、或は男性のすべてを抱擁する母性を強調した方が、物事が簡単にかたづき筋が透明になるのである」としたのが目を引く。

## 4　釈迢空・荻原井泉水・池田亀鑑

見てきたように、満州事変下においても文芸から照らす通史的母性は、倫理観に縛られない特質や特異性をふくめて自由に論じられていることがわかる。このような趣は創作においても同様であり、釈迢空（折口信夫）「幼き春」（四巻一号、一九三七年一月）は、裕福な家庭に生まれながら親の愛情に恵まれない幼子が、ほのかな妖艶さをただよわす女性の微笑みに慰められるさまが描かれている。〈わが父は　我を愛まず／我が母は　われを厭はし／　兄姉と　心を別きて／　いとけなき　我を育せり〉とうたいおこされるそれは、〈まづしかる家の子すらに、／よき親を持ちて　ほがらに〉過ごす様子と対照され、〈よき衣を　我は常に著／　赤き帯　高く結びて、／をみな子の如く装ひ〉ているために、周囲の子供らから爪弾きにされている、そのあらわれと響くように、〈白き手を　婉にふらせ〉る〈うるはしき人〉が〈我を見て　ほの〴〵笑ます〉さまが、夢のように儚い俤であるとの感懐で閉じられる。

　また一方で、「受験」に邁進する母子のさまを、荻原井泉水「幼童受験」（五巻一号、一九三八年一月）が、前掲「幼き春」とは対照的な躍動感をもって次のように描いている。〈子供を入れたい学校が白くて日のさし桜冬木〉、〈門衛から入学規則もらうて読んで、てふてふ〉、〈母とテストに来た子と椿のもう咲いて落ちてゐる〉、〈毎もの林檎をたべ試験にゆく子の、けさは早くて〉、〈並木が芽ぐめば新学期が来るばかりの門からの空〉。

　さらに、医学博士雨宮保衛「児童養護の科学」（五巻一〇号、一九三八年一〇月）は、子供には「充分の保護」が必要であり、「科学的の知識がないと、如何に母性愛があつても効果はこれに伴はないし、時には反て害になることさへある」として、「身体的養護」、「精神的養護」、「恐怖」、「憤怒」、「争闘と競争」、「所有欲」、「動物虐待」、「模倣」、「好奇心」、「虚言癖」、「飽き易い」といった項目を挙げ、大人とは異なる子供

雨宮保衛「児童養護の科学」（5巻10号、1938年10月）写真

の心身への理解を促している。

これらの例や先述の文芸に見る母性史のありようからも、この時点までは母性も子供も多側面にわたって取りあげられていることがわかる。ところが日米開戦以後、それらは銃後の母と征く兵士に見立てられ、戦意昂揚に与する一様な紋切り型によって覆われてゆくことになる。河野斌「母性と短歌」（九巻三号、一九四二年三月）は、右大臣実朝の歌（「もののいはぬよものけだものすらだにもあはれなるかや親の子を思ふ」）を取りあげて、「勇士が大君の為に水漬く屍草生す屍となることを武人の本懐とする強い猛々しい心構に匹敵するもの」、「やまとだましい」、「彌々母性の尊厳さを語られる今日」、「純粋なる母性」といった言葉で解釈をほどこしてゆく。今井邦子「万葉の女性と今の女性」（九巻一二号、一九四二年一二月）も同様に、万葉の女性らがその歌のなかに、「国家意識」、「純真の心」、「愛国者」を反映していたと述べ、藤森朋夫「防人歌―母をうたへる―」（一〇巻九号、一九四三年九月）も、当時の兵士らを「大東亜開始以来、現代我が国の若き防人たち」となぞらえる。「特集・日本の母」（一〇巻一二号、一九四三年一二月）でその傾向を顕著にする片桐顕智「大東亜戦争と母」は、「防人の母」、「軍国の母」と母を形容し、「己れを空しうして、ひたすら尽忠報国に生きる精神こそ、常に家庭にある母の力」であるとし、「日本婦人に家庭を通じて国家に奉仕せよ、日本の家族制

度の美風を愈々昂揚して戦争完遂に貢献」せよとの「首相」の言を借りて、利己主義に走らぬ日本の家族制度とそれを維持する母の役割とを強調する。

こうした情勢に塗り込められた誌面のなかで、教え子の戦死にふれた池田亀鑑「夕陽舎随筆」（一〇巻一二号、一九四三年一二月）は印象的である。薬師寺の聖観音の前で、「ありがたいですね。僕はここで死んでもいいですね」と、涙ぐんでいた教え子Kはガダルカナル島で戦死。「私」は「泣かうにも泣けない気持ち」となり、「K君の英霊は、はるかに天かけり、君が生前涙したあの薬師寺の聖観音の慈悲の懐ろに抱かれたであらうか」と結んで、報われない魂への慰謝と無念とを滲ませている。強くあれと命じられた当時の母たちに代わって、静かな嘆きを込めたかのような異彩を放つ一節と受けとめられる。

終巻まで残り五号を数える一一巻二号（一九四四年二月）から数号は、表紙に「撃ちてしやまむ」の文字が刻印されるようになる。池田のような感懐をあらわした文章を内に抱きながらも、傾く時勢のなかで紋切り型の勇ましい母性が昂揚されてゆくのは、『むらさき』においても、また例外ではなかった。

**第11巻4号（1944年4月）の表紙絵**
「撃ちてしやまむ」の文字が入る。

# 西洋文学という窓

原田範行

## 1　雑誌『むらさき』における西洋文学

『むらさき』は瀟洒な雑誌である。女性、特に女学生の教養を涵養することを念頭に、日本の古典文学に関する優れた論考を掲載しているが、その中にあって、西洋文学の紹介にも紙幅を割いている。雑誌『むらさき』の刊行が始まって四年目にあたる一九三七（昭和一二）年、永井荷風が『濹東綺譚』を東京と大阪の『朝日新聞』に連載しているが、これを熟読していたという当時一五歳の近藤富江は、しかし、女学校の同級生がみんな『濹東綺譚』を愛読していたのかという川本三郎の問いに「いいえ、私ぐらいよ」と応じ、それに続けて、「その頃、同級生たちはみんな外国の小説《向こうのもの》ばかり読んでいたんですよ。荷風とは対極の、清純なものとか」と答えている（『東京人』二〇〇九年一二月号三一頁）。『むらさき』は、まさにこの時流を巧みに捉え、日本文学に関する論考や記事とともに、「外国の小説《向こうのもの》」の解説を意欲的に掲載していたと言えよう。

『むらさき』が瀟洒なのは、もちろん、たんに西洋文学にも目配りが効いているという理由だけによるものではない。雑誌の内容が実に多彩で工夫されているのである。紫式部学会という「学会」が出版者となり「教養」を前面に打ち出しつつも、例えば、小説や短歌などの創作にも力を入れている。それも女性文学者だけでなく、石坂洋次郎や稲垣足穂のような男性の寄稿もある。読者の投稿作品もあるし、一九三六（昭和一一）年三月号のように広く懸賞小説の募集をすることもあった。国文学者久松潜一のオクスフォード訪問記もある。特集にも注目すべきものが少なくない。例えば一九三四（昭和九）年七月号では、「星の文学の批評と鑑賞」というテーマで、万葉集から新体詩まで、そして日本から「ギリシア神話」や「聖書」、「英文学」、「独逸文学」、「支那文学」、「印度神話」などに至るまで、珠玉のエッセイが寄せられている。これだけできわめて興味深い比較文化的考察への導入となっていることは、今日的視点で見ても明らかであろう。文学だけでなく、最新の国内外の映画時評もあるし、ベートーヴェンをはじめとする西洋音楽の紹介もある。モーツァルトの弦楽合奏セレナードを指揮するフルトヴェングラーの姿を載せたポリドール社の広告が躍如としていたりもする。写真や図版も多い。一九三八（昭和一三）年一月号のように「東海道五十三次とその文学」と題して、広重作品をカラー図版で掲載している場合もある。こうした多彩な誌面構成が全体として、日本を基点としつつも、西洋の文学と文化への広がりを雑誌に与えているのである。

西洋文学についても、おそらくは、現在の日本の大学の一般的な講義科目では間に合わないような広がりをさえ持っている。イギリス、ドイツ、フランス、ロシアはもちろんのこと、イタリアやギリシャ神話、北欧のイプセンなども登場する。一九三四（昭和九）年五月の創刊号には、さっそく、キャサリン・マンスフ

図1　1914（大正3）年、26歳のキャサリン・マンスフィールド
当時の生活の拠点はロンドンであった。

イールド（英、図1）やアンドレ・ジィド（仏）、ポール・フォール（仏）、その翌月号には、マルセル・プルースト（仏）やヘルマン・ヘッセ（独）についての論考が掲載されているが、これらは、ほぼ同時代の西洋文学の紹介であったと言ってよいだろう。もちろんこれらと並んで、パーシー・ビッシュ・シェリー（英）やエミリー・ブロンテ（英）、ハインリッヒ・ハイネ（独）、ダンテ（伊）などについての記事もあるわけだから、西洋文学についても、それなりの歴史的視野を持って編集されていたと言えよう。ホーソーンの『緋文字』（米）やルイーザ・メイ・オルコットの『若草物語』（米）、セルバンテスの『ドン・キホーテ』（西）、さらにはロシア文学や中世北欧文学なども、すでにこの一九三四（昭和九）年のうちに登場している。さらに興味深いのは、一九三七（昭和一二）年一〇月に刊行された「少女文芸号」と題する臨時増刊号に「英訳日本文学読本」なるコーナーが設けられていること。岡田哲蔵の英訳万葉集に始まるこの英訳日本文学の紹介は、その後、一九三九（昭和一四）年九月号から翌年七月号にかけて、アーサー・ウェイリーによる英訳『枕草子』へと受け継がれていく。日本文学を基点としつつも、否、日本文学を基点としているからこそ、その海外への発信を意図したこのような企画は、やはり出色のものと言えるだろう。それも、たんに英訳を掲載するだけではなかった。読者向けの解説を適宜織り交ぜ、アルファベットと日本語を組み合わせるという、植字上も手間のかか

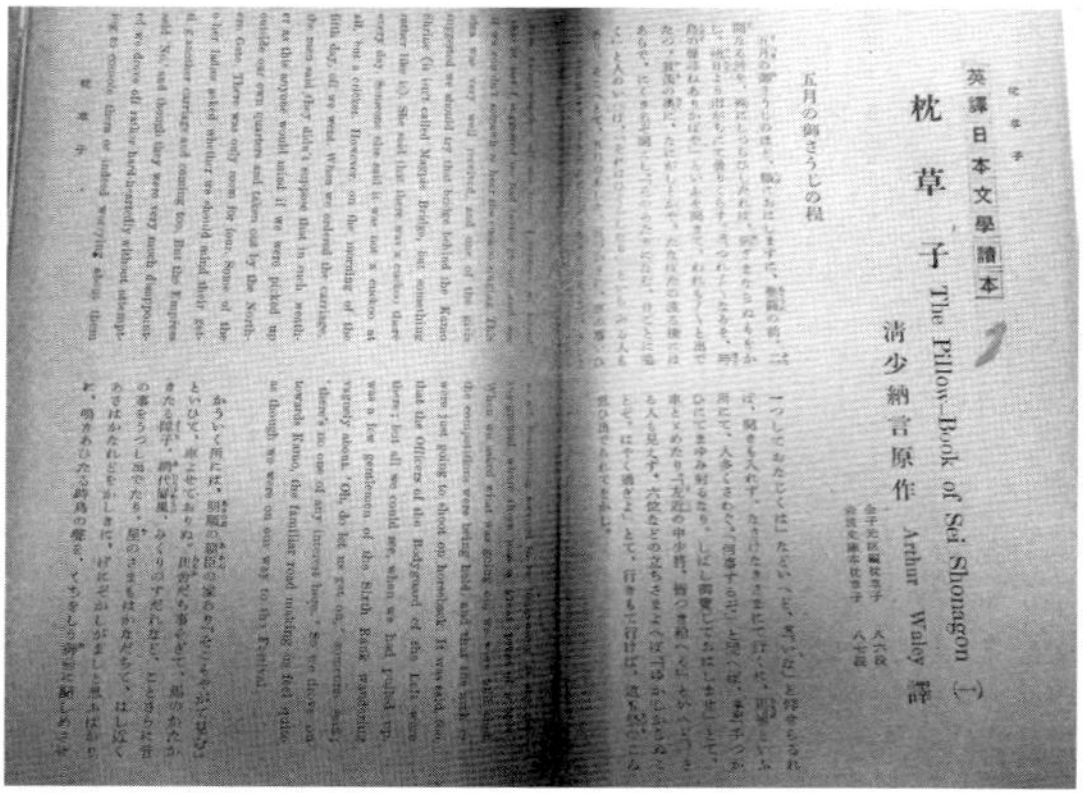


図２　アーサー・ウェイリーによる英訳『枕草子』の第一回
『むらさき』1939年９月号。植字上の工夫もうかがえる。

る誌面構成を敢えて実行しているのである（図２）。

雑誌『むらさき』が刊行されていた一九三四（昭和九）年から一九四四年の日本は、言うまでもなく、日中戦争から太平洋戦争に至る時代である。国際連盟を脱退して満州国を建国した日本は、一九三六（昭和一一）年にはロンドン軍縮会議からも脱退。二・二六事件、日独防共協定、国家総動員法、日独伊三国軍事同盟など、深刻な国家的危機に瀕していた時代である。実際、英訳万葉集が掲載された一九三七（昭和一二）年一〇月の臨時増刊号には、「北支とはどんな処か」という一文が顔を出す。筆者は日支問題研究会の姫野徳一。同年七月に、いわゆる盧溝橋事件が起きていたことは言うまでもない。翌一九三八（昭和一三）年一一月の懸賞募集は、「銃後の文学」をテーマとするに至っている。紙質も一九四一（昭和一六）年一二月を境に急速に劣化し、頁数も減少する。一九四三（昭和一八）年五月号を境に目次も、従来の見開き二頁から一頁になってしまう。しかしながら、そのような時代にあって、ともかくも一九四四（昭和一九）年六月の終刊に至るまで、西洋文学関係の記事をある程度バランスよく採り入れて瀟洒な誌面を作り続けたこの『むらさき』という雑誌は、いったいどんなメッセージを現代に伝えているのか。『むらさき』における西洋文学という窓を通して、そのメッセージを読み解くことにしたい。

## 2　藤村作と西洋文学

紫式部学会を立ち上げ、雑誌『むらさき』を企画・立案して、その編集発行の中心を担ったのは藤村作である。藤村は、『万葉集』や『源氏物語』ではなく、井原西鶴を中心とする「近世小説の研究」で文学博士号を取得している。その意味では、大正から昭和にかけての日本文学研究に新風をもたらした人物であり、近世文学を学問的対象とした先駆的存在であると評価されることが多い。一九二四（大正一三）年に雑誌『国語と国文学』が創刊されたのも、彼の尽力によるものだ。雑誌『むらさき』創刊当時、彼は東京帝大教授で、東洋大学学長を兼任していた。一九三六（昭和一一）年には東京帝大を定年退職し名誉教授となるが、一九四〇（昭和一五）年には、汪兆銘政権下の北京大学に教授として赴任している。第二次世界大戦後の一九四六（昭和二一）年にはいち早く日本文学協会を創立して、その初代会長となっている。まさに当時の日本文学界において、指導的役割を果たした人物と言えよう。

その藤村は、実は、英語教育排斥論者としてよく知られている。もちろん、英語教育不要論は明治期から既に多くあり、特に日米関係が悪化する昭和期に入るとその論調は勢いを増していたが、なかでも、藤村が一九二七（昭和二）年に雑誌『現代』五月号に発表した長文の「中等学校での英語科廃止の急務」は、その後の英語教育不要論に大きな影響を与えた。その要旨は、次のようなものである。すなわち、小学校はもとより中学校（旧制）における英語教育は、英語が国民生活に必要不可欠とは言えない以上、また、学校で少し習ったくらいでは全く役に立たない以上、不要であり、生徒の負担を軽減すべきである、他方、将来の学問研究や職業で英語が必要であるという場合は、学習者を厳選して教育すればよく、それは一府県（当時は「東京都」ではなく「東京府」であった）に一、二校で十分である、これに伴い、国民が外国の書物から直接、知識や思想を吸収できなくなる恐れもあるが、それに対しては大翻訳局を設置し、各分野の専門の学者で、外国語に通じ、また国語にも詳しい人を翻訳官として任命するような制度を設ければよい、こうした英語教育不要論は、現代の国民生活の実態に即して考えたものだが、それと同時に、白人に対して日本民族は劣等である、自国の文化は低級であるというような考えを捨て、日本国民に真の自覚と自尊心を喚起したいという思いからでもある——。

当時の中等学校の外国語科、特に英語教育についてこのような持論を有していた藤村が主導した雑誌『むらさき』の創刊号に、例えば、ニュージーランド（当時はイギリス領）の出身で、イギリスで生活し、最後はフランスで亡くなったマンスフィールドのような女性作家の伝記と作品が紹介されているということは、一見、矛盾することのようにも思える。しかも、彼女が三四歳で亡くなったのは一九二三（大正一二）年のことだから、ほぼ同時代的な、英語圏の文学の最新情報の紹介でもあったということになる。ドイツ語やフランス語、ロシア語で書かれた文学作品についても、連綿とこの雑誌において紹介され続けたという事情は、既に触れた通り。雑誌『むらさき』において藤村は、英語を中心とする外国語科教育に関する持論を、いったんは封印したということなのであろうか。

いや、おそらくそうではあるまい。というのも、『むらさき』における西洋文学の紹介は、ちょうど彼の

「大翻訳局」構想をまさに実現するかのように、外国語に通じ、国語にも詳しい各分野の専門の学者による良質な論考や翻訳が大半を占めているからである。そういう専門家によるお墨付きを得た作品の翻訳が、翻訳上の困難や限界などといった具体的現実的問題とはかけ離れた「名作」として、また女学生読者が知識・思想を吸収するにふさわしい完成された文学作品として、並べられているのである。つまり、名品揃いなのだ。実際、『むらさき』創刊号におけるマンスフィールドの短編『人形の家』の翻訳は、「小さき名作物語」という分類の中に収められている。同号における「ベートーヴェンの序曲コリオラス」は「名作鑑賞講座」、ハイネやシェリーやフォールの詩は「名詩鑑賞講座」といった具合である。ちなみに、マンスフィールドの『人形の家』を収めた「小さき名作物語」には、『堤中納言物語』の「花桜折る少将」や『御伽草子』の「三人法師物語」もある。二〇世紀初頭のモダニズムの時期にあって、その文体や表現手法にはイギリスのヴァージニア・ウルフなども注目していたと言われるマンスフィールドの佳品が、数百年の時間と地球半周におよぶ空間を隔てて日本の古典と並べられているこの光景には、実際、日本人として、驚嘆とある種の快感を禁じえない。日本文学を基点に時空を超えて西洋文学を見る、西洋文学を日本文学の枠に組み込んで日本人の理解に資する、そういう大胆な編集方針に対する驚嘆と快感である。

もちろん、昭和初期の日本の文芸誌におけるマンスフィールドの紹介自体は、それほど珍しいことではない。例えば、雑誌『三田文学』でも、一九三七（昭和一二）年九月号を「現代英吉利文学特集」号とし、西脇順三郎の「現代文学回顧」を巻頭に、福原麟太郎の「一九二〇年代」、瀧口修造の「英国と超現実主義」、中野好夫の「英国現代劇が暗示する一問題」など四〇篇に及ぶ論考や翻訳を収めているが、その中の一篇に

「鳰てる子」（これは英文学界某長老の匿名である、と注記されている）によるマンスフィールドの伝記的紹介がある。ただ、この『三田文学』には、『むらさき』とは決定的に異なる特徴があった。ひとつには、『三田文学』のこうした英文学特集の企画は、翌一九三八（昭和一三）年九月号をもってぱったりと姿を消してしまうということ、また、一九二二（大正一一）年から一九二五年にかけて実際にロンドンおよびオクスフォードに留学し、英文学研究を進めつつ詩人としても活躍した西脇順三郎が「発行者」であったこともあり、主眼があくまでも最新のイギリス文学の紹介と批評に置かれていること、そしてその西脇自身は、昭和一〇年代、言論弾圧と思想統制に対して、その矜持を示すべく、詩人としての活動を完全に休止していたこと、などである。これに対して『むらさき』は、太平洋戦争勃発後にも、規模を縮小しつつ英米を含む西洋文学の窓を維持し続けていた。そこから見える西洋の姿はいかなるものであったのか。

## 3　幻想の西洋文学

「屠れ米英われらの敵だ！分捕れ沙翁もわがものだ！」――「沙翁」とはシェイクスピアのこと。なんとも重苦しく、読むに耐えない、しかし他方でいささかはずむような調子で記されたこの一節は、一九四二（昭和一七）年三月に刊行された『英文学の話』という英文学史の書物の序文に、特に大きな活字で記されたものである。前年一二月の真珠湾攻撃によって太平洋戦争が始まったこと、その後、日本軍が香港やシンガポールを攻略、マニラを占領していたことは言うまでもない。米英との戦時下にあった当時の日本では、英語が敵性語となり、その文化は唾棄すべき敵性文化と化していた。厳しい言論弾圧の中にあってあえて英文学史の書物を刊行しようとすれば、このような表現を纏わざるをえなかった、という事情は、今日の日本でもよく知られていよう。それでも当時の『むらさき』には、ラドヤード・キプリングやフィリップ・ギブズといった、ほぼ同時代のイギリス人作家の作品の翻訳が掲載されていた。警察や検察当局とのきわめて困難な折衝がその背後にあったであろうことは容易に推察される。

この「屠れ米英われらの敵だ！」の一節を掲載した『英文学の話』の著者は、大和資雄である。東京帝大英文科を卒業した彼は、当時、日本大学法文学部教授として英文学を講じていた。戦後は、組織改編をおこなった日本英文学会の理事にも就任している。彼は、実は創刊号以降、一九三九（昭和一四）年二月にかけて、雑誌『むらさき』に英文学関係の論考や翻訳をほぼ毎号寄稿していた人物でもある。イギリス・ロマン派の代表的な詩人サミュエル・テイラー・コールリッジの幻想的な名詩「クリスタベル姫」に関する連載など、『むらさき』におけるイギリス文学紹介の大黒柱であったと言ってもよいだろう。件の台詞、「屠れ米英われらの敵だ！分捕れ沙翁もわがものだ！」にも、困難な時局にあって、なお英文学への愛を表明しようとする彼の心情はうかがえる。米英に対して「屠れ」と激した言葉を用いつつ、他方でシェイクスピアを「分捕れ」と言っているからである。これは、シェイクスピアという宝物を、という意味であろう。『太平洋戦争と英文学者』（一九九九年刊、研究社）において宮崎芳三は、こうした大和の姿勢について、「戦争をすりぬける」と評している。文学を通じて教養を高め、民族性や国民性に対する理解を涵養する、とは、『むらさき』を主導した藤村はもちろん、文学研究の意義を語る一般的な説明に必ずと言ってよいほど登場する説明の一つである。だが、その民族性や国民性が最も激しく向き合う戦争にあっては、結局、「すりぬける」しか方法がなかった、ということであろうか。西洋文学における「名作」や「名詩」を「鑑賞」するという西洋文学への姿勢は、結局、戦争を「すりぬけ」てしまったのであろうか。

西洋文学の名作を極上の翻訳で紹介するという『むらさき』の編集方針は、たしかに、一語一語を置き換えていくその刹那に発せられる軋みや摩擦のような、翻訳や異文化理解の現場には必ずつきまとっているはずの苦しみや妥協を捨象し、読者を、快適な、幻想的世界に誘う。それが幻想であることに気づくのは、読者一人一人が異なる文化を有する人間に接し、さまざまなやり取りの中で、その人物が使う異なる言語の一語一語の性質に細やかな思いをはせる瞬間でしかない。しかし、そのような瞬間が多くの日本人に訪れるというような状況はありえるのであろうか。現在の日本でさえ、この問いに答えるためには、ある種の困難がある。ましてや昭和初期のことである。そのようなことは当面難しいだろうと考えて「中等学校での英語科廃止の急務」を発表し、一種の代替案として「大翻訳局」の設置を提言したのが、藤村の立場であった。実際、かりにそのような瞬間を多くの日本人が共有できるというのであれば、翻訳の必要性は著しく減るはずだ。

雑誌『むらさき』におけるこうした立場は、実は、ウェイリーによる英訳『枕草子』にも鮮明に表れているように思われる。ケンブリッジ大学出身のこの天才的東洋学者は、日本にも中国にも、一度も訪れたことはない。それにもかかわらず、彼の英訳は、日本の『源氏物語』や『枕草子』をはじめ、中国の『詩経』、『老子』、『論語』、『西遊記』などに及んで、今日でも欧米で広く読まれている。エドワード・サイデンステッカーやドナルド・キーンといった、戦後の英訳日本文学を担った人物たちへの影響もきわめて大きい。だが彼は、国際文化振興会（現在の国際交流基金の母体となった組織）が刊行する雑誌に一九四一（昭和一六）年に発表した“The Originality of the Japanese Civilization”と題する一文で、日本の詩歌が翻訳不可能であることを明言し、その上で、そうした日本の詩歌を読む者が詩人であれば、その詩人の母語に移しかえること、いったんは詩歌であることをやめてしまったオリジナルが別の言語によって再創造されることは十分に可能である、と述べているのである。ウェイリーが日本の古典に精通していたことは確かである。だが彼の基本的な姿勢は、日本の古典文学の精髄を忠実に英訳する、というものではなかった。『枕草子』の英訳は原文の四分の一程度であるし、英訳『源氏物語』から「鈴虫」の一帖を省いてしまったこともよく知られている。彼は、驚異的な語学力と詩人的感性を持って、日本や中国の古典を吸収し、それを彼なりに再創造していたのである。そうした彼の英訳は、西洋文学の諸作品の中から「名作」を選別し、それを優れた翻訳によってあくまでも読みやすい「名作」として紹介し続けた雑誌『むらさき』の編集方針とぴたりと重なり合うように思われるのだ。

一九四一（昭和一六）年九月、雑誌『むらさき』は、四頁に及ぶ巻頭グラビアで、ドイツ軍による空爆を受けたロンドンの惨状を、「瀕死の都ロンドン」として生々しく紹介している（図3）。太平洋戦争開戦前夜、緊迫する日英関係の中にあって、一見これは最新のイギリス紹介とも思えるのだが、実を言うと、この年の五月には、ドイツ軍によるロンドン空爆はほぼ休止に追い込まれていた。イギリス空軍による徹底した防空体制が整ったために、既にドイツ軍の主眼は東部戦線に向いていた時期である。このグラビア記事には、ロンドンに駐在していたドイツ人記者ハインツ・メデフィントによる「ロンドン」という一文が翻訳で紹介されているが、この文章も実は、直接的に空爆後のロンドンを描いたものではない。彼がかつてロンドン滞在中に得た、この世界的大都市への感懐を詩的文章にまとめたものである。なぜそのような、いささか的外れと言ってもよいような文章をわざわざ空爆の写真とともに巻頭に載せたのかは定かでない。おそらくは雑誌刊行に伴う言論統制による制約があったためであろう。ともあれ、活況を呈する以前のロンドンのシティと、爆撃による噴煙にまみれたセント・ポール大聖堂の写真による対比は、遍く読者の心をうったに違いない。うったには違いないが、その上で、そういうヨーロッパ戦線の現況に、雑誌『むらさき』の読者は何を感じていたのであろうか、と私は思う。「向こうのもの」への幻想は幻想として閉じることにしたのか。それとも、幻想の彼方に西洋文学を通して看取できる人間社会の真実を読み取ろうとしていたのであろうか。『むらさき』における西洋文学という窓から見えてくる光景は、昭和初期のみならず現代の日本に生きる私たちに対しても、文学と異文化理解の本質にかかわる重要な問いを発し続けている。

図３　「瀕死の都ロンドン」
『むらさき』1941年９月号。戦前の賑やかなシティと空爆の噴煙が立ち上るセント・ポール大聖堂のコントラストが衝撃的だ。

# 映画記事のなかの欧米志向と理想の女性像

志村三代子

## 1　「娘と映画」

娘たちよ、短い娘時代はおもふ存分、シネマに堪能あそばせ。そして共にせいぜい感傷にひたりませう。

エッセイ「娘と映画」（『日本映画』一九四〇年七月号）の文末で、作家の大迫倫子はこのように言い切った。「若いお嬢さんがより集まればシネマの話しかないと言って、それをもって精神の貧困であると論じられたある作家がゐる。精神の貧困どころか、ここに豊かな娘の精神ありと言いたいところである」と主張した大迫は当時二五歳。一九四〇年に偕成社から刊行された『娘時代』がベストセラーとなり、一躍注目された時期の発言である。大迫倫子は、『むらさき』の読者より年長ではあるものの、当時の若い女性が公共で意見を表明する機会がほとんどないなか、このような大迫の言葉は、当時の「娘」による貴重な言説であったにちがいない。当時の世論は、「娘」が映画を鑑賞することに関して表面上は厳しく規制した。たとえば、同エッセイを掲載した雑誌『日本映画』は、「女学生と映画」という記事で国内外（京城、平壌、旅順、哈爾濱などの植民地を含む）の計九七校の女学校にアンケートを取っている。「貴校では生徒の映画館出入に関しどの様な方針で居られますか」の質問に対し、問答無用で「絶対禁止」の女学校が二校あるなか、「絶対禁止（必要あらば引率す）」「父兄同伴の場合に限り許可」といった教員、父兄が同伴すれば条件付きで許可するという回答がほとんどであり、映画鑑賞に干渉しない女学校は一校もなかったのである。とはいえ、それらは「建前」で、「シネマは三度の御飯とおんなじとまで言はれてゐるほど、いまの若い人たちには、なくてはならない営養《ママ》物になってゐる」という大迫の言葉が「本音」であり、『むらさき』の編集部も若い女性の娯楽と慰安の役割を果たしていた映画を無視することはできなかったのだろう。

　国家の「非常時」が強く意識された時代に創刊された『むらさき』にとって、映画は、不要不急であり、実際、「現代婦人としての高雅なる趣味と教養とを深めるために発行されたもの」という『むらさき』発刊の主旨からは逸脱する。だが、興味深いことに、『むらさき』では、少しでも読者の「高雅なる趣味と教養とを深めるために」、映画記事に関する独自の紙面構成がうかがえるのである。本稿では、主な執筆者と主要記事の内容を分析し、さらに『むらさき』誌上で注目すべき作品である『新しき土』（一九三七年）と『まごころ』（一九三九年）の関連記事を取り上げることで、『むらさき』のなかの映画の位置づけを明らかにしていきたい。

## 2　インテリ／文化人の執筆者と欧米志向

『むらさき』誌上の映画関連記事は、現在公開中の映画作品の宣伝写真と梗概、映画作品に関するエッセイの概ね二種類に分けられるが、美術や音楽のように創刊号から「教養と趣味」欄で毎号欠かさず掲載されていたわけではない。創刊号では、「劇と映画」のなかで『ゆりかごの唄』と『バンサ』が紹介されているが、前者はアメリカ映画、後者は記録映画であった。他のすべての記事が目次でページ番号がふられているにもかかわらず、三八ページから四〇ページに掲載されたこれらの記事は、目次にページ番号がふられていない。創刊号で、日本の劇映画が紹介されていないことからもわかるように、『むらさき』が取り上げる映画作品は、日本映画よりも欧米映画が総体的に多かった。『むらさき』は、計二二五本の映画作品を紹介しているが、そのうちアメリカ映画が一〇〇本、フランス映画が二三本、ドイツ映画が一五本、その他が五本、日本映画が八二本であり、『むらさき』が発行された一九三四年から一九四四年の一〇年間に三四三〇本の日本映画が封切られたことを考えると、アメリカ映画の紹介が多いことがわかる。現在と違い、当時の映画館は、日本映画と外国映画を上映する映画館がそれぞれ分かれており、当時の日本映画は、作品の規模、質の両面において欧米に劣るとされていた。とはいえ、一九三五年頃からアジア・太平洋戦争以前の日本映画界は、溝口健二、小津安二郎はもとより「天才」といわれ夭折した山中貞雄、伊丹万作、成瀬巳喜男、清水宏といった巨匠・名匠と呼ばれる映画監督が次々と意欲作を発表した第一の黄金期であったが、『むらさき』では、成瀬巳喜男が二回、清水宏が一回、溝口健二、小津安二郎、山中貞雄らの作品は一度も取り上げられていない。だが、大迫倫子のエッセイにすら日本映画についての言及が一言もなかったように、欧米映画は、欧米による最新の風俗・近代化された豊かな社会を垣間見る憧れのメディアであったのに対し、日本映画は、一般的にも「文化」とはみなされておらず、あくまで「娯楽」であり、欧米映画と比較すると「低俗」のイメージがつきまとっていたのである。さらにいえば、『むらさき』の執筆者たちが、いわゆる映画ジャーナリズムで活躍する映画批評家ではなく、高い学識を持つインテリあるいは文化人であったことが欧米贔屓に拍車をかけた。彼らの記事を読む『むらさき』の読者たちが欧米映画のファンになることは自然であり、『むらさき』誌上の映画記事における欧米志向は、世評と矛盾するものではなく、『むらさき』の編集方針のひとつである「高雅なる趣味と教養を深める」という点においても、日本映画ではなく欧米映画に軍配があがったのである。とはいえ、数少ない日本映画の紹介では、二ページにわたる梗概のあと、「この映画は成瀬巳喜男監督が自から脚本を執筆し」ている。たとえば、成瀬巳喜男の『噂の娘』（一九三五年）では、『むらさき』独自の見解が掲載されている。たとえば、成瀬巳喜男の『噂の娘』（一九三五年）では、二ページにわたる梗概のあと、「この映画は成瀬巳喜男監督が自から脚本を執筆し「妻よバラのように」を凌《マ》ぐ《マ》作品を、と意気込んで製作に当ったものと聞く。酒屋を営む旧家が、没落を辿る過程に日本娘と近代娘の感情を対比しながら、人の世の姿を描写している点、ひしひしと観るものの胸を打つ」と独自の解説文が加えられている。

昭和九年七月号から一二月号、昭和一〇年一月号から三月号までは、中村秋一が、エッセイ「映画時評」を担当しているが、「編集室から」では、「京都帝大文学部美学科出身の新人で、この時評はインテリ女性の間に好評を博しております」（昭和一〇年三月号五二頁）とわざわざ中村の経歴を紹介している。本業が舞踊評論の中村による映画批評は、当時公開された欧米映画の感想が大半だが、数少ない日本映画の一つである、徳富蘆花の『不如帰』を翻案した『浪子の一生』については「三文実話のスキャンダルとして取扱う必要が一体どこにあるのか！」と批判するなど、日本映画に対しては辛らつな意見を述べている。

昭和一一年九月号から一一月号までのエッセイを担当したのが飯島正である。飯島は、東京帝大卒だが、戦前から本格的に映画批評を手掛けていることから、飯島だけが映画ジャーナリズムでも活躍した映画批評家といえる。飯島の次に、伊能三郎が、昭和一二年一二月号と昭和一三年一月号までエッセイを担当した。他にも、『夫婦善哉』（一九五五年）、『雪国』（一九五七年）などで知られる脚本家の八住利雄が執筆しているが、八住はもともとロシア文学研究者として知られていたため、『むらさき』ではロシア文学関連の寄稿であった。詩人の北川冬彦は、『キネマ旬報』などの映画雑誌で批評を寄稿する批評家としての側面を持つが、『むらさき』誌上では詩人に徹している。心理学者で映画に関する論文・書籍も著した波多野完治は、本誌ではもっぱら「文章読本」などの文章指導にあたった。映画に関するエッセイとして、小説家の須藤鐘一が、内務省社会局の移植で不良児童感化事業を宣伝するための映画（『更生の春』）のシナリオの執筆と、監督の手伝いを経験し、房州海岸の避暑地で、退屈しのぎのために映画興行に手を出して予想外に大変だった思い出を綴っている（「幻燈・活動・映画」昭和一三年三月号）。

以上のように、外国映画を重視した文化人による映画記事は、日本文化の向上を企図した『むらさき』の編集方針とはいささか矛盾をきたしていた。だが、『むらさき』が紹介する数少ない日本映画のなかで、注目すべき作品が二本ある。それが『新しき土』（一九三七年）と『まごころ』（一九三九年）である。『むらさき』は、昭和一二年第五月号で『新しき土』に関する計五七人の識者たちのアンケートを掲載し、石坂洋次郎作の『まごころ』は、昭和一四年七月号から九月号まで三回にわたって『むらさき』で連載された後に、東宝で映画化され、成瀬巳喜男が演出している。次節で順を追って紹介していきたい。

## 3　『新しき土』のアンケートにみられる「日本」と理想の日本女性

一九三七年に公開された『新しき土』は、一九三六年の日独防共協定締結を機に日独友好映画の一環として製作された。ドイツ側はナチスの宣伝として、一方の日本側は、日本を世界にアピールする輸出映画として期待され、当時一六歳の原節子を国民的スターにした作品としても知られている。日本版を伊丹万作、ドイツ語版をアーノルド・ファンクが担当し、公開当時は圧倒的にファンクのドイツ版が支持された。アーノルド・ファンクは、『聖山』（一九二六年）、『モンブランの王者』（一九三四年）などの「山岳映画」を手掛けたドイツの著名な映画監督であり、弟子にナチスの宣伝映画として知られる『民族の祭典』、『意志の勝利』の監督・レニ・リーフェンシュタールがいる。本作の物語は、八年ぶりにドイツから日本へ帰国した輝雄（小杉勇）と彼の許嫁の光子（原節子）を中心に展開する。輝雄は、ドイツで近代精神に触れ、ドイツ人のゲルダ（ルート・エヴェラー）に惹かれており、花嫁修業に勤しむ光子（原節子）に対する愛情を失いかけていた。光子は輝雄の態度に絶望し、婚礼衣装を抱いたまま火山に登り噴火口で自殺を試みるが、間一髪で駆け付けた輝雄に助けられる。その後、二人は新天地を求めて満州に赴き、開拓兵が警護にあたるなか、農業に励む場面でおわる。「新しき土」とは満州の土地のことであり、本作は、満州開拓を奨励するプロパガンダ映画であることは明らかだ。『むらさき』編集部がこの映画に注目したのは、『新しき土』が富士山、地震、金魚、能、生け花、角力、茶の湯、薙刀、桜、着物などの日本の風俗がふんだんに取り入れられた「日本紹介映画」としての側面を持っていたことであり、『むらさき』編集部は、識者たちのアンケートを掲載するにあたって企画の主旨を次のように述べている。

> 「新しき土」の批評は映画批評としてである限り既に時機を失している。然しこの映画が単なる映画技術、又は商品価値としてのそれとは別に、主題に「日本」というものを取り扱っている関係上これの流行の後に更《ママ》めて静かに検討してみるべきものがある筈である。本誌はここにそこに思いを致す人々、主として国文学者の方々にお願いして意見をきくことにした。

『新しき土』は、大ヒットを記録したにもかかわらず、日本版、ドイツ版ともに世評が悪かった。その主な理由は、ドイツ版におけるエキゾチシズムに満ちた視線が未だ健在であることへの落胆、ストーリーの破綻と光子の性格設定にあり、特に光子が、婚約者の輝雄との未来に悲観し、振り袖姿で険しい山に登り、噴火口で自殺を試みる安易さが批判された。『むらさき』に寄せられた文化人たちのアンケートにおいても、その多くが世間の酷評と同じくストーリーの支離滅裂さに苦言を呈している。とはいえ、撮影技術の素晴らしさに賛辞を述べる感想が多く、特にアーノルド・ファンクのドイツ版の風光明媚な富士山の美しさに注目が集まった。たとえば、詩人の並木秋人は、日本画家の小泉勝爾が「ファンク博士によって、桜の美を再認識した」と引用しながら、「ファンク博士が山岳映画家の手腕で充分富士山の崇高美をつかまれたことに涙がこぼれた」と述べる一方で、劇中に取り入れられた追分節や牛追唄に言及し、原節子が「木の花咲耶姫と須世理姫の性格を兼備した性格女優」と表現し、古事記の登場人物を比喩に用いて、『むらさき』読者の教養に照準をあてており、映画批評家にはない視点が見られる。また、アーノルド・ファンクが表現した日本の伝統を国史と関連付けて肯定的に捉える意見（「個人が伝統の中の一つの鎖であることを主張している点はうれしく思いました。国史を概観する時、常にその感を深くするのですが、あの映画にその点を主張したことは日本の真の伝統力を物語るものとして感謝さるべきでしょう」水田明）がある一方で、「ファッショの宣伝映画のような感を受けて実に不愉快」（林嘉道）「ナチス独逸に対する宣伝的意味」（藤田徳太郎）などのナチスドイツに対する警戒心を述べる意見もあった。注目すべきは、「満州の荒野らしいところを我がもの顔に振舞っているのを見て、元来、戦争の嫌いな私はいやな予感でぞっとしました」と不快感を示した鹽田忠子の感想であり、これから泥沼の戦争へと突き進む未来の日本の姿を予見している。

原節子の大柄で西欧的な顔立ちは、これまでの日本女優にはない新しさがあり、原節子は、『新しき土』の宣伝でドイツを訪れた際も、現地で大人気を博したことから、欧米に対する日本の劣等感を克服する女優として期待が寄せられた。原が演じた光子は、貞淑で、茶の湯や生け花といった日本的な文化に通じていながら、薙刀などの武道もこなす文武両道な女性として登場することから、『むらさき』の読者にとって理想的な女性像であったことは想像に難くない。だが、「光子の行動に対して国辱的だと云った名流婦人がゐますがそれは所謂新しがり屋の薄っぺらな考え方」（水田明）という光子の行動を肯定する意見はアンケートのなかでも少数であり、「「光子」といふ女性の正体がはっきりしません」「教養のある日本女性は、もっと許嫁の青年を信頼してゐなければならない筈です。これでは後に死を決することが無意味です」「外人がこの映画を見た時に、何と日本女性は命をお粗末に取扱ふものだろうと感じないでせうか。まるで我儘娘が駄々をこねての仕打ち以上には見られない、況や婚礼衣装を持って火山へ行くなどと、一層蓮葉な芝居じみたあてつけのように感ぜられます」（佐々木一二）など、光子の行動に疑問を呈す批評が多く、光子と同世代の『むらさき』読者に対し、理想の女性のあるべき姿を教授する意見が述べられている。

## 4　『むらさき』連載小説の映画化——『まごころ』（一九三九年・成瀬巳喜男）

『新しき土』に対する『むらさき』編集部の関心は、本作に散りばめられた外国から見た日本文化への傾倒と、光子という才色兼備な若い女性であったが、一九三九年七月号から三回にわたって連載された、石坂洋次郎の『まごころ』も、『むらさき』が想定する理想の母親像が描かれている。この作品は映画化され、一九三九年八月一〇日に封切られたが、「まごころ」の連載終了号にあたる九月号は、同日の八月一〇日に納本されていることから、本誌の連載終了直後に映画『まごころ』が公開されたことがわかる。九月号の「編集後記」では、単行本の『まごころ』が九月上旬に発売される告知が掲載されており、さらに書籍『まごこ

東寶映畫化の名篇
好評沸くが如し！
愈々第八版出來！
まごころ
石坂洋次郎著
傳說
「若い人」を以て一躍文壇に獨自の地位を占めた石坂氏が更に想を凝して世に問はむとする問題の巨篇。その飽くなき心理解剖の鋭さと高き情緒の香りとは惻々として吾々の心底を衝いて止まず、東寶の俊英成瀨監督をして映畫化への熾烈な慾求をそゝりし名篇。同收する他の一篇「傳說」こそは嘗て「時事新報」五十萬の讀者の喝采を受けた作者獨得の抒情篇。靑春を最高度に昂揚させたあえかにも美しき田園物語。
東京神田神保町二ノ二
むらさき出版部
振替東京七五六一六番
四六判美裝函入
定價一圓五十錢
送料十錢
単行本『まごころ』の広告

ろ』の単行本（「伝説」との合本）の広告には、映画『まごころ』の写真が掲載されている（図）。このような『むらさき』の連載直後の単行本化と映画の公開は、雑誌、書籍、そして映画の売り上げの相乗効果を狙う、いわゆるメディア・ミックスの宣伝手法が採られている。

「まごころ」の物語は、地方都市を舞台に、仲良しコンビの金持ちの娘・信子と母子家庭の娘・富子が、それぞれの親の過去を知って思い悩むが、信子の父親・敬吉の出征を機に、双方の家庭が和解へと進むというものである。映画化にあたって、信子を当時の人気子役の悦ちゃん、信子の母の浅田夫人を村瀬幸子、敬吉を高田稔、富子を新人子役の加藤照子、そして富子の母の蔦子を入江たか子が演じている。

映画『むらさき』は、「愛国婦人会」のたすきをつけ、てきぱきと働く浅田夫人を捉える姿からはじまる。実際の愛国婦人会と国防婦人会の婦人たちが多数出演していることから、冒頭の浅田夫人を取り巻く女性たちは、その婦人たちであるのかもしれない。原作では東北の地方都市に設定されているが、実際のロケ地は甲府で、浅田敬吉の応召見送りの場面が最初に撮影された。

入江たか子と高田稔は、ともに東宝の大スターであり、『まごころ』以前に公開された数々の映画で、夫婦や恋人を演じていた。当時の観客は、浅田夫人を入江たか子ではなく、村瀬幸子が演じていることは不自然であり、入江と高田がカップルでないなら、物語に何か事情があることを予想していただろう。案の定、敬吉と蔦子は、若い頃に相思相愛の仲であったことが浅田夫妻の諍いによって明らかにされる。新学期になり、今まで一番だった信子の成績が下がり、その事実を担任教師に質した浅田夫人が、クラスでトップの成績を取った生徒が蔦子の娘の富子であることを知ると、俄然嫉妬心に火が付き、夫に蔦子について問いただし、その声が隣室にいる娘の信子に聞こえてしまう。翌日、信子は、富子に富子の母親と信子の父親の過去の関係を話してしまい、ショックを受けた富子はその場で泣き出してしまう。敬吉と蔦子の再会は、それぞれの子供を介して急展開する。川で遊んでいた信子が、脚に怪我をし、居合わせた富子が助けを求めて母親の蔦子を呼び、駆けつけた蔦子が、釣りをしていた敬吉と鉢合わせる。原作の敬吉は、「私は……当然の酬いを受けた生活をして居ります」という意味深な発言をするが、映画ではそのような言葉はない。だが、蔦子と敬吉の視線の交差は、入江たか子と高田稔が演じているだけに、この二人は昔、確かに相思相愛であったことが、小説以上にほのめかされることになる。

石坂洋次郎の『まごころ』では、少女の純真さ、親孝行、未亡人の貞淑に対する礼賛、戦争肯定、傲慢な主婦に対する諌めなど様々な要素が散りばめられているが、成瀬巳喜男は、偶然知ってしまったそれぞれの親の過去に対する少女たちの心の動揺を見事に映像化し、「気品のある小品」と評された。とりわけ入江たか子の演技は、「演技では入江の持っていて他の演出者では現わし得ない面が見られた」と当時の批評も好評であった。入江たか子は、華族出身という映画界では珍しい出自を持つ。サイレント時代から活躍した美貌の女優として知られた入江も中年を迎え母親のような役柄への転向を余儀なくされるが、本作では、女手一つで、成績トップの娘に育て上げた規範的な母親・蔦子を無理なく演じている。とりわけ、敬吉と鉢合わせた際の戸惑いの表情と、富子を背負う際にみせる慈愛に満ちた優しい笑顔は、当時の理想的な母親を体現しており、『むらさき』の読者が入江が演じた蔦子に共感したのはおそらく間違いないだろう。このような入江の母親役は、女子挺身隊の活躍をテーマにした黒澤明の第二作『一番美しく』(一九四四年)において、女子工員を優しく励ます寮母へと引き継がれてゆく。

信子の怪我の手当てをしたのは近所の人と聞かされていた浅田夫人は、実は蔦子がかかわったことを知って激高し、敬吉を問いただす。敬吉は自分が嘘をついたのは、娘の信子の助言だったという。信子は母親の蔦子への嫉妬に気づいていたからだ。敬吉は、愕然とする浅田夫人に召集令状が来たことを告げる。浅田夫人は、夫に対するこれまでの倨傲な態度を反省し、夫婦は和解する。敬吉の出征という一大慶事によって、夫婦の確執が雲散霧消となり、二つの家庭は平穏を取り戻す。原作では、浅田夫人と信子が町内の橋の袂で千人針を通行人に縫ってもらっているところに、富子と蔦子が通りがかり、敬吉のために蔦子が千人針を縫うことで和解するが、一方の映画では、駅のプラットフォームで、大勢の見送り人のなかに、富子と信子が並んで旗を振り、夫人と蔦子の和解が示唆され大団円を迎えている。敬吉の出征によって長年のわだかまりが解消する結末は、いかにも「非常時」らしい。原作では、父親の出征を聞いた信子が「お父さん、お芽出度う、バンザーイ!」と言わせるほど夫の出征は慶事であり、戦時下の物語では、家庭内の不和を一気に解決するほどの機能を果たしていたのである。

## 5　映画記事の終焉

昭和一五年一二月号で、歌人の筏井嘉一が「映画・民族の祭典による作品」と称して、五作の歌を発表している。『民族の祭典』は、一九三六年のベルリン・オリンピックの模様を記録したナチスの宣伝映画であり、監督のレニ・リーフェンシュタールは、既に述べたように、『新しき土』のドイツ版監督を務めたアーノルド・ファンクの弟子でもあった。この作品では、三段跳びの田島直人、棒高飛びの西田修平ら日本人選手の活躍ぶりも紹介されていることから、筏井の句は日本人選手たちの活躍を讃美したものである。だが、『むらさき』では、友好国のドイツの映画であり、当時大きな話題を呼んだ作品であったにもかかわらず、映画それ自体の紹介はなく、筏井の歌のみの掲載で終わってしまっている。

『むらさき』の映画欄は、昭和一五年五月の『カプリチオ』（ドイツ）、『貿易風』（アメリカ）の紹介を最後になくなる。なぜ、映画欄は消滅してしまったのか。理由として考えられるのは、昭和一三年一一月以降、外国映画の輸入許可制が実施されたため、欧米映画の公開本数、とくにアメリカ映画の本数が減少してしまったことによる。軍国主義が強化されるに伴って、音楽や美術も内容の変更を余儀なくされ、西欧から日本美術、日本音楽に徐々にシフトしていく。たとえば、美術は、昭和一六年一一月号から「趣味と教養」の欄がなくなる代わりに、「大日本歴史講話」に日本美術が組み込まれ、昭和一七年八月号から鎌倉時代の彫刻の連載がはじまるが、美術の欄は、昭和一八年五月号を最後になくなる。美術と同じく「趣味と教養」で扱われていた音楽欄は、美術より早く昭和一六年一一月号で終了する。映画の場合、創刊当初から欧米映画、特にアメリカ映画の紹介に偏重していたために、日米関係の悪化にともない、映画記事を終了せざるをえなくなったのである。それならば、「日本的なものの美しさ、正しさ、明るさを求め」た『むらさき』の編集方針に沿うように、日本映画の紹介に尽力するという選択肢もあったはずである。『むらさき』が映画欄を打ち切った昭和一五年は、日本映画が製作されていなかったわけではもちろんなく、政府の意向に沿った国策映画を中心に綿々と製作されていたのだ。しかし、『むらさき』は、これら日本映画を一本も紹介しなかった。こと映画に限っていえば、欧米志向の姿勢を最後まで崩さなかった。

『むらさき』は、当初から映画を「娘」の「慰安」あるいは「娯楽」として位置づけ、「欧米」から「日本」へと序列化していたが、戦局の悪化にしたがって、欧米映画、とりわけアメリカ映画と決別することで、『むらさき』誌上から映画欄を消さざるを得なかったのである。

# V 教養としての古典

# 紫式部学会と雑誌『むらさき』

田坂憲二

## 1　紫式部学会の設立

雑誌『むらさき』の創刊号（一九三四［昭和九］年五月一日発行）を見ると、表紙に「趣味と教養」の角書きで、紫式部学会会長藤村作の「むらさき」の題字を掲げ、最下部に「紫式部学会」と朱文字で印刷されている（朱文字は一巻七号まで。一巻八号からは黒文字。二巻九号までこの表記だが、二巻一〇号からは「紫式部学会編輯」と変わる。刊行最終年の一一巻四号までこの形式が踏襲されるが、最後の五号、六号にはその文字が消える。書誌の確認のため、微細な表記の相違も記述する）。ちなみに角書きも、一九四〇（昭和一五）年の七巻一一号から「日本的教養」と変わっており、「日本」を標榜することが求められたのであろう。発行所は「紫式部学会出版部」（住所は巌松堂書店幽学社内。「紫式部学会出版部」名で発行されたのは二巻一〇号まで、一一号からは「学会」の名前が消え「むらさき出版部」となり、終刊号にいたる）と

『むらさき』創刊号（1934年5月1日発行）

なっている。ではその「紫式部学会」とはどのようなものか。

　創刊号巻末の三ページ分は「紫式部学会記事」に割かれており、「趣旨」「学会案内」に続けて、役員として、会長藤村作、講師久松潜一・池田亀鑑、理事兼「むらさき」編集委員栗山津禰ほか二名、幹事兼編集委員奥野昭子ほか四名、編集事務主任桜井安二、会員として賛助会員に青木久子ほか五名、一九三四（昭和九）年二月現在の通常会員・会友として一七一名の名前を挙げる。会員中には木田園子や鷹見乙女の名前も見られる。賛助会員と通常会員とは会費の相違によること、会員は女子に限られ、会友は男子を遇するために設けたこと、実費で雑誌のみ購読も可能であることなども記される。

　趣旨には「紫式部は我が国古今閨秀作家の随一であり、其の作品源氏物語は独り我が国小説の巨擘たるのみならず世界最大最古の小説であり」と説き起こし、その専門の学会が存在しないことを遺憾として、「私共はこゝに紫式部学会を起して、我が国の持つ宝玉に益々光輝と栄誉とをあらしめると共に、我が文化の進歩と発揮とに貢献したい」と高らかに結んでいる。「学会案内」も、入会資格、入会方法、事務所所在地など全一〇項目からなるが、その第一項に「本会は紫式部の業績を追慕し、会員相互に日本文学を通じて国民としての教養を深め、併せて社会の是に関する知識と理解の増進普及を計るを以て目的といたします」とあり、設立の方向性は明確である。しかし肝腎の学会発足の時期や、その経緯については『むらさき』の創刊号ではまったく触れられていないのである。

ところで、『むらさき』には、二つの創刊号がある。最初にその存在に言及したのは、労作『雑誌『むらさき』戦前版戦後版総目次と総索引』（一九九三年、武蔵野書院）の作成に腐心した池田利夫の「もう一つの『むらさき』創刊号―源氏物語劇上演禁止の波紋」（『源氏物語回廊』二〇〇九年、笠間書院。初出は『むらさき』三一、一九九四年一二月）である。上述した、通常の『むらさき』創刊号が、昭和九年四月一日印刷納本、五月一日発行であるのに対して、「創刊特輯号」と銘打っている別の一冊は、昭和九年一月一三日印刷、二月一日発行であり、創刊号に先だって刊行されている。創刊特輯号の内容については次節で再度言及するが、ここでは紫式部学会の沿革についてのみ述べる。

創刊特輯号の三九～四二ページが「紫式部学会会報」であるが、四三ページ「『むらさき』創刊記念懸賞募集」、四四、四五ページ「紫式部学会講座会員募集」、四六、四七ページ「『むらさき』第二号予告」であり、これらの部分全体が紫式部学会の彙報に当たる。なかで注目すべきは「会報」の部分である。

「会報」は、「沿革」「創立の趣旨」「会則」の三部構成である。「趣旨」は前記「創刊号」のものとほぼ一致する。「会則」は同じく「会員案内」にあたるが、「会則」と名乗っている分、こちらの方が形が整っている。最初に「名称」として「本会は紫式部学会と称す」とし、次いで「目的」「事業」「会員」などに分けて整然と述べられる。「目的」は「学会案内」の第一項とほぼ同文である。ただし「会員互に日本文学上の知識を涵養し併せて社会のこれに関する知識の増進普及を計る」とあり、『創刊号』の「国民としての教養」の文言は含まれていない。

この「会報」の冒頭に据えられた「沿革」の部分は、紫式部学会の発足から『むらさき』発行に至る過程を極めて正確且つ克明に記している。創立は一九三二（昭和七）年五月（日付は未記載）。六月四日に四五〇名を集めて帝国教育会館にて創立発表会、藤村作・久松潜一・池田亀鑑・沼澤龍雄の挨拶と講演。六月一一日から初年度の講座を開始（一九三三年三月一一日まで）、久松の万葉集、池田の源氏物語、藤村の日本永代蔵。七月九日に藤村作を会長に推薦。一一月一九日、二〇日の東京帝大の源氏物語に関する展覧会を後援。一九三三（昭和八）年四月一五日から、新年度講座、池田の源氏物語、藤村の日本永代蔵。他に理事会、忘年会、三条西公正の講義、講読作品の変更など、日付入りで詳細に記されている。この記事に、紫式部学会理事栗山津禰の『紫式部学会と私』（一九六九年、表現社。一九八九年に大空社『伝記叢書』第六〇巻に版面複製で復刊）で肉付けをすることによって、さらにその背景が分かる。

栗山津禰は、一九三〇（昭和五）年から、女子高等教育の充実のために、母校東洋大学で国語国文講座を開催した。二年目の予定であった源氏物語講座を要望する声が高く、島津久基を講師として前倒しで開催。好評であったが島津の病気のため休会がちになり、島津との間で運営上のトラブルもあったので、藤村作に相談、藤村の推挽で池田亀鑑が講座を担当するようになった（この間の経緯は複雑な人間関係もあり、直接栗山著書につかれることを強く希望する）。相前後して、栗山の私的な運営の形では大学との関係上困難になり、池田に相談すると「紫式部学会という名にして、左の趣旨で始めるよう」助言を得たのである。「左の趣旨」とは実際に『むらさき』誌に掲載されたものとほぼ完全に一致する。こうした経緯で紫式部学会は発足したのである。

## 2　源氏物語上演中止事件

紫式部学会発足の翌年、一九三二（昭和七）年には六代目板東簑助（八代目三津五郎）の新劇場が源氏物語の上演を企画し研究を続けていた。『むらさき』創刊特輯号によれば、一九三三年春には、紫式部学会が「日本文学普及上に、日本文化宣揚上に、又現代劇壇開拓上に、甚だ意義ある、有益なる企て」として、これを後援することを決定、「原典に関する学術的指導」などを行っている。こうした支援を得て、番匠谷英一の脚本により、一一月二七日から三〇日まで新歌舞伎座にて上演の予定であったが、警視庁に検閲を出願した結果、上演不許可の通告を受けたのである。一一月一八日に内示があり、折衝を重ねたが、二二日正式に不許可の発表があった。公演が目睫に迫り、切符のほとんどが販売されていたこともあり大混乱に陥った。新聞各紙はこの問題を取り上げ、『東京日日新聞』二三日朝刊には「上演期日を目前に「源氏物語」禁止さる　紫式部学会の苦心も水泡　阻まれた古典の劇化」との見出しが見られる。その後、新劇場側は、改定脚本を一二月五日に提出、上演の可能性を必死に模索したが、九日に再度却下され、万策尽きたのであった。この問題については、すでに研究の蓄積もあり、関連資料が『批評集成　源氏物語』第五巻戦時下編（一九九九年、ゆまに書房）に網羅されているので、以下『むらさき』誌との関連についてのみ述べる。

『むらさき』創刊特輯号（1934年２月１日発行）

　もう一つの創刊号、すなわち創刊特輯号は「源氏物語劇の解説と報告」と銘打たれており、上演中止を受けて発行されたものである。口絵に都新聞社写真部撮影の「新劇場主催　源氏物語劇服飾調度陳列会」の写真を掲げ「源氏物語劇化上演後援顛末報告」「源氏物語劇の梗概と配役」「再訂脚本の梗概」「劇中に現はれる主要なる服飾の解説」「劇中に現はれる主要なる調度の解説」で、この雑誌の和文全四八ページの三八ページを占めている。「顛末報告」は学会として後援をしていた以上、会員に対する説明の義務ありとして書かれたもの。「梗概と配役」や「服飾」「調度」の解説は、劇が上演された場合の原稿であっただろう。前掲書の栗山の証言によれば、紫式部学会としては「筋書を書いた雑誌を発行しようとしたのが、殆んどできかけて駄目になったので、禁止後の後始末として、一部の原稿を出版」したものであるという。中止の「顛末報告」と、上演の際の「梗概」や「解説」が共存しているのはそうした事情だったのである。「むらさき」の命名者は会長で、池田亀鑑の骨折りで「巌松堂書店に、紫式部学会編集として発行させた」とも述べている。この冊子を契機として定期刊行物としての「むらさき」が浮上したのであり、創刊特輯号には「むらさき　第二号　予告」が掲載されている。その後、刊行物の体裁を整え、創刊特輯号の三ヵ月後に、第二号として計画されていたものを、改めて『むらさき』創刊号として刊行するのである。

創刊特輯号には、幻に終わった源氏物語劇の配役が掲載されている。上述した『批評集成』には再録されておらず、これらの人々が戦争を挟んで源氏物語とどう関わっているかを簡単に見ておく。

新劇場の代表であり、光源氏役の六代目板東簑助は関西歌舞伎に移っていたため、一九五一（昭和二六）年三月の菊五郎劇団の源氏物語には参加していない。ようやく一一月大阪歌舞伎座の公演において海龍王一役を勤めるにとどまる。時代に先駆けすぎた悲劇であろうか、無念の思いがあったに違いない。まだ八代目三津五郎を襲名する前のことである。空蟬役の二代目板東鶴之助も四代目中村富十郎を襲名して以来関西歌舞伎に転じていたから、同じく大阪歌舞伎座で参加、桐壺更衣や藤壺女御を演じている。頭中将役の市川段四郎は三月の源氏物語初演から参加して、惟光や鬚黒などを勤めている。逆に新劇場で惟光役を予定されていた五代目片岡十蔵は五代目市蔵として左中弁などを勤めている。朧月夜の片岡ひとしは、五代目片岡芦燕として一九五二（昭和二七）年五月歌舞伎座で侍女右近、一九五四年五月には紫の上を勤めている。板東簑助は、新劇場ののち、片岡ひとしや九代目市川高麗蔵らと共に東宝劇団に移るが、高麗蔵が九代目海老蔵を襲名後、戦後歌舞伎で光源氏で人気を博することとなる。源氏物語上演中止事件はこれらの人々の人生も翻弄したと言えようか。

猶、新劇場のために準備された衣装や調度類にせめて日の目を見せてやろうとの思いであったろうか、一九三四（昭和九）年一月には、銀座の松屋百貨店八階で源氏物語展覧会が行われ、衣装類も展示されている。展覧会の日時は、『読売新聞』などの記事に拠れば一月九日から二〇日までであるが、松屋の文化事業の顧問であった正木直彦の日記によれば、一二月八日にはこの企画が動き始め、年内の二六日には準備が整い内見もおこなわれている（田坂「大島本『源氏物語』のことなど」『名書旧蹟』二〇一五年、日本古書通信社）。この時の解説目録には藤村作も文章を寄せ、文献資料の大部分は池田亀鑑の所蔵品であったから、紫式部学会も裏でこの展覧会を支えていたと言って良かろう。

## 3　源氏物語講座と『むらさき』の終焉

雑誌『むらさき』には様々な記事が掲載されているが、紫式部学会との関係において最も重視すべきものは、源氏物語講座である。源氏物語講義、源氏物語鑑賞、源氏物語新講等々、名称を変えつつ第一巻から第一一巻まで、休載号が僅かにあるが、紫式部学会や編集部の名前の下に連載された。『むらさき』を代表する連載記事である。

源氏物語講義の第一回は、「特別講座　源氏物語講義　桐壺の巻」（目次による、本文の見出しは「特別附録　源氏物語講義」）として第一巻六号（一〇月号）から開始、一一月のみ休載（編集後記によれば池田の病気のため）だが、以降第二巻五号まで七回で完結する。二巻一号の桐壺第三回から「特別講座」「特別附録」の文字が消える。目次では一貫して講義名の下に「紫式部学会」と記し、本文見出しの下には「紫式部学会講座速記」と記される。実際の講義は池田亀鑑によるものだが、同時掲載の清少納言枕草子講座が池田の名前を出すのとは対照的である。西鶴五人女講義が藤村作の名で、万葉集秀歌鑑賞講座が久松潜一の名で連載されているのと比べてみても、その差は明瞭である。島津久基との関係もあり、池田が名前を出すのを控えた可能性もあろうが、結果的には紫式部学会の看板講義であることを内外に示すこととなった。

この源氏物語講座に関しては、小嶋菜温子「戦時下の『源氏物語』学―紫式部学会誌『むらさき』を読む」(『源氏物語の性と生誕』二〇〇〇年、立教大学出版会)が、若紫巻から玉鬘巻に飛び、「皇統譜の乱倫に触れる、不義の皇子の誕生を描く」紅葉賀巻を割愛しているという重要な指摘がある。ただ、一五年戦争下にあり、源氏物語劇上演中止事件を受けて、研究者も様々な形で自己規制を強いられていることは、紅葉賀巻の省略以外にも多くの箇所に見出される。それらを一、二補っておきたい。

最も分かりやすいのは、若紫巻の光源氏と藤壺の逢瀬の場面である。一九三六(昭和一一)年の第三巻第一〇号一五六ページ一行目の「藤壺の宮、なやみ給ふことありてまかで給へり」以下全ページ分の本文に対して「此段都合により通釈を省略す」とある。旧訳の谷崎源氏の第一回配本として、藤壺との逢瀬の部分を完全に削除した若紫巻が刊行されるのは一九三九(昭和一四)年一月のこと、それに先立つこと二年三ヵ月、すでに同じ傾向は顕著であったのである。それでも講義の方は原文だけはまだ掲出可能だった。続く藤壺懐妊の場面でも、通釈の一部が削られている。「あさましき御宿世のほど心憂し」の箇所が慎重に中略され、光源氏が夢合わせをして藤壺が身籠もっているのを自分の子供であると確信する場面は、原文で七行ほどまとめて「以下都合により通釈を省略す」とある。若紫巻の削除はある程度予想可能なものであるが、講座を子細に見ていくと、同様の箇所は他にも指摘出来る。実は、通釈文を表に出す際の自己規制は、桐壺巻の段階から既に見出されるのである。

桐壺巻講義の最終回、二巻五号の第七回の講義の例を挙げる。原文は「心のうちには、ただ藤壺の御有様をたぐひなしと思ひ聞えて、さやうならむ人をこそ見め、似る人もなくおはしけるかな、大殿の君、いとをかしげにかしづかれたる人とは見ゆれど、心にもつかず覚え給ひて、をさなき程の御ひとへ心にかかりて、いと苦しきまでぞおはしける」とある。この部分の通釈が「御心の中には、只管藤壺の御有様を無類だとお思ひ申し上げて（中略）似寄る人もない程でいらつしやることよ、左大臣殿の姫君は大層美しく大切にされてゐる人とは思はれるけれど、どうもしつくりとせずお思ひになつて、幼少のころの単純な御一筋心に（下略）」となされている。僅か一二〇字余の短い原文の中に二箇所の（中略）（下略）を入れて、藤壺に対する光源氏の思慕の情が、慎重に削られているのである。若紫巻や紅葉賀巻の淵源となる光源氏の恋慕の兆しが見られるからである。この時代の源氏物語への圧力については、谷崎源氏の藤壺のくだりの省略や、橘純一「源氏物語は大不敬の書」山田孝雄「皇統を乱す」等の発言を重視して、皇室紊乱に関わる部分が論じられることが多いが、時代が強いた自己規制はそれだけではない。帚木巻について見てみよう。

帚木巻の講義は、第二巻六号に第一回、一一号の第五回までである。号数と回数が合わないのは休載があるのではない。三回目の八号が「第二回」と誤記され、九号以降この数字が踏襲されるから、実際には六回の連載である。一一号の第五回（実質第六回）では、雨夜の品定めの最後の部分「はて〳〵はあやしき事どもになりて、明し給ひつ」で終わっている。この後の帚木巻後半と空蟬巻は省略されて、次号一二号からは、夕顔巻に移っている。そのことは、十一号の講義巻末に「附記」として六行あまりの説明がなされて「中川の宿の部分は大切な部分ですが、内容をそのまゝ現代語訳にすることは、この雑誌の性質上遠慮しておきたいと思ひます」などと記されている。もちろん、光源氏と空蟬・軒端の荻との出逢いを扱う部分を避けたのである。内務省図書検閲課が婦人雑誌などの代表者を呼び、婦人の貞操軽視、姦通などを興味本位に扱ったものなど、数項目の禁止事項を申し渡したのは一九三八（昭和十三）年のことであるが、世の中の空気はいち早くそれを感じ取って、自主規制へと動いていたのである。皇室紊乱の問題は最も大きな壁となって源氏物語の前に立ちはだかったのであるが、それ以外にも、大小の障害が、源氏物語や紫式部学会を重苦しく取り囲んでいたのであった。

猶、若紫巻の後、玉鬘巻が選ばれた理由は、池田亀鑑の二種類の講座に理由があろう。紫式部学会発足当時、池田は毎月第四日曜の源氏物語特別講座（学士会館）と毎週土曜日の源氏物語講座（東京家政学院）を並行していた。前者は桐壺巻から、後者は玉鬘巻から（一巻二号の案内）であったのである。緊急避難として玉鬘巻が選ばれる必然性があった。玉鬘の後は宇治十帖を概観し、その後形式を変え、源氏物語鑑賞として、紫の上・末摘花・葵の上・明石の上・雲居の雁・藤原の瑠璃君（玉鬘）・真木柱の君と第一部の女性たちを取り上げる。さらに、源氏物語新講として通釈・選釈方式に戻って若菜・柏木を講じ、東屋巻に飛び以降頭注形式となり、一九四四年、一一巻二号で夢浮橋巻の大尾まで辿り着いたのは、『むらさき』終刊の四ヵ月前のことである。六月の終刊号では巻頭に、むらさき編集部の名前で「新雑誌『藝苑』の構想と出発に際して」を掲げ、

『藝苑』創刊号（1944年８月１日刊行）

「『むらさき』は（中略）誌名を『藝苑』と改め（中略）再出発」すると述べる。一方で巻末には、紫式部学会名義の「光輝ある使命を果して」の文章があり、新雑誌では「編輯組織も従来のような本会単独の立場からはなれ」「本会としては（中略）自発的に編輯の陣営から退きたい」と記されている。

後継誌『藝苑』は、「『むらさき』を主体とし」（創刊にあたりて）「前身『むらさき』の精神を体し」（編輯後記）と述べられており、引き続き今井邦子が読者短歌の選に当たり、『むらさき』末期の『紫式部日記』共同研究者浜中貞子・前田善子などが古典研究の文章を寄せるなど、継続性は皆無ではない。しかし、その一方で「戦時下の皇国女性のために（中略）日本婦道の樹立と戦力の増強とに力をつくす」（創刊にあたりて）「敵邀撃の戦意昂く、愛国の至情を風懐の一点に凝集」（編輯後記）と記されるに至っては、もはや紫式部学会の姿をそこに見ることは出来ないのである。

# 戦時下女学生の研究・創作

## ――東京女子大学における諸雑誌を手がかりに

藤野裕子

『むらさき』は、女学生を読者層とした教養雑誌として知られる。実際、その副題は「趣味と教養」であり、対米戦争開始後の一九四二年一一月号からは「日本的教養」と銘打たれた。掲載論考を一瞥すると、大学で教鞭を執っている人物によるものが数多く、学術的な色彩も濃い。当時の「教養」の意味するところが、現在の語感から想像されるよりも、学術的に高度であったことがうかがえる。

本稿で注目したいのは、当時の女学生たちがそうした文章をただ受け身で読んでいただけでは必ずしもなかったことである。少なくとも、女子専門学校の一つであった東京女子大学では、学生の研究・創作の発表媒体としてさまざまな雑誌が発行されており、それは経済統制が進んで物資が極端に不足する一九四三年頃まで続いた。まさに『むらさき』に掲載されているような、論説や随筆、作句・作歌を女学生自身が執筆し、雑誌として刊行していたのである。

ここでは、『むらさき』が刊行された一九三四年五月から一九四四年六月までに対象をしぼり、東京女子大学で刊行された雑誌を概観して、女学生の研究・創作に対する意欲を垣間みることにしたい。

## 1　一九三四年～一九四〇年まで

まずは一九三四年から一九四〇年までの時期に、東京女子大学で刊行された雑誌を概観したい。満州事変後、日中戦争が全面化し、総力戦体制が整えられた時期にあたる。

### (1)『欅』

『欅』は東京女子大学学友会の会誌である。発刊は一九二九年であり、ここで取り上げる雑誌のなかでは刊行時期がもっとも早い。その後年一回のペースで刊行され、現在のところ第一四号（一九三九年）まで確認できている。

そもそも東京女子大学の学友会には『学友会雑誌』という学生が創作・研究を発表する媒体があったが、それに代えて、新たに刊行されたのが『欅』であった。第三号の序文となる「私達の欅を出すに当つて」には、以下のように記されている。

> 人は己れの心に持つ響を何等かの形で外部に表はさずに居られないもので御座います。其等は或は行動、或は言語又或は文字の形式を取つて表はされます、私共の心の琴線に触れた幾多の事柄は此度和歌、詩、感想或は論文の形をとって表現されました。

私共は数多い人間社会の中から不思議な繰りに依つて引かれ此の学校で幾年かを過す機会を与へられました。然し同じ家族の一員として過してゐながら数多い人々の中日々定まつて顔を合せる方は少く、まして直接に言語を交へ得るものはまことに少ないのであります。

幸ひ此の雑誌が此の離れ〴〵になつてゐる皆の心を結びつける一機関として役立つ事になつたのは私共の心から喜びと致すところでございます。(『欅』第三号)

このように、『欅』は学生たちの「心に持つ響」を表現したいという欲求を発露する場として、また学生たちの相互交流の場として位置づけられていた。創刊号の「「欅」発刊に就て」では、『学友会雑誌』から『欅』に名を変えた経緯について記されているが、それによれば、『学友会雑誌』では毎号原稿が集らず、雑誌が「私達から遠いものはと思はれ、発表機関としての生きた意味を失ふのではないか」と感じられ、発行が重荷になっていたが、「其の行詰りをどうにかしやうとするのが「欅」発刊の第一動機」であったという(『欅』第一号、一九二九年、七六頁)。

試みに第五号(一九三二年六月発行)の内容を見ると、「竹取物語の過渡的性質について」「紫式部の片影」「国文学に見る律動芸術」「安井先生と樋口一葉」など日本文学に関わる論考が多い。そのほか詩・俳句・短歌・随想などが掲載されている。また、英語専攻の四年生による"If Jane Eyre Were a Japanese Woman in Present Tokyo" "'The Spectator' by Joseph Addison" という英文での論考・随想も掲載されている点が特徴的である。

『欅』は少なくとも一九三九年まで発行された。この間、日中全面戦争が始まり、国家総動員体制が構築されたが、論考・創作からなる誌面構成に大幅な変化はなかった。もちろん、戦争色が誌面に全く表れていなかったわけではない。『欅』の表紙には、表題・号数とともに発行年が西暦で書かれていたが、一九三九年の第一二号では、西暦の代わりに「二五九九」と皇紀の年数が表記されている。それでも、同号に掲載された論考の内容自体は、「樋口一葉の十三夜を読みて」や追分の合宿所における夏期研修（夏季心身鍛練期の成果報告（植物班・地理班によるもの）などであり、戦争色に彩られてはいなかった。同号の編集後記には、投稿のあった短歌「皇軍に捧げる歌」について、「他の多くの人の歌と全然行方の違う歌なので、並べて載せるのをわざとさけた」ことが明記されており、時局に関する内容の作品は意識的に掲載しなかったことがうかがえる。

（2）『さわらび』／『早蕨』

同紙は一九三三年二月に発刊された歌集であり、現在のところ、第一号と第三号（一九三五年一月）、第七号（一九三九年五月）が確認できている（終刊号の年月は不明）。当時東京女子大学に短歌の講師として出講していた森本治吉が、受講生の作歌を掲載する歌集として発刊したものである。森本の手による第一号の「編者のことば」によれば、森本は一九三二年九月末より東京女子大学に出講したが、それは国語専攻部の有志の希望によるものだったという。受講生は毎週六〇人ほどで、そのうち二〇人弱が毎週あわせて二〇〇首ずつ作歌し、森本がそれを添削した。そのなかからすぐれたものを選定して『さわらび』が編まれたのである。森本は、掲載作品について、婦人雑誌の投稿歌などに比べて「女流に見え易き、感傷、繊弱、小理窟の弊が、此処には全然見出し得ない。此の、歌壇的に無名の作者達は、幼きは幼きながらに、静粛であり、堅固であり、素朴である。短歌の正道をほぼ誤らず踏み目指してゐるに近い」と述べている。

　第一号の寄稿者は国語専攻の三年生が中心であったが、第三号からは同専攻の卒業生も加わるようになり、第七号ではこれまでで「卒業生の出詠の最も多い」号であったと記されている。『さわらび』は在学生のみならず、卒業生が創作を発表する場としても機能していたのである。

### （3）『国専会誌』

　名称が示すとおり、『国専会誌』は東京女子大学の国語専攻が母体となった国専会が発行した雑誌である。現在確認できているのは、第三号（一九三五年度）と第六号（一九三九年）である。年一回の発行と推定されるため、発刊は一九三三年度であると思われる。第三号の編集後記に「国専会も恙なく三回の誕正《ママ》を迎へ」とあり、国専会も一九三三年度に発会したと見てよい。一九三五年の時点で会員は一〇〇名ほどであった（『国専会誌』第三号、六二頁）。一〜四年および予科の学生二名ずつが国専会の委員となっている。

　第三号においては、教員の今園国貞による「真渕の国学研究」に始まり、三年生の手による「大学の格物致知に就いて」「大学に於ける物質観」と題する論考二点（『大学』の三綱領・八条目について検討を加えたもの）や、同じく三年生による「竹取物語を読みて」と題する論考が掲載されている。このほか、一〜四年生の創作した短歌四連作と随筆六点が掲載されている。第六号では、教員の石村貞吉による寄稿や、「「紅楼夢」の林黛玉」「壺前裁」「保元物語の敬語について」「伏見常盤伝記」「竹取物語のテーマについて」と題する論考が掲載されている。このほか、短歌の連作、詩が二本、その他随筆類が九本収められた。『国専会誌』には「国専会記録」という項目も設けられている。これによれば、会誌の発行のほかにも、尾佐竹猛・児島喜久雄らによる講演会、佐々木信綱・水谷八重子・岡田禎子・岸田国士を招いての座談会、文学座やハムレット舞台稽古の見学会などが行われていた。

## 2　一九四一年〜一九四五年まで

### （1）東京女子大学報国会の結成と『作葉』の発刊

こうした学術研究や創作とその発表の場としての雑誌の刊行は、一九四一年末に対米戦争が開始されると、戦局の悪化や戦時動員・物資統制の強化によって、ままならない状態に陥っていった。

一九四一年四月、文部省により各学校の自治組織の解散が命じられたことを受け、東京女子大学においても学友会は解散し、報国会が結成された（『東京女子大学五十年史』一四〇頁）。報国会は「国体の本義に基き本学建学の精神に則り全学和衷協力して心身の修養情操の陶冶を図り、以て負荷の大任を果すべき皇国民を錬成する」ことを目的とし、東京女子大学の教職員・生徒の全員を会員とした。報国会には、修練部（体育班・勤労作業班）・警備部（整備班・防衛班）・文化部（学術班・芸能班）・宗教部（研究班・修養班）・生活部（共済班・学寮班・通学生班・追分寮班）の五部一二班が置かれた（「東京女子大学報国会々則」）。このうち、本稿がこれまで見てきた研究・創作の場は文化部が担っていった。

この報国会が発行していった雑誌が『柞葉《ははそば》』である。『柞葉』は一九四一年一二月に発刊された。第一号の冒頭には以下の文が掲げられている。

報国会雑誌を　柞葉と　名づく。其の出典は　万葉集四一六四及び四一六五の二首なり、曰く

ちちの実の　父の命《みこと》　柞葉の母の命　凡《おほ》らかに　情《こころ》尽して　念《おも》ふらむ　その子なれやも　丈夫《ますらを》や　空しくあるべき　梓弓　末振り起し　投矢《なぐやも》以ち　千尋射渡し　剱刀《つるぎたち》　腰に取り佩《は》き　あしひきの　八峯踏み越え　差任《さしま》くる　情障らず　後の代の　語り継ぐべく　名を立つべしも

反歌

丈夫は名をし立つべし後の代に聞き継ぐ人も語り継ぐがね

「柞葉」という報国会の会誌のタイトルには、総力戦体制下における女性の役割として、母となること、それも健兵を育てる母となることとの重要性が込められていたといえる。しかしながら、時局にあわせることを目的に報国会の会誌が刊行されたわけではなかった。巻頭に位置する「報国会大会に際して」と題した文章において、学長の石原謙は、報国会・報国隊は文部省の指示によって結成されたものであるが、「奴隷的に又は流行性に従つてなすやうな人真似の仕事」であってはならない、そこには「女子大の精神と気風と信仰

と教養と個性とが滲み出てゐなければならない」と述べている（第一号、一〜二頁）。こうした気概が学友会の解散以後も、報国会の会誌をとおして研究と創作を発表し続けることにつながったといえよう。『柞葉』第一号には、「希臘神話の一考察」と題する論考と「女子青年期に於ける最幼時の記憶について」と題する心理学の論考（高等学部三年二名による）が掲載されている。続く第二号（一九四二年九月刊行）には、安井てつ・中野良夫・西尾実からの寄稿文に加え、「近世に於けるたゞごとの展開」と題する魯庵・景樹など近世前期の和歌に関する論考、報国会学術班のうち日本芸術研究会による「日本芸術研究」、地理学研究会による「善福寺聚落の三問題」と題する論考が掲載されている。このように報国会の機関誌である『柞葉』は、学友会の機関誌であった『欅』と同様に、学生の手による学術的な論考を発表する場として機能していた。どちらかというと国文学に偏りがちであった『欅』よりも、むしろ学問分野の広がりを見せていた。

創作については、第一号では「夏から秋へ」と題する報国会作句部の俳句、国語専攻有志の和歌、学生・教員からの随筆が寄せられており、第二号では報国会芸能班作句部と作歌部として、俳句・和歌が掲載されている。この点でも学友会時代に『欅』で繰り広げられていた創作発表は、報国会の『柞葉』に引き継がれていた。俳句・和歌の内容については、「国民服」「防空服」「敵機」「配給」といった時局を表す語句が入ったものもあるが、少数にすぎない。ほとんどが花鳥風月を主題とした時局とは関連性の薄い作品となっている。

『柞葉』には、学友会が解散したのちも、時局にあわせた雑誌名に変更しつつ、それまでの研究・創作の発表の場を確保し、その水準を維持しようとする学生・教員の強い意志を見ることができる。

## （2）『柞葉』の廃刊と講習会

しかしながら、その試みはたった三号で途絶えることになった。一九四三年に発行された第三号の巻頭文「柞葉の最終号に」のなかで、安井てつは次のように述べている。

昭和十六年東京女子大学に報国会が編成せられ、其会の雑誌を「柞葉」と名づけられたといふ事と、其出典とをうかがひ、時局に最も適はしき明るく清く直き国民精神の発表機関として健全なる発達を衷心祈りつ、あつたのである。然るに国家の直面せる物資統制の重要問題に連関して、報国会は僅に二ヶ年愛育した此の柞葉の発行を中止せねばならなくなつたと聞くのである。恰も前途ある純真な少年が、学園を辞して国家のために決戦の大空を望んで飛び出さんとする姿にも思ひ合はされるのである。

ここで強調されているのは、『柞葉』において研究・創作を発表することそれ自体は、「国民精神の発表」であって問題はなく、中止の要因は物資の不足によるものだということである。物資の統制が雑誌の刊行に直接的な影響を及ぼしたことは、第一号・第二号が活字・活版印刷・並製本（総頁数七〇〜九〇頁）であったのに対し、最終号は紙質が著しく劣化し、手書き・謄写版印刷・ホチキス止め（同一一二頁）であることからも歴然としている。収録されているのは、安井の巻頭文のほかには、学長石原謙による訳文「『神性の流る光』（マクデブルグのメヒティルド原作）」のみである。学生の研究・創作を発表する場は、戦局の悪化とともに進行した物資統制によって、物理的に維持することができなくなった。

さらに、翌一九四四年に学生の勤労動員が本格化したことも、研究・創作の場を維持することを不可能にさせたといえる。同年二月の「決戦非常措置要綱」に基づき、東京女子大学でも校舎転用が行われ、翌一九四五年にかけて、岡田乾電池会社の工場、海軍水路部、中島飛行機製作所、陸軍功績調査部が構内に入ることとなった。一九四三年七月以降、学生は構内の諸工場・海軍水路部や、横川電機製作所小金井工場、第一陸軍造兵廠、陸軍気象部などへの勤労奉仕に動員され、特に一九四四年七月には一年生を除いて通年動員が開始された。こうしたなかにあって、東京女子大学では週に一回、あるいは月に一、二回のペースで、断続的にでも授業を行う努力がされていたが（勤労奉仕・勤労動員と動員期間中の授業実施については、堀江優子『戦時下の女子学生たち』八七三〜八八三頁に詳しい）、動員によってこれまでのような会誌発行の条件が崩されたことは疑いない。

こうしたなかで特筆すべきは、同窓会の文化活動である。同窓会は一九四二年度から卒業期が九月に早まり、教室が空いたことを受けて、「文化講座」と銘打った同窓会会員向けの講習会を開催した。第一期文化講座では、週三回のペースで東京女子大学における講義（石村貞吉「近世に於ける日本と世界」、近藤耕蔵「家庭科学」、加藤長次郎・中屋健次「南方事情」）と、聖路加病院における「医学講座」が開かれた。前者は各二〇人前後、後者は五〇人ほどが受講したとされる（「第一期文化講座のこと」『同窓会月報』一九四三年二月、一六頁）。第二期文化講座は一九四三年一月二八日から三月一九日までの期間、興健女子専門学校において全一〇回にわたって開かれた。内容は家庭看護法、小児科、救急法実習であり、受講者二七名であったという（中村音羽「第二期文化講座について」『同窓会月報』一九四三年四月、五～七頁）。医学講座や看護法・救急法は防空訓練と通じるものがあり、必ずしも学術的な内容ではない。世界情勢や南洋事情の講座は、時局に応じた内容であったと思われる。それでも教員石村貞吉による講義が設けられていたことや、勤労奉仕によって空いた教室を卒業生の勉学の場として活用しようとする同窓会の姿勢からは、これまで学術研究や創作の場を連綿と維持してきた意欲と同質のものをうかがうことができよう。

以上に概観したとおり、『むらさき』が刊行された当時、東京女子大学においては、学生自身が研究・創作を発表することが盛んに試みられていた。『むらさき』のような既製の雑誌を教養として購読するというだけでなく、雑誌を自ら刊行する女学生の姿をここに見ることができる。こうした試みは、総力戦体制下においても、物資が著しく欠乏する一九四三年頃まで可能な限り続けられていた。『むらさき』の刊行はそれより長く、終戦直前まで続いていたが、本稿で確認した女学生・卒業生たちの研究・創作への強い意欲は、それを下支えしていた一つの条件と位置づけることができるだろう。

他の女子専門学校・高等女学校においても同様のことが確認できるかどうか、またここで取り上げた雑誌の内容が『むらさき』に掲載された論説・随筆・作句歌とどの程度共通するのかといった、より踏み込んだ検討については、今後取り組むべき課題としたい。

# 男の学問、女の教養

今井久代

## 1　「学問」の周辺

「学問」は「もと、男子のする漢学や仏典の学についていったが、のち、和歌、和文についてもいうようになった」語で、『続日本紀』に用例がある（日本国語大辞典。以後日国大と略。なお「学問僧」「学問尼」「学問者」が『日本書紀』にあり、仏典を学ぶのを言う）。一方「教養」は「学問、知識などによって養われた品位」等の意、阿部次郎の「三太郎の日記」（一九一四～一八〔大正三～七〕年）が初出と言う（日国大）。民本主義に至り、理想主義・個人主義的思潮の広がる明治末～大正に、「教養」という概念が醸成された[1]。

文字がなかった古代日本の場合、すでに書記言語を持って二千年の智の蓄積をもつ大陸から伝わる書物（漢籍）を学ぶのが「学問」であり、それは大陸の「経世済民」という概念―公文書を作成し記録（史書）を残す、法によっての国家運営に直接関わるリテラシーの学びであって（仏教も個の思想の前に国に結びつく)、学ぶ価値あるものであった。また当初は「学問尼」のように「学問」は女にも開かれていたが、漢文とともに大陸の家父長制社会の価値観が移入され、女は学問から排除される。律令制を支える官吏を養成する大学寮は、男子のみが入学する学問の場であり、一〇世紀以降上流貴族女性は女官よりも家の妻を志向するようになる。[2]その一方で、意味だけでなくことばの響きが大事な和歌《やまとうた》を書き記すために、九世紀後半から急速に発達した「かな文字」、その「ひらがな」は女の文字(女手)とされた。

　ジャパンナレッジで「学問」を検索すると、『うつほ』13例、『源氏』13例中11例、『夜の寝覚』2例、『狭衣』1例(僧が仏典を)、『栄華物語』3例(すべて僧が仏典を)、男が漢籍仏典を学ぶことをいう。ところが『大鏡』には「殿上に歌論議といふこと出できて……歌の学問よりほかのこともなきに」とある(藤原行成の逸話。『大鏡』ではもう1例、有職故実を「学問」)。行成の生きた一条朝は、九〇五年に初の勅撰和歌集『古今和歌集』が選ばれ、貴族社会で称揚される営為とされてから百年ほど経っていた。和歌の社会的地位が高まった結果、和歌が男たちによって論議され、学問の対象となる時代になったのだった。また『源氏物語』『枕草子』には、女の和歌学びを学問と呼ぶ例がある。「さては古今の歌二十巻をみな浮かべさせたまふを御学問にはせさせたまへ」(枕草子・清涼殿の丑寅の隅)、「(末摘花が持っている歌論書は明石の)姫君の御学問にいと用なからん」(源氏・玉鬘)、末摘花が父譲りの歌論書(髄脳)を読むのを語り手が「仮名のよろづの草子の学問」(源氏・初音)と揶揄する例である。女性には「歌論」としての小難しい研究や論評は不要で、情操—「情け」を解する心を涵養するものとしての歌の知識が求められている。和歌という優雅で文化的な意思疎通《コミュニケーション》のことばを操ることが、上流階級に必須な嗜みであるための学びなのである。漢風隆盛時代には「色好みの家に埋もれ」「まめなる所」に出しがたく（古今和歌集・仮名序）、「至有好色之家。以此使花鳥。…故半為婦人之右。難進大夫之前」（同・真名序）の和歌が、天皇の命により撰ばれ一流の文芸とされたことで、「学問」は自国の文《ふみ》—和歌《やまとうた》にまで拡大した。これは、自国の文芸を尊ぶ機運のみならず、むしろ天皇と臣下とを繋ぐ后妃の重要性、つまり女性の政治的社会的な存在感に後押しされての転換であり、その意味で、和歌（歌学）「国学」「国文学」と広がる学問は、実は女性とも関わるものであった。

## 2　男の学問――「国学」から「国文学」へ

歌学は、和歌のみならず10世紀から11世紀前半の文芸（『伊勢物語』『源氏物語』）を古典として研究する機運を導いた。ついで「国学」に展開するわけだが（契沖［一六四〇～一七〇一年］はその結節点）、用例をもとに解釈する実証主義と、既に学問としての地位を確立している「仏教」「儒教（朱子学）」に対抗する学としての意義を意識していた点が歌学びの学問の中の古典学との違いである[3]。統治のために江戸幕府の正学とされた「儒学、寺請制度など統治の一翼を担う「仏教」に匹敵する国学の意義として、外来の思想である儒学や仏教とは異なる「大和心」の解明が目標とされた。大和心は古い日本の言語とそれで著された文学作品に体現されているから、和文を実証的に考究する学問が重要なのである。この学問を主に担ったのは男性であるが、女性も和歌の素養を必要とするため、柳沢吉保の愛妾正親町町子、賀茂真淵に学んだ県門の三才女、只野真葛とその祖母など、国学の扱う和文を深く学び、身につけた女性は多い。

近世の「国学」から近代の「国文学」に展開するのには、政府（文部省）によって学校制度が整えられ、昌平坂学問所・開成所・医学所から帝国大学（のち東京帝国大学）が形作られる歩みと密接に関わっている。[4]国学の平田学派（大和心の解明を主軸）が尊皇攘夷の思想的基盤となり、明治維新を後押しした後、新政府はむしろ開国主義に立ち洋学（開成所）重視を基本路線とした。一八八二（明治一五）年に東京大学古典講習科が設置され、八六年に大学令により改編された帝国大学国漢学科に、そのまま吸収された経緯を分析した品田悦一は、古典講習科は大日本帝国憲法の制定に向けて、①公文書を扱う漢文リテラシーの育成、②わが国固有の憲法である根拠「国体」を明らかにする和文の研究、の二つの必要性に迫られて設置されたとした。しかしもともと実践的な人材育成は大学の理念に合わず、「国家ノ須要ニ応スル学術ヲ教授シ其蘊奥ヲ研究スルヲ以テ目的トス」の大学側の意識が、最初から古典講習料を短期的なものと捉えさせたという。[5]国家と関わること、かつ学としての蘊奥の存否が、講習に留まらない学の而立に必要なのである。

一八九二年に帝国大学を卒業した芳賀矢一は、ドイツ文献学を学び、日本文献学としての「国文学」を、国学に発見した。実証的手法—書誌学・本文批判・解釈（註釈）はすでに国学にもあった。日本的なるものが国語で書かれた文学にあるという発想（探求の目標）も国学に似るが、①大陸（儒仏）の影響を排除せずむしろ受容の様相を評価する、②尚古主義に陥らず近世も含む、③歴史学心理学等周辺補助学を重んずる、に於いて国学とは異なり、何より「国民性」の探求を基とする点に近代国家の学としての形がある。すなわち、文学は一国の国民の生活や思想の反映であり、一国の性質や歴史（発達）を知るには、文学史研究が肝要とする学問なのである。[6]医学、工学、または哲学、史学、英文学等の学問に伍しての、国文学という学問領域や、その有用性への意識化が見てとれよう。国民性と国文学の意識は、「文学は国民の花なり即ち国民精神の煥発して光彩を残すものなり」（井上哲次郎「日本文学の過去及び将来」『帝国文学』創刊号　一八九五年一月）、「世界大戦争は平和人道の意識を盛んならしむると共に、民族自覚を促し国家意識を固うする結果をもたらした。人道の理想を高調しつ、民族の団結を鞏うし、国家の興隆を図らんとしてゐるのが世界強国今日の実状である。日本民族の自覚は日本国民性の自覚である」（藤村作『国語と国文学』創刊の辞　一九二四年五月）、日本精神の根幹は海外文化の巧みな摂取とその日本化や固有文化との調和に見られる「融合、調和の精神」と、前代文化の聡明な継承にみられる「伝統尊重の精神」にある（藤村作「日本精神と国文学」『岩波講座日本文学』一九三三年一月）といった文言に受け継がれた。一方で具体的な国文学研究は、現実社会とは無縁な、実証的なものに著しく傾いていった。

最後に国文学を『源氏物語』から考えよう。歌学の段階から『源氏』を読まずは「遺恨の歌詠み」（六百番歌合判詞）とされ、源氏学には『源氏釈』（12世紀半ば）以来の蓄積があった。当然国学も『源氏』を研究対象としたが、儒仏が日本に入る前の、すなおな日本人の心と称するには、実父が寵愛する継母と通じて子をなし、その子が天皇（冷泉帝）となる筋立ては、いわゆる「倫理」を大きく踏み外した内容を含んでいた。真淵『源氏物語新釈』本意の、人の言えない心の隈々を書き表して「むかふ人の言はで思ふ心」を教えるとの言は、倫理意識とのせめぎ合いの果ての、苦肉の理屈だろう。源氏は皇族であるし、不義の子冷泉帝には皇子が誕生しないことを強調し、注釈部分では若紫巻の密通場面の注を飛ばすあたりに、真淵の葛藤が窺える。「物語は、儒仏などのしたたかなる道のやうに、迷ひを離れて悟りに入るべき法《のり》にもあらず、また国をも家をも身をも修むべき教へにもあらず、ただ世の中の物語なるがゆゑに、さる筋の善悪の論はしばらく差し置きて……ただ物のあはれを知れる方の良きをとりたてて良しとはしたるなり」との宣長の「もののあはれ」論（『源氏物語玉の小櫛』）。漢字は読みやすく私に充てた）にも、人倫にもとる「もののあはれ」に共感してしまう己れへの含羞が感じられる。「何よりも大事なのは、人間の心を根底から揺さぶり動かす魂の不条理や神秘性[7]」と善悪を超えて評価するには、人間の心をそう評価できる価値観の確立が必要なのだ。

国文学は、ただに文学に国民性を見たのでなく、むしろ国民性を見出し得る文学、「国民をして、自国を愛慕する観念を深からしむる」国民全体の共有財産である文学、つまりゲーテやシラーやシェークスピアに匹敵する国民の精神的統合に寄与する国詩を必要とし、『万葉集』の発明を必然化したと言う[8]。逆に言えば、貴族文学で（全階層に普遍的な「国民」文学とは言えない）、柔弱な恋愛模様を描く『源氏』では、国学の時代と同様に、国民性に寄与する文学だと発明できぬものを本質的に抱えていた。ただし柔弱な貴族女性の恋愛模様という蔑称については、ロマン主義思潮のもと、藤岡作太郎は『国文学全史　平安朝篇』（一九〇五［明三八］年）で、「情の文学」として逆に評価してゆく[9]。時代的には教養という概念が醸成された、人品の注視―個を尊びつつ、その修養・鍛錬・成長を願う理想主義の蔓延する頃である。もっとも藤岡自身には、「感情の衝突、是非の評を下すべからざるところに、人情の機微は描かれ」「人性を解釈し、あやにくなる心を以て通有の弱点とす」と、理想主義に回収されない人間性そのものを評価する目があった。この「情」の評価は私小説の隆盛とも歩調を併せ、一九二〇年代半以降の、池田亀鑑や久松潜一による自照文学としての「女流日記文学」の評価（発明）に繋がってゆく[10]。ただし女流日記文学の自照性は「美しい浪漫的精神」

とされて、通俗文学やプロレタリア文学に抗し、日本女性の内面性精神性を証し立てるもの、日本女性の教養として学ばれるべき文学、と位置づけられてゆく。女性と冠することで情は受容されるのだ。

## 3　女の教養――『源氏物語』

『名媛の学生時代』（一九〇七［明治四〇］年、読売新聞社）は、著名な二九人の女性の学生時代の回想録であるが、まず目に付くのが、近親者や私塾で学んだ女性の多さである。三輪田真佐子（一八四三生）は京都の儒医の娘で、昔は一定以上の家は娘にも高度な教育を施すもの、自身は藩校に通って男子と一緒に「稽古」し、男子が女子（学生）を軽蔑することもなく、昌平坂学問所への入学も許されたと言う（実現には至らず）。漢籍を学びつつ「（家族に隠れて読んで）紫式部を何となく理想の人物のやうに思ひましてね」「其著書なと愛読しまして、其歌も好むやうになりました」と言う。棚橋絢子（三九生）、跡見花蹊（四〇生）、下田歌子（五四生）も、私塾や家人から学び「読書」を続け教育者となった。私塾の教育に男女の差はなかったのである。海老名みや（六二生）は、親類の漢学塾に通い、男子と共に藩校に一年通ったので、上京して青山女学院に通った時は、程度の低さに失望したと言う。みやは同志社にも男子に混じって就学しており、学校制度が整わない時代の自由さが窺われる。

一八八六（明治一九）年に学校令（中学校令、師範学校令）が公布されると、高等学校－帝国大学の高等教育（学問）から、女子は排除されてゆく。女子が中等教育（高等女学校、以下女学校と略す）以上の学修を望む場合、官立では女子高等師範学校（以下女高師と略す）、つまり中等教育を担う教師養成のための高等教育しかなかった。『名媛の学生時代』でも、井口あぐり（七一年生、高等師範学校教授）、迎照子（泰宮御用掛）、星常子（元府立高等女学校教諭）などは、女高師を卒業して地位を築いた。星常子は高知県の女子師範学校を卒業後、一八八四（明治一七）年に上京、東京女子師範学校に入学するが、在学中に（「二年ばかりすると」）東京師範学校女子部、次いで東京高等師範学校女子師範学科となった。女子高等師範学校の始まりである。「高等と尋常に別れまして、高等科に入るものは、猶三ヶ年間、尋常科に残れば後二年位」のため高等科を選び、一八九〇（明治二三）年に卒業した。同級一三人の内に安井てつ（七〇生）がいた。安井てつは卒業後官費留学生に選ばれイギリスで学び、一九〇七（明治四〇）年当時、シャム国の皇后女学校教育主任を務めており、後に新渡戸稲造らと東京女子大学創立に関わってゆく。

一方この世代では、一ツ橋の高等女学校（一八八〇年から東京女子師範学校予科、八二年から付属高等女学校、八六年より東京高等女学校、九〇年より女子高等師範学校付属）、つまり中等教育機関を最終学歴とし、私塾で研鑽を積んで世に出た女性も多い。三宅花圃（六九生）、小金井きみ子（七〇生、森鷗外の妹）、大塚楠緒子（七五生）である。きみ子は小学校に通う傍ら私塾に通い、女学校に入学直後に「日頃読んでおりました、源氏などを、たくさんにひきまして」和文を提出したところ、まだ早い「普通文でお持ちなさい」と指導されたと言う。楠緒子は入学時「独立して居て…万事万端大方ハイカラ式」だった学校が、「お茶の水の高等女学校」になって「至極世間受けは好くなった様」だが「例の良妻賢母主義」「とりえは其癖の無い点」に変わったのを残念がる。楠緒子はその後明治女学校高等科（高等科では女学校の上の学修。男子の高等学校の位置）で英文学を二年学んだ。羽仁もと子（七三生）は、青森で小学校を卒業後、「漢文のお稽古」に通う傍ら東京への遊学を志したが、お茶の水の女学校が奢侈に思われ、当時開学した第一府立女学校（一八八八年十二月創立、現・都立白鷗高校）を選んだという。もと子もその後明治女学校高等科で学び、世に出た。

戦前に『近松時代浄瑠璃集成』『伊勢物語活釈』など国文学の書を多数著した小林栄子（一八七二年生、夫は帝大出の仏教学者小林一郎）は、『源氏物語活釈（前篇）』（一九二四年刊）の巻頭及び『源氏・伊勢物語新研究』（三五年刊）で、私塾に通う傍ら麴町女子小学校を卒業し、その後は独学を続けながら小学校の恩師木村貞の伝手で職を探し、のちに小学校教諭の資格を得て奉職、その間国語伝習所（一八八九年、官立学校に入るための予備校「大成学館」に併設）に学んで『源氏』に出会い感動、貞に話すと『湖月抄』を貸してくれ、以後時に私塾（駒込にあった）で学びつつ『源氏』を読んだと回想する。文部省師範学校中学校高等女学校教員検定試験（以下文検と略す。中等教育の教員資格を付与）に合格後、貞を訪ねるとたいそう歓び、先の『湖月抄』を贈られた。東京女子師範学校出身の木村貞を、栄子は「高師出」と回想しており、「高等」でない時期も、女子高等教育を担う学校と理解されていたのが窺える。またこの頃までは私塾で、漢文国文であれば高等教育並の学びが得られ、国文学者になったことも興味深い。

しかし学校制度が整ううちに、大学で考究する「国文学」に向き合う男子の傍ら、大学を閉ざされた女子は、教師でなければ良妻賢母とそのための「教養」が目的とされ、大学進学を目指す中学校と高等女学校との教育レベルにも大きな差がついてゆく。その例として、東京女子大学の川添（旧姓鈴木）文子、紫式部学会草創期の理事栗山津禰を見てみよう。
官立の帝国大学とは別に、私立の専門学校（一八七九年教育令で言及、一九〇三年専門学校令公布）があり、一九一七（大正六）年発布の大学令以降、随時旧制大学に昇格したが、女子の専門学校はそれが許されなかった。東京女子大学は、青山女学院、東洋英和女学校（村岡花子の出身校）、女子学院、フェリス女学院などプロテスタント系女学校の高等科（専攻科）を廃し統合した女子高等教育機関として一九一八年に開学された。当初から東京女子大学を名乗り、二一年に高等学部（三年）・大学部（文学科・社会学科二年）・英語専攻部（予科一年、本科三年）に形を整え、一九二七（昭和二）年にはさらに国語専攻部と数学専攻部が加わった。このうち高等学部ー大学部は、男子の高等学校ー大学に相当する教育課程であり、専攻部は教師育成を担う課程で、無試験検定許可（文検合格相当）を、女子英語塾（のちの津田塾大学。一九〇〇年開学、〇四年認定）、日本女子大学校（〇一年開学、二三年英語科認定）に続き、一九二六（昭和元）年に認定された（英語専攻部に対し）。この資格は旧制大学に転じていった男子の専門学校も同様に有している。

図１　1931年11月の東京女子大学の図書館落成を記念して、新図書館内で行われた古典籍展観の写真
ここで展示している古典籍は、旧制大学への昇格を志して、大学部国文学科のカリキュラムをさらにてこ入れし、大学教育にふさわしく多数購入したものである。

『創立十五周年回想録　東京女子大学』によれば、国語専攻部の創設に伴い、大学部国文学科は再改組、一九二九（昭和四）

年に「高等科教員の無試験検定を申請する筈であったが、先例がないといふので容易に認下を得られさうにもなかった」。女子では中学校の教諭にすらなり難い時代に、高等学校や女高師の教員の無資格検定にふさわしい教育を授けているとの自負である。一九三一（昭和六）年には、東京帝大卒の守随憲治の目にも「都下に於いても、他の男子私立大学等の到底及ばざる内容」を整えたが、「程度が高すぎて、各講義の連絡が心配される」の但書つきで、一九三二（昭和七）年に中等教員の許可が降りるにとどまった。この前年国語専攻部にも同許可が下りており、同じ資格が得られる以上、専攻部の隆盛と高等部‐大学部の衰微が顕著になってゆく。(11)

鈴木文子は先の回想録に、一九二八（昭和三）年の大学部卒業生（論文題目「宗祇の研究」）として名がある。文子は一九二九（昭和四）年に「著者は当校在学中国文学を専攻し、卒業後も尚旧師指導の下に之れを継続して居たりしが……」との学長安井てつの巻頭言を載せ、『源氏要覧』（東京修文館）を出版した。石村貞吉の指導の下構成された同書は、紫式部の系図や作中人物の説明、各巻系図、年立、諸写本の系統図等、『源氏』原文に取り組む格好の手引である。承応三年版『源氏物語』には『源氏目案』『系図』『引歌』が揃いだったように、江戸時代にはこの種の源氏学の蓄積が版本として流布していた。逆にこの時期まで他になかったのは、学を志す者は国学の伝統に身を置くのを当然とする男の学問の盲点だったのだろう。一九三四（昭和九）年には川添文子の名で『源氏の女性』を刊行（三教書院。『むらさき』昭和九年十月号裏表紙2色刷などに広告）。これは著者自身「源氏物語研究に志して、日のまだ浅い方」向けとするように、『源氏』愛読者の眼差しを感じさせる評と共に作中人物を説明する書であった。だが以後文子の研究活動は見えず、

『むらさき』にも寄稿がない。『むらさき』は東京帝大の人脈と女性文化人（作家、歌人）及び紫式部学会員が寄稿する雑誌なのであった（関みさをは歌人で、読者の通う府立第一高等女学校の教諭）。女子大を出ただけでは研究者になれない時代であった。

栗山津禰（九二生）は、山形高等女学校（一九〇九年卒）、師範学校（一一年卒）と学んだのち、女高師に落ちてしまう。女高師出で女学校の教師である姉は結婚を主張し、母が嫁に行くにも修行がいる、今の津禰には無理だと庇い、結局「ハイカラ女学生」を見て「新しい女になりたければ、それでもよい」のあてどなさで、津禰の東京遊学が許された。女高師を閉ざされると、女子には学修を続けていくモデルが見つけられなかった。それでも学修だけを志してきた娘の無念を思い、世間ではやゆの対象となる「新しい女」でも、それが津禰の見つけた道ならば認めよう、と費用を工面して送り出す両親の愛と理解が胸を打つ[12]。

一九一四（大正三）年に上京した津禰は、国語伝習所や二松学舎など私塾で学んだのち、一六年に東洋大学に入学する。女子向け専門学校に日本女子大学校などのあった時代、男子と共に学ぶ東洋大学を選んだ（先例は一三年に東北帝国大学が黒田チカら3名の入学を認めた例のみ）のには、一五年に文部省に提出された大学令改革案（改革の中心は専門学校の大学昇格）に女子入学も検討と新聞に載ったこと（一ヵ月後に廃案）、東洋大学の募集要項に男子に限るとの規定がなかったこと、二松学舎での恩師（土屋鳳州）がいたなどがあった[13]が、女高師に落ちた屈辱の購いでもあったのだろう。「（これまで女子がいなかったのは）入学すべき女子がいなかったから」という理解ある言で入学を許された津禰は、二種本科生となった。無試験検定許可のない、文検受験の必要のある二種ながら聴講生でない本科生であった。これは大きく見れば、大正デモクラシーや、第一次世界大戦下の好景気や職業婦人の増加という世相ゆえの幸運だったろう。津禰は一九年に文検に合格、二〇年に首席で同大学を卒業したのち、漢文をほとんど教えない女学校でなく、本格的に漢文を教える中学校での奉職を求め、二一年より府立第五中学校で、初の中学校の女性教師となった。

しかし母校東洋大学では、二四年以降女子の本科生たるを禁じ、聴講生のみに変更した結果、一九二七（昭和二）年～二九年の女子入学者はなく、三〇年に1名程度に減じた。[14] これを憂慮した女子同窓会は津禰を中心に結束し、一九二八（昭和三）年より「女子部設立を主張」「幾回か学校当局に決議文を提出」したが「大学昇格に腐心している当局」にその余力はなかったため、「昭和四年四月より女子国語漢文講習会を夜間に開催し、四月より七月迄の第一期と九月より十一月迄の第二期を予定通り完了」し「相当の成績」を挙げたが女子部創設の資金の必要性を示され却下、[15] しかしなお訴えるため、一九三〇（昭和五）年より文検準備のための常設の国語漢文講座（昼間、二年間）を開いた。[16] 広告によれば大学教育に繋がるような体系立てた多数の講座からなるものだったが、[17] 現実はさして人が集まらなかったこともあり、大学当局に無条件で講座を引き渡す形で、一九三一（昭和六）年にこの運動は幕を閉じた。[18]

ただし津禰自身の『紫式部学会と私』（一九六九年、表現社）の回想は異なる。文検受験準備講座を開き、二年目に『源氏』を扱う予定が独学は難しいからとの声に押され、恩師藤村作の紹介で島津久基講師の源氏講座を開き人気に、のち池田亀鑑を講師に迎えたとある。そこには女子部設立の言はなく、他の講座の印象も薄い。後半の、人気講座ゆえ他の女子同窓会員から嫉妬され、大学当局に誤解されて運営主導を取り上げられたとのくだりでのみ、大学に女子部を設立する足がかり、母校を思っての行為だったと繰り返される。

津彌の回想談が曖昧なのは、それだけ挫折が深いのだろう。もっとも客観的にみれば、男女別学は教室も教員も増やさざるを得ず、昭和恐慌のさなか二の足を踏む大学当局も理解できる。大学昇格を先行させ（一九二八年に認可）、大学としての組織を整えつつ、男女同学へというわけである。また津彌の構想した女子部は国語漢文科のみに留まり、医学、法学どころか英文学などもなく、学問の府としての広がりは薄い。のち津彌は『むらさき』（昭一三年五月号）に、学問は「家庭に必要な知識技術の習得」「職業の準備」ではない、「人格の完成」のための「修養」、「人の道を知り、人格陶冶をはかる」「道徳の実行」が目的と書いている。津彌のイメージする学問は教養に通ずるもので、修行の真摯さはあるものの、学の而立や社会との関わりへの葛藤はない。規制をこじ開け、高等教育に参画するだけが目的だった女の限界がそこにあろう。

## 4　さいごに

国漢講座の主導権を委譲せざるを得なくなったとき、津彌は藤村作や池田亀鑑とともに「紫式部学会」を発足、その活動として源氏物語などの古典文学講座を持続し（東洋大学の空教室以外を会場とする）、機関誌などを発刊する道を選んだ。『むらさき』創刊特輯号（一九三四年一一月）には、

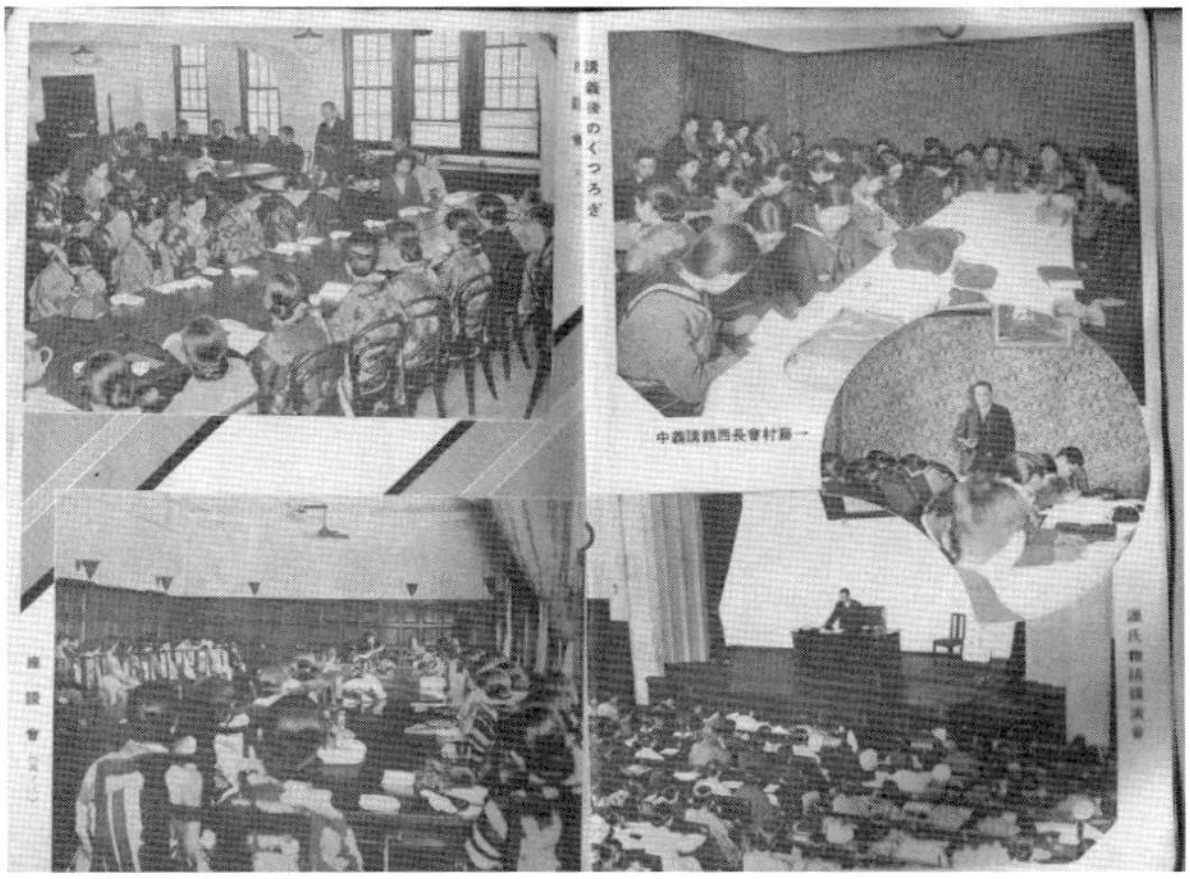

図２・図３　雑誌『むらさき』創刊号（昭和９年５月号）の目次に続くグラビアページ

東京帝国大学の紹介写真の裏見開きが紫式部学会で学ぶ女性たちの写真である。『むらさき』昭和10年３月号の「談話室」には、藤村作の娘と府立第三の同級生だったという少女からの便りが載る。

一九三二（昭和七）年六月四日の創立発表会の記録が載るが、会場は帝国教育会館、ゲーテやシェークスピアと並ぶ大作家紫式部を顕彰し「会員互いに日本文学上の知識を涵養し併せて社会のこれに関する知識の増進普及を計る」とし、講演の面々（藤村作、久松潜一、池田亀鑑、沼澤龍雄）といい、まるで発議母体は東京帝国大学国文科かと錯覚させられる。アーサー・ウェイリー訳『源氏物語』（一九二一〜三三年刊）の世界的評判を受けての高揚感が伝わってくるかのようだ。伏見宮大妃や高松宮妃の臨席を賜り、会の目的に「女子の日本文学に関する研究の奨励」の一項を設け、通常会員を女子、会友を男子とする点ぐらいが、女子教育のための国漢講座の名残である。高等教育を禁じられた女の挫折の代償として、国文学という学問の究極の目的「日本精神の尊さを思ひ、日本精神の影像である日本研究」に携わり「日本文学・日本精神の発展と拡充とを使命」（『むらさき』創刊特輯号巻頭）にするとは、いかにも甘美な響きである。また芳賀矢一博士記念事業として『源氏』諸本集成を計画していた東京帝国大学国文科が、象牙の塔の誇りを免れ、広く世の中と繋がる機会を得たのでもあった。一九三二（昭和七）年十一月一九、二〇両日の「源氏物語に関する展覧会」が写本展観という地味な内容ながら、東伏見宮大妃と高松宮妃の臨席を賜り、多くの女性の来場があったのも、紫式部学会の後援あればこそだった（この展観の頃に現在『源氏』の最善本とされる大島本との劇的な出会いもあった）。なお『国語と国文学』には学界消息欄があるが、この展観の紹介記事（昭八年一月号）以外に、紫式部学会についての記載はない。

ところが紫式部学会旗揚げの翌年、男の学問はその根幹を揺るがされる挫折に遭遇する。一一月二六日から予定していた『源氏』歌舞伎の上演が、当局の検閲の結果、上つ方の恋愛を描く内容であるのを理由に、土壇場（二二日）で中止させられたのである。[19] 取り締まりの対象となる—それは国民国家に寄与する「国文学」を意識してきた官立大学の教員にとって、根幹を否定される体験ではなかったか。藤村作は「日本精神に帰れ　昭和日本の新しい創造的文化の基礎」の題で、「我が日本精神の理解、普及の道は、国史教育、国語教育、国文学教育、美術教育、これらを隆盛にし充実するより他に方法はない」「あらゆる方面に亘って日本精神の本質を探り、その表れを明らかにし、以てその理解、会得に資せんとする企ては甚だ当を得たもの」との一文を寄せた（東京日日新聞　一九三三年一一月二五日朝刊）。その具体的行動が、小学校教本への『源氏』の香りだけする翻案的紹介文の採択であり、[20] 雑誌『むらさき』の刊行だったのだろう。

『むらさき』創刊特輯号巻頭で藤村作は、「今は国家非常時といはれてゐる」「この非常時に文学研究は不要」「この非常時であっても、長い目で見れば日本精神の涵養は重要である」と始め、「日本文学を愛し、日本文化を尊ぶ姉妹達と共に」「軍務・兵役が自然に男性国民のなすべきものとされるやうに、自ら女性国民には女性国民に適した任務はある。さうして少くとも、国民的精神の作興に関して男性国民に協力して、その一半を負担するが如きは最も相適しいものである」と述べている。男尊女卑を基とし、武と忠誠を重んずる社会において、発生から女性性と深く関わり、色恋と情を主題とする国文学を研究する意義を、いかなるところに置くか。高等教育から遠ざけられた女性に高度な知の世界を覗き見せる窓を提供し、男性原理の前では有用と称揚し難い国文学の必然性をソフトに認知させるのに、「女性の趣味と教養としての古典文学」は、なるほど格好のお題目《スローガン》であった。だがそれが学問（国文学）の代替としての教養である限り、学問と同様に、有用性という尺度は無視し難い。それはこれ以降の世相においては戦意高揚への荷担を意味する。

　戦後、国文学は、戦前の自分たちを「国文学という体制を護持した」「国の方策に服従するのは『国文学のもつ性質上自然のこと』」と総括した[21]。一方風巻景次郎は、研究者に個我がなく、時代の中の個に出会う文学という意識の希薄さゆえに、戦争荷担を免れ得なかった国文学への悲痛な反省を述べた[22]。しかし、一見倫理から遠い「個」の情をたれ流す物語を読むことに、消費以上の何の意味があるのか。そう問われた時、国家の有用性と決別した「日本文学」はどこへ向かうべきか。学問・教養へのアプリオリな敬意が消え、日本文学、特に古典文学研究が風前の灯である現代、学問・教養の意義を改めて思わずにはいられない。

## 注

（1）人格の修養を目指す大正教養主義の後、プロレタリア運動と挫折を経て、昭和初めは貴族的高踏主義と一線を画し、社会との繋がりを重視する昭和教養主義の隆盛期で、「日本精神」はその一つ。竹内洋『教養主義の没落—変わりゆくエリート学生文化』（中公新書、二〇〇三年）、小平麻衣子『夢みる教養―文系女性のための知的生き方史』（河出ブックス、二〇一六年）。
（2）服藤早苗『平安朝の家と女性　北政所の成立』（一九九七年、平凡社）。古代の男女共同の様態として義江明子『古代女性史への招待〈妹《いも》の力〉を超えて』（二〇〇四年、吉川弘文館）。
（3）長島弘明『国語国文学研究の成立』（二〇一一年、放送大学教育振興会）第一章。
（4）野山嘉正『国語国文学の近代』（二〇〇二年、放送大学教育振興会）第一章、注2書第二章。
（5）品田悦一「国学と国文学――東京大学文学部付属古典講習科の歴史的性格」（『近代日本の国学と漢学――東京大学古典講習科をめぐって』二〇一二年、ＵＴＣＰ）。
（6）注3長島書、第三章・第四章。
（7）鈴木日出男「本居宣長の学問」（注3野山書所収）。
（8）品田悦一『万葉集の発明』（二〇〇一年、新曜社）。
（9）鈴木登美「ジャンル・ジェンダー・文学史記述―「女流日記文学」の構築を中心に」（『創造された古典　カノン形成　国民国家　日本文学』一九九九年、新曜社）。
（10）注9論文。吉野瑞恵「女へのとらわれ―女流日記文学という制度―」（『叢書　想像する平安文学第一巻〈平安文学〉というイデオロギー』（一九九九年、勉誠出版）。
（11）『東京女子大学五十年史』。安井てつらは高等部‐大学部の理念に拘り、てこ入れを図ったが、衰退は免れず、安井が学長を退くころ廃止された。この執筆者松村緑も国語専攻部卒・東北帝国大学入学で本学の教員となった。

(12) 栗山津禰『拓きゆく道』(一九四〇年、明治書院)。『紫式部学会と私』と併せ一九八九年大空社複刻。
(13) 水野眞知子「旧制東洋大学における女子学生　学籍簿の検討を通して」(一九八八年、「東洋大学史紀要」六号)。
(14) 注13論文。なおこの方針転換は、一九一八年末に専門学校を大学に昇格させる大学令が発布され、東洋大学もそれを目指したことがあろう。
(15) 注13論文所引、梶田貞「東洋学への女子教養―東洋大学の女子国語漢文講座開設について―」(一九三〇年一月一二日付「婦女新聞」第一四五五号)。
(16) 注13論文所引、一九二九年一一月一一日付「東洋大学新聞」第五七号。
(17) 注13論文所引、一九三〇年三月一五日付「東洋大学新聞」第六一号。
(18) 注13論文一四七頁以下。ただし同論文では、この運動の結果昭和八年に女子を本科生として迎える、男女共学の道を正式に拓く学則改正がなされ、日本女子大学校など女子専門学校を卒業した女子の入学先になったと結論づけている。
(19) 『むらさき』創刊特輯号を初め、この事件の基本資料は『批評集成源氏物語第五巻　戦時下篇』(一九九九年、ゆまに書房。解題小林正明)に詳しい。
(20) 有働裕『「源氏物語」と戦争　戦時下の教育と古典文学』(二〇〇二年、インパクト出版会)。注19書にはこの件の基本資料も所収する。
(21) 安田敏朗「国文学の時空　久松潜一と日本文化論」(二〇〇二年、三元社)。
(22) 風巻景次郎「文学史の問題」(一九五〇年五月号「日本文学」)。

# 教養としての古典芸能

光延真哉

## はじめに

女性の商業実務教育の先駆者として、『怒るな働け』（洛陽堂、一九一五［大正四］年）の著作でも知られる嘉悦孝子《かえつたかこ》に、「芝居の効果」と題した文章がある（『演芸画報』一九一九［大正八］年一月号収録）。ここで言う「芝居」とは歌舞伎のことで、その「社会教育」上の必要性を述べたものである。嘉悦は『廓文章《くるわぶんしょう》』吉田屋』に「恋があり、義理人情があり、そして、真実《まこと》や貞操があり」、『伽羅先代萩《めいぼくせんだいはぎ》』の「飯《まゝ》炊《た》きの場」に「忠君愛国の尊さを覚え」、『塩原《しおばら》多《た》助《すけ》一代《いちだい》記《き》』に「勤勉努力、質素忍耐其の物を見る」と言う。そして、劇場を訪れる女性達に対して次のような苦言を呈する。

殊に婦人の見物が、此の頃のやうに恐ろしく立派なつくりをしてゐるのを見ると、厭《いや》な気持ちがいたします。皆綺羅を身に纏《まと》ひ、華美の限りを尽してゐますが、あれは、芝居見物人の嗜《たしな》みでせうか。それとも、今の芝居見物は、芝居見物に行くのではなくて、自分の奢侈《しやし》を誇り、贅沢《ぜいたく》さを見せに行くのでせうか。（中略）私は、芝居は何処《どこ》までも舞台を見に行くべきもので、決して自分の服装や装身具を見せびらかしに行くところではないと思ひます。芝居は、生徒が教室へ入つて、教師の講義を聴くのと同様の心掛けがなければなりません。

歌舞伎座が良家の子女のお見合いの場になっていたというのは、小津安二郎監督の映画「お茶漬の味」（一九五二［昭和二七］年、松竹配給）にも例が見られるが、そうした社交の場としての劇場の在り方を嘉悦は否定するのである。

『むらさき』はこの記事の出た一五年後の一九三四（昭和九）年五月に創刊された。嘉悦の言は極端に過ぎる面もあろうが、古典芸能に対する当時の認識は、はたしてどのようなものであったのだろうか。本稿では、女性のための教養誌である『むらさき』掲載の記事を追うことで、その様相の一端を明らかにしてみたい。なお、資料の引用に際しては、適宜通行の字体に改め、難読と思われるものを除いてルビを省略した。

## 1　近松への招待

『むらさき』の記事を通覧すると、古典芸能の中でも、とりわけ近松門左衛門の作品を扱うものが多いことに気がつく。紫式部学会創立時の会長で、当時東京帝国大学教授の任にあった藤村作《つくる》は、創刊間もない第一巻第三号（一九三四［昭和九］年七月）の特集「星の文学の批評と鑑賞」に「近松と海音に見えた星」という文章を寄せ、『曾根崎心中』の有名な道行文に触れている。もっとも、『曾根崎心中』は当時さほど舞台で目にする作品ではなかった。現行レパートリーとして定着するようになるのは、一九五三（昭和二八）年八月の新橋演舞場において、宇野信夫による脚色で、二代目中村鴈治郎と当代坂田藤十郎（当時中村扇雀）の親子が演じてからのことである。それより前は、一九二六（大正一五）年六月、大阪の浪花座で上演された『噂の曾根崎』や、一九三一（昭和六）年一〇月、京都座の『曾根崎村噂』といった原作の改作物が稀に舞台にかかるのみであった。

『曾根崎心中』は舞台よりも、むしろ活字の方で目にする機会の多い作品であった。手に取りやすいところでは、改造文庫で一九三〇（昭和五）年に黒木勘蔵校註の『曾根崎心中　心中天の網島　女殺油地獄』が、岩波文庫で一九三五（昭和一〇）年に近藤忠義《ただよし》の校訂による『曾根崎心中　用明天皇職（ママ）人鑑』が刊行されている。ちなみに近藤は藤村の娘婿であり、第二巻第二号（一九三五年二月）には近松の「虚実皮膜《ひにく》」の芸論で知られる『難波土産《なにわみやげ》』を紹介する文章（「近松の芸術」）を書いている。

『岩波文庫　曾根崎心中　用明天皇職人鑑』

近松作品の活字化は着々と進み、右のほか、岩波文庫では一九二七（昭和二）年に和田万吉の校訂で『国性爺合戦　槍の権三重帷子』と『曾我会稽山　心中天の網島』が、改造文庫では同三七年に樋口慶千代《よしちよ》註の『重井筒』と『大経師昔暦』、同四〇年に守随憲治《しゅずいけんじ》校注の『冥土《（ママ）》の飛脚　博多小女郎波枕』が出されている。また、注釈書は、第六巻第二号（一九三九年二月）の「国文学入門講座　江戸時代」で紹介されるところでは、樋口慶千代『評釈江戸文学叢書　第一　傑作浄瑠璃集』上、下（一九三五年、大日本雄弁会講談社）、若月保治『詳註全訳近松傑作集』第一、第二（一九二八〜二九年、太陽堂書店）、伊藤正雄『心中天の網島詳解』（一九三五年、富山房）などがあった。

当時の女性が、こうした活字本にどのように接していたかを窺わせる記事がある。第三巻第四号（一九三六年四月）の特集「現代女性と古典文学」における、岩城準太郎の「古典文学の魅力」という文章である。岩城はかつて閲読した「大都会の真中に育つた年若い女性達が国文学の解釈に関して書いたもの」の中から、次のような意見を紹介する。

（前略）近松の戯曲を読んで其の興趣を味ふ前に、先づその語句の理解に困難を感ずる。読んで直下に滋味《じみ》を味覚することの出来ぬのを遺憾に思ふのである。（中略）源氏物語は学習の上から用語や文体に段々慣れて来ると、私達を隔ててゐた雲霧が追々と掃《はら》はれて行くやうな気がする。掃はれてハッキリと見通せるやうになると、興味がこゝから湧いて来て、汲んでも〳〵尽きないやうに思へて来るのである。然しながら近松の戯曲は教材になることの少いせいか、用語文体に慣れるといふところはいつまでたつても来ない。（中略）読下《よみくだ》してピンと来る快さは、到底現代文学に及ばないのみか、昔々の源氏物語にも及ばないのである。

確かに浄瑠璃は、掛詞等のレトリックを多用した特殊な文体を有している。それは、浄瑠璃のテキストが、劇場に足を運んだ観客が人形の動き、あるいは役者の演技を眼前にしながら、耳で聴くことを第一義としていることと無関係でない。おそらくこの女性は舞台を実際に観た経験が少なかったのであろう。物語のように「読んで直下に滋味を味覚する」ことをいくら志向したところで、そもそもの前提がずれているのである。ちなみに岩城はこの女性の意見を受けて、

時代の隔りを超越し、百世に通じて光つてゐる人間性の相好、その最も純一な形が即ち古典文学に現はれるのであるから、過去の文学を歴覧して、近世の町人文学よりも、却つて上古中古の貴族文学の方に親しみを感ずるのは、後者が右のやうな普遍妥当の本性を具《そな》へてゐるからである

と述べ、「貴族文学」の普遍的な価値を称揚する。前提がずれている以上、この論法には無理があるであろう。

とは言え、こうした「読下してピンと来る快さ」へのニーズは歴然と存在していたようで、『むらさき』には、近松作品を小説仕立てのダイジェスト版にして紹介したものが見受けられる。第二巻第九号（一九三

五年九月）には『博多小女郎波枕《はかたこじょろうなみまくら》』（寺本直彦抄訳）と『丹波与作待夜の小室節《たんばよさくまつよのこむろぶし》』（櫻井祐三抄訳）が、また、「日本文学名作物語」のコーナーでは第三巻第六号（一九三六年六月）で『夕霧阿波鳴門《ゆうぎりあわのなると》』、同巻第一〇号（同年一〇月）で『女殺油地獄《おんなごろしあぶらのじごく》』が採り上げられている。

## 2　教訓としての近松

藤村作は、第三巻第一号（一九三六年一月）の「近世文学を研究せんとする人へ」で、

例へば近松の浄瑠璃を研究するとする。浄瑠璃は綜合芸術である以上、詞章の文学には止らない。この詞章を音楽的に語りに表はし、その語りに更に人形の劇や舞踊が伴ふところに、完成されるのであるから、音楽的方面、人形劇、人形舞踊方面と併《あは》せ考へられなければ、詞章そのものの価値さへ十分には定められない筈である。

と、浄瑠璃の詞章の文学的な読解だけでなく、総合的な方面からの理解の必要性を説く。

現在の研究水準では当たり前のこととなっているこうした見方がある一方で、右のダイジェスト版のような、作品を舞台での上演から切り離し、「ストーリー」や「筋」として理解しようとする方向性は、作品に作者の意図を越えた今日的な意義を読み込もうとする動きに連なる。第三巻第九号（一九三六年九月）には、

「あなたは古典作品中如何なる主題を新解釈のもとに創作してほしいとお思ひですか、その感想をお聞かせ下さい」という「葉書問合せ」への識者の回答が並ぶ。回答の逐一を挙げることは略すが、この問いが立つこと自体に、編集部の古典に対する認識が透けて見える。すなわち、「新解釈」という語が示すように、ややともすれば恣意的にもなりかねない古典作品の「読み」を是とするのである。そして近松作品の場合、それは女性への教訓という形で顕在化する。

第一巻第六号（一九三四年一〇月）掲載の「文学に現はれた女性」という特集では、「近松の女性」として『心中宵庚申《しんじゅうよいごうしん》』のお千代《ちよ》、『冥途《めいど》の飛脚《ひきゃく》』の梅川《うめがわ》、『大経師昔暦《だいきょうじむかしごよみ》』のおさん、『心中《しんじゅう》天《てん》の網島《あみじま》』の小春《こはる》の四人が採り上げられている。公金に手をつけた恋人忠兵衛《ちゅうべえ》と運命を共にすることを選んだ梅川について、同記事では次のように評される。

　此男（注、忠兵衛）の為に遂に其一生を犠牲にしてしまふのは、彼女が恋愛に対し無批判的であり、且つ盲目的である事を示してゐるが、一方一人の男に総てを捧げて愛しきる、其ひたむきな気持には涙ぐましい純粋さがある。

また、恋人治兵衛《じへえ》の妻おさんに頼まれ、自ら身を引こうとする小春については、

　徳川時代の遊里に生活してゐた女性の中で、最も美しい、け高い心情を持つた、女性の一の典型であらう。

と評する。第二巻第四号（一九三五年四月）収録の増田七郎「花にちなむ五人の女性―浄瑠璃歌舞伎の中から―」には、こうした男にとって都合の良い女性像を端的に言い表した一文がある。近松作品ではないが、『新版歌祭文《しんぱんうたざいもん》』のおみつは、許嫁の久松《ひさまつ》がお染《そめ》と深い仲にあることを知り、出家することで自ら身を引く。増田は次のように述べる。

母親につれられて帰るお染の舟と、久松の乗つた駕籠を見送る寂しい姿、その眼。日本女性の特色である服従の美とか、貞操の観念とか、そのやうな理屈は言ふまい。美しくも寂しい幕切れのおみつの姿と眼は、たしかに「詩」である。

増田は「そのやうな理屈は言ふまい」としてはいるが、いかにも近世然とした「服従」や「貞操」が、当時もなお日本女性の美徳とされていたことがありありと窺える。

女性には妻であるとともに、母としての役割も期待されていた。『むらさき』には作中人物の「母性」に着目した記事も見受けられる。鶴見誠「近世の文学にあらはれた母性」（第二巻第七号、一九三五年七月）では、『女殺油地獄』の主人公与兵衛《よへえ》の母お沢に言及する。与兵衛は近松作品の中でも屈指の放蕩息子で、果ては殺人まで犯してしまう人物である。そうした与兵衛を母お沢は、「やさしい一方、可愛がる一方で、叱る事や懲らす事」ができず、「猶いけない事にはこの母親は子供の悪事を父親から隠してやる」。こうした、

４代目片岡我童の与兵衛と森律子のお吉

「意気地《いくぢ》のないと云へば意気地のない、馬鹿と云へば馬鹿な、併《しか》しあくまで人の好い、情け深い、やさしい母親」を鶴見は「近世を代表する母性であると思ふ」と述べる。小池藤五郎も「近松の描いた母性」（第三巻第六号、一九三六年六月）において、「老年の母が子の愛にあらゆる恥辱を忍ぶ様」が顕れているとして、『寿の門松《ねびきのかどまつ》』の難波屋与平《なんばやよへい》の母と、このお沢を挙げ、「母性愛の極致」であるとしている。

近松作品ではないが、籃田良平「母としての忍従―黙阿弥の母性―」（第三巻第六号）では、河竹黙阿弥作の『小袖曽我薊色縫《こそでそがあざみのいろぬい》』の遊女十六夜《いざよい》が採り上げられる。十六夜は恋人清心《せいしん》の子を宿したことを告白して、清心を引き止めようとするが、このことについて籃田は「黙阿弥はまず十六夜に母性としての自覚を与へ、この悲劇の主人公に母性特有のやんはりとした抱擁力を出させようとしたのである」と分析する。「抱擁力」こそが母性の特徴であると断じる視点がここには潜む。

盲目的な慈愛のみが取り沙汰されるこうした母親像には、母親の、子を教え導く教育者としての側面が欠けている。近松の作品で言えば、例えば『国性爺合戦《こくせんやかっせん》』の和藤内《わとうない》の母は、我が子の短慮を諭し、自らの命を捨ててまでして我が子を激励する烈女であった。[1] その点において、教育的母親の究極の姿と言ってもよい。

増田七郎は「近松の作品に現れた女性―時代物中の二三人―」（第二巻第一〇号、一九三五年一〇月）においてこの母に言及する。ただし、義理の娘の錦祥女《きんしょうじょ》と共に採り上げているためか、「此の二人の女性の自

害」が「「日本の恥」「唐土《もろこし》の恥」をも思ふ、愛国の衷情《ちうじやう》を含んでゐる」点がクローズアップされ、その議論は、
　自国の名誉、恥辱といふ事を常にわきまへて、個人の生活にもそれをあてはめて考へるといふ、この二人のやうな心持は、徒《いたづ》らに、無意味に、自国の歴史や風俗を誇つたり、事ある時のみにお祭騒ぎをするのに比べて、ほんたうの愛国心、ほんたうの国際愛であると思はれます。
というところへと向かう。もちろん、増田のこの文章における関心の方向性によるものではあろうが、和藤内の母の「母親」としての側面には一切触れられないのである。増田にとって彼女は母親ではなく、愛国者であった。教育は父親が行ない、母親は子供を「母性愛」で慈しむ。当時のこうした役割分担の認識が反映していると言えようか。

### 3　『むらさき』の演劇誌的側面

　ところで、右の増田の文章の載る第二巻第一〇号には、六代目坂東簑助（後の八代目坂東三津五郎）の「近松物の上演」という記事も収録される。同記事では近松作の『卯月《うづき》の紅葉《もみじ》』と『卯月《うづき》の潤色《いろあげ》』の連作を、二つ合わせて上演する構想が語られる。簑助は一九三二（昭和七）年、新劇俳優を交えた劇団「新劇団」を旗挙げし、さらに同三五年には東京へ進出した東宝へ移籍して「東宝劇団」を結成、戦後は関西に移って武《たけ》

「源氏物語」劇に受難
上演を眼前に禁止
希に見る藝術的計畫も水泡
突如、警視廳が彈壓
顧問
命令
聲明書二つ
警視廳の言分

「東京朝日新聞」（1933年11月23日）

智鉄二《ちてつじ》のいわゆる「武智歌舞伎」に関わるなど、数々の意欲的な活動を行った役者であった。[2] 中でも有名なのが、一九三三（昭和八）年一一月、「新劇団」の第三回公演として予定された『源氏物語』（番匠谷英一《ばんしょうやえいいち》脚色）が、警視庁によって上演禁止に追い込まれた事件である。紫式部学会はこの上演の後援を行ったという経緯もあって、『むらさき』創刊に先駆けて発行した特輯号（一九三四年二月）でその顛末を報告した。詳細は省くが、つまりは同作が、「上つ方」のプライベートを描いたものであることが問題視されたのであった。浦山政雄氏は、「歌舞伎に現われた天皇」（『演劇界』一九七四年四月号）において、

明治初年以後、歌舞伎には天皇は現われなかったと言ってよい。ただ例外は『義経千本桜』二段目の渡海屋から大物浦まで出づっぱりの安徳天皇である。それも安徳君を、武将の幼君のような扱いで、さしさわりのある部分は改訂されての上演であった。

と述べる。天皇を舞台に出すこと自体がタブー視されていたのである。

ともあれ、紫式部学会、そしてその機関誌である『むらさき』は、先述した「葉書問合せ」の内容からも窺えるように、古典を媒介にして、積極的に社会に関わっていくことを目指していた。そのことが、演劇の方面では、誌面の演劇誌的な方向の模索へとつながる。

まず、第三巻第二号（一九三六年二月）には、巻頭に「春の歌舞伎を観る」と題したグラビアページが設けられた。同年一月の歌舞伎座に出演した役者、すなわち十五代目市村羽左衛門の御所五郎蔵《ごしょのごろぞう》、六代目尾上菊五郎の仁木弾正《にっきだんじょう》、ちょうどこの時が襲名披露となった十二代目片岡仁左衛門（前名四代目片岡我童）の三《さん》七信孝《しちのぶたか》、七代目松本幸四郎の鎌倉権五郎《かまくらごんごろう》の各役の写真が載る。ただしこの試みは、この号限りで終わった。

そして、同じく第三巻の第八号からは益田甫《ますだはじめ》による演劇評の連載が始まる。益田はユーモア小説の作家で、喜劇春秋座や松竹家庭劇に戯曲も提供していた人物である。(3) 評は総じて辛口で、例えば第三巻第一〇号の「納涼芝居は何処にある」では、一九三四（昭和一一）年八月に歌舞伎座で出された二代目市川猿之助の新舞踊劇『虹物語』を次のように批判する。同作は「池田鑠子、岡田八千代、木村富子の三女史合作になる平安朝を背景にしたロマンスを、十景のレビユ風に演出したものである」が、「西洋舞踊を土台とした」レビユウの形式が「日本舞踊とは相容れざるもの」であるため、「猿之助の舞踊をレビュウ化する事は、彼の芸を殺すための手段にしか過ぎない」。また、第三巻一二号の「雪地獄」では、実現はしなかったが、六代目菊五郎のヨーロッパ公演の噂があることを受けて、

歌舞伎座を埋めた日本人ばかりの観客の中にさへ、此の一幕の舞踊劇（注、「三社祭」「鞍馬獅子」）の

よさのわかる者が幾人あるだらうか？　まして外国舞踊と全然性質の異る日本舞踊をわざ〳〵多額の犠牲を払つて外国に持出して、果してわかつてくれる観客があるのだらうか？

などとの辛辣な意見も言う。渡米経験のある益田は、米国式レビュウの実現を目指して日劇附属音楽舞踊学校主事を務めていた。(4)舞踊には一家言あったのである。

益田の連載は第四巻第四号（一九三七［昭和一二］年四月）の「新派五十年の懐古」で終わり、およそ一年空けて、第五巻第六号（一九三八年六月）からは番匠谷英一の連載、「演劇の話」が始まる。前述の『源氏物語』の脚色も務めた番匠谷は、劇作家であるとともにドイツ文学研究者でもあり、一九二七（昭和二）年からは立教大学の教授に就任していた。(5)記事の初回、第六号掲載の「演劇と観衆」では、現在の演劇の「あまりの商業化、あまりの低俗化」を嘆き、「よき演劇をつくるもつくらぬも、いひかへれば演劇を生かすも殺すもすべてこれ見物の意志一つである。いはゞ見物は、観衆は演劇学の第一章を形成する」と述べる。こうした問題意識からか、以下この欄では、読者をよき見物へと育成するために、「戯曲の鑑賞」（第七号）、「俳優の演技」（第八号）、「演出について」（第九号）、「演劇の経営」（第一〇号）という、演劇入門的な解説が展開されていく。

このように、演劇時評としての方向性は失われたものの、社会への提言の精神は依然として残っていた。第一〇号の「演劇の経営」には次のような一節がある。

近頃国立劇場設立建議の運動が行はれてゐるやうであるが、現在のやうな生緩いやり方では到底その実現は覚束なく、また近時政府も時世に押されて演劇の統制などにも眼を向けて来たが、従来のやうな形式的な方面ばかりつゞいてゐるやうなやり方では、演劇そのもの、改良や演劇文化向上は到底望まれない。俗悪な演劇をはびこらせることが、一国の文化、特に帝都の人心をどんなに毒するものかといふことを官憲はあまり考へてゐないやうに私には考へられる。要するに演劇の経営が単なる企業家の手にある内は演劇文化の向上は望まれない。

番匠谷は、当時の演劇の「あまりの商業化、あまりの低俗化」に失望するあまり、公権力の介入へ期待を寄せる。この年、五月には国家総動員法が施行され、七月には盧溝橋事件が起きる。日本は、泥沼の戦争へと足を踏み入れていった。

## おわりに

一九四一（昭和一六）年、政府による言論統制の方針のもと、雑誌の整理統合が行なわれ、演劇雑誌では『舞台』（一九三〇年創刊）、『新演劇』（一九三三年創刊）、『中央演劇』（一九三六年創刊）の三誌が合併して『国民演劇』が生まれた。そして一九四三（昭和一八）年には、さらなる統廃合が行なわれ、演劇雑誌は研究指導誌の『日本演劇』と観客啓蒙誌の『演劇界（第一次）』の二誌に集約される。[6]『むらさき』は、この頃、文芸誌としての方向性を強めていたが、もはや芸能に関する記事はほとんど見られない。近松関係で唯一挙げるとするならば、第一〇巻第八号（一九四三年八月）掲載の上田静栄の詩「近松翁よ」がある。この詩は次のように始まる。

千古の大詩人近松翁よ
あなたはわが故郷《ふるさと》の矜持《ほこり》
あなたの描きたまひし女人《にょにん》の
純真なる魂に、わが泪さんさんと降《ふ》る

上田は、近松作品に登場する女性の姿に、幼い時に死に別れた母を重ねる。そして、亡き母の「心高くもちたまへ」という教えが、今の自分を守ってくれていたことに気がつく。詩は次のように結ばれる。

――一切を耐へ、自己を超《こ》ゆるも、ただ一心の力なれば。
なつかしき近松翁よ
あなたはわが真なる母を、われに啓示《しめし》たまひぬ。

戦時下の苦しい日々を、近松の言葉が母のようにして救ったのである。

前述した「演劇の話」欄の連載は、第五巻第一一号（一九三八年一一月）より番匠谷英一に代って河竹繁俊が引き継ぎ、第六巻第四号（一九三九年四月）までの六回続いた。番匠谷の路線を継ぐ入門的な解説であったが、その中で第一二号の「演劇の社会的使命」は河竹の思いがほとばしった回であった。河竹は「新聞紙上で見かけた」、「かういふ時節に芝居を見に行くなどは以つての外だ、とんでもない心得違ひである」という批判に対し、

銃後の国民が完全に其の責任を果すには、飽くまでも健全な心身のもとに日々の職務を遂行するにある。この「健全な心身」を保持するためには、ともすれば軽視されがちの文芸とか美術とか、或ひは演劇乃至映画、演芸物、すなはち広義に於ける劇芸術も亦必要な要素になつてくるのである。

と反論し、演劇には「人生や社会について教へられ、人の生活を豊富にするといふ、高い意味の価値さへも、別に大きく存してゐるのである」と述べた。教育、あるいは教養といった範疇を超越して、人が生きるための糧としての力が、古典芸能、そして演劇には備わっているのである。

**注**

（1）近松の描いた老母像については黒石陽子氏『近松以後の人形浄瑠璃』（二〇〇七年、岩田書院）収録の「『国性爺合戦』考―三段目の老母像を中心に―」（『言語と文芸』一〇二号［一九八八年二月］初

出）、「『国性爺合戦』試論―老母蔵造型の意味―」（『歌舞伎研究と批評』創刊号［一九八八年八月］初出）に詳しい。

（2）石橋健一郎氏『淡交新書　昭和の歌舞伎名優列伝』（二〇一六年、淡交社）参照。

（3）『日本戯曲大事典』（白水社、二〇一六年）「益田甫」の項（星野高氏執筆）参照。

（4）注3に同じ。

（5）前掲『日本戯曲大事典』「番匠谷英一」の項（星野高氏執筆）参照。

（6）藤木宏幸氏「演劇雑誌の細目―編集後記にかえて―」（一九八一年一二月、『日本演劇学会紀要』一九号）参照。

# 戦時下の古典教育――『むらさき』の変質

中野貴文

## 1

一九三四（昭和九）年五月に創刊された『むらさき』は、女性の趣味や教養を深めることを謳い、それを誌面の中心に据えた雑誌である。創刊号では「『むらさき』の特色」として、「日本文学を通じて日本人としての自覚を高め、現代婦人としての高雅なる趣味と教養とを深めるために発行されたものであります」と宣言されており、事実、古典の名作鑑賞から現代作家による連載、外国文化（文学、音楽、映画等）の紹介、読者による短歌・俳句の投稿添削に至るまで、様々な形で当時の女性の趣味と教養に対するニーズに応えようとしていることが知られる。古典文学ではとりわけ平安期の女房の筆になる作品、現代作家も円地文子や林芙美子等が中心となるなど、読者として女性が明瞭に意識されている。このことは、本書の他の論文でも詳述されている通りである。

しかし、右に掲げた創刊号の宣言の前半に「日本文学を通じて日本人としての自覚を高め」とあることに注意したい。『むらさき』は女性の教養のための雑誌という側面と同時に、日本精神を広めるという目的意識を、創刊当初からはっきりと抱いていた。このことは、有働裕氏も指摘するように[(1)]、この雑誌の創刊のきっかけと大きく関わっている。創刊の前年の一九三三（昭和八）年、『源氏物語』の舞台化が、時局にそぐわない等の理由によって上演中止に追い込まれた。そのことへの危機感が、国民国家にとって有益な国語教育・文学教育[(2)]への要請を産むこととなった。『むらさき』は、当時の国文学界の思惑の中から誕生したのである。

創刊号には発行の中心となった[(3)]藤村作によって、「婦人の教養としての国文学」という文章が載せられている。ただし、内容は典型的な良妻賢母的女性観によりつつ、「家庭的教養としては家事、裁縫に止まってはならない」「男子に比して一層豊かな情操の教養を積むの要を感ぜしめられる」などと述べるものであり、声高に日本精神の固有性・優秀性を叫ぶものではなく、これ以降の『むらさき』も基本、いたずらに国民意識を煽るような誌面構成にはなっていない。

ところが、後に『むらさき』は狂信的な日本意識の高揚を謳う方向へと徐々に舵を切り、女性の趣味と教養は後景に退くこととなる。後述するように、最終的にはその役目を終え『芸苑』という、より明瞭に国民意識の強化を目論んだ後継雑誌に引き継がれることになるわけだが、『むらさき』がいつの時期に、どのように変質を遂げたのか、本拙稿ではこの点に関心を絞ることで、昭和一〇年代の古典文学教育の様相を瞥見していきたい。

## 2

当初、女性の趣味と教養とを掲げて創刊された『むらさき』は、したがって決して外国文化[4]を排除するものではなく、むしろ積極的に紹介していくスタンスをとっていた。創刊号でもハイネやシェリーの詩篇が紹介され、キャサリン・マンスフィールドを扱った論も見える。必ずしも、偏狭な日本意識に支えられていたわけではなかったのだ。

このことは、例えば表紙からもうかがい知ることができる。創刊号の表紙は「みぐしあげ」と題された日本画で、松岡映丘の筆になる『枕草子絵巻』[5]より、髪を整えさせながら清少納言と話す中宮定子を描いたものである。至って「日本的」なものであろうが、続く六月号は花瓶と花を油絵で表現した洋風の静物画、続く七月号も「星の文学」という特集に合わせ、月夜の空を小舟に乗った子どもたちが談笑する、これも西洋画的な筆のものとなっており、むやみに「日本的」なものを強調していたわけでは決してない。なお、その後表紙は安藤広重の浮世絵[6]や洋画家遠山五郎による「薔薇」と題された油絵[7]など様々にバリエーションを見せた後、一九三六（昭和一一）年の新年特大号からは佐々木澄古による日本画へと落ち着くこととなる。

同じことは、目次の意匠にも認めることができる。例えば、創刊から三号目にあたる昭和九年七月号の目次は周囲を「ＭＵＲＡＳＡＫＩ」「ＪＵＬＹ」と記されたリボンが取り囲むデザインとなっており、手書き風のアルファベットを用いている点にも洒落た感覚が認められよう。このように暦の月を表す英語を目次に配すデザインはその後も継続してなされたが、昭和一四年四月号を境に姿を消す。既に冷え込んでいた米英との関係を鑑みてのことであろうことは、想像に難くない。そして『むらさき』が、日本精神の強調を誌面の前面に押し出し始めるのも、まさにこの時期からなのである。

中でも象徴的なのが、創刊以来、表紙の一番上に冠されていた表題「趣味と教養」が、昭和一五年一一月号以降、「日本的教養」に変更されたことであろう。このことは、同誌の一番の眼目が、女性の趣味と教養とを深めることではもはやなく、日本的精神を強調する点に移ったことを端的に示すものに違いないからである。これに先立つ昭和一四年十一月号からは、毎号「趣味と教養」という特集欄が設けられ、以降廃刊近くまでかなり長く続けられる。一見、創刊以来のポリシーに立ち返ったかのように思えるが、むしろ、そもそも欄を別途特設しなくてはならないほどに他の項目はそこから離れていたことの証左と見るべきであろう。そして最終的には「日本的教養」へと表題が変更される。女性の教養よりも日本的教養を説く文章の方に、雑誌の中心ははっきりと移りつつあったのだ。[8]

さらに、太平洋戦争の開戦直前の昭和一六年十月号を最後に、趣味、教養という言葉は目次から姿を消すこととなる。戦争終盤の昭和一九年二月号から四月号にかけては、表紙の日本画の横に「撃ちてしやまむ」の標語がそえられる[9]など、ここに同誌は完全に変質したといえるが、前節で指摘した通り、女性の教養よりも日本精神を強調する発想は、創刊当初から既に胚胎していたことも、改めて確認しておきたい。

## 3

前節で見たような雑誌の変質は、表紙や目次のレイアウト・構成だけではなく、内容においても当然見出される。述べたように『むらさき』は当初より、外国の文化・文学を積極的に紹介する姿勢を見せていた。皇紀二六〇〇年を迎えた一九四〇（昭和一五）年、新年特別号は目次にも「２６００」という数字が大書されている一方、「新春映画展望」という項では、『格子なき牢獄』（フランス）、『庭の千草』（アメリカ）などといった外国の映画が紹介されている。『むらさき』はこの時期に至っても、外国の文化を完全に排除したわけではないのであり、例えば一九三九（昭和一四）年は、三月号から十二月号まで連続して西洋映画の紹介に頁を割いている。

しかし、このような外国映画の紹介は昭和一五年五月号の「新封切映画」の特集欄、『カプリチオ』（ドイツ）、『貿易風』（アメリカ）の二作品をもって終わる。これとほぼ時期を同じくする形で、これは創刊以来続いてきた外国文学を紹介する頁も、一九四〇（昭和一五）年の一年間にわたって連載された須賀三四郎の「欧州近代女流作家伝」あたりを最後に、急速に姿を消していくこととなる。創刊当初は様々な外国文学・文化を、国籍を不問で複数紹介していたが、最後は明確に敵対する国を外し、ドイツやロシアなどの文化が[10]わずかな頁数で紹介されるだけとなっていく。

これに対し比重を増していくのが、日本古典に関する特集であった。この背景に、「日本的精神」なるものを伝えるためという思惑があったであろうことは、いうまでもない。無論、創刊当初から日本古典文学は『むらさき』の中心にあったことは確かだが、他を圧する形で比重を強めていくこととなる。例えば創刊号には「草仮名を美しく書く法」や「南洋の日食（科学の頁）」などといった記事が散見し、また同年七月号の「趣味と教養」欄には、「初夏の星座」「星を主題とした美術」「諧謔と頓知と滑稽のベートーヴェン」という、非常に多様でユニークな三篇の文章が並んでいる。昭和一五年五月号の同欄にしても、「飛鳥時代の仏像」「ギョルギュ・サンドの文学」「詩の作り方と鑑賞」などであり、フランス文学の紹介や実作の方法の教授等、「趣味と教養」という名にふわさしいラインナップといえるだろう。

一方、最後の刊行となった昭和一九年六月号は、「近世前期の古典復興」「芭蕉」「土佐の志士と文学」等々、日本古典や日本史を中心に、日本の精神の特殊性・優秀性を説く記載に溢れている。このような傾向は、前節でも指摘した通り、一九四〇（昭和一五）年の終わりあたりから加速度的に増していくこととなる[11]。

これまでに見てきたような、『むらさき』という雑誌の変質を、編集後記からも跡付けてみよう。創刊号の編集後記に「「むらさき」の芽生えが、幾分なりとも御国の為めに役立つならば、それは私達の望外の満足であり、愉悦であります」とあるように、確かに当初から国民国家へ裨するという姿勢は匂わせているものの、全体的には「「むらさき」は少数の手に委ねられたものではなく、皆様のものです。若い女性の、その純真な心によつて培はれて行くべき性質のものです」と、個々の女性読者を主役として捉える発想が看取される。以降も基本的には、女性の趣味と教養という方針に則って様々な作品を読みなおしたり、あるいは女性に投稿を促したりするような内容が目立っている。

このような編集後記の傾向に明瞭な変化が生じるのが昭和一五年十二月号であり、ここでは「……建国悠久の理想に思をいたし、今私達のおかれる日本のありかたを確認し素朴にして力強い発足をこゝに踏出さうとしてゐるのです」「日本的教養の一翼を担ふ本誌の使命もこゝにいよ〳〵篤く……」等、国家主義的な発想が見られるようになる。続く昭和一六年一月号の編集後記も「新東亞建設の盟主として銃後に於ては異常な決意とはちきれる気魄とを以て新体制の発足をなし……」「……連綿として経来つら我が国の生成発展をこゝに更めて意識するとき祖先より伝はる民族の血が脈々と波うつのを感ずるのであります」などといった文が続くが、特に注意したいのは、日本民族・文化の優秀性を説くこれらの言説に隠れて、趣味や教養だけではなく、女性という言葉も後景に退かされていることである。事実この時期以降、例えば昭和一九年六月号の「女子挺身隊におくる」など、戦時下の女性を扱ったものを除いて、女性に特化した文章は影を潜めるようになる。

昭和一九年一月号の編集後記は、本拙稿でも冒頭に掲げた、一〇年前の創刊号に掲載された標語を再掲した上で、「やまとをみなの自覚と、その精神の宣揚、これこそわが「むらさき」が、十年来一日の如く不変不動、この一みちに邁進し来つた信念に外なりません」「「むらさき」十年の主張は、今や日本のあらゆる女性の胸の中に目ざめてまゐりました」と続けている。確かに創刊号では「現代婦人としての高雅なる趣味と教養とを深める」とは述べられていたが、それが本当に「やまとをみなの自覚と、その精神の宣揚」を目指していたものだったのか、ここには何かしらの虚偽があると指摘せねばなるまい。ごまかしの自覚があったからこそ、敢えて再掲し、その不変ぶりを強調しなければならなかったということではあるまいか。

## 4

趣味、教養に加え、女性という中心軸すら見失った『むらさき』が、既に雑誌としてのアイデンティティを失っていたことは明らかだったであろう。昭和一九年六月号をもって同誌は休刊を迎える。正確には最終号の「光栄ある使命を果して」という文に、「今回国家の要請によつて各種雑誌が整理されることになり、本誌もまた六誌を糾合して新しい雑誌へと発展的に解消することとなりました」と見えるように、当局による雑誌統廃合が理由だったことが知られる。そして右にいう「新しい雑誌」が、同じ発行元（巌松堂書店）と発行者（波多野一は、『むらさき』創刊号の発行者波多野重太郎の長男）から出された(12)『芸苑』であった。

かくして昭和一九年八月、『むらさき』の後継誌として発行された『芸苑』は、創刊号劈頭の創刊の辞の中で、「本誌は「むらさき」十年の精神を継承し、更に之を発展せしめ、全国の勤労女子青年にして指導的地位にある人々のために、徳性の涵養と情操の陶冶に資し、新時代に即応せる日本婦道の樹立と戦力の増強とに力をつくすことになつた」「皇国三千年をつらぬく伝統の美徳をもつて彼等を護り、清純にして健康なる現代文学をもつて彼等を慰め、未曾有の国難にあつて勇躍奮起せしめるのが、本誌の使命として嘱された国家の意思である」と述べ、続けて「本誌は右の重責と使命とを果さんがために、皇国文芸の古今を通じ、詩歌・小説・随筆等の総てに亙り、古典解釈・評論・鑑賞・研究をはじめとし、現代文芸の創作及び実作指導に及ぶ記事内容を整へ」るとする。

『むらさき』十年間の精神が、「日本婦道の樹立と戦力の増強とに力をつくす」ことにあったというのはいかにも苦しかろう。また、もはや「趣味」も「教養」も見当たらず、ひたすらに国家意識の中に還元される形での文学享受が説かれていることがわかる。「伝統の美徳」と「清純にして健康なる現代文学」が並列に置かれているが、創刊号の目次を紐解いてみても、その内容は例えば舟橋聖一「右京太夫」[13]（小説）、浅野晃「古典と女性」、由良哲次「北畠親房とその文学」、広瀬房子「防人の妻」（以上、評論）など、古典にのみ大きく偏っており、『むらさき』終盤の傾向を如実に受け継いでいる。しかも古典の中でも、「右京太夫」「北畠親房とその文学」「防人の妻」と、いずれも戦争と直結するものが優先的に選ばれていることが知られるのである。

如上、後期『むらさき』の傾向をそのまま継承した『芸苑』は、この後、かかる変質の方向性を一層推し進める形で誌面を展開していくこととなる。すなわち、あくまで『むらさき』の後継として、女性[14]を対象としていたはずの『芸苑』は、『むらさき』がそうであったように、少しずつ女性という色合いが誌面から薄まっていく。象徴的なのは、当初、表紙に明記されていた「女性文学誌」なるキャプションが、早くも創刊五号目の昭和二〇年一月号においては、無くなっていることであろう。もちろん、創刊号劈頭の評論、佐藤春夫の「至難の一使命」が「女子も亦男子とともに人間であり、日本国民である点は何の異なるところもない。しかし女子は男子ではなく、男子が女子ではない点では厳然たる相違が横はつてゐる」と延べるなど、女子に特有の傾向あることを強調する文章を掲載したり、高島礼子「康資王母の一面」、森三千代「女流作家の境地」など女性歌人、女性作家を意図的に取り上げたりする傾向などは見受けられる。昭和一九年十一月号などの原稿募集のテーマが、「挺身女性文学」である点なども、女性が読者であることを強く意識したものであろう。だが、それら以外では、女性という点よりも「日本」「精神」「民族」「古典」などを強調したものが目に付くのである。

## 5

日本の古典文学伝統の素晴らしさを強調し、特にその中から「日本精神」なるものを抽出して賛美する。しかもその精神には、戦局が悪化する中、それでも戦い抜く魂といった如きニュアンスが求められた[15]。その結果、女性という要素はどうしても後景に押しやられてしまう。あるいは、女性に対しても（銃後で）戦う姿勢を植えつけ得るものが求められた[16]。

その意味で、一九四四（昭和一九）年のサイパン陥落、とりわけ八月に入って新聞各紙によって報じられた在留邦人女性たちの崖からの身投げは、『芸苑』にとって最も「都合の良い」ものだったと思われる。前掲注（13）榊原が指摘するように[17]、例えば昭和二〇年一月号は、「日本女性の激情」と題して（藤田徳太郎）

サイパン島の婦人は、ほんたうによい手本を示しておいてくれた。名も知らず、いかなる人かもわからぬ、この大和撫子の行ひが、どのやうに、戦時生活をしてゐる、われわれを奮ひ立たせ、強く励ましてくれたであらう。もう今では、戦線も銃後もない。

わが皇国女性は、緑の黒髪を梳り、身だしなみをととのへて、互ひに手をとりあひながら、静かに海の中へ入つて行つた。ここに崇高な、日本婦人の面目がある。

と、身投げを遂げたサイパンの女性たちに、銃後で戦う者の理想を重ねて論じている。この他、昭和一九年十月号には「ゆるがぬ心―サイパンの姉妹にちかふ―」という、丹塚もりえの詩篇が掲載される。冒頭の一節のみ揚げる。

たたかひてたたかひぬきて
かなしみはつひにきはまり
いやはてのときいたれども
サイパンのやまとをみなの
いちねんはゆるがざりけり

さらに、同年十一月号に見える読者からの和歌投稿欄には、

一億が玉と散りてもサイパンの敵米軍をうたであるべしや

サイパンと口にするだにむらぎもの命にふれてくやしかりけり

などといった、サイパン陥落を題材とした歌が散見する。サイパン玉砕は『芸苑』にとって、女性むけの雑誌というアイデンティティにかろうじて踏み止まるためにうってつけの悲劇ではなかったか。だとすれば、およそこれほど残酷な皮肉もない。

いったい、前掲榊原論文が指摘するように、サイパン陥落は『平家物語』「小宰相身投」とイメージの上で重ねられるよう誘導されていた可能性が高い。古典文学は、現実の残酷さを希釈させる形[18]で、受容されていった。戦争末期に他でもしばしば目にする如く、『芸苑』誌上においても古典文学は、「利用」されたのである。

サイパン陥落からおよそ一年後、大日本帝国は崩壊する。『むらさき』の後継誌『芸苑』は、翌昭和二一年新年号が敗戦後最初の刊行であり、同時に最終号となった。その編集後記には、以下のような文章が載っている。

　時代への復興と建設には古典の力を要請し、それによつて私達の正しい進路を保つてゆかなければなりませんが、しかし古典的価値の絶対性を確信して伝統への無批判な妄信追従は避くべきで、伝統は謙虚にしてきびしい再批判を通じて発展的に現代に摂取してゆくべきだと思います。

ここまで手の平を返されるともはや言葉もないが、ここに書かれたことを翻せば、戦時下の古典文学がどのように利用されたか、改めて明確になるだろう。後期『むらさき』、及び『芸苑』は、古典を絶対的な価値として読者に妄信することを求めた。趣味、教養、女性といった『むらさき』創刊当初の方向性は、かかる妄信の中で切り捨てられていったのである。

## 注

（1）『源氏物語』と戦争』（二〇〇二年一二月、インパクト出版会）

（2）前掲の「『むらさき』の特色」は、先の項に続けて「『むらさき』は現代の女子教育に関心を持つ人々の責任ある執筆にかかるものであります」「『むらさき』は現代女子教育の精神を体し、正しき学校教育の普及徹底を期して編集せられてをります」と明記する。

（3）表紙の見返しには「主幹　藤村作」と見える。なお、藤村と並んで同誌発行の中心となった国文学者に、久松潜一がいる。戦時下の古典教育における、久松の孕む諸々の問題については、安田敏朗『国文学の時空　久松潜一と日本文化論』（二〇〇二年四月、三元社）に詳しい。

（4）当時のとりわけ女学生たちにとって、外国文化が教養の重要な柱であったことは、稲垣恭子『女学校と女学生　教養・たしなみ・モダン文化』（二〇〇七年二月、中公新書）等を参照。

（5）解説には、尾上八郎の所蔵であったが関東大震災により焼失したとある。

（6）昭和一〇年二月号
（7）昭和一〇年三月号
（8）創刊の一・二年目には「趣味と教養」あるいは「趣味」という特集欄が目に付く。
（9）ちなみに、昭和一九年四月号と五月号は表紙の絵がまったく同じであり、これなどは戦局の悪化で、表紙を新しいものにする余裕が失われていたということであろう。
（10）例えば「バッハの音楽」（昭和一五年五月号）、「楽聖ベートーベン」（昭和一六年五月号）など。
（11）このような古典重視の傾向は、大正後期から昭和前期にかけての高等女学校用国語教科書の変化の中にも、同種のものを認めることができる。詳しくは、椙野政子「「高等女学校国語教科書―古典文学教材」にみる近代―精神的教化手段としての「女流古典文学」―」（『日本文学』平成一六年十二月号）。
（12）櫻本富雄「戦前巌松堂の月刊誌『むらさき』」（『日本古書通信』平成二〇年八月号）
（13）この作品については、榊原千鶴「〈銃後〉女性教育にみる古典―昭和一〇年代、『建設礼門院右京太夫集』はいかに読まれたか―」（『日本文学』平成二八年十二月号）に詳細な分析があり、稿者も多大な学的示唆を頂いた。
（14）前掲の創刊の辞の中にも、「全国の勤労女子青年にして指導的地位にある人々」を読者として想定するとあった。
（15）例えば『むらさき』最終号の編集後記には、「伝統の精神が新たに胸に燃える時、日本人としての自覚と国土への愛とに奮ひたたないものがありませうか」などと見えた。

(16) これも例えば『芸苑』創刊号の浅野晃「古典と女性」では、「雄々しき神宮皇后の御面影も、感銘ふかきものである。幕末の頃長州の女たちは、女ながらも武士の妻……と歌つて、皇事に赴いたといふことである」などと、ことさら戦う女性像が古典神話・日本史の中から選び取られている。

(17)「黒髪をなびかせ、海に身を沈める姿が、数百年の時を超えさせる。海中から引き上げられた小宰相は、白袴に絹織物の袿を二枚重ねた高貴な出で立ちのまま、髪も袴も滴が垂れるほどに濡れた姿で息絶えていた。古典が描くその最期を通して遠くサイパンの女性たちに思いを馳せるとき、現実のむごたらしさは不問に付される。戦場での死は、あくまで観念と想像の世界に留まったまま、女性読者の前には自死への道が開かれる」。

(18) ただし、『平家物語』自体、戦場のむごたらしい現実を回避して表現しようとする傾向があったことは、考慮に入れる必要があろう。例えば大津雄一「軍記と暴力」(『文学』平成二七年三月号、岩波書店)も、「この物語は、「穏便」に戦争の暴力を表現することを選んだのである」と指摘する。

# Ⅵ　表象としての女性

# 今井邦子——成長への伸ぶる苦しみ

高橋由貴

清らかにをと女《め》心をはぐくめよ職業線に慣れはゆくとも

（「挺身のをと女」一九四四年五月）

右は、今井邦子（一八九〇～一九四八年、旧姓・山田、本名・くにえ）が『むらさき』に最後に寄せた連作「挺身のをと女」第一首目に置かれた歌である。戦争が激化する時勢下にあって勤労に励む「をと女」たちに向けた、「清らか」な「心」を育んで欲しいという願いが、「～よ」という終助詞を付し、また倒置法を用いて強く念じられている。この歌では女性の「清らか」な「心」の育成を阻害するものとして、「職業線」における「慣れ」が詠まれている。邦子の文学観の根底には、「職業線」に代表される女性をとりまく様々な外圧と、それを乗り越えるための「心」の育成とがあった。

以下、読者の「をと女心」を「清らか」に涵養することに情熱を注ぎ、『むらさき』を牽引した今井邦子の文学観の一端を素描したい。

## 1　島木赤彦との出会いと「心」の陶冶

今井邦子は、創刊直後の第二号から終刊直前の第一一巻第五号まで、雑誌『むらさき』と長く伴走した。歌の実作者として、「むらさき歌壇」の撰者として、古典世界へと誘う随想や小説の書き手として、多方面にわたって活動し、途中、郷里の信濃下諏訪で病床にありながらも口述筆記をさせてまで寄稿を続けている。『むらさき』に寄せた記事の数は主な寄稿者の中で最多を誇る。

風薫る初夏の一日青葉の中に数刻の清閑を愉しむ今井邦子夫人（『むらさき』1939年６月）

『むらさき』への投稿歌の撰者をつとめるようになるまでの邦子は、家という軛《くびき》や職業婦人に対する世間の厳しい風当たりに苦しみながら、それでも、唯一途に文学で身を立てたいという激しい情熱を捨て去ることができず、葛藤する日々を送っていた。

邦子は、長野県下諏訪で祖父母の手によって養育された。女学校時代から『女子文壇』等に詩を投稿していた才女だという自負、そして「文学者として立派なものになりたい熱望」から、一九歳の時、親の強いる結婚に背き、河井酔茗を頼って無一文で上京している。上京後、しばらくは中央新聞社の記者として働いたが、二一歳の時、同僚記者で後に代議士となる今井健彦と結婚する。結婚後の邦子は作詩を止め、本格的な作歌活動を開始した。歌文集『姿見日記』（一九一二年、女子文壇社）や歌集『片々』（一九一四年、婦人文芸社）、『光を慕ひつつ』（一九一六年、曙光社）などに収められた歌には、家庭に入った後に我が身に降りかかった日々の困難――夫婦関係の不和や、育児のつらさなど――をめぐる、複雑で繊細な感情が託された（この時期の今井邦子の歌風については、佐伯裕子「私は安心して苦しんでゐます―今井邦子の歌」、『禅文化』二〇〇二年四月などを参照のこと）。

そんな邦子について、『女子文壇』投稿時代から活動を共にしていた生田花世は、「一直線」「きかぬ気の気質」（「今井邦子」『解釈と鑑賞』一九五〇年一〇月）と評している。また、『むらさき』だけでなく邦子主宰の女性歌誌『明日香路』にも歌を寄せた若山喜志子は、「一すぢに徹つた一徹の性格」（「白夜集時代」『明日香路』一九四九年四月）と語っている。このように、親しい友人たちからみても、邦子は気性の激しい、一本気な性格の女性だった。そうした彼女の情熱的な性格が、しばしば周囲との摩擦を生んだ。

小学校時代の恩師に歌集『片々』を送った縁から、下諏訪の高等小学校で校長をしていたアララギ派の歌人・島木赤彦を紹介された邦子は、それを契機として歌道に専心するようになる。一九一六年、彼女は活躍の場を歌誌『アララギ』へと移し、師である赤彦の教えを遵守しながら、歌人としての堂々たる地位を確立してゆく。

『むらさき』に連載した「歌道初学」は初心者に歌の心得を講じた文章だが、邦子はそこで、歌の勉強法として「まづ萬葉集を、次ぎに真淵、次ぎに赤彦」に学ぶべきことを説いている（第二回、一九三六年四月）。これは『萬葉集』と国学を重要視した赤彦の教えそのものだった。さらには、「元来、傑れたものを認めるのは、傑れた心の持主でなければなりません。人麿赤人の歌の高さ深さを知るのは、我々には一つの修行であって、それが、一面には自分の心を開拓する道になるのであろうと思ひます」という、赤彦の『歌道小見』（一九二四年、岩波書店）の一節が引かれている（第四回、一九三六年八月）。邦子はこのことばを「至言」として紹介し、作歌に不可欠なのは技巧ではなく「心」のあり方であり、さらに、その「心」は「自然」とともにあるべきとした（「古今愛誦歌鑑賞」第一三回、一九四一年六月）。彼女の作歌の根幹には、強くしなやかでありながら、清く澄むまでに「心」を陶冶することがあったのである。

## 2　人生経験に裏打ちされた歌道

赤彦への傾倒を経て、邦子が自ら切り開いた歌の境地はどこにあったか。引き続き「歌道初学」をみてゆこう。

ほんたうに歌を好み、歌の道に入ることをねがふ人は、かうした困難に敗けてはなりません。修行の道は永遠に続きます、そこには幾山河の起伏があると覚悟をしなければなりません、自分はもう歌が作れなくなつたとか自ら歎き疑ふ心の状態がやつて来るのはつひに一生にわたる事でありまして、この起伏に敗けてしまつてはつひになし遂げることの出来ない道であります。特に女の人は感情に敗け易いのですから、早く息を切らしてしまつて、惨めな敗けやうをいたします。ほんたうに好きでこそやり遂げる道とは、ここを指して申したのであります。転んでも、息が切れても又起き直つて歩み続けるのも、本性が好きであればこその道であると私は深く信じてをります。（「歌道初学」第四回、一九三六年八月）

この一節については、歌を「鍛錬道」と称した赤彦からの影響を指摘することも可能である。だがそれ以上に、こうした実感が、結婚の前も後も苦難の連続だった邦子の人生経験そのものに裏打ちされていたことが理解されなければならない。「幾山河の起伏」を乗り越え、「女の人」特有の「感情」との激しい格闘を強いられ、「転んでも、息が切れても」、なんとしてでも歌を継続したい。どんな困難に直面しても「又起き直つて歩み続け」た邦子の文学的営為は、『むらさき』に掲載された歌、随想、小説の至るところからうかがえる。そして、「困難」を乗り越えられるかどうかは、自分が「ほんたうに歌を好」んでいるか、「歌」が「ほんたうに好き」であるかどうかにかかっているのである。

好きさ加減が外にむけてもいつか、そちらにむいてしまふ、それほど好きでなければやり遂げられる道ではないと思ふのであります。もし歌人にならうと、思ふほどの者であるならばかうした惚れ込み方をしてゐないと、つひにやり遂げられ難き道であらうと思ふのであります。（「歌道初学」第一回、一九三六年三月）

「歌道初学」では、歌人になるためには歌への「惚れ込み方」が尋常のものであってはならない、ということが繰り返し訴えられる。一意専心、歌に生きることを選んだ邦子ならではの、初学者に向けたメッセージといえるだろう。

親元からの出奔、職業婦人としての暮らし、「文学で身を立てる」ことに見切りをつけて家庭に入るまでの、ひたむきだった青春時代を顧りみたエッセイ「燃え上る青春」（一九三九年三月）でも、邦子は、「精神的な苦労は大きいものでした。真剣に実生活と闘ひながら、文学の真髄を極めようとその頃から考へはじめ、今日も尚その道に精進して居ます」と述べている。文学に憧れ、文学を希求した少女の苛烈な思いは、歌との出会いと赤彦への傾倒を経て、ついに彼女独自の歌道を導き出した。強い風によって撓《たわ》む小枝のように実生活の外圧をしなやかに受け流しつつ、己の清澄さや一途さを喪わないで歌道に精進すべきことが、年若い読者に向けて強く説かれるのである。

## 3　古典に取材した創作にみる理想の女性歌人像

先述の通り『むらさき』における邦子の活動は歌に限られず、随想や小説など多岐に渡っている。彼女の文学観は、古典に取材したそうした創作文においてこそ、むしろ端的に示されている。

『むらさき』には、赤染衛門の視点で和泉式部の老年が語られる「誠心院の一夜」（一九三六年三月）と、やはり老人となって歌を詠じなくなって久しい額田女王が不意に弓削親王に宛てた歌を送る「玉松ヶ枝」（一九三五年一月）という二つの小篇が載る。そのいずれにおいても、青春時代を終えた女性の歌人たちに訪れた、静謐でありながらも、気高く、成熟した境地が描き出される。

「誠心院の一夜」は、一見、赤染衛門と和泉式部の二人が夜通し昔のことを語り明かすというだけの話である。冒頭、年上の友人である赤染衛門が、「一種の尊い境地に入り得た人の泰然とした落着き」をみせる和泉式部を、しみじみと眺める場面から始まる。和泉式部の様子は、「清《きよ》げに、円満に落着くべき処に落着いた悩《なやみ》の道を全く通り貫けて、女として、人間として、最も落着いた境地に入り得た者」とも評されており、若い時とはまるで異なる、式部の落ち着き払った佇まいについての描写が続く。だが、その結末は、「昔の心持を整理」しはじめた式部自身による、次の独白とも内言ともいえぬ文章で閉じられる。

和泉式部は独り寝もやらずに、この清く、くまなき有明の月に向つて、何時《いつ》か過《す》ぎ来《こ》し様々の身の歎き、悲しみ、苦しみ、恨みなど、過ぎて来たものを振り返つて、今もそれを語れば涙を流しながらも、何時《いつ》、何が動機でと云ふ事なしに、自分の生《うま》れた初《はじ》めから、さうしたものとは又別に、一つの小さい芽ぐみであつた静かな、尊い物の種がこの年頃になつて生成を遂げ、本心的に自分の命を落着かせ導いてゆくこの不思議を思はざるを得なかつた。(……)さう思つて有明月に立ち向つてゐる和泉式部の静かな姿は、美しさを過ぎた清らかさに照り輝くばかりであった。(「誠心院の一夜」)

「自分の生れた初めから」備わっていた「尊い物の種」が、「身の歎き、悲しみ、苦しみ、恨み」を乗り越え、「小さい芽ぐみ」から「この年頃になつて」ようやく、見事に「生成を遂げ」た。他人である赤染衛門の観察とは異なり、式部本人の中では、自分の「本心」は生まれた時から何ら変わっていない。それが、「清く、くまなき有明の月」の光と相まって、この夜「照り輝くばかり」なのである。和泉式部の老境に託して、邦子は、自身が説く女性のあるべき「心」の生育と、それをまってはじめて到達できる歌の高みという理想を描き出したのだった。

歌を詠むことができなくなった額田女王を描き出した「玉松ヶ枝」も、苦悩とともに年を重ね、いつしか老境に達した女性歌人の美質を賞した創作である。「五十歳をこゑた」女王《おほきみ》は、「すべて若き心の日はすぎてしまつた」と感じ、「悲痛きはまりなき自分の運命の起伏を今更のやうに思ひ沈まれる」日々を過ごすようになって久しい。「誠心院の一夜」の和泉式部と同じく、青春時代を過ぎ、「運命の起伏」を経て、年老いた女性の現状が、まず前面に押し出されている。そのような女王が、長い沈黙を破って不意に歌を詠むに至るまでの一瞬は、次のように描写される。

神がかりの絲がふつりと切れた様にお歌心《うたごころ》に感応の霊感の伝ひ来らぬいく年をすごされた。（……）それが思ひがけなくも、若き皇子《わうじ》の純真なお思ひやりの心情にみちたお歌を詠むと、もう自分の身から遠く去つたと思ふ芳香が一時にお心に薫じいでて花の如くうるほひある美しい情緒の絲がたへて久しき音をたてて「玉松ヶ枝ははしきかも君がみことを持ちて通はく」とかくも高き匂ひにみちみちた一首を詠みいでられたのであつた。（「玉松ヶ枝」）

「神がかりの絲がふつりと切れ」て、「お歌心に感応の霊感の伝ひ来」ることがなかったにもかかわらず、若き弓削皇子の「純真」な「心情」に感化された刹那、「花の如くうるほひある美しい情緒」が詠み出された。その一首は、「高き匂ひにみちみちた」この上もない名歌となって歴史に残っている。小篇「玉松ヶ枝」の結末は、「女王はその御生涯を匂ひ高く妙えに麗しき御身とお心を保ちつゞけてはてられたのであつた」という一文で締められる。邦子はこの小篇で、年を重ね、陶冶された女王の「心」が自然に紡ぎ出した歌の素晴らしさを讃えたのである。

## 4　女性の「季」の文学

これまでみてきたように、邦子は女性の成熟の美を『むらさき』誌面で繰り返し説いた。苦難に直面してもそれを乗り越えて成長してゆく女性の麗質を、あるがままの自然と重ね合わせて言祝ぐ文章は他にもある。邦子の作歌と論評の特徴として最後に挙げるべきは、困難や逆境を乗り越えて生きる女性の「季」を、春夏秋冬を経て伸ぶる植物の自然な生育に喩えたところである。

「野分を読みて」（一九三六年一〇月）は、『源氏物語』の登場人物である「紫ノ上」についての短文である。恵まれた環境で育ち、容姿性格共に最高の女性として描かれる「紫ノ上」は、そのためかえって、邦子の目に「はつきりしない」「抽象的な人物」と映った。だが、光源氏による束縛が弱まる「野分巻」において、「紫ノ上」は初めて光源氏以外の男性である夕霧の目に捉えられる。邦子によれば、その夕霧の目に映った

「紫ノ上」の美しさこそ、「印象的に個性的にはつきりと心の瞳に映じ」るものであった。「紫ノ上」の人生が秋口にさしかかる「野分巻」冒頭部分は、源氏と彼を取り巻く姫君たちの花園が初秋の嵐に吹き荒らされるもの痛ましい様子の描写から始まるが、その書き出しについても、「四季折々の自然を、もつとも美しく、生かしと、のへた、その技巧を称へずにゐられない」と高く評価する。それゆえに、「人間界と、自然界とが微妙にいり組んで、わけるにわけがたい、えにしの絲、因果の綾の織なされた錦を拡げてみるような、この一巻を私は限りなく愛読する」のである。

古典研究に注力した邦子は、樋口一葉の研究にも心血を注いでいた。「美登利のことなど」（一九三七年四月）では、「我國の文学」と「こまやかな季節の移りかはり」とが不即不離であることが説かれている。

美登利は女であるけれど女といふもののなかの少女の時代から娘の時代にうつる微妙な女性の一つの季をとらへて、一葉は愛と真とをもつてうつしにうつしぬいてゐる。（……）花が咲きいづるまでの女の心身の苦悩は女自らにとつてどれだけの驚きであり、なやましさであるかは言語に絶してゐる。私は此頃、地上の春に逢ふごとに、ああ此処まで来るまでに地はどれだけの人知れぬ苦になやんで来たことであらう、すなはち成長への伸ぶる苦しみをどれだけ経てきたことであらうと思ひやらざるを得ない。吹きすさぶ木枯や春芽ぐむ頃の雲のあはただしい行き交ひ、だまつて春の来るのを見つめてゐる一日一日の気象の中には、云ふに云はれぬ地をなやますものがある。さういふものを見たり感じたりする時に、必ず「たけくらべ」を思ひ出し、美登利の心裏に思ひ至る（「美登利のことなど」）

ここでは、一葉によって形象された年若い美登利によせて、女性の「成長への伸ぶる苦しみ」についてしみじみと思われている。一葉は、季節の移り変わりと女性の成長と成熟とを重ね合せ、その過程で生じる「言語に絶」する「女の心身の苦悩」を、「愛と真とをもつてうつしにうつしぬいてゐる」。苦難の連続だった自らの来し方を念頭に、この時の邦子は、一葉畢竟の名作「たけくらべ」が『萬葉集』や『平家物語』といった日本の古典にも比肩する「不朽の季節文学」であると絶讃するのである。

以上に実例を見てきたように、『むらさき』寄稿を通して、邦子は常に、若い女性読者の「心」の生育と彼女らが抱える「伸ぶる苦しみ」を励まし続けたといえるだろう。歌は「孤独の道」であり「萬人の道」である。歌は本来「独言」なのである。しかし、万人にその「種」があり、歌人の「独言」は自然と読者に届く。過酷な季節に堪えしのびながら草木が伸びやかに生育する様子がそれを見る人を感動させるように、女性たちが詠む歌もまた、「心」の生育に通じているのである。

# 円地文子――反体制のアラベスク

藤木直実

## 1　円地文子と『むらさき』

円地文子作品の本誌掲載回数は、創刊号から一九四一（昭和一六）年九月までの間に実に四三回におよぶ。今井邦子に次ぐ登場頻度であり、また他の常連女性作家たちが二〇回余程度の掲載回数にとどまるのと比すれば、今井ともどもも群を抜いた存在とも見なされる。掲載作品のジャンルは、「中宮定子をしのびまつる」（二―一、以下掲載巻号を略記で示す）、「七夕」（一―三）といった古典にまつわる随想、また、「清姫」（二―一）、「女盗」（二―五）などの戯曲を端緒として、「返された手紙」（三―八）から漸次小説に移行するが、それらの小説作品も、自伝的素材に依拠したいわゆるジュブナイル小説「青い鳥」（四―一二）、時代小説「三世相」（五―一）、長編現代小説「天の幸・地の幸」（六―五〜七―六）までの幅を示して多様である。そのほかに、「豊富なる現実生活―和泉式部の歌―」（五―五）のような和歌評論、また、書評や新刊紹介の類があり、さらに特記すべきものとして、海軍文芸慰問団の一員としての南支訪問（一九四一年一月三日〜二月一一日）にもとづく紀行文「南船記」の連載（八－五〜九）がある。多彩かつ意欲的な執筆ぶりと言うことができよう。

それらの作品は、目次においてはしばしば大きなフォントで表示され、あるいは囲みを施されるなどして、掲載号における円地文子が、今井邦子や藤村作、室生犀星といった書き手とほぼ同格に扱われていることを視覚的に示す。同様に本誌での円地の地位を視覚化するのが、掲載された彼女の写真である。巻頭グラビアへの初出は創刊翌年の一九三五年一月号で、「本誌執筆の作家」として見開き二頁にわたって今井邦子と水町京子と円地の肖像を配置、また「天の幸・地の幸」連載開始時（六－五）には、「新長編執筆の円地文子女史」としてバストアップの肖像と原稿の写真がグラビアページのトップに掲載された。これら、特に後者は、当該号の「顔」が円地文子にほかならないことを物語っていよう。随筆作品掲載ページに肖像写真をあしらった「芦ノ湖」（七－四）、あるいは談話記事と肖像写真を併載した「わが青春」（六－三）のような例とあわせて、そもそも作品掲載号に収載された肖像写真や肉筆写真は、彼女の実存や身体性を読者に届けるメディアであるとも言える。

さらに、「今井邦子女史と円地文子女史」（七－一）は、見開きページの右に円地文子の肖像と今井邦子に宛てた手紙スタイルの短文、左に今井邦子から円地宛ての返信と今井の肖像を配して、往復書簡が醸成する親密空間に読者を誘う強力な視覚装置となっている。まっすぐこちらを見つめる円地文子のまなざしはあたかも今井邦子そのひとに向けられているかのようであり、短冊に筆を走らせる今井の姿は読者の想像力を彼

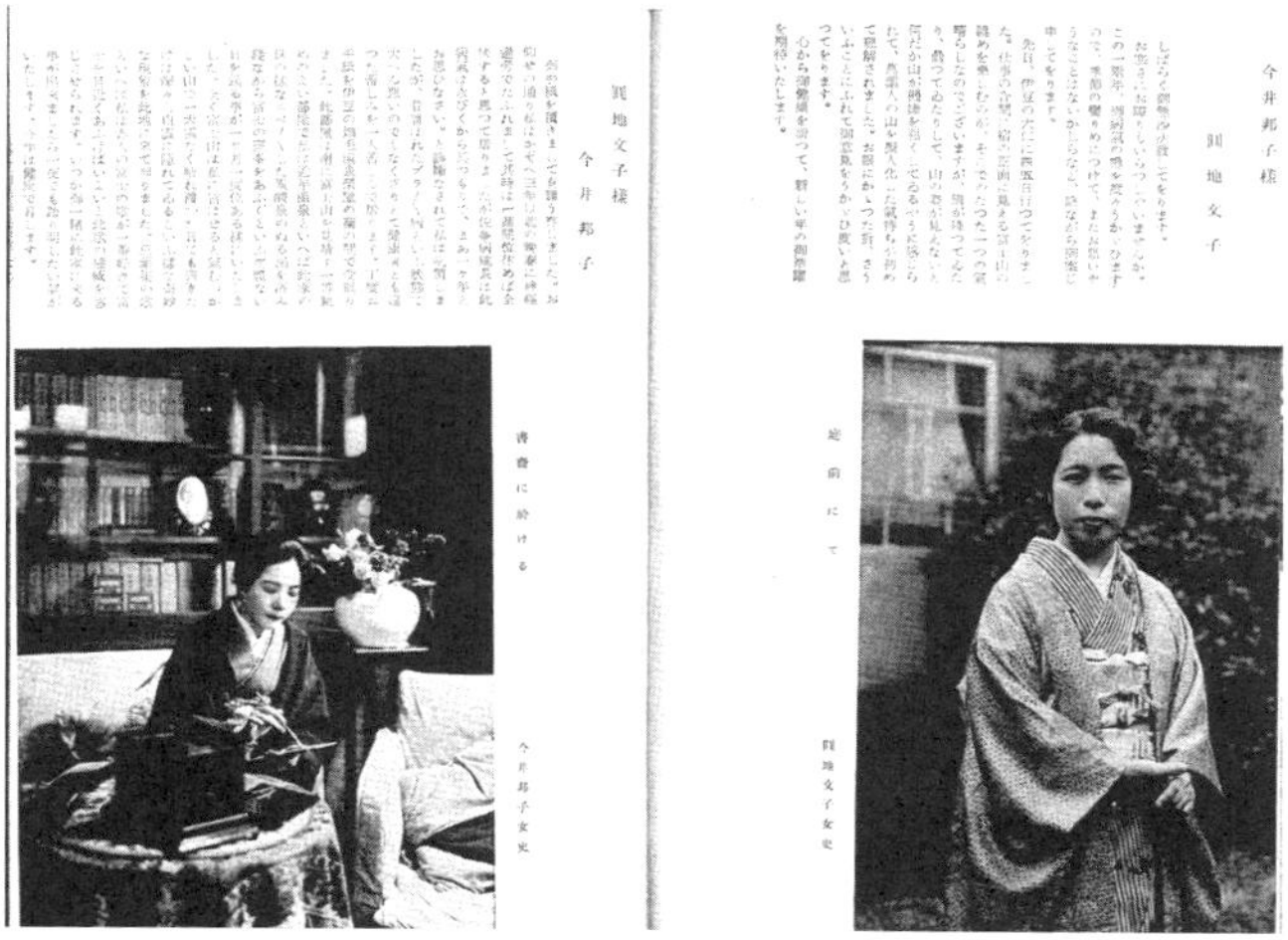


円地・今井の往復書簡と肖像写真
親密空間に読者を誘いつつも、ふたりの序列を示す視覚装置となっている。

女の創造の現場へと向かわせるだろう。加えてこれらは、前述の「本誌執筆の作家」と同様に、このふたりをともに特権的な寄稿者として示すビジョンでもある。さらに、この二葉の写真の図像がふたりの差異をも構成することに留意しておきたい。書斎で大部の書物（＝知の象徴）を背後に筆（＝ペン＝権力と男性性の象徴）を持つ今井の姿と、自宅らしき家を背景に庭先に立つ円地の姿（＝家にいる女＝「主婦」）との対照は、今井と円地のそれぞれを二項対立的にジェンダー化していると言えるだろう。なお、書斎での写真としてはほかに藤村作（六－一一）、長谷川時雨（六－一一）のものがあり、また、研究室での久松潜一（六－一二）、学監室での与謝野晶子（六－一二）の写真も掲載されていること、つまり彼らの位置づけと今井邦子のそれとの相同性を付言しておく。

さて、本誌における円地の特権性を示す例として、創刊二周年を記念して行われた「清・紫二女を語る女流作家の座談会」（三－五）にも触れておきたい。出席者を生年順に示せば、長谷川時雨（一八七九年）、深尾須磨子（一八八八年）、今井邦子（一八九〇年）、水町京子（一八九一年）、吉屋信子（一八九六年）、円地

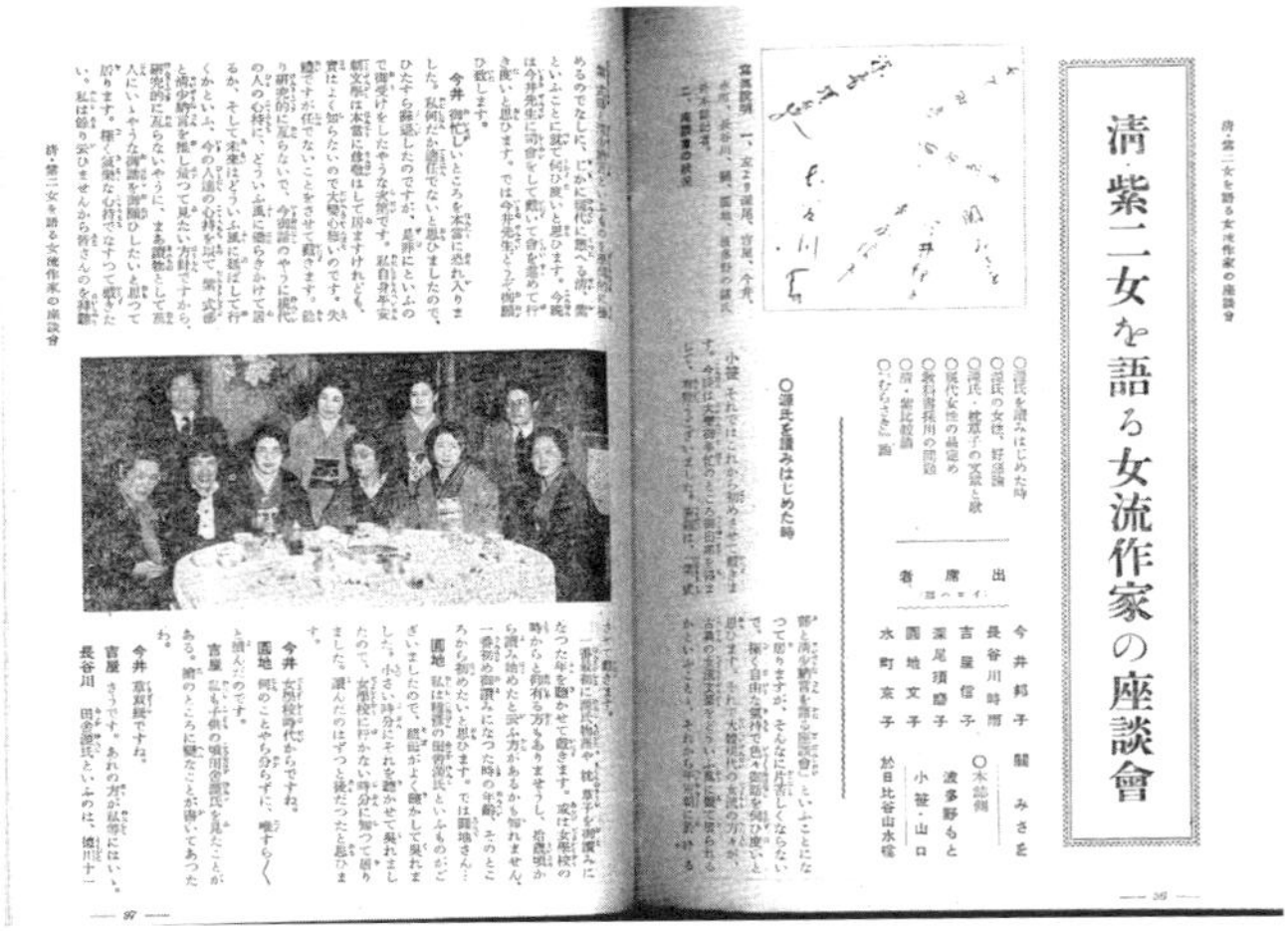
清・紫二女を語る女流作家の座談會

○源氏を讀みはじめた時
○源氏の女性、好惡論
○源氏・枕草子の文章と歌
○現代女性の品定め
○教科書採用の問題
○清・紫比較論
○「むらさき」論

出席者（イロハ順）

今井邦子
長谷川時雨
吉屋信子
深尾須磨子
圓地文子
水町京子
關みさを
波多野もと
○本誌側
小笹・山口
於日比谷山水樓

清・紫二女を語る女流作家の座談会
前列中央に長谷川時雨、その左右に今井邦子と円地文子が座る。本誌における円地の特権性を示している。

文子（一九〇五年）となる。満年齢で三〇歳の円地が突出して若く、五六歳の長谷川時雨はその母親世代、残る五名はおおむね四〇代という構成である。記事に併載された集合写真の前列中央には長谷川時雨、その左右に今井邦子と円地文子とが座る。記事を見れば、司会の今井は最初の発言者に円地を指名してもいる。ところで本誌は、その内容および水準からしても、また、創刊当初の各号に日本女子大や東京女子大などへの訪問記事が掲載されていることを見ても、女子高等教育機関や名門女学校の在学生および卒業生、また、その教師たちを想定読者層に据えていることは明らかである。加えて、「むらさき原稿用紙」なるオリジナル原稿用紙の販売広告がたびたび掲載され、その惹句に「好評嘖々」とあるのを見れば、彼女たちが単に読者であるばかりでなく、「書くこと」への指向性や習慣をそなえていることが窺えよう。一般に、雑誌のグラビアに掲載される人物は、憧れや理想の存在として読者の想像的同一化を促すアイコンとなることを目して登用される。高名な国語学者上田万年の令嬢であり、花形新聞記者の円地与四松を夫に持ち、一女をもうけてなお文筆を揮う円地文子は、日本女子大学附属高等女学校に在籍していたという経歴によって読者との共通性をも満たしており、すなわち、彼女たちのあり得べき未来やあり得たかもしれない現在を体現していた。

ここで本誌創刊前後の円地文子の年譜的事項を確認しておこう。一九三二（昭和七）年九月に長女素子を出産、それを機に移った沼袋の新居が、長谷川時雨主宰の『女人芸術』およびその後継誌『輝ク』で相識となった平林たい子の下宿に近かったことから、以後交際を深める。本誌創刊翌年の一九三五（昭和一〇）年には最初の単行本として戯曲集『惜春』を岩波書店から刊行。周知のように、一九二六（大正一五）年に戯曲「ふるさと」で『歌舞伎』の懸賞募集に応募し、岡本綺堂と小山内薫の選によって一等入賞してデビューを飾り、『劇と評論』『女人芸術』『新潮』『火の鳥』『文藝春秋』といった媒体に戯曲作品を発表してきた円地は、『惜春』刊行の頃より小説家への転身を志すようになる。その背景には、文学界における戯曲ブームの衰微に加えて、打算的結婚と出産の喜びを経験して人生の機微を知った彼女が、その複雑な内面を託す手段として、戯曲という拘束の多い様式よりもさらに自由なジャンルを求めたという事情があったことも、後年の自伝的小説『傷ある翼』などによってよく知られている。

かくして円地は、結婚前に愛人関係にあった片岡鉄兵とふたたび接触、片岡の友人荒木巍の紹介で『日暦』同人となり、高見順をはじめ、大谷藤子、渋川驍、田宮虎彦、矢田津世子らの知遇を得る。翌一九三六年に武田麟太郎編集の『人民文庫』が創刊されると、『日暦』の合流によってその同人となり、田村泰次郎らを知ることにもなった。最初の小説「社会記事」（一九三六年一一月）は『日暦』に、初期の代表作「散文恋愛」（一九三六年八月）は『人民文庫』に発表されたものである。したがって、文学史的視座からすればこれらの媒体が小説修業の場ということになり、前述した平林たい子との交際をめぐっては「私の文学上の恩人」と円地本人がしばしば語っていて、また、「輝ク部隊」文芸部に参加し、出征兵士に向けた三冊の慰問文集、すなわち、『輝ク部隊』（一九四〇年）、『海の銃後』（一九四〇年）、『海の勇士慰問文集』（一九四一年）すべてに寄稿していることから、従来の円地研究の文脈においてこれらの事柄が重視されることはあっても、『むらさき』寄稿作品への言及は多いとは言えなかった。作家生存中に編まれた『円地文子全集』全一六巻（一九七八年一二月完結、新潮社）には『むらさき』掲載作は一作品も採られておらず、これにかかわって作家自らが「今度の全集に入れないものは捨てても構わない文反故だと思っている」（『花信』）と発言していることも事態に拍車をかけたものと思われる。

しかし、本稿冒頭で述べたような寄稿状況を踏まえれば、『日暦』『人民文庫』と併行して『むらさき』もまた円地にとっての重要な修練の場であったことは疑いない。「男性主導の動きと女性主導の動きから同時に養分を吸収するという姿勢は、円地の作家歴全体で認められる」という小林富久子の見解（『円地文子―ジェンダーで読む作家の生と作品』二〇〇五年、新典社）は、ここにも敷衍することができよう。わけても、『惜春』刊行後に円地が書いた戯曲四編がすべて『むらさき』に発表されていること、古典にかかわる随筆や評論、また談話や座談会記事によって幼少期からの古典受容の様相が窺い知れること、さらに、古典に取材した戯曲「清姫」（二一－一）、「女盗」（二一－五）、「幻源氏」（二一－一一）、源氏物語若菜の巻の一節をエピグラムに掲げた現代小説「返された手紙」（三一－八）、同じく若菜を掲げた現代戯曲「雲井雁」（三一－九）、さらに若菜を掲げた現代小説「母娘」（四－一）と発表順にたどれば、戯曲から小説への移行期の実態が明瞭となることは注目されてよい。上坂信男が「清姫」を論じて「蛇体に変身しない道成寺の話は前代未聞である。空前の構想である」（『円地文子―その『源氏物語』返照―』一九九三年、右文書院）と述べているように、円地はまず古典に依拠しつつその主題を書き換える、ないしは新奇な女性像を提示する試みを重ね、次いで古典のうちでも特に源氏物語に想を得た人物像と結構とを現代に移して小説化し、地の文で物語を展開することに苦戦する小説形式から得意の戯曲への立ち戻りを経て、ついに現代小説への完全移行を果たすのである。

作者によれば、『日暦』『人民文庫』の頃は西洋文学から得たものを表出しようとしていた時期であり、「散文恋愛」は特にアンドレ・ジイド「贋金つかい」の影響下に書かれたというのも著名の事柄である。また、従来の伝記的研究によれば、円地が女学校時代以降遠ざかっていた日本古典文学の研鑽にふたたび励むようになるのは、川上喜久子とともに古事記を始めとする古典の講読を行うようになった一九三八年春頃が指標とされ、日本浪漫派の台頭による影響が指摘されてもいるが（古屋照子『円地文子―妖の文学』一九九六年、沖積舎）、これらの説にはいささかの修正が求められることにもなるだろう。見てきたように、円地文子における古典文学の再摂取は『むらさき』への寄稿が動因であったと考えられる。日本古典文学は、樋口一葉の時代から女性に許された数少ない学びの対象のうちのひとつであり、女性のそなえるべき教養を提示する『むらさき』の誌面においてもその枢要を担った。本誌のもっとも主要な書き手のひとりである円地文子は、読者女性たちの教育に寄与することを通じて自らをも再教育したのである。

## 2　『春寂寥』『天の幸・地の幸』の女性表象

以上、前節では円地文子その人の表象（＝作られたイメージ）にかかわる事象を論じた。本節では作品が構築する女性像（＝表象）を見てゆきたい。ところで、「円地黄金時代の幕開け」（小林富久子前掲書）は、一九五三（昭和二八）年一二月に『中央公論』に発表され、平野謙や正宗白鳥の絶賛をもって迎えられた「ひもじい月日」が画期であり、それ以前はいわば修業時代と見なされることは定説である。先にも触れたが、全集第一巻は「ふるさと」以降一九四五年までに発表された作品のうちの約半数のみを収めるものである。全集未収録作品については長らく初刊に拠るしかない状況であったが、近年単行本のいくつかが復刻されて、いくぶん手軽に読むことが可能になった。以下ではむらさき出版部刊行書を底本にした二冊の復刻版、すなわち、①『近代女性作家精選集19―円地文子『春寂寥』』（一九九九年、ゆまに書房）、②『近代女性作家精選集20―円地文子『天の幸・地の幸』』（一九九九年、ゆまに書房）にもとづき、収録作品に見出される女性表象の特質について概観したい。

『惜春』から四年後の一九三九年、円地は『風の如き言葉』（二月、竹村書房）、『女坂』（二月、人文書院、後年の代表作とは別の随筆評論集）、『春寂寥』（四月、むらさき出版部）、『女の冬』（九月、春陽堂書店）と矢継ぎ早に四冊の著書を刊行する。中里恒子による女性初の芥川賞（一九三九年下半期）、太田洋子の『中央公論』懸賞小説一等入選（「海女」一九三九年一月）、および朝日新聞懸賞小説一等入選（「桜の国」一九四〇年一月）、また、窪川（佐多）稲子、小山いと子、壺井栄、林芙美子、真杉静枝、森三千代、矢田津世子など、いわゆる「婦人作家の台頭」に歩を合わせた旺盛な執筆ぶりであった。さて、『春寂寥』の成立については、「あとがき」に「むらさきその他の婦人雑誌に書いた小説がいつの間にか積もつて、一冊の本になることになつた」と自注がある。短編小説、戯曲、ラジオ放送用台本の計一二作品を収録し、今井邦子『和琴抄』、荻原井泉水『遊歩道』に続く「むらさき学芸叢書」の第三編と銘打たれての刊行であった。

まず表題作として巻頭に置かれた「春寂寥」の梗概を辿ろう。元司法官の娘美尾は、妻のある恋人有坂を病妻から奪うことはできず、有坂は美尾を思い切れない。姉の由美は若い頃に社会運動で投獄され、婚外子とともに家に戻っている。由美の政治活動の引責のように法曹を退いた父を安心させるべく、打算的結婚に踏み切った美尾だったが、アメリカ帰りの建築技師菅野の合理性は彼女の気質に適うものだった。美尾の新居で由美とともに饗応を受けた翌日父は急死し、やがて美尾は夫の子を身ごもり、有坂とは生涯の友情を誓い合う。続く「母娘」は、愛人との同棲のために捨てられた妻子を描く。母のために一生独身でいようと職業婦人になったヒロイン倭文江は、期せずして妻帯者と恋愛関係になり、これ以上の悲嘆を母に与えまいと恋を断念しようとするが、その苦悩を理解しない母に絶望する。他方で父の愛人龍子は倭文江の傷心を深く受けとめて、ふたりは次第に心を通わせ合う。父と龍子との凝縮された愛情を知った倭文江は、愛人として生きる決意をする。

左翼運動を否定も反省もしない由美、結婚を他人事のように事務的打算的に決定する美尾、二作品に共通する不倫の恋、さらには正妻よりも愛人を肯定する「母娘」の結構――ここには、「反体制、反「良妻賢母主義」が強く押し出されている」（渡邊澄子「円地文子『春寂寥』解説」、前掲①所収）。由美の造型にはかつての円地自身の左傾化が投影されてもいるだろう。また、由美は、有坂が妹の恋人と知っていて彼を誘惑してもいるが、このような「欲望を自制しない無軌道さから何人もの男を相手にする女」（渡邊澄子前掲）の表象としてはほかに、パトロン久富がある一方で外科医須永とも初恋以来の逢瀬を続ける「爪くれない」のヒロインで女優の留女、女子医専の学生時代には妻帯者の医学博士との恋愛の果てに退学して女給に身を落とし、今は津川の愛人としてバーを持たせてもらいながらも、津川の友人久須美とも関係しようとする「秘篋」の折枝らの群像がある。あるいは「多保子の出世」は、日本画を学ぶ二六歳のヒロインが、展覧会に落選した自暴自棄のうちに行きずりの男と関係したところ、偶然にも彼は美術界の重鎮だったという、これも奔放な女性のシンデレラストーリーである。さらに「返された手紙」は六条御息所と光源氏の関係を現代に移して未亡人と年若い学生との恋愛を描き、「雲井雁」、「衣裳」も未亡人にまつわる物語だが、この系譜のうち特に「朱を奪ふ」は、画家で未亡人のるい子をめぐって、亡夫細谷の学友で拓殖会社重役の羽村、同じく細谷の学友で羽村の同僚日野との鞘当てを描いた、現代版かつ中年版の「生田川」である。

以上のように『春寂寥』一巻は、まさしく「愛情の絆のもつれ乱れるアラベスク」（渡邊澄子前掲）の様相を呈している。国民精神総動員体制のもと自由主義的言論の取り締まりが強化され、また、戦争文学および国策文学が多出するこの時期にあって、本書には戦争の気配がまったくない。ところで、先に触れた太田洋子作品のうち、「海女」は「知識階級総動員」の冠つき懸賞、また「桜の国」は紀元二六〇〇年奉祝記念懸賞に応募したものである。前者は東京で戦争未亡人となった海女の娘が郷里にもどって海女として生きる決意をする物語であり、後者には、従軍中に病死した軍医の夫とその前妻（故人）との間の遺児を引き取り、女医としての社会進出を目指す女性が登場する。地方の生産性向上に貢献し、専門知識と技術を習得して男性の代わりをつとめ、亡夫への貞操を堅固に守る彼女たちは、国策に適う規範的な女性像であり、すなわちこれらの作品は、前線で戦う男性に後顧の憂いを抱かせないための「銃後小説」を求める体制側の要請に機敏に従うものであった。翻って円地文子作品の未亡人たちは、弟の親友と激しい恋をし（「返された手紙」）、亡夫の親友に愛され（「雲井雁」）、複数の男性の心を惹き（「衣裳」）、さらに亡夫の親友二人から懸想される（「朱を奪ふ」）。恋人であった医学博士が満州で亡くなったとの報せを受けた喪失感をきっかけに久須美に傾いてゆく「秘筐」の折枝が、そもそもは医学生であったこととも併せて、これらの女性表象の逸脱性や攪乱性は、たとえば太田作品と対照するときいっそう明らかであると言えよう。

因習的女性像の攪乱は、『春寂寥』刊行と同年から翌年にかけて本誌に連載（六－五～七－六）され、むらさき出版部から単行本として出版された円地最初の長編小説『天の幸・地の幸』（一九四〇年六月）にも見出される。まず、これに先立つ「新長編小説「天の幸・地の幸」序」（六－四）には、次のような創作意図と表題の含意が予告されている。すなわち、裕福な家庭の子女だが容貌において劣り、しかし聡明な娘を主人公に、また「私生児の境遇に生まれながら、才能と美貌と健康を具へた彼女の異母兄を副主人公」に配して、「彼らの成長の歴史を通して、自然が人間に与へた「天の幸・地の幸」の秘密の鍵を探り度い」。おそらくこの設定には『むらさき』読者のうち自身を不美人と思っている少女への教育的配慮が伏在すると思われ、また、前節で言及した「清・紫二女を語る女流作家の座談会」（三－五）において、今井、吉屋、長谷川が末摘花を嘲笑ぎみに語るのに対して、円地が彼女を「すばらしい人です」と述べているのを見れば、高貴ないしは富裕にして不美人な女性の内面や精神性への焦点化は長らく温められていた主題であると考えられる。また、鋭い自意識ゆえに自身の外見に引け目を感じ、娘らしいものや華やかなもの、つまりは「青春」を退ける直枝は、後年の自伝的長編三部作などにおける作家自身の分身としてのヒロインを彷彿させるものでもあり、すなわち本作は、当初においては宮本百合子「伸子」に代表されるような知的女性のビルディングス・ロマンとして構想されていた可能性も考えられる。

物語はやがて鶏二をめぐる三角関係、すなわち直枝の親友杏子とその従姉妹の環の恋の鞘当てへとねじれてゆき、直枝は後景に退くのに加えて、「その三角関係の紋切り型のところや、（引用注・環の）自殺を回避させるためのご都合主義的な展開等、初期の習作としての瑕疵は否めない」（福田淳子「天の幸・地の幸」『円地文子事典』二〇一一年、鼎書房）。また、貧しい「私生児」と令嬢たちとの恋愛を扱いながら階級的差異の問題が等閑視されていること、言い換えるならば「かつての左翼的作家としての円地文子の面影は殆ど皆無である」（小林富久子「円地文子『天の幸・地の幸』解説」、前掲②所収）こと、最終的に鶏二が選ぶのが一途で健康的な杏子であることなどは、太平洋戦争開戦前夜という「時代背景を考えれば致し方ないこと」（小林富久子前掲）ともされる。しかしながら、たとえば「当初、「母性型」に見えた杏子が結婚を待たずに鶏二との肉体関係をもつ一方で、「娼婦型」に見えた環が失恋のあげく犠牲者として自殺を図るといった設定」（小林富久子前掲）には、「母」と「娼婦」の境界を揺るがす力学、言い換えれば女性を類型化する従来型の二分法を弱める攪乱性を見出すことができ、また、上流階級の令嬢たちの恋愛模様をメインプロットとするこの小説において、少なくともその表面上には『春寂寥』収録作品群同様に戦争の影はまるで見られないのである。

少し遡ってこの年の一月、先にも触れたように円地は、「輝ク部隊」の一員として慰問文集に寄稿し、また翌一九四一年一月には海軍省派遣慰問団の一員として、尾崎一雄や長谷川時雨とともに当時南支と呼ばれた華南を訪れた。戦争協力に挺身することで女性作家の社会進出を果たそうとする時雨との関係を断つことができなかったため（渡邊澄子「戦時下の円地文子──『輝ク』時代を中心に──」『芸術至上主義文芸』三五、二〇〇九年一一月）とも、また、平時ならば女性には得がたい海外渡航の機会を積極的に活かして執筆に役立てたいとの職業的願望が働いたため（小林富久子前掲書）とも言われる。翻って、本誌掲載作品や出版部刊行書収録作品においては、時局に背く逸脱的女性表象群が精彩を放っていたことは見てきたとおりであり、紙幅の都合上詳説は叶わなかったが、それらの多くには後年の代表作の先駆とも言うべき特徴がそなわっている。その後の戦況の悪化と子宮癌や肺炎による長い休眠期を経た後に復活し、昭和を代表する女性作家として長く地位を占めることになる円地文子の、喩えるならば揺籃としてこの『むらさき』は看過できないものであると言えよう。

# 岡田禎子——戯曲を「書かない」劇作家

尾崎名津子

## 1 『むらさき』誌上における岡田禎子の役割

岡田禎子は一九〇二年、愛媛県に生まれた。愛媛県立松山高等女学校を卒業後に上京し、その二年後の二一年、東京女子大学人文科へ進学した。そこで戯曲に関心を持つようになり、二二年一〇月には秋田雨雀を世話役として演劇部を創設する。二三年三月、東京女子大学高等学部（人文科の名称は禎子の在学中に変更された）を卒業し、その後四年にわたり東京帝国大学心理学科で聴講生として学んだ。そのかたわら、岡本綺堂に師事し、本格的に戯曲を書き始めた。東京女子大学の開学が一九一八年、東京帝大が女性を聴講生として受け入れたのが二〇年のことである。禎子は、その時代の女性が受け得る高等教育をまっさきに享受した人物だった。

劇作家としての禎子は一九二九年一月の『改造』に「夢魔」を発表したことを皮切りに、順調にキャリア

『正子とその職業』（1930年、改造社）の扉に掲載された、岡田禎子の肖像写真

を積んでいったように見える。三〇年七月には改造社から自身初の単行本『正子とその職業』が刊行された。これは「新鋭文学叢書」の一冊であり、禎子の著作と同時に龍胆寺雄『放浪時代』、林芙美子『放浪記』、堀辰雄『不器用な天使』などが刊行されている。これは昭和初年代の日本文学における円本ブーム、各社の文庫創刊ブームに続く時期のことで、いわゆる文芸復興期のメディア・イベントだと言える。こうした潮流において禎子のデビューはなされた。

戯曲「正子とその職業」は菊池寛の推奨を受け、一九三三年二月に築地座結成一周年記念の公演で上演された。三四年には築地座を脱退した伊藤基彦らが結成した創作座の第一回公演で、禎子は自らの戯曲「数」を上演するにあたり、演出も手掛けた。三七年、岸田國士、久保田万太郎、岩田豊雄（獅子文六）の発起により、脚本部に真船豊、演技部に森雅之、杉村春子らを擁する文学座が結成された。禎子も脚本部に所属した。当時はプロレタリア演劇の隆盛期であり、文学座はそれに対抗して芸術至上主義を掲げた。

この間、禎子は岡本綺堂主宰の雑誌『舞台』同人となり、一九三二年一二月から四〇年五月まで、同誌に三六本もの劇評を執筆した。また、二九年に長谷川時雨や岡田八千代らによる『女人芸術』にも執筆の場を得て、創作活動を行った。

かくも多筆な禎子は、『むらさき』でも今井邦子と円地文子に次ぐ、二二回の執筆の機会を得ている。とはいえ、その内訳は書評一本を除き全て翻訳である。書評は円地文子『女の冬』（一九三九年、春陽堂）について書かれた「「女の冬」に」（『むらさき』一九三九年一一月）である。この中で禎子は円地を「紫清両女とは全く新種な第三の女性」、「観念以外のものに興味は持たない」と評し、円地の小説については「快く練絹をまとふやうな感触の文章に早くなつて欲しい」と注文している。

同誌に登場した時点で、禎子が当代きっての新進女性劇作家であったことは間違いない。そうであるのに、なぜ『むらさき』では戯曲を発表せず、翻訳に専念していたのか。そこには禎子の執筆、創作と作品の発表のスタイルが関わるように見える。禎子にとって、劇作をするなら文学座があるし、劇評は『舞台』で書けばよい。小説は『改造』、『文藝』という改造社の雑誌の他に、女性のための文芸誌『若草』に複数発表している。それぞれのメディアに、禎子は自らの書くべきものやなすべきことを割り振ってきた。それならば『むらさき』という場にも、意図的か否かに関わらず、然るべき役割を見出せないだろうか。

ここで視点を変えてみたい。禎子が自ら戯曲を発表しなかったのではなく、『むらさき』にとって禎子は戯曲を書かなくてもよい、あるいは書けない存在だったのではないか、と。

『むらさき』の主要執筆陣が男性の古典文学研究者であることは見逃せない。それはこの雑誌の成り立ちを考えれば当然であり、彼らの文章は雑誌の教育的、研究的側面を色濃く反映するものである。女性執筆陣には小説家もいるが詩人、歌人も多い。彼女たちはそれぞれに創作活動を展開していた。禎子が誌面に登場する一九三九年一〇月号の時点で、「読者文芸」欄は今井邦子選による「短歌」と大森桐明選による「俳句」、佐藤惣之助選による「詩・小曲」で構成されていた。つまり、『むらさき』読者は散文を修養「しなくてよい」とされていた。

また、同誌の特徴は多数の寄稿者とその多様性にあり、毎号多彩かつ充実した誌面構成をとっている。その傾向は創刊から時間を経るにしたがって強まる。寄稿者が増えれば、各々の文章に割かれる枚数は減っていく。そうした状況にあって、自ずと紙幅を要する戯曲は掲載されにくかったのではないか。『むらさき』で発表された戯曲は、管見の限り円地文子「女盗」（一九三五年五月号）と岡本かの子「或る秋の紫式部」（一九三五年一一月号）のみであり、創刊三年目以降その流れは途絶えている。

このように、禎子が戯曲を発表しにくい状況があったようにも見えるが、『むらさき』において岡田禎子が担った役割の背景には、禎子自身が女子高等教育を、長年にわたり一身に受けてきたことが関わってはいないだろうか。『岡田禎子作品集』（一九八三年、星雲社）所収の年譜を参照すると、上京してからの禎子は東京女子医学専門学校（現・東京女子医科大学）、津田塾専門学校（現・津田塾大学）を相次いで自主退学している。しかし「英語への夢はすてきれず、その後、飯田橋の小さな英語塾に通って英語の猛勉強をする」と、年譜にはある。この時点で一九二〇年、禎子は一八歳だった。その後、東京女子大学へ進学することになったのである。禎子は当時の様々な高等教育機関を渡り歩きながら、その過程で自らの興味関心を英語の習得へと集約させていった。さらに時を経て、既に「新進女性劇作家」となっていた禎子にとって、訳業とは自らの立身に関わる初発の動機を呼び起こすことに他ならない。一方、女性の「趣味と教養」の涵養を謳った『むらさき』の側からすると、英語のテクストを訳せるという能力を誌上で表現してもらうことが、同時代の日本における女子高等教育の「成果」を見せることにもなるだろう。すなわち、禎子自身が同時代の日本の女性における最高水準の「趣味と教養」を体現していたのではないか。
では、以下で具体的に『むらさき』誌上で禎子が行った訳業を見ていきたい。

## 2　「女流作家の思ひ出」

岡田禎子が訳したのはアメリカの小説家、メアリ・ロバーツ・ラインハート（一八七六～一九五八年）の自伝である。「女流作家の思ひ出」と題され、『むらさき』一九三九年一〇月号から断続的に、四一年六月号まで一九回連載された。一九四〇年九月号と四一年五月号が休載となっているが、その事情は述べられていない。

ラインハートは二〇世紀初頭からミステリを中心に作家として生計を立てていた。一九〇六年に「ロウア・テンの男」（*The Man in Lower Ten*）を *All Story* 誌に発表したことから、ミステリ愛好家の間ではクリスティのデビュー（『アクロイド殺し』の刊行が一九二〇年である）より一〇年以上前から活動していた女性ミステリ作家、あるいは「アメリカのクリスティ」として知られている。

著作の邦訳で早いものとしては、『バット　蝙蝠』（松本泰訳、一九二六年、紅玉堂書店）と、『ジェニイ・ブライス事件』（松本恵子訳、一九三〇年、春陽堂）が挙げられる。禎子の「女流作家の思ひ出」はそれらに続くものだが、『むらさき』に掲載された他は纏まって読める状態になっておらず、ラインハートの著作の邦訳としてあまり知られていない。なお、『むらさき』誌上では「メリー・ロバーツ・ラインハルト」

の表記が用いられているが、本稿では引用以外は「ラインハート」の表記を用いることにする。「女流作家の思ひ出」の原タイトルは *My Story* である。初刊は一九三一年一月、出版元はシカゴのE.M. Hale and Company である。禎子がどのように入手したのかは不明である。とはいえ、原著の刊行時期やラインハートが自らについて一冊に纏めたものは *My Story* のみであることから、これを訳したと見てよいだろう。

連載の初回に、禎子は翻訳の動機を述べている。以下にその序文の全文を引用したい。すると、その特色が見えてくる。

　これはメリー・ロバーツ・ラインハルトといふ女流作家の自叙伝である。

メリー・ロバーツ・ラインハルトはアメリカの大衆作家である。怪談や犯罪小説に長じてゐるといふのだから、文字通りの大衆作家に相違ない。一八七六年（明治九年）生れだといふから、明治五年生れの我が一葉女史あたりとは四ツ違ひで、今日尚健在である。

「私は大した作家ではないかも知れないが、リポーターとしては一流だらうと思つてゐる。」と彼女は自分で言つてゐる。そして結局この書物もリポートである。彼女が自分でも言つてるやうに、半世紀の永い間、逞しく活発に——女としてはちよつとこれ以上は望めないほど逞しく活発に、生きてきた一女性の経験した事実の大小とりまぜたリポートなのである。

そしてそこがこの書物は面白いのである。アメリカの庶民生活の、過去半世紀に亙る日常的些事を見る興味である。――かういふ日常生活の些事を見ることは、いかなる文化史によるよりも一層よく文化の態様を知らせてくれるものとして、私は珍重してゐる。――かういふ興味はなかなか滅多な書物では與へられるものではない。聞くところによると、一般外人達は日本人の書いたかういふ書物を見たがつてゐるといふから、私の興味の持ち方もさまで個人的なものではないと思ふ。

リポーターとしての彼女の筆が、奥深い心の事実にまで延びてゐてくれたらと思はぬでもないけれど、慾を言つては限りがない。

私に面白かつたやうに皆様にも面白く、相当大部の書物なのだが、一応訳しおほせたら幸ひだと思ふ。

「はじめに」（『むらさき』一九三九年一〇月）

この文章のうち三ヵ所に注目したい。まず、禎子がラインハートのことを「女としてはちよつとこれ以上は望めないほど逞しく活発に」生きてきた女性と見ている点である。禎子は彼女なりに女性のあり方を階層化しており、その中でラインハートを最上位層に置いている。「逞しく活発に」生きることの内実は、この序文を読んだだけではわからない。次に、自叙伝それ自体を「文化の態様」を知るための一級資料と見ている点が注目される。ここからは作品を読み物に留めない、禎子の分析的な視点が窺える。そして、「私に面白かつたやうに」との言葉は、実際はどうあれ〈原著を自ら読んだ上で翻訳する〉というポーズを構成する点で、禎子の英語に関するリテラシーという〈教養〉を証立てるものである。

では、作品の内容と連載の状況を確認したい。誌面では『むらさき』誌上での掲載回数に加えて、*My*

*Story* の中では第何章なのかが明記されている。最終回は第「XXⅢ」章である。アメリカ・ピッツバーグでの幼少期から書き起こされ、家庭環境や看護学校での教育、病院での勤務に関する詳細な記述が続く。とりわけ、看護師時代に見た患者たちの外傷に関わる叙述は精緻である。その後、勤務先で出会ったラインハート医師との結婚、家庭生活と並行してなされた作家、脚本家としての歩みが綴られる。連載の間、禎子自身のコメントが挟まれることはないものの、アメリカの地名や習慣に関する語釈が時折挟まれている。このことは読者に対する配慮の他に、禎子の「文化の態様」に対する興味のありようをも窺わせる。長い注釈は、一九四〇年一二月号に掲載された第一四回（第XX章）の末尾にのみ認められる。この回では夫と共に一時期暮らしていたウィーンでの出来事や、一九一一年にロンドンに転居したことが描かれている。そのうち、ウィーンで舞踏会を目にした描写の中に、「今思へば、この時から僅か四年のあとには、これらの貴族達の大部分は、戦場にあつて死に瀕してゐるか、既にもう戦死してしまつてゐるかしたのであつた」との記述があり、これについて禎子は次のように記した。

（訳者後記。――文中、四年後云々とあるのは、四年後には、ヨーロッパは第一次世界大戦の最中だつたのです。後に大戦中に云々といふのもその大戦です。著者は婦人記者として従軍したのです。フランツ・ジヨセフ老帝の皇太子フランツ・フエルヂナンドが暗殺され、これが大戦の発端になつたのでした。）

このうち、一ヵ所注意せねばならないところがある。ラインハートが「婦人記者として従軍」したことは事実だが、ここまでの連載本文において言及はない。また、「女流作家の思ひ出」は翻訳途中で連載が終わっており、一九一四年のクリスマスを描いた最終回の末尾は次のようになっている。

とはいへ、やはり例年とはちがつてゐたのである。良人と私とのあひだに厳粛な相談があつて、私は直ちに戦争にゆくことになつた。（第一部了）

ここから窺えるように、この後初めてラインハートは従軍するのであり、「婦人記者として従軍した」様子を『むらさき』誌上では読むことができないのである。つまり、先の「訳者後記」は訳者・禎子がラインハートの半生を知悉していたことを示している。先に「はじめに」の記述を通して、禎子の〈原著を自ら読んだ上で翻訳する〉というポーズが構成されていると述べたが、それがポーズではなく事実であった可能性がより高まる。同時に、こうした叙述は他の語釈と併せて、禎子のリテラシーの高さを明瞭にするものであり、その〈教養〉が誌面上で表現される結果ももたらしている。

他にも注目すべきことがある。「女流作家の思ひ出」では、作家の半生が辿られるのもさることながら、キリスト教徒としての生活や信仰のあり方に筆が割かれている。また、幼少期に近所に引っ越してきた、当時としては珍しい女性開業医との出会いを「私の全生涯を変へてしまふやうなこと」（『むらさき』一九三九年一一月号）として、鮮明に意味づけていることも目に留まる。その医師が、はじめはピッツバーグの人々から距離を置かれていたが、信頼を得てそれを縮めていく様子が、少女時代のラインハートの視線から描かれている。そして、医師の存在がラインハートに医学への志を育ませたことが記されている。この作品はラインハートについて、娘であり、妻であり、母であるだけでなく、キリスト者であり、看護師として「職業婦人」となったこともある人物で、さらに作家であることが前面に押し出されるテクストだと言えよう。

そして、ここで禎子自身のことを振り返れば、こうしたラインハートの属性と重なる点が彼女にも多々見受けられることに気付く。禎子は洗礼こそ受けた形跡はないが、東京女子大学でキリスト教教育を受けた。また、上京の当初は東京女子医学専門学校に入学してもいる。なにより、劇作家であり、劇評や小説、随筆も書ける女性作家であった。まさにラインハート自身が禎子の鏡像に近い存在だったといえよう。

## 3　「趣味と教養」の体現

岡田禎子は女性の社会的自立を訴えつつ文学界・演劇界で活躍しながら、後年には〈銃後〉の活動に積極的に協力したことでも知られている。そうしたあり方について本格的に論じた先行研究に、中島佐和子「岡田禎子〈フェミニスト〉の翼賛――「正子とその職業」から戦時ルポルタージュ・戯曲へ」（新・フェミニズム批評の会編『昭和前期女性文学論』二〇一六年、翰林書房）がある。同論は禎子の劇作に留まらない文学的営為を捉えた論考であり、フェミニズム批評の観点から禎子の一九三〇年前後の作品と、四〇年以降の翼賛体制下の作品とを検討している。前者については、「正子とその職業」は「職業を持つ女性に対する社会の厳しい目を前景化し、同時に、異性愛制度から外れた女性の生きにくさを伝えている」とし、他の作品の分析と併せて、女性の社会的自立の困難を描くとき、自嘲的、あるいはシニカルにならざるをえなかった禎子のありようを指摘している。また、後者については「他との客観的な比較のない「日本の家庭」の絶対的礼賛が並んでいる」とし、「戦争激化とともに批判精神を打ち捨てたかのように、翼賛の筆を執った」と論じた。

中島論によれば、長谷川時雨が一九三九年に組織し、〈銃後〉の活動を目的とした「輝ク部隊」の発会式で、禎子は評議員として挨拶しており、これが「それ以後顕著となる禎子の〈銃後〉の活躍」の契機になったという。「輝ク部隊」が組織されたのは三九年の七月、「女流作家の思ひ出」の連載開始が同年一〇月である。大政翼賛会の結成が一九四〇年一〇月であり、禎子の〈銃後〉の活動が本格化するのはそれ以降である。また、先にも参照した『岡田禎子作品集』の年譜には三九年の記述がなく、作家としての仕事については不明点が多い。そうなると、一九三九年は禎子の変節にも見える事態を考える上でのミッシングリンクであり、それを埋める一助となるのが *My Story* の翻訳なのではないだろうか。

禎子の翻訳作品としては、他に『ナイティンゲール伝』（一九四一年、主婦之友社）がある。これは「世界名作家庭文庫」の一冊として刊行された。本稿の最後に、これを手がかりとして、禎子の「変節」に関わる可能性を一点示しておきたい。同書の「はじめに」を読むと、禎子がエドワード・クック『ナイティンゲールの生涯』、エリザ・F・ポラード『傷兵の友ナイティンゲール』、村田勤『ナイチンゲール嬢伝』を元に執筆したことが明記されている。村田のものは不二屋書房から一九三四年に刊行されたが、クックとポラー

「女流作家の思ひ出」以外の岡田の訳業、『ナイティンゲール伝』（1941年、主婦之友社）の表紙

ドのものは邦訳が確認できず、原著を参照したものと思われる。前者は *The life of Florence Nightingale* (by Sir Edward Cook, Macmillan and Co., 1913)、後者は *Florence Nightingale : the wounded soldier's friend* (by Eliza E. Pollard, Fleming H. Revell, 1911) である。

これらのうち、クックの本は村田勤から供されたという。村田への謝辞に続けて禎子は次のように述べている。

> そのほか、安井哲先生にも、ひとかたならぬお世話になりました。安井先生は、わが国で、したしくナイティンゲールにお会ひになつた、たゞ一人の現存の女性です。つゝしんで、両先生の御厚意にお礼申上げる次第でございます。

東京女子大学で学んだ禎子と、同大学学監・安井てつとの交流がいかなるものであったのかは詳らかでない。とはいえ、この時点で禎子が同大学との繋がりを持っていたことが窺える。*My Story* の訳出が、こうした人間関係に与る可能性もあろう。いずれにせよ、女性に大学の門戸を開放し、キリスト教主義に基づく教育の実現を目指した東京女子大学、あるいはアジア・太平洋戦争下で英語専攻部廃止の声に抗い続けた安井にとって、卒業生が英語の著作の翻訳を行い世に問うことは、言祝ぐべき事態としてあったに違いない。

一九三九年から四一年にかけて、本格的に翼賛体制に与する直前の岡田禎子は、こうした欧米の女性の自叙伝を訳出、執筆していた。ラインハートとナイチンゲールのいずれも、職業を持ち社会化された女性たちだったが、その半生は妻や母としての役割も果たす人物（ラインハート）、あるいは家庭を作らずに「滅私奉公」した人物（ナイチンゲール）として容易に読み替えられるものでもある。禎子において、女性の社会的自立の問題に自覚的な側面と、翼賛体制への礼賛を可能にする側面とが違和感なく並立することを、その二面性を含みこんでいる二人の自叙伝が示してはいないだろうか。

禎子の足跡は、戦前の女子高等教育に基づく「趣味と教養」の道行きでもある。その一画を『むらさき』が指し示していることは確かである。

# 岡本かの子——恍惚の三昧境で性を越える

小松史生子

岡本かの子が雑誌『むらさき』に寄稿した文章は一九編である。一九三五年五月号掲載の「紫式部の美的情緒と浄土教」から始まり、一九三八年一一月号「新文化の諸問題」までで、一九三九年五月号には「故岡本かの子女史の俤」と題した肖像写真が追悼の意を込めて載せられ、編集後記でも「女史の急逝はまことに惜しみてあまる」と悼まれた。岡本かの子が脳溢血のため満四九歳で急逝したのは、一九三九年二月一八日のことである。彼女の訃報がメディアに発表されたのは初七日にあたる二四日になってからであった。死去から訃報公表までのこのタイムラグは、告別式を嫌ったかの子の遺言によるものであるとされているが[1]、それにしても遺体に防腐剤を注射して腐乱を食い止めよ

『むらさき』1939年5月号に掲載された岡本かの子追慕ページ

うとする愛人の行為や、遺体の顔に死化粧をほどこすのみならず、純白のドレスに銀の靴、ダイヤの指輪という華美な盛装をさせて棺に納め、さらには通例の火葬ではなく土葬にすることを要求し、その際に棺の上下一面に花を敷き詰めさせた夫の行動は、傍《はた》の者の目には常軌を逸した光景に映り、尋常ならざる思いを抱かせたことだろう。女性啓蒙雑誌『むらさき』にたびたび寄稿したこの作家は、その死に際して、愛人と夫という二人の男性にここまで鬼気迫る行動を取らせた女性であったのだ。

岡本かの子というと、その特質は近年まで「ナルシズムの作家」、「水の魔性を持った女性像」といった評言に尽きるがごとく解釈されてきた感があるが、ここ最近の研究動向は過剰なナルシズムが喚起する作品世界の豊穣さに注目し、むしろ女性の人生における多様な選択肢を考えさせ得る作風として積極的に評価する傾向があるようだ(2)。本稿もまた、こうした最近の岡本かの子研究の動向と通底する観点で、『むらさき』寄稿作家としての彼女の作品世界を紐解いていくものである。

## 1　素焼きの壺

『むらさき』一九三七年六月号に、岡本かの子は短編小説『高原の太陽』を寄稿している。この小説の冒頭は、以下のような登場人物の科白で始まる。

「素焼の壺と素焼の壺とただ並んでゐるやうなあつさりして嫌味のない男女の交際というものはないで

せうか」

この科白を吐くのは、上野の美術学校に通う画学生の青年である。科白を聞かされる相手は、作家自身を投影したような軽い眼病を患う若い娘。娘は青年の問いに、「それはなにも、男女でなくてもいゝのじゃございません？　友人なり師弟なり、感情の素朴な性質の者同志なら」と答える。すると青年は、「やっぱり異性同志に、さういつた種類の交際を望むのです」と主張する。素焼の壺のようなあっさりした関係というのは、端的に言えば、恋愛感情やそれに類した愛憎の情熱が伴わない、いわゆる水の交わりに近しい関係を喩えているのだろう。ともすれば「男と女に友情はあり得るか？」といった紋切り型の問いが堂々とまかり通っている今日の社会世相に鑑みると、一九三〇年代の女性啓蒙雑誌掲載の小説にこうした科白回しが見出されることには、意外な感を覚える。もっとも、この小説の結末部分では青年は前言を撤回してしまって、「つまり、すぐ恋愛になるやうな、あり来りの男女の交際は嫌だと思つてましたから、それがあゝいう言葉で出たんですが」と言い訳する。そして、〈高原の太陽〉と題した一面の黄色い山吹を描いた絵画で画家として成功した後、娘に求婚し、娘もそれを受け入れて大団円となる。「素焼きの壺」という語句に惹かれて読み進めた読者は、おそらくこの結尾のくだりで肩透かしをくらったような落胆を覚えるに違いない。あり来りでない男女の仲の進行があり得るかと期待していたのに、結局はあり来りの男女の仲で終わってしまった、と。「素焼の壺」などといった気を惹く言葉は、結句、冗談に過ぎなかったのか、と。

しかし、物語の結尾がどうであれ、この「素焼の壺」なる語句に込めた作家の想いは、それほど軽々しい思いつきでもなかったようなのである。というのも、『高原の太陽』が発表された前月に、かの子は短編小説『川』を『新女苑』誌上に発表していて、これは後の代表作『河明り』、『生々流転』などにテーマ性が引き継がれていく重要な作品となるのだが、この小説にも「素焼の壺」が出てくるのだ。この語句を吐くのは、都会育ちのやはり画家の青年で、作家自身を投影した若い娘に求婚するという展開は、まったく『高原の太陽』と同工異曲だが、『川』にはもう一人、娘に付き従う若い下男の姿が描き込まれており、むしろ彼が主人公格であるところが異なる点で、且つ『高原の太陽』よりも複雑な余情を生む効果となった。物語は、若い娘が性の目覚めを迎え、身内の悶々たる性欲の兆しとは裏腹に（むしろそれ故に）潔癖症に陥って全ての生臭いもの――人間の男女の性交や出産はもとより「熟した味の食品」に至るまで――を拒否するところから始まる。娘はひそかに川の水でエロティックな禊を行うのだが、若い下男はそんな彼女に惹かれながらも、何とか栄養のある魚を調理して食べさせようとする。この二人の心情の駆け引きは、水と魚を象徴モチーフとして展開し、さらに川の流れに掉さす筏師のイメージで鮮烈な性欲の悶えをも互いに取り交わしながら、お嬢様と下男という身分差によって、どこまでいっても「素焼の壺」の仲である。「素焼の壺」の仲を嘯いた画家の青年はあっけらかんと娘と結婚したのに引き換え、なんとか生臭い魚を食べさせようと苦心した下男は、娘の結婚後に純潔の身のまま入水自殺する。哀切な結末ではあるが、しかし、その一方、ついに具体的な恋愛に発展することのなかった男女の仲――素焼の壺の仲――にこそ理想の愛の形を見出さんとする作者の訴えには、単に「性を超越した」という慣れた言い回しのみでは片づけられない、性をめぐる一筋縄ではいかない心理の襞が、強い共感をもって捉えられていると評価できよう。それは性の表出が多様化した今日の世相にも通じる、極めて現代的な感覚である。

## 2　紫式部と小野小町

「素焼の壺」の仲を実証した女性像として、岡本かの子が『むらさき』誌上で言及したのは、紫式部と小野小町であると言えるかもしれない。戯曲体裁の『或る秋の紫式部』は一九三五年一一月号、短編小説『小町の芍薬』は一九三六年四月号である。

紫式部については戯曲の他に、「紫式部の美的情緒と浄土教」（一九三五年五月号）と題するエッセイの掲載もあり、このエッセイは『むらさき』にかの子の文章が載った初めてのものである。そもそも雑誌『むらさき』は、紫式部学会が刊行する国文学系の色が濃い啓蒙研究誌で、誌面には古典の教養を読者に勧めるための企画記事が多い。そうした雑誌の性格上、日本史に登場した女性達を採り上げて評論・考察する企画は王道で、岡本かの子がまずは紫式部を題材にしたのもごく当然の次第ではあった。しかし、かの子の紫女への思い入れは、そうした雑誌への気遣いのみに収斂するものではなく、自らの作家精神における憧憬の対象でもあったことはたしかだ。たとえば川端康成が草《そう》したかの子の追悼文には、「現代の作家では潤一郎氏を最も尊敬してゐたやうである。昔の人では紫式部であつた」（「岡本かの子」『文学界』一九三九年四月号）とあり、またかの子自身の文章「清少納言」（『日本文学』一九三八年九月号）にも興味深い言及がある。『枕草子』に近代婦人にも通底する「優越と独占」に絡められた心理を見出しながら、清少納言の感性はむしろ常識の範疇にあるとし、文学者としての資質とスケールは紫式部に及ばないと断じた面白い文章だ。清女の心想の弾力性や物事を要約し迫真的に描写する切れ味は認めつつ、以下のように批評する。

とにかく、その創始をなすものは、継従者より何倍かの功績を認めるべきである。この点では随筆の祖として充分尊敬を払つてい丶が、由来、昨日までの日本人には平押しにスケールのある文学に対して反撥を覚え、ともすれば気が利いて小皿盛式の文学に肩を持つ傾向があつた。この点をかなり顧みつつ、この古典の価値を検討することが将来の日本文学の為めに親切な態度だと思う。

小文ながら結論が日本文学全般への批判にまで広がり、文字通りスヽケヽーヽルヽのヽ大ヽきヽいヽ提言となっている。スケールという言葉を作品世界のたっぷりとした豊穣さと解釈するならば、かの子が紫女の作風を自身のそれに引き寄せて評価しようとしている姿勢がうかがえよう。右記の辛辣な日本文学批評は、そのまま、自身の作風を批判する傾向が時折あった文壇事情への怨嗟と二重写しである。かの子はこの頃既に『生々流転』や『女体開顕』の草稿に着手していた。「清少納言」に先立って、かの子には「現代より見た紫女と清女」という小文がある。これはもともとラジオ放送のために一九三七年頃起草されたものらしく、第四随筆集『希望草紙』に収録された。この文章でも清女より紫女をやや持ち上げている感があるが、興味深いのは『源氏物語』解釈で、かの子はこの小説の評価軸を「源氏の君の男性としての人間的な切実性」を追究し描写した点に求めている。女性作家が『源氏物語』を評価する場合、ともすれば女君達の個性の書き分けや女性心理の描出にのみ注目する傾向が多いのに比して、かの子は紫女が男を切実に書き切ったと評価するのだ。換言すれば、女が女を書く行為ではなく、女が男を書く行為に、異性という敷居を越えて人間同士の共振と没我の境地をこそ文学の三昧境としてかの子は考えていたのではないだろうか。

そこで改めて『むらさき』掲載の『或る秋の紫式部』をみてみよう。宮中から宿下がりして実家にしばらく滞在し物語を執筆中の式部。彼女の実家の隣の庵室にはひたすら西方へ向かって読経する聖《ひじり》がいる。式部に従っている老侍女は、物語執筆に没頭する式部と西方浄土をひたすら希求する聖とは、俗世と仏道、男女の敷居を越えて、「恐らく世間にこれほど根のいい取組はございますまい」として同一レベルにみなしている。さらにはここに、物語作家としての式部の人柄を慕って邸内をうかがう「妙な美男」もちらりと登場し、式部に言わせると、「さっきの妙な若い男も、お隣の聖も、未亡人のわたしも誰でも色香にひかれる気持ちは一つ」との認識を披露する。ここでいう色香とは、男女間の情をのみ指すものではなく、「此の世の美しさ」の意とされている点が重要だろう。ともすれば女の魔性や情念を濃厚に描くとみなされがちであるが、実のところ岡本かの子の文学に通底する一貫したテーマは、この意で用いられるところの「色香」に他ならない。そして、この万物をあまねく貫き通す色香を換言するならば、かの子が傾倒し独自に解釈した仏教の根本風景に至りつく。

古屋照子は、このかの子独特の仏教風景の会得について、「宗教世界における「解脱」の把握感について、つぶさに思索を重ねた結果、真の宗教文学は恍惚感を与える分量の多いものを持たねばならないことに思い当った。その上で彼女は宗教と芸術との交流する模糊として深度の高い境界の表現を、この恍惚感を中心に据えて解決せんとしたようだ」（「かの子の中の仏教」『岡本かの子全集』第九巻付録「岡本かの子研究」Ⅷ、一九七五年九月、冬樹社）と指摘した。この指摘の妥当性は、前述した「むらさき」初寄稿の「紫式部の美的情緒と浄土教」からも確認できる。

浄土思想は最善最美の極楽を理想する理想郷極楽の如何に至美至妙なるか、浄土三部経の口を極めて説くところである。七重の欄楯、七宝の池、金銀瑠璃の回廊、地中の蓮華――大きさ車輪の如く、青き色には青き光あり、白き色には白き光あり――、宝羅網を吹き動かす風は微妙の音を出し、水鳥樹林、念法念僧、など……

憧憬こそロマンチシズムの流れの源泉である。（中略）美しさは理想を望んだ恍惚より来る。此の高揚した観点より現実を臨み、常套から放たれたる眼によつて世俗の世界を望む。これこそ気品のあるリアリズムである。夢にあらず、うつゝにあらず、式部の妙なる筆の冴えは、現実と超現実とを架け渡すタイムの虹の橋のプロムナードから来る。

こうした浄土教解釈によって得られた恍惚の境地では、もはや男も女も風景の点描として等しく、ひたすら恍惚のレベルの深度によってのみ互いの存在が共振するのだ。[3] かの子が紫式部の作家精神に見出そうとした境地は、以上のような恍惚の三昧境だったといえる。この推察を補強する資料として、『或る秋の紫式部』と同年、『文学界』八月号に発表された『上田秋成の晩年』を挙げることは、そう的外れでもあるまい。この作品は当時の文壇からは黙殺されたと言われるが、たぶんに芥川龍之介の『戯作三昧』に類した作風の影響があるにしろ、七三歳の老翁が抱える孤独に、作家自身の現実の性を越えて共振没頭せんと欲するパッションのありどころは顕著に表現されているし、自覚されてもいたようだ。

さらに、「現実と超現実とを架け渡すタイムの虹の橋」という視点は、岡本かの子の文学を或る意味でシュールレアリズムと定義する評言を裏付けるものであろう。この視点から、かの子における小野小町のユニークな描出が生まれて来る。『小町の芍薬』は、国史国文学者の村瀬君助を視点人物とし、家庭を顧みない彼の収集癖と凝り性が妻を苦しめ、結婚生活を味気ないものに陥れた経緯を語りつつ、そうした現実に嫌気がさした村瀬が伝説の女・小野小町の幻像に惹かれて所縁《ゆかり》の地を踏査する途上で、小町の手植えと言い伝えられる芍薬の花の影に美少女・采女子《うねめこ》と出会い、まさに「現実と超現実とを架け渡すタイムの虹の橋」の境地で忘我する話である。後に、名作『東海道五十三次』（『新日本』一九三八年八月号）として結晶する、一つの知識欲に憑かれた文化人の肖像を描いた先行作品と解釈できる。しかし、本稿では『東海道五十三次』の同類或いはプロトタイプとしての評価よりも、むしろ真っ当に小野小町論として、この小説を読んでみたい。妻を亡くしてから初めて女性の魅力に関心を抱き出した壮年の君助は、生きた女はなまなましくて嫌、歴史上の女は干からびているとして、謎多き伝説に彩られた女・小野小町を「超現実の」恋慕のターゲットとする。換言すれば、己の勝手な欲望の恣意のままになる対象として小町を選んだということだ。なぜ、小野小町がこのような超現実の恋慕の対象として合格したのか——それは、彼女が絶世の美女にして男性の恋をことごとく退けたとされるからだ。

研究の副産物として小町もときには恋愛し、ときには恋人に疎んぜられ恨みをのんだらしい形跡をも君助は見出した。従つて生涯無垢だといはれる巷間の噂話も、打消されるわけだが、なぜかこゝまで来ると彼の鋭い考察のメスはぴたりと止つた。そして頭を振つていつた。

「小町は無垢の女だ。一生艶美な童女で暮した女だ」

友人はこれを聴いて、君助は孤独の寂しさから、少女病《マニア》にかゝつて、どの女でも処女だと思ひ込むのだといつたが、君助はそれでもいゝ、結局男の望む理想の女はさうした女なのだと云ひ放つた。

男性にとって小野小町の伝説は、矛盾を抱えた幻想として受容されがちである。すなわち、手弱女《たおやめ》と称されるほどの美貌でありつつ、作歌の才能において六歌仙に入るほど秀出て、並みの男では相手にもされないといった才色兼美の女性に対して、男性が覚える気後れと忌々《いまいま》しさで、古来より『玉造小町壮衰書』や『江家次第』によってその老年の無残さがまことしやかに語られてきたわけである。『小町の芍薬』の結尾は、古来から男性が小野小町（と同属の女性）に仕向ける嫉妬と中傷への小粒ながらエッジの効いた復讐譚としても読めるのではなかろうか。ちなみに、小野小町伝説に男性視点での中傷を読み取り、それに対して鮮やかな切り返しを行った先行作品に、黒岩涙香『小野小町論』（一九一三年）がある。この論は貞操観念に小町の独身の理由を因らせる点において、なお一考の余地はあるものの、「自意識が強かつたが為めに、生涯を独身にて過す様な事情とも成り亦実際に独身を立て通すことが出来た」「社会的には失敗者で有つたとしても『人』としては大なる成功を得た」とする見方は、男性作家による小野小町解釈としては当時珍しい姿勢である。岡本かの子は黒岩涙香『小野小町論』を読んでいただろうか。『小町の芍薬』掲載号の「むらさき」誌上には「政治、経済、産業思想等の方面に於ては、女性は男性に追随することは、殆ど先天的な約束と思はれる。せめて、文学、芸術、趣味、宗教等の方面に於て、男性と対等の協力者でありたい。若し指導者となつてもらへれば大幸である」（藤村作「女性の嗜みとしての生花」傍点は引用者による）なる文章が堂々掲げられているのだが……。

## 注

（1）林房雄「追悼」に、「「告別式などはいや。私の葬式はあなたと二人きりで沢山よ。」と何時かかの子さんが言つたことがあるさうだ。一平さんはそれに従つた。「火葬はきらひ。死体を焼くのはおかしい。」一平さんは、その言葉を思ひ出して、それに従つた。」とある。（一九三九年四月号『文学界』）

（2）宮内淳子『増補版　岡本かの子論』（二〇〇一年八月、ＥＤＩ）、溝田玲子『岡本かの子作品研究――女性を軸として』（二〇〇六年三月、専修大学出版局）、近藤華子『岡本かの子　描かれた女たちの実相』（二〇一四年九月、翰林書房）、など。

（3）短編『川』で、夢の中において猟人の姿となって雪原を歩く「私」が、いつのまにか直助の姿と化して、且つその姿を第三者的視点で眺めている場面などに、このテーマが顕著に描写されているとみることができる。

# 林芙美子――『七つの燈』と家族の臨界点

榊原理智

## 1　雑誌『むらさき』と林芙美子

まず『むらさき』における林芙美子の存在を確認しておこう。初登場は昭和一三年一〇月号における「歴史」という詩である。林芙美子は一九三六（昭和一一）年に『女の日記』、三七年に『南風』『女性神髄』など長編を次々に発表し、すでに作家として確固たる地位を築き始めていた。さらに『むらさき』初掲載の前月よりペン部隊の一員として南京視察旅行に出かけており、その従軍記「漢口一番のり」によってメディアの寵児にもなっている。『むらさき』への登場は、林芙美子のキャリアにおけるひとつの頂点と同時期いうことになる。読者の期待は高まっていたに違いない。「歴史」はその期待に応えるかのように、大陸の風景をふんだんに盛り込んだ詩となっている。

しかし、なんといっても林芙美子の雑誌における重要性は、長編『七つの燈』の連載である。編集部もこの一大イベントに向けて多角的な宣伝を打っている。まず連載開始前月に「新長編執筆の林芙美子女史」と「新長編小説報告」が掲載される。実際には広告通りに七月号に連載は始まらず（丸一ページを使った芙美子本人からの「お詫び」が代りに掲載されている）、この長編『七つの燈』は昭和一四年八月号からの開始となった。そこからは、九月から一二月の毎月、翌年一九四〇（昭和一五）年の一月、少し飛んで四月から一二月まで毎号連載されることになる。連載の期間中には、林芙美子本人が写真つきで幾度も登場している。例えば昭和一五年一月号には写真グラビア、二月号にも「私の東京地図」なる写真とエッセイ、四月号には、真杉静枝、円地文子といった常連組の女性作家と並べられた写真付きエッセイ「春の旅から」という具合である。昭和一五年五月号には「牧歌」という詩が、長編連載と同時掲載となっており、六月には「林芙美子に描かれた女性」という題の高須芳次郎の評論もある。話題の女性作家を迎えた『むらさき』編集部の意気込みが伝わってくるようである。

本コラムではこの『むらさき』掲載の唯一の長編『七つの燈』に絞って見ていくことにしたい。

## 2　「女学生」規範と「妻」規範

『七つの燈』の主人公中谷敦子は、女学校を卒業した年に避暑地赤倉で友人の親戚の男晟次と出会う。結婚に対する不安を持ちながらも晟次の強引さに負けて結婚した敦子は、晟次の不貞に悩みつつもなんとか結婚生活を維持し二人の子を設けるが、晟次が貨物列車にはねられて頓死することでこの結婚はあっけなく終了する。『放浪記』の著者にふさわしく、小説の舞台は赤倉・鎌倉・湯河原といった東京近郊の行楽地・別荘地から、仙台・和歌山・神戸のような内地の都市、さらには晟次の単身赴任先である満州、夫婦の移住先の北海道と植民地・準植民地を含めた地理的な広がりを見せている。だがその一方で人間関係は、敦子・晟次夫婦と敦子の両親、敦子の妹藤子とその夫健剛にほぼ限定されている。経済的には安定した中産階級における結婚の制度の周辺に、物語の視界が限定されているといってもよいだろう。この狭い圏内で、お互いの関係は常に性的な緊張をはらみこむ。そのせいで不安定ではあるが濃密で、最終的に死がお互いを引き裂くまで破壊されない関係性が保たれるのである。

この小説が描いているのは、言ってみれば、経済的な安定のうえに成立した中産階級の結婚が破綻に何度も追いやられながらもその形を保つさま、また保ちながらも常に破綻の種を抱え込んでいくさまである。そのなかに、断片化された教養が埋め込まれ、主人公が内面化したジェンダー規範を揺すぶったり強化したりする。それはまた、家族内の性的な緊張に寄与したりもするのである。まずは主人公敦子に即した形で、家族と結婚の力学に分け入ってみることにしよう。

小説冒頭の時点で敦子は、女学校という「至極平凡な学校生活に別れをつげて」、「人のいう新しい社会の一員として世に送られて出てきた」が、「何の変化もない」というという社会的な位置にいる。女学校の教育を受けている敦子は「タイピスト」になって自活することを夢見ないわけではないが、その動機は「家族をあっと言わせる」程度でしかなく現実的な選択肢でないことは明白である。タイピスト云々の話は、同じ境遇の友人さとみとの間で交わされており、結局は「女は家庭に燈をつけるために生まれてきた」のだという「なにかの本で読んだ」セリフを引用することで、敦子は自分の迷いを片付けてしまっている。いうまでもなく「燈」は小説のタイトルと重なっており、「燈」をつける動作は、実際に小説のなかで何度も繰り返される。敦子がここで引用された通りのジェンダー規範から逸脱することなく人生を送っていくことが、タイトルによってあらかじめ暗示されているといえるだろう。

上の会話から数ヵ月後敦子は結婚し、少なくとも形のうえでは「女学生」というカテゴリーから「妻」というカテゴリーへの移行を達成する。林芙美子は連載第二回目で敦子を結婚させているので、読者にとってもこの不安定な期間は決して長くない。小説の主眼はむしろ、敦子が女学生として内面化したジェンダーとセクシュアリティに対する規範を、夫や両親の求める規範と交渉しながらどのように変容させたか、そして妻というカテゴリーにおさまる振る舞いをするか、というところにある。はやばやと形式的移行を果たしてしまったがために、敦子には女学生時代の規範のみに拘泥する贅沢な時間が許されない。なにしろ、結婚前から晟次に「若い少女の夢は、夫婦の生活には害こそあれ役には立ちませんよ」と数回にわたって揶揄されているのである。

若い男であるところの晟次だけでなく、敦子の父によっても同じような要求がなされることは重要だ。敦子の父は愛人を作って敦子の母を長年苦しめてきた人間であり、敦子が結婚を思い浮かべるとき必ず否定的なかたちで想起してしまう不幸を作った張本人なのだが、その自覚をまったく欠いている。そして、娘が結婚生活の荒波を「運命」だと考えて自分で乗り越えるよう、言ってきかせるのである。敦子は世代をまたがる父と夫のこうしたタッグに理不尽なものを感じつつも、彼らの価値観を内面化して目の前の状況を乗り切るほかはない。

興味深いことに、林芙美子はこの圧力に対抗する連帯を、母と娘に組ませることをしない。母は夫の不貞を考えないことによって日々をやり過ごしており、敦子と困難を分かち合う存在としては描かれないのである。のちに述べるように、敦子は折に触れて女学校で習得したものを思考のなかに持ち込んで人生の危機にたちむかおうとするのだが、母は、このような女学生的教養を結婚の障害とする考え方を夫と共有してしまっているがゆえに、敦子とは問題を共有することができないのである。

敦子は「家で死にたい」という母を看取りながら、「諦め」をもつ女が「良妻」であり「賢母」なのかと自問自答する。小説のなかでの母の存在は、中産階級の妻としての、ひとつの成熟の形態を示している。夫の不貞には目をつむり、経済的な豊かさを享受することに専念する生き方である。敦子の父は母のことをいささか侮蔑的に「奥様こども」と呼ぶのだが、これこそが中産階級の妻の成熟として求められているものであり、敦子の夫もそれを敦子に求める。この小説の冒頭が保険の話であるのは、決して偶然ではないのだ。敦子の父が母に対してかける保険は父の死後も母を経済的に守り、「奥様こども」でいられ続けられるように囲いこむ制度だからである。

## 3　教養のかけらたち

この小説のなかには、古今東西の文学作品が参照される場面がいくつか存在する。これらは本文のなかにながながと引用される場合もあれば、要約されるだけのこともあり、その形態はさまざまである。また、主人公敦子の思考のなかに浮かんできたものだけでなく、訪れた家の床の間にかかっていた額をたまたま敦子が見ただけというような場合もある。しかし、どういう形であれ、こうした敦子の「教養」の断片は、小説としての『七つの燈』にも興味深い広がりを与えることになる。

例えば、晟次と結婚して数週間たった頃、帰りの遅い晟次をただ待つ生活に早くも疲れ始めた敦子が、過去に読んだ川端康成の短編小説「時雨の駅」を思い出す場面がある（昭和一四年一一月号）。時雨が降り始めると郊外の駅が夫を迎えに来た妻であふれるという描写で始まる小説である。読んだ当時はなんの感慨も浮かばなかった敦子だが、「いまになってみると、その時雨の駅の中に出てくる妻の群れに、自分も何時かはいっているのが哀れにもいとしく考えられ」てくる。敦子が小説を読んだのがいつの時点なのか明示されてはいないけれども、「その当時」と「いま」が対比されることによって、妻というポジションへの移行についての認識が敦子にもたらされている。川端の小説の一場面が、主人公が新しく自分を取り巻く状況を認識する媒介となっているのは明白である。

あるいはまた別の場面にこのようなものがある（昭和一五年六月号）。赤ん坊を抱いて藤の花を見る敦子に突如思い浮かんだワーズワースの詩があった。それは敦子に「のぼせたように理想の花」をさかせようとしていた「女学生時代」を蘇らせる。だが現実には、赤ん坊が生まれても夫晟次の態度は一向に変わらず、敦子はそれに耐えながら日々の生活を送っている。ワーズワースの詩が敦子のなかに生み出すこの対比は、敦子が生きねばならない未来にも暗い影を落とさざるを得ない。こうした教養（ここでは蓄積された読書経験だが）の想起が、敦子に実際の行動を起こすように促すことはほとんどない。ワーズワースの詩の内容は、経験に乏しいまま盲目的な自信をもっていた若き日の自分を悔い、心のままに生きる決意をする勇ましいものである。しかし、引用した敦子がこの場面で同じような力強い決意表明を行うことはない。敦子はただ赤ん坊を抱いて「その辺にあるものを気持ちよくこわしてしまいたいような焦々しさ」を感じるのみである。つまるところ、イギリス一九世紀の詩でも、一九二八年の川端康成の小説でも、あるいは後述する万葉集でも、敦子の消費の仕方はほぼ変わらない。自分の心情に登場人物の心情を部分的に重ね合わせるのみなのである。

しかし、こうした断片が小説のなかで何の機能も持たないか、と言えばそうとも言い切れない。万葉集が引用される場面を見てみよう（昭和一五年四月号）。仕事で満州へ行ったまま、赤ん坊が生まれても帰ってこなかった夫晟次から、ようやく帰京の知らせが届く。敦子はそのとき「つれづれに万葉を読んでい」たので、二つの歌を日記に書き留める。「荒雄らを来むか来じかと飯盛りて　門に出で立ち待てど来まさず」と「荒雄らは妻子の産業《なり》をば思はずろ　年の八歳を待てど来まさず」の二つである。これらは敦子に「沁みるばかり良人なつかしさ」を掻き立てる。万葉の歌は晟次の帰京の知らせに心踊っていた敦子にさらなる「なつかしさ」をつのらせる働きをしていることになるが、二つの歌の内容をよく見てみると、その焦点はむしろ長く放置されている妻の恨みの感情にある。特に二つ目の歌で強調されているのは、残された妻子が「産業」に苦労する妻の姿であり、経済的観点が導入されていることが目を引く。つまり、生死がわからない夫がいるということの社会的・経済的な意味合いが、ここでは問題にされているのである。しかし、これらの歌を読んだ時点での敦子にこうした理解はまったくない。敦子の感じた「なつかしさ」がなにを見ていないことで成立しているのかを、引用された歌が示唆していることになる。小説のなかで敦子の中産階級としての経済的な基盤が大きく揺らぐ場面は存在しないから、この歌が小説の筋の伏線として機能しているとは言い難い。しかし、敦子の無意識と意識のあわいにあって、詩の含む意味合いは敦子の意識に先行しており、その存在が小説に微妙な奥行きを与えていると言うことはできるだろう。この万葉の引用の直後、晟次は帰京し、夫の姿を目の前にした敦子の感情の昂りはあっという間に消滅してしまう。待ち焦がれていたはずの晟次からは「嗅ぎなれない化粧品の匂い」がして、敦子は「名状しがたい失望の波に押しあげられ」たのだ。

## 4　家族・教養・セクシュアリティ

ここまで、断片として敦子の人生に寄り添う教養のかけらたちを見てきた。次に見たいのがこれらとセクシュアリティの関係性である。女学校で獲得された知識の断片は、敦子が妹藤子の夫津村健剛と性的な関係に入る場面で（のちに述べるようにこの関係は必ずしも肉体的な交渉につながるわけではないのだが）重要な役割を果たす。

まずは、小説全体における家族関係とセクシュアリティがどのように描かれているかについて確認をしておく。登場人物の関係性が家族に限定されているうえに、それが性的な緊張をはらんでいることは、すでに冒頭で述べた。『七つの燈』の連載開始は、太宰治の「女生徒」発表と同年である。この作品は一人称で語り手が心情を吐露していく形式をとっており、読者が揺れ動く感情を丁寧に追っていけば、主人公のジェンダー規範とのせめぎ合いが浮かび上がってくるようなものになっている。それと対比して見ると『七つの燈』が三人称でなければならなかった理由は明らかだ。この小説では、登場人物の欲望に満ちた視線が次々その対象を変えながら行き交い、さらにそれらがすれ違っていくさまを描く必要があったからである。

プロット上の必然として、移ろう性的な視線は主として晟次のものである。たとえば第一話から晟次の視線は、あからさまに若い女中よしの「すくすくとした軀つき」と「腰の線」に注がれる（昭和一四年九月号）。その直後には、その視線は婚約中の敦子の「よしより、ずっと花車で、青白いほど透きとおったうなじ」へと向けられる。敦子は晟次の視線に気づかず、その視線に応えて自分の視線を合わせたりすることもない。好色な晟次の視線は、よしと敦子を平等に性的な対象として値踏みしながら、そこにうっすらと階級に対する意識をにじませているようでもある。肉体労働に向くよしの体と、いかにも深窓に育てられた敦子を対比しているからである。晟次が東京でも満州でも酒場の女給に代表される、中産階級とはいえない女たちと性交渉を持っていることは何度も述べられ、そのうちの一人は晟次を追って東京に来たりもするのだが、物語の中心はあくまで家族の関係性である。

敦子は晟次と女たちとの関係に幾度も不快な思いをしつつ、同時に母のように受け流すことが「良妻」として求められているのだろうかと自問自答していくことになるのだが、晟次の視線が家族成員である藤子へも遠慮なく向けられているのがこの小説の興味深いところである。恋愛問題がこじれて家出した先に藤子を迎えに行った晟次は、「もうこの義妹が恋をするようになったのか」という感慨とともに、「藤子の胸や腰のあたりを眺め」る（昭和一五年五月号）。好色という設定なのだからこうした欲望の視線は決して不自然なものではないが、藤子の視線がしっかり晟次のそれと交錯することは注目に値する。藤子は「真剣な顔をしてじっと晟次をみあげ」、「夫婦ってどんなものか教えて」と義兄の欲望を掻き立てるように応答するのである。林芙美子はこの二人の性的交渉を直接に描くことはせず、読者にはどちらとも取れるようなぼかし方をしている。しかし、こののち藤子はおとなしく義兄と家に戻り、親に言われた相手と結婚することになるので、中産階級の娘として道をはずしかけた藤子は、義兄との性的な緊張関係を持つことで均衡を取り戻し、もとの位置に収まったということである。破綻は回避されたのだ。

敦子と藤子の夫津村健剛との関係性は明らかに、上の出来事の対になるものである。違うのは、彼らの性的な欲望を媒介しているのは、教養の断片だということである。健剛は、藤子との結婚生活にそれなりに満足しているが、同時に嫂である敦子に対する性的な欲望を持っている。敦子との関係が深まるのは、度重なる晟次の不貞にたまりかねた敦子が赤ん坊とともに家出をし、和歌山に投宿している間である（昭和一五年九月号）。敦子の結婚生活は限りなく破綻に近づいている。敦子は健剛にこの苦しみを切々と訴えるのだが、ここに聖書のマルコ伝が引用されるのである。「マルコ伝のなかにも、開闢の初より人を男と女とに造り給えり、斯るゆえに、人はその父母を離れて、二人のもの一体となるべし、さればや二人にはあらず、一体なり、このゆえに神の合わせ給うものは、人これを離すべからずってあるでしょう。」これを受けてすぐさま健剛は、同じマルコ伝から「心は熱すれども肉体よわきなり」を引用して敦子に応える。引用の内容を文字どおりとれば、健剛は敦子に晟次を「肉体よわき」人間として許すようにと促しているのであり、つまりは夫の不貞を受け入れるという「成熟」した「妻」が取るべき規範的行動を示していると言えるだろう。その意味では中産階級的ジェンダー規範から外れてはいない。しかし、女学生時代に敦子が熱心に読んだ聖書の同じ箇所を参照することによって、健剛は「妻」になる以前の敦子と共有可能なものがあることを同時に示している。「教養」はここで誘惑の小道具と化す。二人が共有した「心は熱すれども肉体よわきなり」という断片は、嵐の一夜を同じ部屋で過ごす健剛と敦子に反転して跳ね返ってくるのである。

林芙美子は、敦子と健剛の性的な緊張関係を丁寧に描きこんでおり、おそらく読者にとっては手に汗握って読むドラマティックな場面のひとつになっている。敦子は音楽や文学を話題にしながらむつみあっている妹と健剛の夫婦生活を想像しており、女学生から妻への移行に対する違和感を解消仕切れずにいる彼女にとっては、この想像された生活こそまさに、女学生のまま妻になり得る喜ばしい可能性だったろう。しかし、これは義弟との家族内性交渉という最大の禁忌を犯すことなしに実現され得ない可能性である。夫の不貞に悩まされている主人公が、禁忌を踏みこえて堕ちてゆくか、あるいは今までのように、そして敦子の母のように、不貞を黙って受け入れて結婚生活にもどるか、その分岐点である。「僕は…貴女のような嫂さんをもって幸福だとおもいます…」という言葉に、敦子がどのように肉体的に応えたのかは知らされないまま、読者は敦子の結婚生活が続いていったことを次の回で知ることになる。

敦子と健剛が性交渉を行わなかったことで破綻の危機が解消されたわけではむろんない。敦子と健剛はこの性的緊張を「美しい想い出」としてこの後何度も反芻することで、破綻の種を保持し続けているともいえる。一方、藤子と晟次も同様にいうことができる。逆にいえば、そうした安全弁を持つことで、この四人がおたがいの結婚生活における違和感をやり過ごしていくさまも小説からは見てとることができる。義理の兄弟姉妹への性的な視線そのものは、決して近代小説にとって目新しいわけではない。だが『むらさき』の読者層にとって『七つの燈』は、敦子の教養（あるいはその消費の仕方）を共有しつつ経験する、セクシュアル・ファンタジーであったのかもしれない。

# 真杉静枝——結婚への疑念

竹田志保

## 1　真杉静枝研究の現在

真杉静枝は、長らくゴシップ的な関心によって読まれてきた作家である。たとえば武者小路実篤をはじめとする作家たちとの恋愛遍歴、あるいは戦後の薬物中毒と「奇行」などによるスキャンダラスな作家イメージへの興味が先行し、彼女の創作それ自体が顧みられることは少なかった。こうしたイメージ形成は、火野葦平「淋しきヨーロッパの女王」(『新潮』一九五五年一月)や石川達三『花の浮草』(一九五六年、新潮社)、平林たい子「真杉静枝さんと私」(『別冊文藝春秋』一九五五年一〇月)、吉屋信子「小魚の心」(『小説新潮』一九六二年六月、のちに『自伝的女流文壇史』に収録)などによるところが大きいが、これはのちに、十津川美津子の詳細な調査による『悪評の女』(一九六八年、虎見書房)などによって再検討されていった。近年では、林真理子が『女文士』(一九九五年、新潮社)として真杉の生涯を小説化しており、また笙野頼子は『東京妖怪浮遊』（一九九八年、岩波書店）のなかで真杉に言及しつつ「女流作家」にまつわる困難を問題化している。

また二〇〇〇年代以降、ゆまに書房の『近代女性作家精選集』、『〈戦時下〉の女性文学』などのシリーズにおいて真杉の小説が復刻されたことは、改めて彼女の創作を再考する契機となったといえるだろう。真杉にはいまだまとまった全集や年譜がなく、テクストへのアクセスも困難になっていたが、これらのシリーズの刊行によって、ようやく戦前から戦後に至る真杉の主な著作を見ることができるようになった。同時に戦時下の慰問記事など、小説以外の仕事も合わせて復刻されたことには大きな意義があっただろう。

さらに近年の新しい動向として注目されるのは、真杉と台湾との関係に注目する研究の登場である。真杉は幼少期に台湾に渡り、二二歳までその地に暮らしている。彼女にとっての台湾は、自伝的小説のなかでは家族や結婚にまつわる苦悩の場としてあり、そして戦中に慰問団として再訪した彼女によってまなざされる植民地としてもある。台湾と日本を往還した女性作家という他に例を見ない彼女の経歴は、その台湾表象において独特の問題系を浮上させている。真杉は今後さらにさまざまな角度からの研究が必要な作家の一人であるといえるだろう。

真杉静枝は一九〇〇年一一月（戸籍上は一九〇一年一〇月三日）、福井県丹後郡殿下村に生まれたが、三歳の頃、両親の都合から台湾に渡り、台中病院附属の看護婦養成所を出て、一時看護婦として働いていたという。一九一七年に台中駅の助役であった藤井熊左衛門となかば強制的に結婚させせられたが、夫の放蕩や暴力に耐えかねて、一九二一年に大阪へ出奔する。それから真杉は『大阪毎日新聞』の記者の仕事を得て、小説執筆も始める。武者小路実篤と出会って庇護を受けることになったのはその頃のことである。真杉は一九二九年からは武者小路の営む美術店日向堂を手伝っている。当時は、坂口安吾らの同人誌『桜』に参加する他、『大調和』『創作月刊』『女人芸術』『若草』などに小説を発表している。一方、一九三四年頃、中村地平と出会ってのちに同棲をするに至るが、一九三八年の台湾旅行の後に別れる。その後、当時芥川賞を受賞したばかりの中山義秀と出会って一九四二年に結婚するが、一九四七年に離婚している。

作家としては、一九三八年にまとめられた短編集『小魚の心』（竹村書房）が高評価を得て、一九四〇年前後には注目される女性作家の一人として精力的に各誌に小説を発表している。同時に、一九四〇年には窪川（佐多）稲子らと南支派遣軍の戦地慰問に参加し、台湾にも再訪している。

戦後は雑誌『鏡』を主宰する他、一九四九年の日本ペンクラブの広島・長崎の視察を機に、原爆被災者救援活動などにも傾注する。この頃には覚醒剤への依存が強まっていたらしく、火野葦平の「淋しきヨーロッパの女王」は一九五三年国際ペン大会日本代表としての彼女のふるまいを揶揄的に描出したものである。そして真杉は一九五五年六月二九日、肺癌により五五歳で死去している。

真杉の発表した著作には取材記事や評論、エッセイなども多数あるが、その中心になっているのは、自身の生い立ちや、恋愛・結婚生活などの実生活の苦悩を素材とした私小説的なものであると言えよう。「むすめ」（『文芸』一九四〇年）、「ある女の生い立ち」（『新潮』一九五三年）などが代表的なものであるが、その他の短篇にも、自身や周辺の人物をモデルにしたもの、自身の経験を投影したものが多くある。こうした作風が、彼女への注目をその作家イメージに集中させてもいるのでもあるが、そうであればこそ改めて真杉の私小説以外の作品を検討する必要もあるのだといえよう。

## 2　連載小説「三つの誓い」について

真杉が『むらさき』誌上で最初に発表したのは、一九三七年一月号の小説「芽」である。本作は自身の日向堂での生活、武者小路や中村地平とおぼしき人物との関係を描いたものである。その後一九四〇年一月に「海沿いの町にて」という短篇が掲載されている。本作では、画家の父の死の後、継母を残して結婚しようとする若い女性を描いている。

その他の短い記事としては、「読書日記」（一九四〇同年三月）、奈良の美術に関する評論「奈良の美術をみて」（一九四一年七月）が掲載されている。また、真杉はしばしばグラビア記事にも登場しており、一九四〇年四月に「阿里山」という前年の台湾旅行についての記事、一九四〇年九月に「街頭にて」（「友を語る」という記事の一部）として中川暢子（中川一政夫人）とのスナップが掲載されている。また一九四一年四月には、「南方のアルバム―広東慰問行」という八頁の写真エッセイ記事も掲載された。

「阿里山」（1940年４月）左から二人目が真杉

そのなかで最も注目されるのは、一九四〇年七月号から一九四二年二

「街頭にて」（1940年９月）右が真杉

「南方のアルバム」（1941年４月）

月までの約一年半の長期にわたって連載された小説「三つの誓い」（全二〇回）である。連載前の編集後記には「次号より、新しく女流文壇の注目の的である真杉静枝女史の登場を俟つことになりました。刮目してお待ち下さい」（一九四〇年六月）とあり、以降も「真杉静枝女史の「三つの誓い」は、号を趁ふに従って多彩な織物をひろびろと展開して」おり、同時期連載の林芙美子「七つの燈」と合わせて「何と言っても本誌の誇りとする名作」（一九四〇年八月）として大きく扱われている。

本作は、境遇の異なる三人の若い女性を配して、彼女たちと一人の男性のあいだで展開される恋愛と結婚の四角関係を描いたものである。「純文壇に於ける女流有数の作家」（「編集後記」一九四一年七月）である真杉の力作として紹介されているが、当時真杉が多く描いていた私小説的なものとは、筆触もかなり異なる長篇小説である。上流階級の子女を中心にした恋愛ドラマの展開や、すれ違いや偶然に満ちたプロット、なかでも意地悪な継母の犠牲になる少女などといったキャラクターには、むしろ通俗小説的ともいうべき特徴が見出せる。また本作は一九四二年五月にむらさき出版部から単行本として刊行されているが、戦後、一九四八年に新浪漫社浅田書店から再刊された際には、「少女小説」と位置づけられている。

連載時には注目度も高く、反響も大きかった様子が伺えるものの、改めて全体を見渡してみれば瑕疵も目立つ小説である。特に主要女性キャラクター三人の比重は次第に偏っていき、充分にその設定を活かしたとは言いがたい。また連載後半には複雑化した展開を整理しようとする「作者」の解説がしばしば挟まれ、バランスを崩した物語の結構を何とか軌道修正しようとする苦労も垣間見える。

まずその梗概を確認しておこう。物語は熱田美那子の上京から始められる。美那子は親類の紹介で東京の松宮家を訪ねてくる。彼女は家族を支える職を得るために、松宮家で奉公しつつ女子大の受験を目指したいという。松宮家の主人・三郎は日本洋画壇の第一人者であり、美那子を絵のモデルとしても採用する。時を同じくして松宮三郎の弟・八郎の未亡人・哲子が、娘の小夜を伴って上京する。小夜は八郎の愛人の子だが、八郎が自殺した後は哲子の元に引き取られており、哲子は小夜の結婚を口実に松宮家に援助を乞おうというのである。哲子は小夜を「こんどの事変で急に百万長者になった家の、かたわの息子」と結婚させようとしており、小夜はそれを悲観しつつも逆らえずにいる。三郎のもとには、甥であり松宮家の嫡子にあたる松宮龍夫がしばしば訪れる。美那子も小夜も龍夫にほのかな恋心を寄せているが、龍夫は毎日駅で見かける美少女に恋をしていた。龍夫はその少女が、日本橋の薬屋の娘・美津川鈴枝であることを知って、見合いを申し入れる。鈴枝の実父は京都の芸妓光彌を本宅に迎えており、現在は鈴枝は実母と共に別宅に暮らしている。

龍夫と鈴枝の縁談が進む中、小夜は哲子の元を飛び出し、国際文化振興会理事・高濱（一時「玉川」の名で登場している）の妻・マルグリイドのもとに、家庭教師として身を寄せる。小夜はそこで鈴枝と知り合い、小夜の打ち明け話を聞いた鈴枝は、自身への縁談を隠したまま小夜の力になろうとする。

その後、いくつかの行き違いが重なり、国際文化振興会の講演会で、小夜と龍夫、鈴枝が偶然の遭遇を果たし、哲子にも小夜の居所が知れる。その騒動のなかで鈴枝と龍夫の縁談を知ってショックを受けた小夜は自殺未遂をする。一方美那子も、松宮家のばあやからのいじめを受けて体を壊し、松宮家を出て女塾に移るが、龍夫への報われない愛に苦しんで高熱に倒れる。

混乱のなか、龍夫には高濱から国際文化振興会の文化工作員として仏印へ向かうことが依頼される。龍夫は仏印へ旅立つことを決意し、鈴枝との結婚は保留とすることを申し出て、二人のあいだで「友情」が確認される。回復した美那子は会津への帰郷を決め、小夜もまた哲子と決別して、マルグリイドのもとで技芸学校に通うことが示されて物語は完結する。

## 3　母／娘にとっての結婚

本作には、三人の若い女性が登場し、それぞれが龍夫との結婚の可能性を夢見ることになる。美那子の場合は、進学を果たした暁には、故郷の家族を東京に迎えて、西洋人の経営する会社で沢山の報酬を得ようという想像の先に、龍夫の叔母によって自分が龍夫の妻に見初められるという未来を描き始める。小夜は哲子の意向に従って縁談を承諾しつつも、東京で養母と離れて暮らせることに望みをかけており、「その希望の中には、不思議と、こんど縁付くのだという外村家の人々の顔などひとつも浮ばず、松宮家の人々の顔ばかりが並ぶのであった」と想像する。龍夫との関係は彼女たちの明るい未来の希望としてイメージされているのである。

鈴枝に関しては、龍夫から思慕を示されても、彼女は自身が海外で仕事を得ることを夢見ているため、当初は結婚ということ自体に価値を見出していない。恋愛に感情を動かされないようにすることが彼女の「誓い」なのだともされるが、これは「鈴枝のこの母と、日本橋の大店舗に住んでいる父との間の、大きな亀裂を目の前に見聞して以来の鈴枝の神経質な願い」であると説明されている。

本作において、彼女たちにとっての結婚とは、自分自身のためのものであると同時に、家族、特に母親の意向によって強く拘束されるものとしてあることが特徴である。それがもっとも強力に働いているのは小夜である。小夜は愛人の娘として「つまらない奴、きたならしい、いやしい奴、という呼びかけをはっきりと自分の上にみつけて」しまうというようなモラル・ハラスメント的な自己認識を強いられており、結婚についても哲子の意向を退けることはできない。一方の鈴枝は、愛人に立場を奪われた妻である母を反面教師としている。彼女の自立志向はそうした母への反抗としてあることは確かだが、彼女は「しかし、その彼女に、母身をいっぺんに叩きのめすほど恐しいものが只一つある。それは、母の涙であった。母に泣かれること、母にとり乱されること、それには、彼女は、赤児よりも素直にまいった」と、幸せな結婚を願う母の期待に抗うことには大きな困難も感じているのである。

ただし、ここで注意したいのは、境遇はかなり違うとはいえ、哲子も、鈴枝の母も、夫が愛人との関係をもったことによって、妻の立場を維持できずに排斥された人物であるということである。そうしてみれば、母たちが娘にどのような結婚を期待するかは、彼女たち自身の結婚への絶望によって裏打ちされているのだといえよう。

最終的にこの小説は、結婚に明るい未来を夢見ていた二人はその理想を挫かれることになる。そして結婚に否定的であった鈴枝が、一旦縁談を取り下げつつも、逆に「つまり、いつかは、この人と私は結婚することになるのだわ」という認識に至ることになる。結婚は恋情だけによるのではなく、それぞれが果たすべき仕事を確立した上でこそ「ほんものの結ばれ方」をするものであると結論したかたちであるが、この理想像は、龍夫や鈴枝が保持する圧倒的な経済的安定という特権によってこそ可能になるものであり、それだけに非常に観念的なものになっている。結婚は理想化されて、しかも先送りにされることで、とりあえずその価値を確保されているが、現実的には誰にも幸せな結婚が達成されないということによって、この小説は結婚について奇妙に冷めた諦観を感じさせるものにもなっているだろう。

またそうした理想への懐疑は、この小説がしばしば否定的な存在として扱おうとするもの、敵対するものの側の正当性を、むしろ印象的に描いてしまうことによっても色濃く浮かび上がってくる。これはたとえば、出奔した小夜を発見した哲子が「罵りながら、こんなに亢奮して、はしたなくこんな娘を侮辱している自分は、こんな激情で、益々、他人の同情を失っているのだ。と、一方の心で知っているのであった。そのくせ、つくづく、自分はこの小夜という娘のおかげで悪役にばかりはまっている。何という腹立たしいことであろう。世間からは、この娘よりか、自分こそ、同情されねばならないのに自分が頭から、悪い継母あつかいをうけ、この貞淑にみえて、俯き勝ちな、そのくせ芯の強いこの娘が、頭から、同情を集めている」などといって、「悪役」の苦労を語り、善なる犠牲者であるはずの小夜を相対化してしまうことなどにあらわれている。

あるいは鈴枝は、自殺という行動をとった小夜の意志の弱さについて、かなり辛辣な批判をしつつ、彼女に精神的「飛躍」を説くが、小夜や自分の母のようにすぐ涙を流すことを批判しながら自ら涙を流し初め、「鈴枝の観念は、漠然と、辻褄の合わないところへまで、くずれてゆきそうな気さえした」という混乱を示してしまう。小夜はそうした鈴枝を前にして彼女の批判を理解せずに「龍夫に恋愛をかんじなかったのだ、と、まあ、鈴枝はそういうのだ」いう納得の仕方をする。鈴枝の高尚な理想について、あくまで卑俗な次元で理解をしようとする小夜は、旧態依然とした女性像を示しているようでありながら、一方で鈴枝の理想の空疎さをあらわにしているともいえよう。

## 4　龍夫と「文化工作」

最期に、鈴枝の理想的結婚の前提となる立派な「仕事」について見ておく必要があるだろう。それは鈴枝にとっては語学を活かした海外での活動であり、龍夫にとっては仏印での「文化工作」のことである。龍夫は自身の恋愛をめぐる騒動の最中に仏印へ向かうことを突如決意し、それを恋愛問題からの「逃避」とも言っているが「自分達のような若い者が何か仕事の姿勢を、すっかり変えねばならない時になって来ている」、「全く、誰も彼も、今は、戦争のある無しを、度外視して、個人の運命は考えられなくなって」いるという時勢を強調している。

小説中にも登場する国際文化振興会は、一九四一年に実際に仏印で日本美術展を開催しており、翌年にこれに随行した藤田嗣治が報告講演を行ったという記録がある。このとき日本画の小品中心の紹介であったことが問題視され、仏印住民にアピールするためには、洋画の大作が必要であるという議論があったことも、小説の内容に対応している。当時の仏印への文化工作は、仏印政権を温存しつつ、効率的に物資を獲得するために、現地住民の日本への支持を獲得するべく開始されていったものだが、小説内の講演会では仏印は資源を抱負に持った「すばらしい色女」であり「日本に向って――満州国はあなたの本妻とみとめます、そして尚おどうぞ私を、――というモーションをかけているところだ」と語られる。結婚以上の価値ある仕事として位置づけられる龍夫の「仕事」が、愛人を攻略する比喩で説明されていることも、結婚にはらまれた欺瞞を感じさせるところである。

また、その文化工作の目玉として仏印に紹介されるのは、松宮画伯が描いた支那服を纏った美那子の絵画である。美那子は「苦学生」としては龍夫に関心を払われることはなかったが、この絵のモデルとなっている間だけ、龍夫に注目される存在となっていた。また、絵画的な美としての注目は、龍夫が当初鈴枝に抱いていた恋愛感情の基本に置かれているものでもあった。その点で、両者は対照的に位置づけられようとしていた節があるが、美那子のエピソードは、小夜と鈴枝と龍夫の構成するストーリーラインに上手く絡ませられないままに終わり、彼女は結局進学も就職も結婚も、全ての夢を撤回して故郷に帰っていく。彼女が東京で残したのは、この絵画としての像だけである。しかも絵が完成した後には「モデルと別々にみる方が、やっぱりいいですね」という言葉とともに龍夫は「絵の方に眼を吸いよせられ」ていく。龍夫の「仕事」には、彼女の境遇や生活条件は顧みられることはなく、彼女の現実と切り離されたただ美しいイメージだけが収奪されている。

新しい時代の若者たちを称揚しながらも、そのような時代に順応することができずに、取り残され、利用されてしまう女たちがそこにはいる。この小説は、読者層を意識して、一応は新時代にふさわしい理想を提示しようとしているものの、むしろ理想への懐疑と諦念を描き出しているといえるだろう。

# 森三千代――「彼女」はなぜ書くのか

藤本恵

## 1　森三千代と古典文学

森三千代（一九〇一～一九七七年）は、一九二七（昭和二）年に詩集『龍女の眸』（紅玉堂）を刊行して、文学活動のスタートをきる。詩人・金子光晴とともに東南アジア、ヨーロッパを放浪し、仏文の詩集も出した後、三二年頃から小説を書きはじめた。四三年には『小説和泉式部』（協力出版社）で新潮文化賞を受賞し、戦後は自伝三部作『青春の放浪』（『新潮』一九五一年一〇月）、『新宿に雨降る』（『小説新潮』一九五三年一月）、『去年の雪』（『群像』一九五九年五月）も発表した。

森は、雑誌『むらさき』に一九三八年二月号から四三年九月号まで、合わせて一五回、断続的に登場している。先に紹介した作家歴をなぞるように、最初は詩、後には小説とエッセイを提供した。紫式部学会によって編集された『むらさき』は日本の古典文学と切り離せない雑誌だが、森と古典との関わりもまた深い。

森は、伊勢の神官の出身で旧制中学の国語教員だった父・幹三郎の「自慢の娘」だったという（牧羊子『金子光晴と森三千代』一九九六年、中公文庫）。森が子ども向けに現代語訳を提供した古典文学全集の「はしがき」では、自分と古典文学との関わりを次のように振り返っている。

私の少女時代、私の父が国語の先生でしたので、家に本があり、むずかしい原本を辞書を引きながら読んで、平安朝のむかしにあこがれ、業平の歌など暗記したものです。その後の私の生活に、それは、どんなうるおいを与えたかしれません。

（森三千代編著『伊勢物語　土佐・更級日記』一九六五年、ポプラ社）

森は、これ以外にも平安日記文学の現代語訳を複数手がけ、代表作『小説和泉式部』は、タイトルどおり『和泉式部日記』をもとにした創作である。

森が雑誌『むらさき』で執筆したのは、『小説和泉式部』を書く少し前にあたり、『更級日記』（菅原孝標女）をもとにした小説「更級抄」を発表している。当時の『むらさき』には「古典名作鑑賞」コーナーが設けられており、一九四一年三月号から六月号まで四回にわたり、『更級日記』の原文が「解説」「語釈」「通釈」付きで紹介された。「あづま路」というタイトルのこの連載は、主人公が一三歳まで過ごした父の任地・上総国から上京し、都の自宅に着くまで、つまり冒頭の紀行部分で終わっている。最終回の「解説」は、次のように結ばれる。

日記としては兎も角も、孝標女の吐白した文学としての神髄なるものは、この次に見られるのである。本講は本回をもつて、更級日記の講読を終り、次回から大鏡に移ることとなるのであるが、更級日記自体としては、この文学読本とは別に、これ以後をこそ読まれるべきであろう。

この別れの言葉があおる読書欲を引き受けるように、同じ号で森三千代「更級抄」は連載を開始した。都に落ち着いた主人公（三人称の語りを採用した「更級抄」では「彼女」、「娘」「妹」と呼ばれる）の「十五歳の春」から一年ほどのできごとを描いている。これを紹介する前に、森が後年、『更級日記』について記した感想をみておきたい。

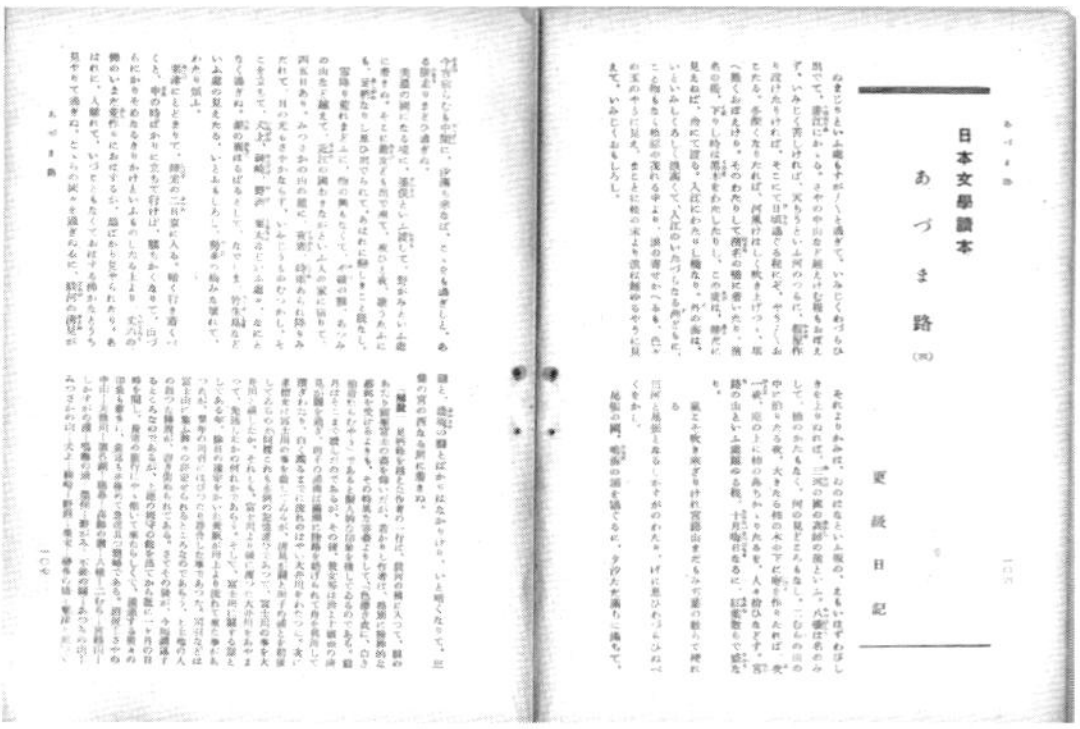
「あづま路」連載最終回の冒頭見開きページ

とにかく、日記の上で彼女は、じぶんの恋愛のことにふれていないと同様、物語を書いていたことにさへ、少しもふれていません。

しかし、日記をよんでいると、その空白の部分に、書かれていない、いろいろなことを推測されるのは、たいへん興味ふかいことです。

（「女の一生」をえがいた更級日記」『国文学解釈と鑑賞』一九六一年二月）

『堤中納言物語』等の作者とも目される菅原孝標女だが、たしかに『更級日記』では執筆行為について全く書いていない。このことには他の研究者も触れ、執筆動機や執筆時の心境を明確に記した『土佐日記』『蜻蛉日記』と比較しつつ、疑問を示している（佐伯梅友『更級日記の新しい解釈』一九五五年、至文堂）。

森は、自ら発見し疑問を感じた『更級日記』の「空白の部分」、つまり「彼女」が書くに至った動機や、書くことの意味について、どのような「推測」をし、答えを出したのだろうか。「更級抄」を読むことで、その答えを探ることができるはずである。

## 2　「更級抄」の「彼女」

「更級抄」は、『更級日記』に記されたエピソードをふまえつつ、主人公である「彼女」や家族等の心情、姉の恋愛模様など、多くを書き加えて創作された中編小説である。『更級日記』の中で、冒頭の旅を終えた主人公が『源氏物語』を入手し、「后の位も何にかはせむ」と読みふけるのは、よく知られた一節だろう。ここでは、「后の位」と

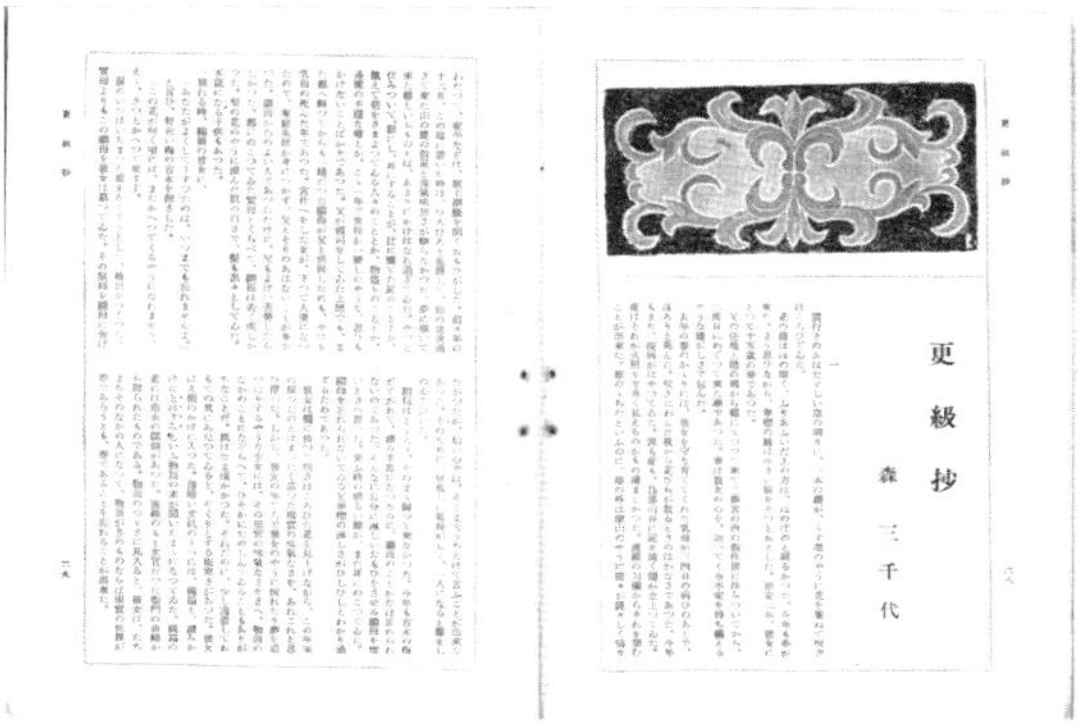
更級抄
森　三千代

「更級抄」連載第一回の冒頭見開きページ

いう現実世界の幸福と、物語を読むことで虚構の世界を享受する幸福が対立的に扱われ、後者に価値が与えられている。こうした現実と物語の対立は「更級抄」にも引き継がれ、そこにもう一つ、「彼女」が物語を書くという要素が加えられて、現実と物語の関係を複雑にしている。

森にはまとまった全集や著作集がなく、作品集『森三千代鈔』（一九七七年、濤書房）が一冊あるだけで、そこに「更級抄」は収録されていない。「更級抄」は、現代の読者の目にほとんど触れることのない小説だと思われる。そのため、以下、『むらさき』での連載回ごとに内容を紹介しながら、「彼女」にとって現実と物語の世界、そして物語を書くことがどのような関係をもつのか、考えてみたい。

連載第一回の冒頭、「彼女」は乳母との死別と、実母以上に慕う継母との生別を回想している。この別れは「現実の味気なさ」を感じさせるものだったが、それさえ「物語のなかのことになぞらへて」楽しむこともできた。「十五歳の春」、「彼女」にとって現実と物語の関係は、吹く風と同じく「なま温かかつた」のかもしれない。しかし、物語を読む一方で「彼女」はすでに「旅の日記」を書いている。書くことを思い立ったのは、出自や容貌の平凡さゆえに「現実の仕合せ」を得られそうにないと考えたためだった。『源氏物語』に出てくる夕顔や浮舟のような生活を、「筆のうへで」送ろうと思っ

「あづま路」最終回・「更級抄」第一回を掲載した雑誌『むらさき』1941年6月号表紙

たのだ。と、ここまでは、ままならない現実の生活の補償として、書かれた／書いた物語の世界が存在している。ところが始めてみると、書くことは「戦ひ」「野心」となり、「戦ひを感じる時だけ、彼女は生き生きとしてゐた」。物語が現実を補償するのではなく、物語を書く行為自体が現実の「彼女」を生かしている。

連載第二回、「彼女」の姉と「地方官の次男坊」との恋愛が始まる。はじめ「彼女」は、「物語だけに見てゐた恋愛」が身近な姉に起きたことに驚き、「あたしの分も」と、姉の幸福を祈る。「現実の仕合せ」を、物語を読み書きすることではなく、他者の現実の恋愛で補償しようとしているこの時点で、物語の世界は後景に退いたかに見える。しかし、姉の恋人を好きになれない「彼女」は、現実の恋愛に「幻滅した」。そして結局、竹芝伝説に登場する「一筋な男」、「あのやうな恋愛こそ、ほんとうのもの」という考えに落ち着き、物語の価値は揺るがない。ただし語り手は、物語に憧れる「彼女」は、現実の恋愛に「清められてゐる姉の美しさ」を見分けられないと、その未熟さを指摘している。

連載第三回では、姉の病気と恋人の心変わりが語られる。病んだ姉は、家に住みついた猫が「大納言行成さまのお姫さまの生れかはり」だという夢を見る。「彼女」は、生前の姫を「物語のかずかずの美しい恋をするのにふさはしい方」と見て憧れていた。物語的な存在であった姫が早世し、さらに、姉が見た夢の内容から、姫に「輪廻といふ懲罰」が加えられたと考えた「彼女」は、理不尽な現実の力に打ちのめされる。その後は、「長恨歌の物語本」を読んでも、現実の自分に恋愛経験のないことを「しみじみ淋しい」と思うようになる。自分をとらえてきた物語の世界が「古ぼけてそらぞらしく、味気ない」と感じる「彼女」は、前回とは一転して「成熟して来た」と評されてもいる。現実の力を知り、それに準じて生きようと物語を捨てることで成長がもたらされたとも読みとれる。ところが「彼女」は、恋愛中の美しい姉を「物語のなかの月姫になぞらへて空想にふけ」ることもやめないのである。現実と物語の力はせめぎ合い、簡単には結着がつかない。

連載最終回では、隣家の女性「荻の葉」のもとを男が訪れ、女の名を呼ぶ。その声に女は答えず、男は横笛を吹きつつ退去する。これを聞いた姉は男の立場で、返事をしない女のつれなさをなじる。「彼女」は女の立場で、すぐにあきらめて去る男の軽薄さを責める。「荻の葉」をめぐる姉妹のやりとりは、『更級日記』の読みどころの一つでもある。しかし『更級日記』では、男を妹（「更級抄」の「彼女」）が、女を姉が弁護する。つまり「更級抄」は、姉妹がかばう相手を逆転させている。「更級抄」ではこれをきっかけに、「彼女」が男役、姉が女役となって、姉の現実の経験をふまえた恋愛「遊戯」が始まる。「遊戯」として言葉や歌を交わし、恋愛物語を展開させるなかで、「空想が、妹の胸にたぎる血を湧き立たせ」、姉の恋愛の意外な結末を言い当てる。このなりゆきは、「彼女」が空想をめぐらせたり物語を書いたりすることで本領を発揮し、その結果、経験していない現実の真相すら見抜けることを示しているだろう。「彼女」は、物語のなかでこそ現実に触れられる性質を持っているのだ。

この「遊戯」後、姉は「この世の仕合せはみな、あなたにゆづつて上げます」と、現実的な幸福を放棄する発言をする。さらに火事が起き、「彼女」に現実の力を思い知らせた猫も焼死する。対照的に「彼女」は、「いちばん大切な源氏の五十余巻」つまり物語を持ち出して生きのびる。事態が急転するなかで再び病床についた姉を看病する「彼女」の胸には、「創作欲」が湧き上がってくる。「彼女」が書く動機を次のように語って、「更級抄」は結ばれる。

女の身としてあゝもしたい、かうもあつたらと夢みることが動機だつたのが、いまは変つてゐた。男に対する復讐が一筋の動機となつてゐるのであつた。

『更級日記』にも記されたできごとを通して、「更級抄」の「彼女」の心は、現実と物語の世界、物語を書く行為の間を揺れ動く。最後に見出されるのは、「男」への「復讐」のために書くという動機である。また、男性への不信感は「荻の葉」の場面で、原典とは逆に、妹である「彼女」が男を責める場面によって強調されてもいる。ただし、最後の語りに表れる「男」が、単に姉の恋人やその他の男性一般を指すと読むのは留保したい。姉と恋人の男そして二人の恋愛は、「彼女」に現実を見せ、それは幻滅だけではなく、物語を凌駕する魅力や恐れを感じさせるものでもあった。「彼女」が書くことで立ち向かおうとしているのは、生身の男性ではなく、「男」の介入で動きだす現実なのではないか。「遊戯」に表れているように、「彼女」は自分の作る物語のなかでこそ現実に深く接し得る。「彼女」に現実の魅力を感じさせた姉は病み、現実の圧倒的な力やそれに対する恐れを感じさせた猫は死んだ。現実と拮抗するのは、他者の書いた物語を読んで与えられる「夢」ではない。「彼女」自身が物語を書くことで、現実と渡りあえる可能性を示しながら、「更級抄」は幕を下ろすのである。

## 3 『更級日記』と「更級抄」

前節まで、森三千代「更級抄」が、『更級日記』とその主人公の執筆行為をどのようにとらえたのかを追ってきた。この節では、「更級抄」が書かれた昭和一〇年代の教育・研究や言語文化における『更級日記』の位置をたどり、そのうえで改めて「更級抄」が雑誌『むらさき』に掲載された意味を考えてみたいと思う。

現在、『更級日記』冒頭の紀行部分は、複数の高等学校「古典」教科書に採録されている。いわゆる定番教材の一つと言えるが、雑誌『むらさき』が対象読者としていた高等女学校の生徒、卒業生にとって、『更級日記』は現在ほど定番化した教材ではない。そもそも高等女学校の知的レベルは中学校より低いとみなされており、平安期の散文は教材から除外されがちだった。一九三一（昭和六）年の満州事変をきっかけに、教育においても戦時体制が強化されるなかで、日本の伝統文化、精神を伝え養う教材として古典文学が重視され、昭和一〇年代の女学校教科書に古典教材が増えていく。

『更級日記』についていえば、一九二三（大正一二）年に、佐々木信綱・玉井幸助が藤原定家筆御物本を発見、錯簡を正して読解の問題点が減り、「各学校で講読されるようにな」ったという（西下経一『口訳対照更級日記新訳』一九五三年、金子書房）。雑誌『むらさき』に深く関わった藤原作の編集した『女子大日本読本』（一九三八年二月検定済、大日本図書出版）巻九も、『更級日記』の「夢の猫」の一節を採録している。一九四三年には中等学校の教科書が国定化、文部省編『中等国文（女子用）』に「あづまぢ」のタイトルで

『更級日記』の一部が採られ、現在の定番化へのつながりを見てとれる。

こうした教育・研究の流れのなかで一般化しつつあった『更級日記』は、雑誌『むらさき』でもたびたび取り上げられている。二で紹介したように、一部を現代語訳、解説した記事もあれば、作者を紹介する記事もある（一九三五年六月号、三七年七月号、三七年九月号）。文学上の女性について、様々な感想を集めたコラム（一九三五年一月号）から、作者と作品に対する典型的な「感想」を二つあげておきたい。

拙い運命のまゝに人生の哀愁と矛盾を味ひつゝもその心の中にいくつかの美しい幻を抱いて、つゝましやかに生きた彼女の弱い真実さに私は心を引かれてならない。彼女にとつては夢が寧ろ現実で現実は却つて短い夢ではなかつたらうか。少女時代のあこがれがやがて永遠の生命ではなかつたらうか。

（石井爽子「弱い真実さ」）

孝標の女は、私の最も心ひかれる女性である。彼女の一生を通じて、日記に表れてゐる素直な心の姿が、限りなく慕はしい。（中略）あのひたむきな生涯を、妥協もなく狐疑もなく叙した一巻の日記、その作者の心。憧れに満ちて、しかも運命のまゝに総てをうけ入れた心境だと思ふ。

（松浦貞俊「更級日記作者の心境」）

『むらさき』の関連記事を通読すると、『更級日記』を作者の生涯の素朴な告白とする見方が大勢を占め、そこに作者の文学に対する純粋な憧れや夢、素直で慎ましい性格を読み取って好意をもつ読者が多いことに気づく。こうした作者・作品観は長く支持され、宮田和一郎『更級日記精講　研究と評釈』（一九五八年、學燈社）等でも同様の見方がされている。

『更級日記』に作品として「一つのテーマ」（関根慶子『更級日記』一九七七年、講談社学術文庫）や、作者の構成意識が見出されるようになるのは主に戦後のことになるが、雑誌『むらさき』の外では、保田與重郎が特異な視点で『更級日記』論を展開した（『國語・國文』一九三五年八月）。保田によれば、『更級日記』は作者の生涯における「精神の段階的な成長」を表したものではなく、人間と社会の「実相」「深淵」を見切った地点から、「物語」として書いたものである。そこにあるのは心情の素朴な告白というより、「心の底に流れ心情を去来するテーマを隠蔽することであつたといへなくもない」。保田に触発された堀辰雄は、小説「姨捨」（『文藝春秋』一九四〇年七月）と小品「姨捨の記」（『文學界』一九四一年八月）を書く。大石紗都子によれば、堀は「姨捨」の三人称の語りに工夫をこらすことによって、「結末の決定的な空白を孕んだ表現」を生みだし、主人公である「女の〈内面世界〉」を容易に他者の触れえない強固なものにしたという（「堀辰雄『姨捨』『姨捨の記』と更級日記―保田與重郎との関連―」『日本近代文学』第八六集、二〇一二年五月）。

堀の「姨捨」は「更級抄」の一年前に、「姨捨の記」は連載中に発表された。「姨捨」が『更級日記』の冒頭紀行部分を除いたほぼ全てをカバーしているのに対し、「更級抄」は「十五歳」の一年間だけに焦点を当てているという違いはあるが、同じ原典に拠る同時代作品として比較してみたい。堀の「姨捨」は原典の

「隠蔽」を生かし、主人公の内面をあえて明らかにせず「空白」をつくることで、「女」の〈内面世界〉の自律性を保った。対して森は、自らの見出した「空白」─「彼女」はなぜ書いたのか─を埋めるべく心理描写を増やし、現実と戦うために書くという動機を表出させた。同時代に『更級日記』の主人公に対して持たれていた、素直で慎ましいというイメージに収まらない強い主体性を見出した点は両者共通している。しかし、それを原典の「隠蔽」に即した語りの「空白」によって主人公の内部に保持させた堀と、「空白」を語りつくし、隠されたものを執筆の動機として外部に曝した森、そのアプローチのしかたは対照的である。

保田は、『更級日記』の作者が虚構の中に隠したものを暴くことを「残忍」としている。森は暴力的な手法を取ったと言えるのかもしれないし、その結果引き出された「彼女」も、書くことを「戦い」「復讐」と表現した箇所に端的に表れているように、攻撃的である。雑誌『むらさき』では、戦争の進行につれて、純粋な「少女」らしさを持っているとされた『更級日記』の作者・主人公が、他の女性文学者と同様に「母性」の保有者へと読み替えられていく。自己犠牲的な愛情で子を守り育てる母性は、言うまでもなく、戦時下の日本で女性に強要された性質の一つである。太平洋戦争勃発が年末に迫る年の夏、森の提示した「更級抄」の攻撃的な「彼女」─書く女─は、堀の「女」以上に、『むらさき』内外のイメージに合わないものだったに違いない。それを掲載したことに、厳しい状況のなかで『むらさき』が作者と作品に与えた自由を見るべきなのかもしれない。

森個人の作品歴に目を向ければ、「更級抄」は代表作『小説和泉式部』につながる。二作品の共通点は、古典に取材したという表面的な方法だけにあるのではない。「更級抄」の「彼女」は、姉という他者の恋愛体験にコミットすることで、物語を書くことへの意識を深めた。『小説和泉式部』では、現代女性（小説家）が、式部ゆかりの地を訪れ、その生涯に深く触れることで、新たな物語を成立させていく。同性の生に関わることで、自らの意識や物語を確立する女性を造形したという点で、二作品は共通している。「更級抄」は、『小説和泉式部』を成立させるステップになったとも言える。この習作的な試みもまた、『更級日記』の「空白」と、雑誌『むらさき』の与えた自由が許したことだったのかもしれない。

＊文中に示したものの他に、参考文献として次の三つをあげておきたい。


・藤森裕治「『更級日記』の対称性—空間論的分析による古典文学教材研究—」『国語科教育』第七五集、二〇一四年三月
・教科書研究センター編『旧制中等学校教科内容の変遷』一九八四年、ぎょうせい
・眞有澄香『読本の研究　近代日本の女子教育』二〇〇五年、おうふう

# 与謝野晶子――『源氏物語』と短歌

中村ともえ

与謝野晶子は、一九三四（昭和九）年五月、『むらさき』創刊号に次の歌を選んで寄稿した。

〇源氏物語より

風さわぎむら雲迷ふ夕《ゆふべ》にも忘るるまなく忘られぬ君

ただ今心にうかび乍《なが》ら、病中。

「なつかしき古典の印象」という題のもと、晶子の他、尾上八郎（柴舟）が大伴家持、太田水穂が紀貫之の歌を各一首紹介している。晶子が選んだのは、『源氏物語』「野分」巻の夕霧の歌である。

与謝野晶子は、『源氏物語』の初の口語訳である『新訳源氏物語』（全四巻、一九一二～一九一三年、金尾文淵堂）を皮切りに、生涯に多くの古典の現代語訳を手がけた。特に昭和期には、窪田空穂との分担による『現代語訳国文学全集』の『源氏物語』（上中下巻、一九三六～一九三八年、非凡閣、晶子は中巻〔「澪標」

～「幻」）を担当）と、個人での二度目の全訳である『新新訳源氏物語』（全六巻、一九三八～一九三九年、金尾文淵堂）があり、『源氏物語』の現代語訳に注力している。一九三九（昭和一四）年一〇月、『新新訳源氏物語』の完成を祝う記念会が上野の精養軒で開催された。翌年、晶子は脳溢血で倒れ、一九四二（昭和一七）年五月に六三歳で亡くなった。「少い余命の終らぬ間を急いだ」と「あとがき」に記していた通り、晶子が生涯の最後に力を注いだのは『新新訳源氏物語』であった。『源氏物語』関連の昭和期の仕事には、他に、紫式部の評伝「紫式部新考」（『太陽』一九二八年一・二月号）や、『紫式部日記』の現代語訳（『現代語訳国文学全集』の『平安朝女流日記』（一九三八年、非凡閣））がある。

晶子と『むらさき』の関係は、『源氏物語』の中の歌を一首選んで寄稿するところからはじまった。ところが、以後長く晶子の名前が『源氏物語』と関連して本誌に登場することはなかった。例外的に、一九三六年五月号の座談会「清・紫二女を語る女流作家の座談会」（今井邦子・長谷川時雨・吉屋信子・深尾須磨子・円地文子・水町京子・関みさを）で、吉屋信子が『源氏物語』は「女学校卒業してから与謝野晶子さんの訳で」読み、「それから原文に」進んだと、まず晶子の現代語訳で『源氏物語』に触れたことを回想しているが、これは最初の訳である『新訳源氏物語』を指す。座談会では、男性も「与謝野さんの本が出た時は中には大分お読みになつたやう」だという水町京子の発言もあるが、今井邦子は「あれは可成普及されて居るやうですが、あの訳文は、失礼ですが現在では完全とは云はれません」と、訳文を批判している。晶子自身、『新訳源氏物語』は「必ずしも逐語訳の法に由らず、（略）訳者の自由訳を敢てした」（「新訳源氏物語の後に」）と断っており、だからこそ新たな訳の刊行は積年の願いであった。しかし『むらさき』では、『新訳源氏物語』以後の晶子が手がけた『源氏物語』の現代語訳、またその他の古典文学に関する仕事への言及は見られない。では、晶子は本誌にどのように登場していたのか。まずはグラビアとそれに付されたキャプションを手がかりに検証してみたい。

## 1　グラビアの中の晶子

晶子は巻頭のグラビアに二度登場している。一回目は一九三九年一二月号、「学監室に於ける与謝野晶子女史」として、肘掛け椅子に深く座る晶子の写真が掲載されている（図1）。写真の横には、「女史は今、文化学院学監として若き世代を育んでおられます。秋晴れの一日、文化学院の明るい応接間に於てにこやかに未来の文学について語られるのでした。」というキャプションが付されている。

文化学院は、西村伊作によって一九二一（大正一〇）年に創設された私立学校である。晶子と夫の寛は伊作と親交があり、晶子は学監として長年勤めた（一九三〇年の改組によって女学部長と改称）。晶子は文化学院のほか、成美女学校の閨秀文学会や自宅でも、『源氏物語』などの古典文学の講義を行った。文化学院には『源氏物語講義』の原稿が保管されていたが、関東大震災で焼失している。

ただし、グラビアには文化学院や女子教育に関してこれ以上の説明はなく、写真の下の晶子の日記の一節も無関係な内容である。キャプションでは、「明治大正歌壇に明星派の一大浪漫運動の炬火が投ぜられたことは短歌史の掲げるところでありますが、その立役者の晶子女史の絢爛多彩なる歌風がその主流であつたこ

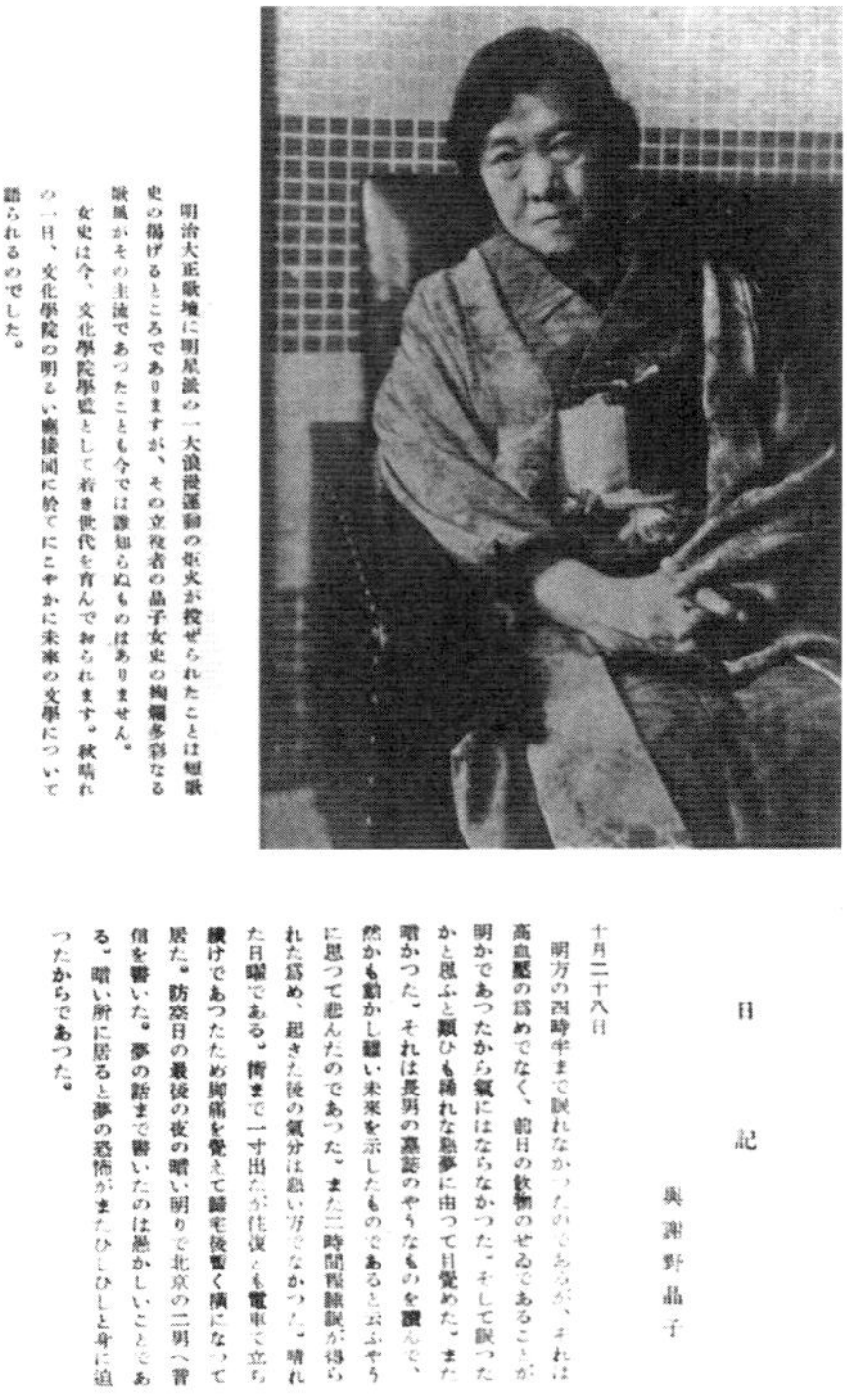


図１　『むらさき』1939年12月号の巻頭のグラビア

写真の横に晶子を短歌史の中に位置付けるキャプション、下に晶子のある日の夢の日記が付されている。

とも今では誰知らぬものはありません。」と、晶子の名前が「明治大正歌壇」「明星派」「浪漫運動」「短歌史」の中に位置付けられ、その「絢爛多彩」な歌風が周知のこととされている。

二回目に登場するのは、一九四一年一月号である。晶子は前年の脳出血で半身不随になっており、胸から上の写真に「先生は宿痾未だ癒えず、病床に臥さるるとのことで、ここには先生の作品から数首載録させて頂きました。」というキャプションが付されて旧作の短歌五首が掲げられている。その中の一首「劫初よりつくりいとなむ殿堂にわれも黄金の釘ひとつうつ」は、後述する深尾須磨子の論考でも重視されている（表記や文言には若干の異同がある）。歌のあとには、「（尚本文浪漫主義と自然主義の項参照）」と、同じ号の吉田精一の論考「浪漫主義と自然主義」を参照するように指示がある。

このように二つのグラビアのキャプションは、写真の中の現在の晶子の姿とは関係なく、晶子を浪漫派を代表する歌人として明治短歌史上に位置付けている。それは本誌に掲載された論考とも連動している。以下、歌人としての晶子を論じる論考を整理し、晶子が本誌に発表した詩歌を概観する。

## 2　短歌史の中の晶子

晶子の名前は、明治期の浪漫主義文学を代表する歌人として、複数の論者によって言及されている。彼らは「情熱的な歌風」（池田亀鑑「明治時代の抒情文学と劇文学」一九三七年一月号）、「絢爛多彩」さ（淵脇芳雄「与謝野晶子と山川登美子」一九三九年三月号）、「主情的唯美的恋愛至上的」であること（熊谷武至「明治大正の短歌――古典派と浪漫派――」一九四三年七月号）を晶子の歌の特徴として指摘する。キーワードは「空想」である。たとえば小泉苳三は、晶子の歌を「空想の世界」のものとし、晶子は「空想の世界をも想像の世界と称するばかりでなく、これを現実感と同一の世界であるとする。浪漫主義文学は、屢作者自らを幻覚者たらしめねばやまなかつた」と結論する（「明治文学にあらはれたる星」一九三四年七月号）。

この時期、最初の著書『近代日本浪漫主義研究』（一九四〇年、武蔵野書院→一九四三年「改訂」、修文館）を刊行している吉田精一は、晶子に代表される「明星」派の特徴を、「現実を詩化し、美化し、更に神秘化さへして、その中にこもつて自ら楽しんだ。世界を自己の中に屈曲させた」と説明している（「近代日本浪漫主義」一九三九年五月号）。吉田は、晶子のグラビアと同じ号の「浪漫主義と自然主義」でも、「自由開放をもとめる心」は現実には実現しないので「やむを得ず、現実を超越して、空想の中に、現実を美化し理想化し、その中に生きることに満足しようとする。生き苦しい世界から逃避して、詩と芸術の殿堂にたち《ママ》こもるのである。」として、晶子の歌に「現実を詩化して見ようとした精神のあらはれ」を見て取った。「空想」の語で評される「明星」派の歌に、「短歌史的意義」だけでなく「女性の自覚」という「思想的意味」を評価するべきだという異論を提出するのは、塩田良平の「明治大正時代」である。「短歌特輯」と銘打つ一九三八年五月号の「日本短歌史」の中の論考の一つで、同じ号の「歴代女流歌人の鑑賞」の一つの深尾須磨子の「黄金の大円柱――与謝野晶子の歌――」も晶子の短歌を論じている。晶子の弟子である深尾は、「昔の少女たちが、まづ古典文学を読ませられ、それを暗誦したやうに、子供心から少女心に変つてゆく頃の私は、をりから日本の空にさんらんと出現したロマンテイシズムの明星与謝野晶子夫人の、次から次に刊行される歌集『舞姫』『夢の華』『常夏』などに読み耽り、それらの殆どを、さながら《ママ》百人一首さながらに暗誦したものであつた。」と、少女時代に晶子の歌に耽溺したことを、昔の少女たちが古典文学を読んだことと重ねて回想している。「黄金の大円柱」の題意は、晶子の歌集『草の夢』（一九二二年、日本評論社）の巻頭の一首、「劫初より造り営む殿堂にわれも黄金の釘一つ打つ」に由来する。深尾はこの歌を「芸術の殿堂の「造営に参じて、自分も僅かに釘を一つ打つ、とはいゝ《ママ》その釘は永遠の黄金の釘である。」と解釈し、「最も謙遜で、しかも最も傲つた叫び」であるが、晶子の功績は「黄金の釘一つ」ではなく「千古不滅の黄金の大円柱」と言うべきだろうと称えた。

　このように晶子の名前は、短歌史の中で、明治大正期の浪漫主義文学を代表する歌人という文脈で、つまりは過去のものとして繰り返し言及されていた。「特輯現代短歌鑑賞」の号には近作を論じる論考もあるが、「明星末期の（略）自らのマンネリスムの中」にいるとして、「女史の天才は過去の一瞬にして燃えつくしてしまつたのかも知れません。」と酷評されている（中村正爾「現代短歌鑑賞（一）――新詩社系、晶子・白秋・勇の近作鑑賞――」一九三九年六月号）。この点に関して注目されるのは、晶子の弟子の近江満子が一九四二年七月号の追悼文「与謝野晶子の人と芸術」で語る、「昔を称へられる事のお嫌らひな先生」の姿である。

世人は往々にして与謝野晶子の歌は明治に初まり大正の初期に於て完成し切つたものと評価してゐる。又一応さう云ふ認定を下だすことが、与謝野晶子を論ずる権威かの如く心得てゐる人々も相当あるやうに見うける。然し先生御自身は、斯く認識される事が最もお嫌らひであつた。たとひ昔をどんなに激賞されやうとも、それをすら否定され、近年の作品こそ会心のものであると云ひ通して決してジヤアナリズムに阿る事なく、又歌壇といふやなものにもあまり捕はれず、高雅清想の歌を詠みつづけていらしつた。昔のやうに絢爛、目をむくやうな、情熱、人を灼くやうな歌作はなされなくなつたけれど、完成された人格からほと走り出る声を、人々があまり顧みようとはしなくなつた頃の、殊に背の君を喪はれた頃の一首一首は、涙なしには読む事の出来ない寂寞詩人の文字であつた。

近江は短歌だけにおさまらない晶子の多才さを称え、『源氏物語』や『紫式部日記』を教授する晶子の様子を敬意を込めて再現し、文化学院の講義での逸話を紹介している。「第三者の観点と先生御自身のそれとに大きな相違があつた。唯だ、先生が如何にみだれ髪時代の御作品を否定され謙譲された処で世間が許さなかつた。」という近江の指摘は、『むらさき』での晶子の扱いにも当てはまる。

思えば、晶子が本誌に唯一発表した詩「或る日」は、「こし方を書き綴れよと、／云ふ人あるはうるさし。」とはじまっていた（一九三九年一月号）。「編輯後記」で晶子の「一代記を暗示した詩」と解説されるこの詩は、過去ではなく未来こそが光であると宣言する（単行本未収録。『定本与謝野晶子全集』第一〇巻詩集二（一九八〇年、講談社）の「拾遺」及び『鉄幹晶子全集』別巻1拾遺篇—詩（逸見久美編、二〇一三年、勉誠出版）所収）。

## 3 晶子の短歌

では、そのように論じられる晶子が『むらさき』に発表した短歌はどのようなものだったのか。晶子は一九三六（昭和一一）年から一九四一年の間に四回、計十六首の短歌を発表している。あらかじめ言えば、浪漫派を代表する歌人として晶子を明治大正期の短歌史の中に位置付ける論考と、この時期の晶子の短歌の間には齟齬が見られる。晶子の生前の単独の歌集は『心の遠景』（一九二八年、日本評論社）が最後であり、一九三四（昭和九）年から一九四二年に没するまでの歌は、遺稿歌集『白桜集』（一九四二年、改造社）に平野万里の選によって収められた。収録されたのはこの期間の晶子の歌の一部で、本誌に発表された歌はすべて未収録である。

まず、一九三六年九月号の巻頭に、「多摩山荘」の総題で五首が掲載された。以下に一部を掲げる（ルビは原文のまま）。

夏の木の繁みの洞《ほら》に鳴るとして識見に出でず多摩《たま》の山荘《さんさう》
ささやかに虹《にじ》を含《ふく》みて斜《はす》かひに川を渡れる御嶽《みたけ》のとんぼ

次に、一九三八年一〇月号に、「初秋」の総題で五首が掲載された。

山風にひるがへさる丶初秋の雨けざやけき川の上かな
ゆくりなく恋しくなりぬ淀川の青と船場《せんば》の町の秋風

「多摩山荘」では植物や虫など山荘近辺の川の情景を詠み、「初秋」では昨年や一昨年のこと、また故郷の秋を回想している。いずれも季節の風物を詠んだ落ち着いた調子の歌である。

これに対し、一九三九年一月号（新年特輯号）に、釈迢空・前田夕暮・北原白秋・今井邦子・窪田空穂と並んで、「東亜の空」の題で発表されたのは、以下の歌であった。選者自身の歌一首と、九人各一首の歌によるる「短歌十章」という企画である。

先立ちて東亜の空に上る日のいはれを知りてたたかへる士よ

同じ号では懸賞「銃後の文学」の入選作が発表され、「編輯後記」は「現文壇第一線にある七歌人、七俳人の戦争歌、戦争句は各門下の精鋭十人の作を含めて一大銃後文学特輯とすることが出来ました。慰問袋の一隅に本号一冊をさめることは銃後に在る我々の良心でもありませう。」と、これらの歌を「銃後文学」の一部をなす「戦争歌」と位置付けている。一年後の一九四〇年一月号（新年特別号）にも、晶子は「寿詞」の題で以下の五首を発表している。

新しき春の寿詞《よごと》す大君のみいづかがやけ亜細亜の上に
日の本よいさをの多き荒わしの羽に立つものも神風にして
今年よりいや明らかに美くしき光あらしめ日の本の国
福寿草初日の雫花咲くと思ふ幼き日さへいまさへ
おほらかに朝日のにほひとどめつつ寒牡丹咲く正月の卓

新年号に掲載されたこれらの作は、新年を寿ぐ歌であるとともに、日中戦争下の時事的な歌である。「編輯後記」は「新東亜建設の黎明の中に、紀元二千六百年の朝は明けて日本国民たる矜持をこゝに新しく感激する日。」と書き出されており、この号から国史学会編述「大日本歴史講話」の連載が開始されていること（終了は一九四二年一二月号）とも、晶子の歌は歩を合わせている。

岡野直七郎は、一九四三年七月号の「昭和聖代の短歌」で、釈迢空・土屋文明の歌とともに晶子の歌「日の本の大宰相も病む我も同じ涙す大き詔書に」を引き、太平洋戦争開戦に当たって「歌人はすべて大詔奉戦の歌を作つた。（略）この時ほど短歌が国民の声であることを強く示したことは嘗てなかつた。大東亜戦争はかういふ文字にあらはれた国民の声の反響の中に、勢よく発足した。」と述べた。『むらさき』に発表された晶子の歌を年代順にたどると、季節の風物に託して個人的な感慨を詠むものから、「国民の声」へと転換するさまが見て取れる。それらはどちらにせよ、本誌掲載の論考の中で論じられる空想の中に芸術の殿堂をたてる多彩絢爛な歌とは異質なものであった。

なお「東亜の空」以外にも、晶子は弟子の歌を選んでいる。「与謝野晶子女史推薦」として、「よもぎ野」の題で近江満子以下四人（一九三八年八月号）、「薄衣」の題で三人（九月号）、「白雲」（一〇月号）、「月白し」（一一月号）、「穂すゝき」（一二月号）、「春の使者」（一九三九年四月号）、「南海の潮」（五月号）、「凪」（六月号）の題で各五人、三首ずつ掲載されている。

戦後に再開された『むらさき』は、一九六二年一一月号の創立三〇年記念号で「源氏物語特輯」を組んだ。その巻頭を飾ったのが、「源氏物語短歌」の題の晶子と紫式部の歌である。晶子の歌は以下の五首である。

紫のかがやく花と日の光思ひあわざることわりもなし　（桐壺の巻）

春の野のうら若草に親しみていとおほどかに恋もなりぬる　（若紫の巻）

わりなくも別れがたしとしら玉の涙をながす琴の糸かな　（明石の巻）
さくら散る春の夕べの薄雲の涙となりて落つる心地に　（薄雲の巻）
盛りなる御代の后《きさき》に金の蝶しろがねの鳥花たてまつる　（胡蝶の巻）

これらは晶子が『新新訳源氏物語』の各帖の最初に掲げた「源氏物語礼讃」の一部である（初出は「明星」一九二二年一月号。ただし、それ以前に屏風に揮毫されている）。「源氏物語短歌」は、晶子と紫式部の歌計一〇首によって『源氏物語』をあらわそうという企画である。紫式部の歌は、「風さわぎ村雲まよふ夕べにも忘るるまなくわすられぬ君」（野分の巻）以下、「若菜」「鈴虫」「幻」「浮舟」の巻より、一首ずつ選ばれている。意図されたことかどうかは不明だが、「野分」の歌は、晶子が『むらさき』創刊号に選んだ一首である。

一九六七年一一月号には、国文学者の岡一男による「紫式部と与謝野晶子」という講演録が掲載されている。岡は晶子が手がけた古典の現代語訳を網羅的に挙げ、「紫式部新考」に代表される晶子の古典文学研究を高く評価し、国文学者の正宗敦夫と夫の寛とともに携わった『日本古典全集』（一九二五年〜、日本古典全集刊行会）の刊行や文化学院での教育など、「晶子の一生の事実を見ると（略）紫式部の学芸精進、『源氏物語』の内蔵する在野的立場からの当代文化批評・社会批評を近代に活かしたものといえる」と述べて、晶子の中に紫式部に通じる精神を見出した。「紫式部新考」が岡の門下の三谷邦明の編による『日本文学研究資料叢書　源氏物語Ⅰ』（一九六九年、有精堂）の巻頭に再掲されたのも、また、戦後に三笠書房等から何

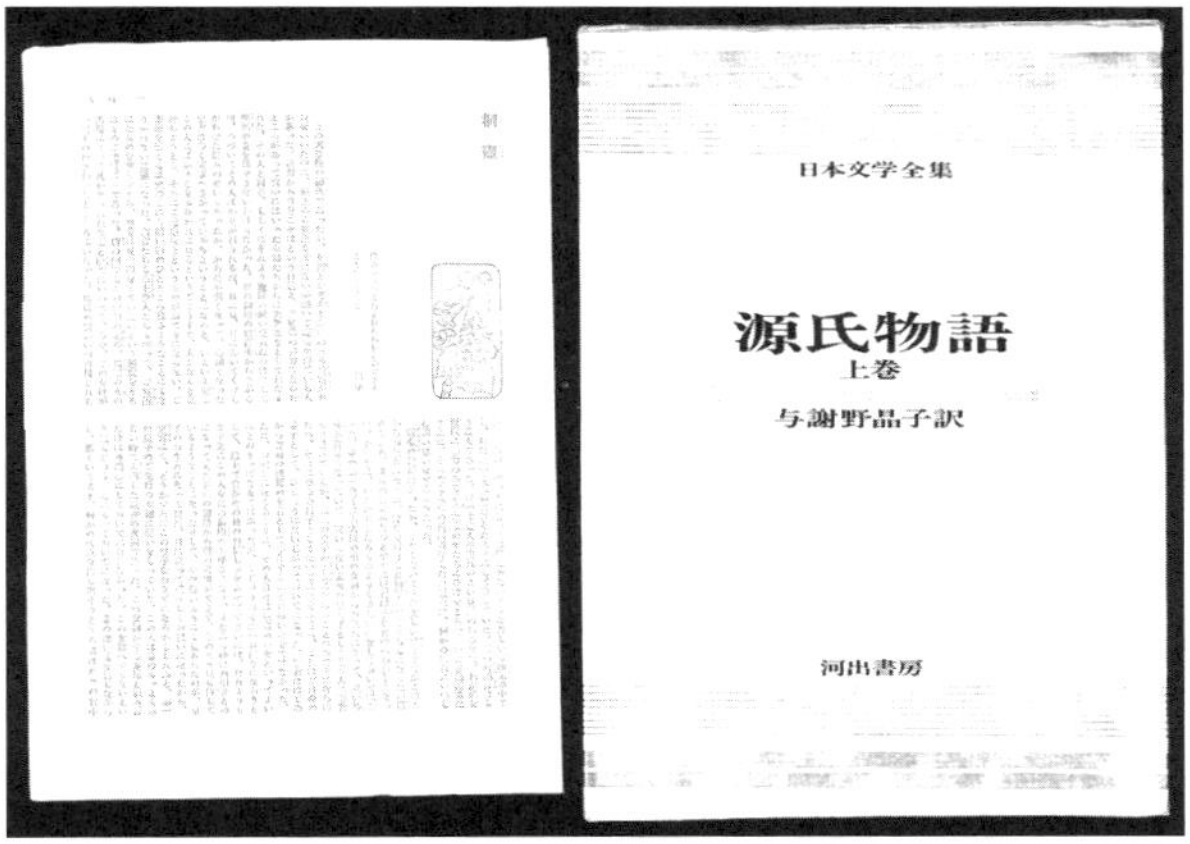


図２　与謝野晶子訳『源氏物語 上巻 カラー版日本文学全集 ２』（1967年、河出書房新社）の表紙と「桐壺」巻の最初の頁
各巻の冒頭に晶子の短歌が掲げられている。

度か刊行されていた『新新訳源氏物語』が河出書房新社の『カラー版日本文学全集』（一九六七年）（図2）に収められて爆発的に売れたのも、同じ時期のことである。

『新新訳源氏物語』に代表される昭和期の『源氏物語』に関する晶子の仕事が『むらさき』で取り上げられるのは、晶子の没後、一九六五年前後になってからであった。晶子と『むらさき』の邂逅は、晶子の死から二〇年ほど遅れて、このときようやく果たされたと言っていい。

VII

# 資料編

# 関連年表

和田博文

〈凡例〉

・本年表のⅠに、一八九〇年～一九三三年の女子高等教育・女子中等教育の主な事項と、一九〇四年～一九三三年に集中する専門学校令による女子専門学校の認可をまとめている。
・本年表のⅡは、女性教養誌『むらさき』が発行されていた一九三四年～一九四四年の範囲で構成している。
・本年表のⅡは、事項篇と作品篇に分けている。
・事項篇の作成に際しては、一次資料の他に、文部省『学制百年史』（一九七二年、ぎょうせい）、『近代日本総合年表』第二版（一九八四年、岩波書店）などを参照している。
・作品篇の◆には、女学生関係の単行本や、その他の関連書籍を記載している。
・作品篇の■には、『むらさき』の特集名・小特集名を〈　〉で記した。また所定の字数の範囲内で、文学者を中心に、主要な記事の著者名とタイトルを記載している。
・作品篇の●には、むらさき出版部、巌松堂むらさき出版部刊行の単行本を記載している。

## Ⅰ　一八九〇（明治二三）年～一九三三（昭和八）年

一八九〇年代　一八九〇（明治二三）年三月、女子高等師範学校を創設する。**一八九五年**一月、高等女

学校規定を制定し尋常小学校修了者を入れて修業年限六年とする。**一八九八**年一月、東京女子高等師範学校に研究科を設置。**一八九九**年二月、高等女学校令を公布。

**一九〇〇年代**　**一九〇〇**（明治三三）年七月、津田梅子が女子英学塾を創立。同年一二月、成瀬仁蔵らが日本女子大学校を創立。**一九〇一**年三月、高等女学校令施行規則を制定。**一九〇三**年三月、専門学校令を公布。**一九〇四**年二月、日本女子大学校を認可。同年三月、女子英学塾・青山女学院英文専門科を認可。**一九〇七**年七月、高等女学校令を改正し修業年限四年を原則として一年延長のみを認める。**一九〇八**年三月、奈良女子高等師範学校設置、女子高等師範学校を東京女子高等師範学校と改称。**一九〇九**年四月、帝国女子専門学校を認可。同年一〇月、神戸女学院専門部を認可。

**一九一〇年代**　**一九一〇**（明治四三）年一〇月、高等女学校令を改正し実科高等女学校の設置を認める。**一九一一**年七月、東京女子神学専門学校を認可。**一九一二**（明治四五・大正一）年二月、同志社女学校専門部を認可。同年三月、東京女子医学専門学校を認可。**一九一三**年八月、東北帝国大学理科大学に女子学生三名が入学する。**一九一五**年三月、聖心女子学院高等専門学校を認可。**一九一六**年四月、栗山津禰が東洋大学大学部第二科に入学する。**一九一八**年三月、東京女子大学を認可。**一九一九**年二月、神戸女学院専門部を神戸女学院大学部と改称。同年三月、活水女子専門学校を認可。

**一九二〇年代**　**一九二〇**（大正九）年三月、京都高等女子専門学校を認可。同年七月、高等女学校令を改正し修業年限を五年または四年とする。**一九二一**年一二月、明華女子歯科医学専門学校を認可。**一九二二**年三月、東京裁縫女学校専門部・梅花女子専門学校を認可。同年六月、福岡県立女子専門学校を認可。同年

七月、東京女子歯科医学専門学校を認可。**一九二四**年二月、大阪府立女子専門学校を認可。**一九二五**年一月、実践女学校専門部・道修女子薬学専門学校を認可。同年三月、帝国女子医学専門学校・共立女子職業学校専門学部を認可。同年四月、全国女子学生同盟が結成され大学予科などの女子への開放運動を展開する。同年一二月、樟蔭女子専門学校を認可。**一九二六**（大正一五・昭和一）年二月、全国連合女子教育大会が開催され、女子高等教育促進や機会均等を要求。同年三月、宮城県女子専門学校・日本女子体育専門学校を認可。**一九二七**年二月、千代田女子専門学校を認可。同年三月、金城女学校専門学部・京都府立女子専門学校を認可。同年七月、東京家政専門学校を認可。同年一一月、聖路加女子専門学校を認可。**一九二八**年一月、専門学校令を改正（国体観念の養成を含む）。同年三月、女子経済専門学校を認可。同年四月、相愛女子専門学校を認可。同年七月、大阪女子高等医学専門学校を認可。同年一〇月、和洋女子専門学校を認可。**一九二九**年三月、長野県女子専門学校を認可。同年五月、日本女子高等商業学校・椙山女子高等専門学校を認可。同年六月、女子美術専門学校を認可。

**一九三〇年～一九三三年**　**一九三〇**年四月、大谷女子専門学校・安城女子専門学校を認可。同年一一月、共立女子薬学専門学校・東京女子薬学専門学校・昭和女子薬学専門学校を認可。**一九三一**年二月、東京薬学専門学校女子部を認可。**一九三二**年二月、広島女学院専門学校を認可。同年三月、神戸女子薬学専門学校を認可。**一九三三**年一月、青山学院女子専門部を認可。同年七月、女子英学塾を津田英学塾と改称。

## Ⅱ　一九三四（昭和九）年～一九四五（昭和二〇）年

### 一九三四（昭和九）年

三月、満州国帝政実施（皇帝は溥儀、1日）。六月、文部省に思想局が設置される（1日）。一〇月、陸軍省が『国防の本義と其強化の提唱』（陸軍パンフレット）を発表（1日）、巣鴨署が出入り禁止のカフェ・バー・喫茶店の調査を行い大学生三一人と女学生五人を連行する（27日）。この年にパーマネントが一般家庭婦人に普及する。

◆七月、樋口栄『女学生に必要な医学の知識』（人文書院）。九月、笹部貞市郎『わかりやすい女学生の幾何学』（培風館）。

■二月（創刊特輯号「源氏物語劇の解説と予告」、藤村作「巻頭言」、「源氏物語劇化上演後援顛末報告」、「再訂脚本の梗概と配役」、「紫式部学会会報」、「紫式部学会講座会員募集」）。五月（第一巻第一号、藤村作「婦人の教養としての国文学」、藤村作「俳句鑑賞講座」・久松潜一「万葉集鑑賞講座」・池田亀鑑「枕草子鑑賞講座」の連載がスタート、「紫式部学会記事」）。六月（高島平三郎「日本婦人の美質」、今井邦子「狭野茅上娘子の歌に就て」、渡辺一夫「マルセル・プルゥスト管見」、黒田鵬心「天平時代の彫刻」）。七月（〈星の文学〉号、窪田空穂「星」、土岐善麿「航海」、円地文子「七夕」、松尾聡「物語に現れた星」、野上彌生子「ギリシア神話の星」、野尻抱影「初夏の星座」）。八月（〈海と山との文学〉号、大江スミ「大和魂と国文学」、柳澤健「フランス文学にあらはれた海と山と」、堀口大学「海の詩三章」）。九月（〈秋たつ〉号、風巻景次郎「秋風をうたへる文学」、武島羽衣「国文学に描かれた月と露と虫」、本多顕彰「英文学の秋」、高橋邦太郎「秋と仏蘭西文学」、鷹見乙女「草仮名の書方」、大和資雄「コウルリッヂの「クリスタベル姫」の連載がスタート）。一〇月（特集〈文学と女性〉、大和資雄「文学と女性」、笹野堅「能に現れる女」、石井庄司「近世の閨秀詩人」、紫式部学会「源氏物語講義―桐壺の巻」）。一一月（特集〈愛すべき詩歌と詩人〉、太田水穂「日本武尊とその御歌」、豊田八十代「防人とその妻との歌」、清水泰「小野小町とその歌」、塩田良平「孝女白菊とその歌」）。一二月（特集〈物語文学〉、宮崎晴美「かぐや姫の物語」、松下政蔵「恋愛小説としての伊勢物語」、藤田徳太郎「浪漫的な物語「よはのねざめ」」、堀口大学「ミラボオ橋」）。

**一九三五（昭和一〇）年**

二月、美濃部達吉の天皇機関説が貴族院で非難される（18日）。三月、保田與重郎・亀井勝一郎らが『日本浪曼派』を創刊（1日）。四月、明治神宮外苑で「満州国皇帝陛下奉迎記念」として行われた運動競技大会に男女中等学校二年生以上の全員が参加（13日）。五月、和洋女子専門学校の堀越財団とむら竹会の争いで生徒十数人が警視庁に駆け込む（17日）。七月、文部省が大学・高専校長や生徒主事に国体明徴に関する憲法講習会を実施。東京市内で断髪禁止となった高等女学校があり、断髪統制の是非が話題となる。八月、政府が国体明徴声明（3日）。九月、東京府補導協会が公園・盛り場・喫茶店の男女中等学生の教護のため八支部を確立（25日）。一〇月、政府が国体明徴第二次声明（15日）。一一月、大日本映画協会設立（8日）。

◆三月、日本図書館協会編『職業婦人読書傾向調査』（日本図書館協会）。五月、信清確郎編『現代女学生の短歌』（西東社出版部）。

■一月（小特集〈内外文学に現はれたる女性に関する感想〉、小特集〈古典に取材したる小説と戯曲〉―今井邦子「玉松ヶ枝（万葉集）」・円地文子「清姫（今昔物語）」、本多顕彰「英文学講座」・有永弘人「仏蘭西文学講座」・相良守峯「独逸文学講座」の連載がスタート）。二月（阪口玄章「戦記文学の中の恋愛」、折田学「裸体画家モディリアーニの芸術」、水口幸麿「演奏家及びピアノ教授者としてのベートウヴェン」）。三月（小特集〈愛国の文学〉―倉野憲司「記紀と日本精神」・阪口玄章「武士道と日本文学」・中島唯一「国学者と日本文学」、高木富子「平安朝文学と女性」）。四月（小特集〈花の文学〉―風巻景次郎「花をうたへる名歌」・宮田和一郎「京洛の花と文学」、藤村作「夫婦愛に就いて」、森下久枝「平安朝時代の服装」）。五月（小特集〈文学のさつき〉―岡本かの子「紫式部の美的情緒と浄土教」・水町京子「さつきの文学」・関みさを「源氏の初夏」、円地文子「女盗（戯曲）」）。六月（小特集〈女流詩人の群像〉―石井庄司「万葉の女流歌人」・水町京子「藤原中期の女流歌人」・桜井安二「藤原後期女流歌人」・清水泰「中世の閨秀詩人」・増田七郎「江戸時代の女流詩人」、紫式部学会速記「源氏物語講義」の連載がスタート）。七月（小特集〈母性の文学〉―菊池うた子「王朝女流文学と母性」・阪口玄章「軍記物語に描かれた母性」・鶴見誠「近世の文学に現れた母性」、藤村作「女らしき母性」）。八月（小特集〈文学と宗教〉―大和資雄「憂愁と文学」・岡本かの子「文学と宗教との交流する世界」・阪口玄章「日本文学と仏教」、番匠谷英一「ワイルドの「サロメ」（お芝居の話)」)。九月(小特集(一)〈「近世短篇物語」〉—奥野昭子「牡丹燈籠」、小特集(二)「日記文学抄」—水町京子「和泉式部歌集抄」)。一〇月(小特集〈物語の女性〉—宮田和一郎「源氏物語に現れた女性」・峯岸義秋「お伽草子に現れた女性」・小木喬「謡曲に現れた女性」・増田七郎「近松の作品に現れた女性」)。一一月(小特集〈ふけ行く秋〉、深尾須磨子「むらさきの君に」(詩)、円地文子「幻源氏」(舞振劇)、岡本かの子「或る秋の紫式部」(戯曲))。一二月(小特集〈上代文学〉—山岸徳平「上代の詩人」、藤村作「礼法と婦人」、塩田忠子「十月の文壇展望」、崎山正毅「英文学界の新しい話題」)。

●五月、池田亀鑑『古代抒情詩抄』(むらさき出版部)。六月、今井邦子『和琴抄』(むらさき出版部)。一二月、生方たつゑ『山花集』(むらさき出版部)。

## 一九三六(昭和一一)年

二月、皇道派青年将校が部隊を率いてクーデターを起こす二・二六事件(26日)。五月、愛国第三〇号女学生号が満州での三年間の戦闘から帰還し靖国神社境内の国防館内の陳列が決定(26日)。八月、首・外・蔵・陸・海の五相会議で「国策の基準」を決定(7日)。一〇月、淀橋区の府立第五高等女学校の環境がカフェ・喫茶店・バーの発展で悪化したとして移転促進座談会が開かれる(8日)。一一月、日独防共協定(25日)、東京府補導協会がレヴューの女学生への悪影響防止のため松竹少女歌劇団関係者と懇談(26日)、翌年三月卒業予定の高等女学校生の三七%が就職希望者のため、東京市知識階級職業紹介所が都下七〇校の女学校校長と求人側を招いて意見交換を行う（28日）、文部省が国体明徴の観点から小学校国史教科書を改訂。

◆三月、井上好澄『現代女学生歌集』（日本書房）。

■一月（小特集〈古典のとびらを開く〉、佐佐木信綱「竹取翁に就いて」、池田亀鑑「古典文学の翻訳」、「昭和十年度文検国漢予備試験問題の研究」）。二月（小特集〈愛と闘争の詩〉、小特集〈戦争と恋愛の文学〉、生田花世「新しき桂」、村岡花子「ちりめん紙の幻想」、岡本かの子「新文化と古典」、「昭和十年度国語科文検問題の研究」）。三月（特集〈緋桃の思ひ出〉、円地文子「桃の思ひ出」、今井邦子「誠心院の一夜」、深尾須磨子「かぐや姫の嘆き」、重友毅「昭和九年度国語科文検問題の研究」）。四月（藤村作「女性の嗜みとしての生花」、武島羽衣「人格主義」、石山徹郎「現代女性と古典文学」、岡本かの子「小町の芍薬」）。五月（「日本文学と国際化の問題」―青木節一「日本文化と海外紹介」、今井邦子・円地文子・関みさを・長谷川時雨・深尾須磨子・水町京子・吉屋信子「清・紫二女を語る女流作家の座談会」）。六月（小特集〈内外文学に現れたる母性〉―関みさを「母性探求の旅」・藤田徳太郎「お伽草子に現はれた母性愛」、釈迢空「沖縄賦」、円地文子「玉鬘」（創作））。七月（藤村作「花嫁教育」、室生犀星「街の一廓」、岡本かの子「七月の歌」、川路柳虹「ビリチスの唄」、久松潜一「遊欧日記から」）。八月（北川冬彦「夏の蔭」、山之口貘「晴天」、萩原朔太郎「万葉集と新古今集」、岡本かの子「西行の愛読者」、円地文子「返された手紙」）。九月（小特集〈武将と文学〉、与謝野晶子「多摩山荘」、新居格「初秋と文学と古典」、三好達治「水辺歌」、円地文子「雲井雁」、伊藤整「現代の文学」、益田甫「演劇」欄と飯島正「映画」欄がスタート)。一〇月〈秋涼特輯号〉、北原白秋「立秋」、三木露風「秋の趣」、室生犀星「古調拾遺」、水原秋桜子「妙高山麓」、中原中也「蜻蛉に寄す」、岡田八千代「秋」)。一一月(小特集〈歌枕と文学〉、野口雨情「秋の夜」、草野心平「挿話」、丸山薫「菊の記憶」、山之口貘「再会」)。一二月(高橋新吉「冬枯れ」、神保光太郎「幼年絵帖」、田中冬二「歳晩近く」、江間章子「秋の楽器」、紫式部学会速記「国文解釈法講話」がスタート)。

●五月、深尾須磨子『イヴの笛』(むらさき出版部)。

**一九三七(昭和一二)年**

三月、国体明徴・教学刷新に関連して中学校・師範学校・高等女学校・実科高等女学校の教授要目を改訂(27日)。四月、東京・京都帝国大学と東京・広島文理科大学に国体と日本精神に関する講座を新設(9日)、文部省直轄学校における「日本文化講義要綱」を制定(30日)。五月、文部省編『国体の本義』を刊行(31日)して諸学校に配布。七月、盧溝橋で日中両軍が衝突して日中戦争が始まる(7日)、陸軍省が高等女学校を訪問し、二〇校二万二〇〇〇人の女学生に四万個の慰問袋を二〇日までに作るよう依頼(16日)。八月、国民精神総動員実施要項決定(24日)、海軍中尉の戦士の報に接した母が海軍省人事局に寄せた手紙を中心に、大阪府が「尽忠報国」の精神に基づいて『婦女の鑑』を編纂し高等女学校で教育に使用することになる。九月、金融・貿易・物資の戦時統制が始まる(10日)、閣議で海外留学・派遣の抑制を決定(28日)。一二月、羽田飛行場で海軍の第二女学生号の命名式(5日)、日本軍が南京を占領(13日)、東京府下十万の男女中等学校生徒が南京陥落祝捷行進（15日）、南京陥落祝賀第二日七万人の女学生が総動員され手旗行進を行う（16日）。

◆三月、『学生生徒児童身長・体重・胸囲平均累年比較　明治33～昭和9年度』（文部大臣官房体育課）。

■一月（岡本かの子「明暗」、大谷藤子「少女讃」、真杉静枝「芽」、円地文子「母娘」、波多野完治「新しい文章の観方」、「映画の頁（写真版）」と「レヴューの頁（グラビヤ版）」がスタート）。二月（長編小説の室生犀星「女の一生」がスタート、金子光晴「北欧ブラバン」、岡本かの子「女性の意欲」、深尾須磨子「生かしきるもの」、北園克衛「白い街」、円地文子「青い鳥」）。三月（小特集〈古代神話と伝説〉、伊東静雄「古鳥哀歌」、保田與重郎「文学と教養」、深田久彌「香水」）。四月（前田夕暮「薔薇と思ひ出」、宇野浩二「文学の有難さ」、阿部知二「今日の文学」、山之口貘「つまり詩は亡びる」、生田花世「源氏物語と娘」）。五月（野口米次郎「幻影」、竹中郁「ピアノの前」、堀辰雄「聖女アドラタ」、伊藤整「文芸思潮の現在と将来」、坪田譲治「胸中風景」）。六月（小特集〈時代文学にあらはれたる笑ひ〉、山之口貘「猫」、佐藤一英「友を送る」、岡本かの子「高原の太陽」）。七月（小特集〈奥の細道を辿る〉―荻原井泉水「ほと、ぎす」・清水文雄「石の巻より酒田へ」、草野心平「月夜の蛙」、伊東静雄「宿木」、円地文子「花桐」）。八月（小特集〈趣味の外国文芸〉、水町京子「龍安寺方丈石庭」、阪本越郎「蛍」、乾直恵「清浄」、千家元麿「夏」、長田恒雄「海の唄」）。九月（小特集〈古今閨秀作家を語る〉―円地文子「和泉式部を語る」・岡本かの子「菅原孝標女を語る」・関みさを「建礼門院右京大夫を語る」、佐藤春夫「少女らに与ふ」、三好達治「草千里浜」）。一〇月（小特集

〈三都今昔物語〉、伊東静雄「高野日記より」、山口誓子「人と百合と虹」、水原秋桜子「自然と人生」、津村信夫「父と娘」）。一〇月臨時増刊〈少女文芸号〉、〈少女雑誌批判〉―神近市子「余りに感傷的な少女の読み物」・百田宗治「指導性を要求する」、「女学生と文芸について」―高木富貴「少女読物について」、紫式部学会編「英訳日本文学読本」がスタートする）。一一月（小特集〈戦記物語に詩を拾ふ〉―石田吉貞「清澄なる秋の声（平家物語）」・水越作次郎「命よりも名をば惜しむ（曽我物語）」、高橋新吉「秋風帖」）。一二月（小特集〈地獄極楽の文学〉、伊福部隆彦「頒布振らす（松浦佐用姫）」、伊波南哲「平家敗るゝ日（二位尼）」、稲垣足穂「新月抄」）。

●九月、今井邦子『女性短歌読本』（むらさき出版部）。一一月、荻原井泉水『遊歩道』（むらさき出版部）。

**一九三八（昭和一三）年**

一月、東京帝国大学文学部に日本思想史講座を開設（15日）、第一次近衛声明（16日）。二月、石川達三「生きてゐる兵隊」を掲載した『中央公論』が発禁になる。四月、国家総動員法公布（1日）。五月、ラジオで宝塚星組が出演する「軍国女学生」を放送（10日）。六月、集団的勤労作業運動実施に関する通達により、女学生の場合は農業・清掃・生産に五日間従事することになる（9日）、「時局ニ鑑ミ学校当事者ノ学生生徒薫化啓導方」を訓令（29日）。七月、栗山理一・清水文雄・蓮田善明らが『文藝文化』を創刊（1日）。八月、国民精神総動員中央連盟の社会風潮に関する調査委員会が文相と会談し、女学生の敬語使用の徹底と「母性」の尊重を申し入れる（5日）、学校卒業者使用制限令公布（24日）。九月、内務省図書課が綜合誌・婦人誌・大衆娯楽誌の代表三〇人を招いて貞操軽視・姦通・同性愛などの内容を一新するように指示（5日）。一〇月、武漢三鎮を占領（27日）、武漢攻略の祝賀大行進を都下の女学生・女子青年団員ら六万人が行う（28日）。一一月、第二次近衛声明で東亜新秩序の建設を表明（3日）。この年に軍国歌謡が盛んになる。

◆五月、西條八十（詩）・中原淳一（画）『女学生譜』（実業之日本社）。一一月、教学局『学生生徒生活調査（下）』（教学局、※一一月は調査月）。

■一月（伊東静雄「虎に騎る」、岡本かの子「蔦の門」、円地文子「三世相」、今井邦子「観兵式の思ひ出」、「東海道五十三次とその文学」）。二月（小特集〈日本文学と支那文学の交渉〉―桜井祐三「平安朝と白氏文集」・石井貞吉「中世文学に与へた支那文学の影響」、藤田徳太郎「近世文学に及ぼせる支那文学」、森三千代「旅支度」）。三月（小特集〈日本の婦人は如何にして教育せられたか〉―高橋惣市「高雅なる教養（平安）」・大石逸策「身のかため（室町）」・広瀬亮一「女大学（江戸）」、藤村作「日本婦道（一）」、堀辰雄「窓」）。四月（小特集〈明治大正詩選〉、小特集〈京の文学・花の大和山城めぐり〉、藤村作「日本婦道（二）」）。五月（小特集〈明治大正歌選〉、小特集〈日本短歌史〉、小特集〈歴代女流歌人の鑑賞〉―円地文子「豊富なる現実生活（和泉式部）」・生方たつゑ「至純なる情熱（赤染衛門）」・岡本かの子「松風の尼（蓮月尼）」）。六月（小特集〈志士と文学〉―島村進「純情の国士（吉田松陰）」・長島俊三郎「桜花を謳ふ勤王佳人（佐久良東雄）」、土井晩翠「万里長城の歌」）。七月（小特集〈海辺の文学〉、釈迢空「月しろの旗」、青木幸枝「女学生生活の思ひ出」、D・H・ロレンス「二羽の青い鳥」)。八月(小特集〈山を招く詩〉—森三千代「山の手帖」・立原道造「草に寝て」、小特集〈山の文学〉、藤村作「結婚生活の意義」)。九月(小特集〈伝説の諸相〉、小特集〈諸国の伝説〉、堀辰雄の長編小説「幼年時代」がスタート、青木幸枝「女学校からの報告」)。一〇月(小特集〈明治大正詩集〉、林芙美子「歴史」、青木幸枝「レコードコンサート(女学校からの報告)」、中村薫「女学生の勤労奉仕と思出」)。一一月(小特集〈古今随筆集〉—生田花世「『平家物語』の秋」・円地文子「秋窓独語」、青木幸枝「自由時間(女学校からの報告)」、「「銃後の文学」懸賞募集」)。一二月(斎藤護一「支那の史蹟と文学」、草野心平「蛇ニ喰ハレタ蛙ノ子供」、五島美代子「地中海上吟」、市河かよ子「伯林の思ひ出」)。
●八月、山之口貘『思弁の苑』(むらさき出版部)。九月、室生犀星『女の一生』(むらさき出版部)。

## 一九三九(昭和一四)年

二月、大日本連合婦人会が陸海軍大将と文部省関係者を顧問に迎えて全国的な女性再教育運動を起こすことを決め、四月から『日本女学生新聞』を発行することにする(7日)、国民精神総動員強化方策を政府決定(9日)、『日本女学生新聞』の発行準備会が高等女学校生らによって芝女子会館で開かれる(18日)。四月、映画法公布で国家統制強化(5日)、全国女学校長協会研究部が募集した「国策に沿ふ女学生服」の当選作品を日本橋三越に陳列。六月、文部省が夏期休暇を学生・生徒の心身鍛錬にあて集団勤労作業等を行うように通達(10日)、日本パーマネント協会と東洋パーマネント協会に所属する東京市内八〇〇軒の業者が、合同自粛大会を開催し大日本電髪理容連盟を結成（23日）、「銃後娘の会」の発会式が行われ「華美な扮装（みなり）」と「模倣結髪」の自粛を申し合わせる（23日）。七月、国民徴用令公布（8日）、女子学習院の上級生たちが断髪を止め夏休み中に髪を伸ばす申し合わせ。九月、ドイツ軍がポーランドに侵攻し第二次世界大戦が始まる（1日）。一〇月、東京職業紹介所婦人部の調査では、求人は「時局産業」が圧倒的に多いが、女学生の希望は反対で、丸の内のオフィスガールの希望が群を抜いている。一一月、「青年団員・学徒・生徒ノ木炭増産勤労報国運動実施ニ関スル件」の通達（13日）、演劇・映画・音楽等改善委員会官制公布（21日）、福島県女子師範学校で全国に先駆けモンペが正式な制服になる。この年に、国民服が流行する。国民精神総動員委員会が学生の長髪の禁止や、パーマネントの廃止を決定する。

◆三月、西原茂編『順送球—女学生詩集』（第一書房）。四月、東京音楽書院編輯部編『女学生のための女声四部合唱曲集1』（東京音楽書院）。

■一月（小特集〈女房三十六歌仙全集〉、今井邦子「卒塔婆小町を語る」、与謝野晶子「或る日」、福田清人「紫式部」）。二月（小特集・紫式部学会編「国文学入門講座」、菱山修三「日向のなか」、田中克己「温室の会話」、弘島昌「祖国愛とシヨパンの国」）。三月（小特集〈青春と文学〉—今井邦子「燃え上る青春」・村岡花子「健康な青春」・生田花世「青鞜社のことなど」・円地文子「わが青春」・深尾須磨子「丹波の牧歌」、日野草城「播磨」）。四月（乾直恵「春愁」、柳原白蓮「花と明星」、円地文子の長編小説「天の幸・地の幸」がスタート）。五月（小特集〈近代日本浪漫派文学〉—瀬沼茂樹「浪漫的思想と現代」、金子光晴「女たちへのいたみうた」、「詩の使節深尾須磨子女史をおくる」）。六月（小特集〈短歌入門と現代短歌〉―今井邦子「短歌入門」・水町京子「現代女流歌人の歌」、中河與一「相聞百首選」）。七月（「生田春月蔵書渡満壮行会（写真版）、森三千代「街」、石坂洋次郎の中編小説「まごころ」がスタート、生田花世「一詩人の蔵書」）。八月（佐藤惣之助「旅行」、林芙美子の長編小説「七つの燈」がスタートする、野尻抱影「むらさきの星」）。九月（北原白秋「夢殿」、水町京子「思ひおこす古典」、大田洋子「旅は幸福に」、矢田津世子「大いなる足跡（書評）」）。一〇月（津村信夫「厨」、蔵原伸二郎「雀」、岡田八千代「立秋」、メリー・ロバーツ・ラインハルト著、岡田禎子訳の長編「女流作家の思ひ出」がスタートする）。一一月（草野心平「瞳」、神保光太郎「晴夜」、藤村作「入学学科試験と家庭の反省」、深尾須磨子「フォルリーの記」）。一二月（菊岡久利「山荘詩話」、小野十三郎「秋雨の記憶」、竹内てるよ「雪の上の花」、生田花世「西湖畔の日章旗」、水原秋桜子「昇仙峡」）。

●三月、佐藤惣之助『愛国詩集』（むらさき出版部）。四月、円地文子『春寂寥』（むらさき出版部）。九月、藤村作『常道を行くもの』（むらさき出版部）、石坂洋次郎『まごころ』（むらさき出版部）。

## 一九四〇（昭和一五）年

六月、ドイツ軍がパリを占領（14日）、六大都市で砂糖やマッチの配給制がスタート。七月、奢侈品等製造販売制限規則公布（6日）、「学生生徒・青年団員及工場労務者等ノ集団勤労作業ニ依ル食糧増産施設実施ニ関スル件」を通達（16日）、厚生省が来春から全国中等学校卒業生の時局産業への積極的動員を行うことを決め次官が各府県に通達（31日）。八月、東京府が食堂などでの米食使用を禁止（1日）。九月、中等学校教科書の自由競争を停止し五種選定を実施（12日）、高等専門諸学校に「学校報国団」を組織するよう指示（17日）、日本軍が北部仏印に進駐開始（23日）、ベルリンで日独伊三国同盟に調印（27日）。一〇月、大政翼賛会の発会式（12日）。一一月、大日本産業報国会創立（23日）、「高等諸学校教科書認可規定」制定で専門学校の教科書も認可制に（26日）、文部省図書局に国語課設置（28日）。一二月、情報局設置（6日）、日本出版文化協会設立（19日）、岐阜の高等家政女学校の女生徒が中隊を編成し中部第一三部隊に一日入営（25日）。この年に「贅沢品は敵だ」が国民精神総動員運動の標語になる。

◆一月、栗山津禰『拓きゆく道』（明治書院）。二月、『教育パンフレット　女学生の娯楽調査―特に映画について』（社会教育協会）。一〇月、横山夏樹『教室の花―女学生物語』（文昭社）。

■一月（長谷川時雨「瑞気の色」、日野草城「初化粧」、藤村作「未婚者クラブとしての読書会」、国史学会編述「大日本歴史講話」の連載がスタート。真杉静枝「海沿いの町にて」、「新輯百人一首全集」）。二月（釈迢空「たづが音」、藤村作「新郎新婦に寄することば」、横山美智子「少年少女」、林芙美子「私の東京地図（グラビア版）」）。三月（深尾須磨子「伊太利で邂つた人々（グラビア版画）」、藤村作「長期戦争と家庭」、真杉静枝「リルケとブウルジエ」）。四月（林芙美子・窪川稲子・大田洋子・岡田禎子・円地文子・真杉静枝「春の旅から（グラビア版）」、藤村作「女性教諭」、今井邦子の「古今愛誦歌鑑賞」の連載がスタート、宇野千代「私の好きな本」）。五月（今井邦子・若山喜志子・四賀光子・水町京子・中河幹子・長岡とみ子・川口千香枝・杉浦翠子「女流歌人とその結社（グラビヤ版）」、林芙美子「牧歌」、野溝七生子「南天屋敷」）。六月（三好達治・草野心平・春山行夫・丸山薫・山之口貘・蔵原伸二郎・小熊秀雄・金子光晴「現代詩壇継承の人々一（グラビヤ版）」、友谷静枝「薄暮」、大田洋子「桃子と真砂」）。七月（藤澤古実・橋本徳寿・生方たつゑ・五島美代子・筏井嘉一・斎藤史「新代歌壇の人々一（グラビヤ版）」、藤村作「家庭への提議」、真杉静枝の長編小説「三つの誓ひ」がスタートする）。八月（日野草城・長谷川素逝・山口誓子・加藤楸邨・中村草田男・大森桐明・池内友次郎「新代俳壇の人々（グラビヤ版）」、斎藤史「暗き湖」、藤村作「家庭への提議」）。九月（岡田三郎・真杉静枝・津村秀夫・保田與重郎「友達を語る（グラビヤ版）」、津村信夫「夏草」、池田亀鑑「あはれ・幽玄・さび」、近藤尚昭「満州国風景」）。一〇月（宇野浩二・塩田良平・関みさを「わが愛読書（グラビヤ版）」、蔵原伸二郎「南京特急天馬」、神保光太郎「秋立つ」）。一一月（佐藤春夫・藤田徳太郎「伝統の美に就いて（グラビヤ版）」、金子光晴「蝙蝠」、上田静栄「青春悼歌」）。一二月（窪田空穂・阿部知二「古典の思ひ出（グラビヤ版）」、筏井嘉一「映画「民族の祭典」に寄せて」、深尾須磨子「祖国の頌」）。

●五月、小笹功『日本文学新抄』（むらさき出版部）。七月、円地文子『天の幸・地の幸』（むらさき出版部）。一二月、林芙美子『七つの燈』（むらさき出版部）。

**一九四一（昭和一六）年**

一月、大日本青少年団結成（16日）。二月、情報局が矢内原忠雄ら総合雑誌執筆禁止者リストを内示（26日）。

三月、国民学校令公布（1日）。四月、生活必需物資統制令公布で配給統制の全面化が行われる（1日）。五月、杉並のピンポンクラブの「男女学生無軌道事件」を重視した警視庁保安衛生部が杉並署に詳細報告を求める（23日）。六月、独ソ戦が始まる（22日）。七月、日本軍の南部仏印進駐（28日）。八月、学校報国隊の編成を訓令（8日）。一〇月、大学学部等の在学年限の昭和一六年度臨時短縮に関する省令公布で専門学校の修業年限も三ヵ月短縮（16日）。一一月、都下女学校一四校の専攻科・高等科上級生七〇〇人に、育児知識の向上と空襲に備えた救護法の習得のため、厚生施設での実習が始まる（10日）、学校教練の目的および訓練要項を改定（27日）。一二月、日本軍がマレー半島に侵攻、また真珠湾を空襲し「大東亜戦争」が始まる（8日）、言論出版集会結社等臨時取締法公布（19日）、日本軍が香港を占領（25日）。この年に女性のモンペ姿が急増する。またアメリカ映画の上映が禁止される。

◆四月、中原淳一『私の女学生々活』（ヒマワリ）、野長瀬正夫『女学生たち』（富士書店）。七月、白眉社編輯部編『女学生愛唱歌』（白眉出版社）。一一月、村岡花子『女学生の生活』（実業之日本社）。

■一月（「武者小路実篤・与謝野晶子（グラビヤ版）」、北川冬彦「神宮附近」、林芙美子「苦悩の眼」、小特集〈日本文学史〉―清水文雄「日記文学」・関みさを「紫式部と清少納言」）。二月（小野十三郎「風景」、阿部保「田園詩抄」、藤村作「婦人国民服問題」）。三月（生方たつゑ「行雲」、日比野士朗「色紙」、佐藤一英「九郎判官義経」、服部直人「聖なる源氏」）。四月（丸山薫「郊外住居」、斎藤史「靄」、佐藤一英「九郎判官義経」、服部直人「あくがるる紫」）。五月（近藤東「若い豹」、室生犀星「初雪」、円地文子の連載「南船記（南支慰問行）」がスタートする、田畑修一郎「砂と鳥」、上田静栄

「観世舞台にて」）。六月（蔵原伸二郎「大和おとめ」、折口信夫・室生犀星「対談古典について」、森三千代の中編小説「更級抄」がスタート）。七月（小特集〈寧楽紀行〉―網野菊「奈良ゆき」・真杉静枝「奈良の美術をみて」、小高根二郎「ほうせんか」、保田與重郎「古典を読むについて」、芹沢光治良「夢のかよひぢ」）。八月（池田彌三郎・加藤守雄撮影、折口信夫解説「伊豆の道祖神（グラビヤ版）」、岡本潤「遺作展」、石坂洋次郎「村童と紳士」、室生犀星「少納言と一位」）。九月（中泉春樹「瀕死の都ロンドン（グラビヤ版）」、草野心平「月娥」、高橋健二「ドイツの古典を読むについて」、藤田徳太郎「古典に親しみ始めた頃」）。一〇月（加藤楸邨「天の川」、風巻景次郎「古典を読むについて」、関みさを「大空への憧憬」、林芙美子「婚期」）。一一月（金子光晴「フオンテンブロオの宿」、壺田花子「霧」、上田静栄「深大寺を訪へる日」、中山義秀の長編小説「生ける魂」がスタートする）。一二月（室生犀星「南瓜の歌」、高橋新吉「方則」、神保光太郎「海峡の思ひ出」）。

●五月、岩田九郎『古今名句鑑賞』（むらさき出版部）。九月、東野金瑛『覚生―禅の本義と其の実践』（むらさき出版部）。一〇月、巌松堂書店むらさき編輯部編『東海道五十三次の文学』（むらさき出版部）。一二月、今井邦子『蛍と雪』（むらさき出版部）。

**一九四二（昭和一七）年**

一月、日本軍がマニラを占領（2日）、国民勤労報国協力令施行規則に基づく学徒動員命令（9日）、日独伊軍事協定に調印（18日）、文部省が教員錬成目的で国民錬成所を設置（24日）。二月、衣料切符制を実施（1

日）、愛国婦人会・国防婦人会などを統合し大日本婦人会を結成（2日）、日本軍がシンガポールを占領（15日）。四月、本土初空襲で女学生がバケツリレーを行う（18日）。五月、日本文学報国会創立（26日）。六月、ミッドウェー海戦で日本が空母四隻を失い戦局の転機が訪れる（5日）。七月、高等女学校の外国語を随意科目とし毎週三時間以内とする（8日）、女子実業学校の実業科目を重視し外国語の削減を指示（17日）。一〇月、全国一斉に軍人援護運動が行われ都下一九女学校の鼓笛隊三〇〇〇人が行進（4日）、中央国民職業指導所の集計では女子中等学校一六八校の卒業生三万二〇〇〇人のうち重要産業就職希望者は一万二〇〇〇人余りで前年の二倍に。一一月、スターリングラードでソ連軍の大反攻が始まる（19日）。この年に「生めよふやせよ運動」が始まり厚生省が「優良多子家庭」を表彰。一二月、銃後奉公会連合会が都下女学校一五一校の女学生一〇万人に慰問袋を募り、集まった二万余りの贈呈式を行った（19日）。

◆一月、荷見秋次郎『其の日の心得―全女学生必携救護訓練図解』（婦女界社）。二月、東邦音楽書房編輯部編『女学生たちの唱歌その1』（東邦音楽書房）。三月、鈴木かをる『女学生日記抄』（会通社）。九月、荒木直之『女学生反省記』（図書研究社）。一〇月、森義八郎編『女学生の為の合唱曲集第一編』（白眉出版社）。

■一月（津村信夫「冬の夜道」、今井邦子「浮舟によせて」、風巻景次郎「平安時代の女流文化」、折口信夫「王朝語」、池田亀鑑「万葉復興」、森三千代「南方へ嫁いだ女達」）。二月（大村呉楼「宣戦大詔」、中井克比古「開戦」、池田亀鑑「万葉集の作家たち」、江間章子「文学者愛国者大会に出席して」）。三月（深尾須磨子「神ゐます国」、高橋新吉「花」、永田助太郎「うつくしい人」、池田亀鑑「八代集の作家たち」、河野斌「母性と短歌」、保坂都「防人妻の歌」）。四月（金子光晴「椰子の祈」、蔵原伸二郎「戦勝の春」、阪本越郎「春の太陽」、平出大佐「大君の辺に死なむ」、小堀杏奴「郊外」、安倍宙之介「記念日」）。五月（中泉春樹「南ボルネオ（グラビヤ版画）」、植松寿樹「特別攻撃隊」、上田静栄「白銀の軍艦」、今井邦子「防人の歌の価値」、伊藤新吉「話の故郷」）。六月（小森盛「東京起ち、戦ふ」、水蘆光子「戦争と妻」、足立巻一「ある手紙」、森三千代「仏印古蹟めぐり」、今井邦子「万葉集防人の歌」、河野斌「慟哭の文学・新葉集」）。七月（藤井春洋「兵は若し」、五島美代子「洋心」、森三千代「仏印古蹟めぐり」）。八月（小森盛「壮大な海」、上田静栄「素朴な歌」、永田助太郎「詩」、谷鼎「生活の古典としての万葉集」、森三千代「仏印古蹟めぐり」、保田與重郎「芭蕉と蕪村」）。九月（山口誓子「こほろぎ」、佐藤佐太郎「鶏頭の花」、木俣修「赤道」、高須芳次郎「水戸精神」、谷鼎「生活の古典としての万葉集」）。一〇月（高祖保「新領土」、乾直恵「秋風」、藤田徳太郎「古事記」、谷鼎「万葉集」）。一一月（小特集〈日本古典論〉―岩崎万喜夫「万葉集の精神」・風巻景次郎「源氏物語の精神」、菱山修三「触知」）。一二月（藤井春洋「偉いなるひと年」、平木二六「大和詩鈔」、関みさを「紫式部と清少納言」、今井邦子「万葉の女性と今の女性」、国史学会の「大日本歴史講話」の連載が「支那事変より大東亜戦争へ」で完結する）。
●三月、真杉静枝『三つの誓ひ』（むらさき出版部）。

**一九四三（昭和一八）年**

一月、中等学校令を公布し修業年限を四年として教科書を国定にする（21日）。二月、スターリングラード攻防戦でドイツ軍が降伏（2日）。三月、京浜女子家政理学専門学校を認可（16日）。中学校教科教授及修練指導要目・高等女学校教科教授及修練指導要目を制定（25日）、『中央公論』の谷崎潤一郎「細雪」の連載が当局の圧力で中止に。四月、師範学校・中等学校で国定教科書を使用（1日）、防空救護強化のため警視庁と大日本防空協会帝都支部が女子学校報国隊防空補助員幹部教育を開始（15日）。五月、アッツ島の日本軍守備隊が全滅（29日）。六月、学徒戦時動員体制確立要綱を閣議決定（25日）。七月、例年の夏休みに都下一七六校一三万人の女学生は一回一〇日間の勤労奉仕を行う。九月、イタリアが無条件降伏（8日）、学徒体育大会は禁止（24日）、洗足高等女学校に「学校工場」の先駆として電線加工工場が設けられ作業を開始（26日）。一〇月、在学徴集延期臨時特例公布で学生の徴兵猶予を停止（2日）、学校報国隊防空補助員動員に関する件を学校長に通達（18日）、神宮外苑競技場で学徒出陣壮行大会（21日）、従来は女子中等学校卒業者は半分しか就職しなかったが、警視庁と東京都は勤労動員促進のため極力就職を慫慂し、就職しない者は女子勤労挺身隊を編成することを決定する。一一月、日本軍のマキン・タラワ守備隊が全滅（25日）、情報局の指示で第二次雑誌統合が始まる。一二月、徴兵適齢が一年引き下げられる（24日）、警視庁と東京都の協議の結果、女子中等学校新規卒業生は挺身先工場を中心に勤労挺身隊に分けることを都下女学校に通知する（28日）。

◆三月、島本志津夫『女学生時代』（国民社）。四月、小尾庯雄編『戦ふ女学生』（国民教育社）。八月、間宮武『女学生の心理』（照林堂書店）。
■一月（特集〈日本の年中行事〉、小特集〈郷土の行事〉―水町京子「歳暮から小正月」・森三千代「どんど火」・今井邦子「味噌焚き」、室生犀星「べに鯛（郷土詩）」）。二月（伊波南哲「九年母」、江口隼人「吉野」、杉浦伊作「目なしだるま」、伊波南哲「情熱の愛国詩人恩納ナビ女」）。三月（小特集〈日本の女性は如何にして教育せられたか〉―関みさを「平安時代」・阪口玄章「鎌倉室町」・小柴値一「江戸時代」、大木実「花よりも」、清水房之丞「春の記章」）。四月（小特集〈日本の文運に寄与した人々（一）〉―亀井勝一郎「聖徳太子」・井上豊「紫式部」、上田静栄「春意」）。五月（神保光太郎「懐しの浜」、津村信夫「円覚寺道」、高崎正秀「日本の女性は如何にして教養されたか」）。六月（木俣修「孟夏日々」、生方たつゑ「ゆく春」、菱山修三「藤の花」、近藤東「杉」、服部直人「柿本人麻呂」、石原文雄「戦艦」、浅野晃「岡倉天心」、高崎正秀「上代の女性は如何にして教養されたか」）。七月（特集〈日本の詩歌〉―加藤将之「国学者志士の歌」・伊藤信吉「現代詩」・中野重治「日本詩歌の作者」、鹿児島寿蔵「常在戦場」、三木露風「征討」）。八月（永田助太郎「この戦」、平木二六「苔庭石庭」、上田静栄「近松翁よ」、阪口玄章「戦記物語の美」服部直人「殉国の悲歌」）。九月（森三千代「印度支那」、服部直人「殉国の悲歌・大伯皇女」、藤森朋夫「防人歌」）。一〇月（中井克比古「学徒飛行隊」石原広文「征く日の秋」、平木二六「法隆寺」、藤田徳太郎「記紀の精神」）。一一月（小特集〈紫式部日記「御産養」の條の共同研究（一）〉―池田亀鑑「紫式部日記とその精神」、大橋松平「学徒応召の秋」、宮柊二「白菊」）。一二月（小特集〈日本の母〉―谷鼎「万葉集における母」・浅野

晃「幕末志士の母」・片桐顕智「大東亜戦争と母」、特集〈紫式部日記「御産養」の條の共同研究（二）〉、加藤楸邨「学徒征途」、大木実「峠」）。
●三月、中山義秀『生ける魂』（巌松堂むらさき出版部）。四月、今井邦子『続和琴抄』（むらさき出版部）。

**一九四四（昭和一九）年**

一月、内務省が防空法による初の疎開命令（26日）。日本出版会が雑誌の統合整備を発表。二月、国民学校令等戦時特例公布（16日）、女子中等学校生徒の戦時基準服が制定される。三月、決戦非常措置要綱ニ基ク学徒動員実施要項により中等学校以上は原則として通年動員となる（7日）。四月、決戦非常措置要綱に基づく学校工場化実施の通達（28日）。六月、『むらさき』が終刊を迎え（1日）それ以降は短歌雑誌六誌と統合して『芸苑』になる、連合軍がノルマンジーに上陸（6日）、マリアナ沖海戦で日本海軍に大打撃（19日）、閣議が学童の集団疎開を決定（30日）。七月、サイパン島の日本軍守備隊が全滅（7日）、学徒勤労動員の範囲を国民学校高等科や中等学校低学年に拡大（11日）。八月、女子挺身勤労令・学徒勤労令公布（23日）、連合軍がパリに入城（25日）。一〇月、レイテ沖海戦（24日）、神風特攻隊がアメリカの艦船に体当たりを試みる（25日）。一一月、マリアナ基地のＢ29による東京初空襲（24日）。
■一月（釈迢空「飛鳥の村」、折口信夫「万葉風土記」、五島美代子「吉野」、小野忠孝「躍進する少年工たち」）。二月（浅野晃「赴難の精神」、池田亀鑑「やまとだましひ」）。三月（小特集〈紫式部日記行幸の條の共同研究（一）〉、土岐善麿「讃頌」、木俣修「戦意燃ゆ」、永田助太郎「御国」）。四月〈小特集〈日本文学と風雅の精神〉—保田與重郎「風雅の精神」、小特集〈紫式部日記行幸の條の共同研究〉、窪田空穂「雪」）。五月〈小特集〈ますらをぶり〉—藤田徳太郎「ますらをぶりと日本文学」・金子英二「中古文学と武士道」・阪口玄章「中世文学と武士の道」、前田夕暮「日向高千穂」、今井邦子「挺身のをとめ」）。六月〈小特集〈万葉思慕〉、小特集〈讃女性進軍〉—大江スミ「教へ子のかどでに」・松平俊子「女子挺身隊におくる」、中河幹子「学徒に捧ぐ」、三木露風「祖国」、紫式部学会「光輝ある使命を果して」）。

●服部直人『青春の古典』（むらさき出版部）。

**一九四五（昭和二〇）年**

三月、B29の東京大空襲（9日）、決戦教育措置要綱により国民学校初等科以外は授業を一年間停止に（18日）。四月、アメリカ軍が沖縄本島に上陸する（1日）、広島女子高等師範学校を設置（1日）。五月、ドイツ軍が無条件降伏（7日）。六月、義勇兵役法公布で一七歳以上の女子を国民義勇戦闘隊に編成（23日）。七月、主食の配給一割減で二合一勺に（11日）。八月、広島に原爆投下（6日）、長崎に原爆投下（9日）、戦争終結の詔書の「玉音放送」（15日）、学徒勤労動員解除（16日）。

# あとがき

東京女子大学に勤務していたご縁で『むらさき』をご寄贈いただき、最初に触れたときの、これは何だ、どうしてこんな雑誌がかつてあったのか、不思議に思った素朴な疑問への答えを、和田博文先生、中野貴文先生という強力な援軍を得て、またご寄稿くださった先生方の玉稿の数々のおかげで、自分なりに見つけられたように思っている。玉稿をお寄せ下さった先生方、編集の労をお取り下さった笠間書院の方々には厚く御礼申し上げる。痛感するのは、絶えず戦争のあったマッチョにならざるを得なかった近代国家日本の、一見好景気、でも実は悲劇的な大戦へと向かっていった時代、その社会構造のある種の必然として『むらさき』があったということ。いまはそれとはすっかり様変わりし、また実はしぶとく残り揺れ戻っている部分もあるかも知れない。そんなことを考えながら、「女子」大の現代「教養」学部で、21世紀に「古典」を教え研究する「女子」の自分の意味を、改めて問い直してゆきたいと思っている。

今井　久代

＊　＊　＊

『源氏物語』の研究者として知られる清水好子氏は、名著『紫式部』（岩波新書、一九七三）において、『紫式部集』が同時代の他の家集とは異なり、男との恋のやりとりではなく、少女時代の友人との関係から詠まれた歌を数多く収載していることに言及している。とりわけ、巻頭からの数首は詞書に女友だちが並び、それをもって氏は「そのために式部は女学生のように爽やかで、時には少年ぽく見える」と語り、さらに続けて、紫式部は「女よりはるかに可能性の多い娘の生き方を書き残」したのだとまで述べておられる。

このたび、戦前の女性雑誌『むらさき』を手に取り、また本書の編集を通じて、幾たびかこの清水先生の印象的な言葉が脳裏をよぎった。『むらさき』には、昭和初期を生きた女性（少女）たちの前に示された可能性と限界が、いずれも鮮やかに示されているように思えたからである。今なお、女性の進路が制限されているニュースを、耳にすることが少なくない。本書を通じて、如上の問題にさらなる関心が集まることを期待したい。

中野　貴文

＊　＊　＊

一九一八年に創立された東京女子大学は、その六年後に善福寺の現在地に移転した。正門を入ると、正面に本館、右手に六号館、左手に七号館がある。幸運なことにこのキャンパスは、戦争期の空襲を免れた。そのためだろうか、七号館で演習の授業をしていると、たまに不思議な感覚に襲われる。一九三〇年代の小説について発表を聞いていているうちに、その時代の女学生の気配をふっと感じるのである。

東京女子大学にはジェンダーの問題を、学際的な視野から研究して、女性学の構築を目指す女性学研究所がある。本書は、同研究所の女性学研究叢書の一冊ではないが、その系譜に連なる書物として読んでいただけたらうれしい。ただし執筆者は、さまざまな大学に勤務する研究者や大学院生である。忙しい時間の合間に、原稿を書いていただきながら、刊行が遅くなったことを申し訳なく思っている。

とはいえ東京女子大学が開学一〇〇周年を迎えた年の最後の月に、本書を刊行できたのはうれしい偶然である。本書が提示する課題は、次の一世紀に引き継がれていく。編集を引き受けてくださったのは、笠間書院の編集者だった橋本孝さんと大久保康雄さんである。お二人が退職なさった後は、山口晶広さんが担当してくださった。三人の方々に、深くお礼を申し上げたい。

和田　博文

# 執筆者プロフィール

**今井久代**（いまい・ひさよ）
東京女子大学教授。専門は平安時代の文学。主な著書・論文に『源氏物語構造論―作中人物の動態をめぐって』（二〇〇一年、風間書房）、『『源氏物語』内裏絵合をめぐる二つの絵―朱雀院の節会絵と「須磨の日記」」（『中古文学』96号、二〇一五年）、「『狭衣物語』異本系本文の世界―飛鳥井君物語を中心に」（『国語と国文学』二〇一七年十二月号）などがある。また二〇一七年より刊行中の岩波文庫『源氏物語』第一冊～第四冊の編集に協力している。

**大塚美保**（おおつか・みほ）
聖心女子大学教授。専門は日本近代文学。主な著書・論文に『鷗外を読み拓く』（二〇〇二年、朝文社）、「国家を批判し、国家を支える―鷗外「秀磨もの」論―」（『文学』二〇〇七年三・四月）、「東京を駆けめぐる女子学習者―一八八〇年代の小金井喜美子―」（『文学』二〇一六年一一・一二月）などがある。

**尾崎名津子**（おざき・なつこ）
弘前大学講師。専門は日本近現代文学。主な著書・論文に『織田作之助論―〈大阪〉表象という戦略』（二〇一六年、和泉書院）、「「一人称にてのみ物書かばや」―『青鞜』と検閲―」（『弘前大学国語国文学』二〇一八年三月）、「待たれる「乞食学生」―『若草』読者共同体と太宰治」（『文芸雑誌『若草』―私たちは文芸を愛好している』二〇一八年一月、翰林書房）などがある。

**小平麻衣子**（おだいら・まいこ）
慶應義塾大学教授。専門は、日本近代文学。主な著書・論文に『夢みる教養―文系女性のための知的生き方史』（二〇一六年、河出書房新社）、「林芙美子・〈赤裸々〉の匙かげん―『放浪記』の書きかえをめぐって」（『早稲田文学増刊　女性号』二〇一七年九月）、編著『文芸雑誌『若草』―私たちは文芸を愛好している』（二〇一八年、翰林書房）などがある。

**小野光絵**（おの・みつえ）
総合研究大学院大学。文化科学研究科日本文学研究専攻。博士後期課程。

**久米依子**（くめ・よりこ）
日本大学文理学部教授。専門は日本近現代文学。主な著書・論文に『「少女小説」の生成―ジェンダー・ポリティクスの世紀』（二〇一三年、青弓社）、『少女小説事典』（共編著、二〇一五年、東京堂書店）、「クィア・セクシュアリティを読むことの可能性―谷崎潤一郎「秘密」から江戸川乱歩「屋根裏の散歩者」へ―」（『昭和文学研究』二〇一八年九月）などがある。

**倉田容子**（くらた・ようこ）
駒澤大学准教授。専門は日本近代文学、フェミニズム批評。主な著書・論文に『語る老女　語られる老女―日本近現代文学にみる女の老い』（二〇一〇年、學藝書林）、「宮崎夢柳『芒の一と叢』における女性表象」（『文学・語学』二〇一七年九月）、「断片化に抗う――『ナチュラル・ウーマン』受容史とクィア・リーディングの行方」（『昭和文学研究』二〇一八年九月）などがある。

**小松史生子**（こまつ・しょうこ）
金城学院大学教授。専門は日本近代文学・文化。主な著書に『探偵小説のペルソナ　奇想と異常心理の言語態』（二〇一五年、双文社出版）、『乱歩と名古屋　地方都市モダニズムと探偵小説原風景』（二〇〇七年、風媒社）、復刻監修に『猟奇』（二〇一六年、三人社）、監修・解説に『江戸川乱歩電子全集』全20巻（二〇一五年～二〇一八年、小学館）などがある。

**榊原理智**（さかきばら・りち）
早稲田大学教授。専門は日本近現代文学・翻訳論。共編著にLiterature Among the Ruins: Postwar "Japanese" Literary Criticism（Lexington Books, 二〇一八年）、論文に「「非革命者」論―武田泰淳上海ものにおける国家とジェンダー」（『昭和文学研究』二〇〇九年九月）などがある。

**渋谷百合絵**（しぶや・ゆりえ）
秀明大学専任講師。専門は日本近代文学・児童文学。主な論文に「宮沢賢治「まなづるとダアリヤ」論―小波お伽噺「菊の紋」との比較を中心に」（『日本近代文学』二〇一五年五月）、「『赤い鳥』の文体改革―童話／綴方の相互交流を視点として」（『国語と国文学』二〇一七年五月）、「「銀河鉄道の夜」の文学的達成―祭の祈りを〈描く〉ということ」（『宮沢賢治研究Annual』二〇一八年三月）などがある。

**志村三代子**（しむら・みよこ）
都留文科大学准教授。専門は映画史・表象文化論。主な著書に『映画人・菊池寛』（二〇一三年、藤原書店）、『リメイク映画の創造力』（共編著、二〇一七年、水声社）、『川島雄三は二度生まれる』（共編著、二〇一八年、水声社）などがある。

**高野晴代**（たかの・はるよ）
日本女子大学教授。専門は日本古典文学（中古）。主な著書・論文に『源氏物語の和歌』（二〇一一年、笠間書院）、「『更級日記』の「上洛の記」―『伊勢物語』東下りとの比較を通して」（『更級日記の新世界』二〇一六年、武蔵野書院）、「選ばれた答歌のことば―『源氏物語』の贈答歌―」（『源氏物語煌めくことばの世界』二〇一四年、翰林書房）、「源氏物語と和歌―促された贈歌をめぐって―」（紫式部学会編『むらさき』二〇一〇年一二月）などがある。

**髙橋　修**（たかはし・おさむ）
東京女子大学現代教養学部准教授。専門は博物館学・日本近世史。主著・論文に、「特撮映画技師　松井勇伝―日本映画界最初期の特撮技術の開拓者―（一）（二・完）」（『東京女子大学紀要「論集」』69-1・2、二〇一八・九年）、「小学生向け古文書読解プログラム開発の意義と効果」（『日本ミュージアム・マネージメント学会研究紀要』一七、二〇一三年）、

「近世甲府城下料理屋論序説」（『甲州食べもの紀行』山梨県立博物館展示図録、二〇〇八年）などがある。

**高橋由貴**（たかはし・ゆき）
福島大学准教授。専門は日本近代文学。主な著書・論文に「大江健三郎「アトミック・エイジの守護神」論」（『日本文学』二〇一七年一一月）、「大江健三郎「死者の奢り」におけるサルトル受容―粘つく死者の修辞」（『昭和文学研究』二〇一七年三月）、「原民喜における詩と散文―小説「永遠のみどり」へ」（『原爆文学研究』二〇一五年一二月）などがある。

**滝上裕子**（たきがみ・ゆうこ）
立教大学日本学研究所研究員。専門は日本近代文学。主な論文に「小林秀雄「ピカソ」論―『近代絵画』と様式の喪失―」（『立教大学日本文学』二〇一四年七月）、「小林秀雄「ポンキンの笑ひ」論―ベルクソン「笑い」と〈狂女〉の切り抜いたタゴールをめぐって―」（『立教大学日本文学』二〇一七年七月）。「丸谷才一「趣向について」にみる近代文学史への視座―正宗白鳥の作家論・日本自然主義についての文学史授業から―」（『立教新座中学校・高等学校研究紀要』二〇一八年三月）などがある。

**武内佳代**（たけうち・かよ）
日本大学准教授。専門は日本近代文学。主な論文に「村上春樹「レキシントンの幽霊」―可能性としてのエイズ文学」（『日本文学』二〇一八年十月）、「「女性自身」のなかの『三島由紀夫レター教室』―女性誌連載という併走」（『語文』二〇一六年十二月）、「ニーズのゆくえ―田辺聖子「ジョゼと虎と魚たち」をめぐるケアの倫理／読みの倫理」（『日本近代文学』二〇一四年十一月）などがある。

**竹田志保**（たけだ・しほ）
学習院大学他非常勤講師。専門は日本近代文学。主な著書・論文に、『吉屋信子研究』（二〇一八年、翰林書房）、「困難な〈友情〉―吉屋信子「女の友情」論」（『昭和文学研究』二〇一二年九月）、「吉屋信子「地の果まで」論―〈大正教養主義〉との関係から」（『日本文学』二〇一三年一一月）などがある。

**田坂憲二**（たさか・けんじ）
元慶應義塾大学教授。専門は日本古典文学・日本近代出版学。主な著書に『源氏物語論考　古筆・古注・表記』（二〇一八年、和泉書院）、『日本文学全集の時代』（二〇一八年、慶應義塾大学出版会）、『源氏物語の政治と人間』（二〇一七年、慶應義塾大学出版会）などがある。

**塚本飛鳥**（つかもと・あすか）
青山学院大学大学院博士後期課程。専門は日本近代文学。「婦人雑誌『女性』の中の「春は馬車に乗つて」」（『緑岡詞林』二〇一四年三月）、「坂口安吾「西東」小論―「西東」における話芸の形から」（『緑岡詞林』二〇一一年三月）、「坂口安吾「閑山」論」（『緑岡詞林』二〇一〇年三月）などがある。

**内藤千珠子**（ないとう・ちずこ）
大妻女子大学教授。近現代日本語文学。主な著書に『愛国的

無関心―「見えない他者」と物語の暴力』（二〇一五年、新曜社）、『小説の恋愛感触』（二〇一〇年、みすず書房）、『帝国と暗殺―ジェンダーからみる近代日本のメディア編成』（二〇〇五年、新曜社）などがある。

**中野貴文**（なかの・たかふみ）
東京女子大学教授。専門は日本中世文学。主な著書・論文に『徒然草の誕生―中世文学表現史序説』（二〇一九年、岩波書店）、「蓮田善明「鴨長明」論―中世文学研究の側から―」（奥山文幸編『蓮田善明論―戦時下の国文学者と〈知〉の行方―』（二〇一七年、翰林書房））、「研究と教育の架橋―専門性の行方―」（『国語と国文学』二〇一五年一一月）などがある。

**中村ともえ**（なかむら・ともえ）
静岡大学准教授。専門は日本近現代文学。主な論文に、「〈谷崎源氏〉と玉上琢彌の敬語論」（『翻訳の文化／文化の翻訳』二〇一八年三月）、「正岡子規「瓶にさす」歌の鑑賞」（『国語と国文学』二〇一五年一一月）、「現代語訳の日本語―谷崎潤一郎と与謝野晶子の『源氏物語』訳―」（井上健編『翻訳文学の視界 近現代日本文化の変容と翻訳』二〇一二年、思文閣出版）などがある。

**中村直子**（なかむら・なおこ）
東京女子大学比較文化研究所助手。専門は日本近代文学・比較文学。主な著書・論文に『伝統と創造』（共著、一九九六年、勉誠社）、「野上弥生子と明治女学校」（『東京女子大学比較文化研究所紀要』六九、二〇〇八年一月）、「明治女学校のめざしたもの、遺したもの」（『東京女子大学紀要論集』六二―一、二〇一一年九月）など。

**芳賀祥子**（はが・しょうこ）
お茶の水女子大学大学院人間文化創成科学研究科博士後期課程。専門は日本近代文学。主な論文に、「〈ケア〉の苦闘―「春は馬車に乗つて」における「病まう妻」と「看取る夫」」（『横光利一研究』二〇一四年三月）、「『主婦之友』における戦時下の獅子文学―「青春売場日記」から「一号倶楽部」まで」（『人間文化創成科学論叢』二〇一五年三月）などがある。

**原田範行**（はらだ・のりゆき）
東京女子大学教授。専門は近代英文学、比較文学、出版文化史。最近の主な国内の著書に『「ガリヴァー旅行記」徹底注釈』（共著、二〇一三年、岩波書店）、『風刺文学の白眉―「ガリバー旅行記」とその時代』（二〇一六年、ＮＨＫ出版）、『セクシュアリティとヴィクトリア朝文化』（共編著、二〇一六年、彩流社）などがある。

**藤木直実**（ふじき・なおみ）
日本女子大学ほか非常勤講師。専門は日本近現代文学、ジェンダー論。主な著書・論文に『〈妊婦〉アート論 孕む身体を奪取する』（共編著、二〇一八年、青弓社）、『昭和前期女性文学論』（共著、二〇一六年、翰林書房）、「被傷性とゆるやかな連帯と―梨木香歩『僕は、そして僕たちはどう生きるか』を読む」（『日本児童文学』二〇一八年九・一〇月）などがある。

**藤野裕子**（ふじの・ゆうこ）
東京女子大学准教授。専門は日本近現代史。主な著書・論文に『都市と暴動の民衆史―東京・1905-1923年』（二〇一五年、有志舎）、「男性史とクィア史」（二〇一七年、歴史学研究会編『第四次現代歴史学の成果と課題』第一巻）、「表象をつなぐ想像力―ルポルタージュ読解試論」（二〇一三年一二月、『歴史学研究』）などがある。

**藤本　恵**（ふじもと・めぐみ）
都留文科大学教授。専門は日本近現代文学、特に児童文学。主な論文に「金子みすゞと西條八十―自己主張しあう師弟―」（『国文』二〇一二年一二月）、「雑誌『少女の友』詩欄の推移―口語詩・童謡・小曲・少女詩」（『日本近代文学』二〇一三年一一月）、「現代詩歌と子どもの言葉―雑誌『赤い鳥』と田中千鳥から百年―」（『日本現代詩歌研究』二〇一八年三月）などがある。

**光延真哉**（みつのぶ・しんや）
東京女子大学准教授。専門は日本近世文学・歌舞伎。主な著書・論文に「丹前の継承―続・舞台に立つ太夫元―」（『国語と国文学』二〇一八年八月）、『未刊江戸歌舞伎年代記集成』（共編著、二〇一七年、新典社）、『江戸歌舞伎作者の研究　金井三笑から鶴屋南北へ』（二〇一二年、笠間書院）などがある。

**宮崎真素美**（みやざき・ますみ）
愛知県立大学教授。専門は日本近代文学。主な著書・論文に『戦争のなかの詩人たち―「荒地」のまなざし』（二〇一二年、学術出版会）、『鮎川信夫研究―精神の架橋―』（二〇〇二年、日本図書センター）、「鮎川信夫・「一つの中心」考―論理化しないという論理―」（『日本近代文学』二〇一六年一一月）などがある。

**和田博文**（わだ・ひろふみ）
東京女子大学教授。専門は文化学・日本近代文学。主な著書に『海の上の世界地図―欧州航路紀行史』（二〇一六年、岩波書店）、『シベリア鉄道紀行史―アジアとヨーロッパを結ぶ旅』（二〇一三年、筑摩選書）、『資生堂という文化装置　1872-1945』（二〇一一年、岩波書店）などがある。

【編　者】
今井久代／中野貴文／和田博文

【執筆者】
今井久代／大塚美保／尾崎名津子／小平麻衣子／小野光絵／久米依子／倉田容子／小松史生子／榊原理智／渋谷百合絵／志村三代子／高野晴代／髙橋修／高橋由貴／滝上裕子／武内佳代／竹田志保／田坂憲二／塚本飛鳥／内藤千珠子／中野貴文／中村ともえ／中村直子／芳賀祥子／原田範行／藤木直実／藤野裕子／藤本恵／光延真哉／宮崎真素美／和田博文

【カバー・章扉写真】
カバー：1931年に竣工した東京女子大学本館２階にあった図書館閲覧室（東京女子大学提供）
Ⅰ章　：本館の外観（『東京女子大学の90年』2008年、東京女子大学）
Ⅱ章　：東京女子大学で行われた1940年のプレーデー（『東京女子大学の80年』1998年、東京女子大学）
Ⅲ章　：1938年に落成した東京女子大学のチャペル・講堂（同上）
Ⅳ章　：1937年に創設された東京女子大学の追分寮（同上）
Ⅴ章　：国文学の授業風景（東京女子大学提供）
Ⅵ章　：本館地階にあったキャフェテリア（『東京女子大学の80年』1998年、東京女子大学）
Ⅶ章　：岡田乾電池の学内工場になった東京女子大学の1944年の体育館（同上）

女学生とジェンダー――女性教養誌『むらさき』を鏡として

2019年（平成31）3月29日　初版第１刷発行

発行者　池　田　圭　子

発行所　有限会社 **笠間書院**
〒101-0064　東京都千代田区神田猿楽町2-2-3
☎03-3295-1331　FAX03-3294-0996
振替00110-1-56002

ISBN978-4-305-70876-2
組版：CAPS／ステラ　印刷／製本：電算印刷
落丁・乱丁本はお取りかえいたします。　（本文用紙：中性紙使用）
出版目録は上記住所までご請求下さい。http://kasamashoin.jp/